栾保群 著

众神归位

中国民间诸神谱系

山西出版传媒集团
山西人民出版社

图书在版编目（CIP）数据

众神归位：中国民间诸神谱系／栾保群著 . —— 太原：山西人民出版社，2024.1

ISBN 978-7-203-12811-3

Ⅰ.①众… Ⅱ.①栾… Ⅲ.①神—信仰—民间文化—中国 Ⅳ.① B933

中国国家版本馆 CIP 数据核字（2023）第 216323 号

众神归位：中国民间诸神谱系

著　　者：栾保群	
责任编辑：王新斐	
复　　审：李　鑫	
终　　审：梁晋华	
装帧设计：陆红强	

出　版　者：山西出版传媒集团·山西人民出版社

地　　　址：太原市建设南路 21 号

邮　　　编：030012

发行营销：0351-4922220　4955996　4956039　4922127（传真）

天猫官网：https://sxrmcbs.tmall.com　电话：0351-4922159

E－mail：sxskcb@163.com　发行部

　　　　　　sxskcb@126.com　总编室

网　　　址：www.sxskcb.com

经 销 者：山西出版传媒集团·山西人民出版社

承 印 厂：鸿博昊天科技有限公司

开　　本：655mm×965mm　1/16

印　　张：29.25

字　　数：400 千字

版　　次：2024 年 1 月　第 1 版

印　　次：2024 年 3 月　第 2 次印刷

书　　号：ISBN 978-7-203-12811-3

定　　价：108.00 元

如有印装质量问题请与本社联系调换

一

多神信仰的民族大致都有一个神谱,如现在所见到的《埃及神谱》《希腊神谱》等都是。本书试图站在民间信仰的角度,制作一个中国的神谱,换句话说,就是让民间诸神各归其位。

中国的民间信仰不是严格意义下的宗教,但其影响范围比任何一个宗教都要广泛,也更深入人心。从一定角度来看,中华民族的民间信仰是与这个民族的血液融合在一起而不可分离的。我们国家从来就没有任何一个宗教能成为"国教",而民间信仰的深入人心则直接反映到国家的祀典中,实际上成为不是宗教的"国教"。

不要以为民间信仰是多么草野蛮荒,其实帝王朝廷历代所尊崇的神祇与此并无二致。王即大巫,就是国家的大祭司。秦汉时国家的祭典中基本上是各地民间的巫祭内容,经儒家参预后,逐渐淘汰了一些利用价值不大的地方巫祭,而使另一些巫祭庙堂化,但巫祭的性质并没有发生根本的变化。原始的巫教,体现为国家祭典中的天神地祇,诸如日月星辰、风雨雷电、江河湖海、门户井灶、五谷八蜡等等,和民间所崇信祈祷的神祇完全一致。即便是民间信仰中那些排斥于国家祀典之外的所谓"淫祀",政府也一面是时宽时严、宽时多而严时少的禁止,一面又从中吸取一些可以被利用的神祇到中央或地方的合法祀典中。但民间信仰与国家祀典也有不同之处,其中最主要的是,同样的神祇,在民间信仰中有血有肉,有生有死,而在国家祀典中则是不死不活的僵尸。

民间信仰并不只是一群愚夫愚妇向着土偶木像烧香磕头。不要看到迎神赛祭时万人空巷,就以为都是愚妄之众。如果分析民间信仰的对象,了解那些民间神明的形成和本色,就会看到我们民族善良、正义、报施以及敢于和邪恶斗争的优秀品质,我这里说的邪恶不仅是指人间,还包括神界在内。民间信仰对神界的邪恶从来是不客气的,同时,民间信仰中的不少神明都代表着人类向神界的挑战和斗争。这些神所以成为神,是因为他们敢于与神界的恶势力斗争。这是民间信仰的正宗。这些信仰在民族的发展中,有的演化成美丽的神话故事,有的凝固为美好的习俗和艺术品。

但是民间信仰中本身就有正气也有邪风,愚昧迷信以至野蛮凶残的内容又占有相当大的比重。这一状况固然与上自神道设教的朝廷官府,下至骗钱弄势的乡绅巫师,这些大大小小的统治阶层的操纵控制有重要关系,但其他宗教的熏染和民众本身的素质也是使民间信仰不断神巫化的关键因素。这些消极的东西在表面上有时笼罩了民间信仰,更有时会被一些"妖人"所利用,但它并不是民间信仰的"正道"。举例来说,一个民间英雄或者清廉刚正的官吏被民间所纪念,进而奉祀为神,树为榜样,一个或千百个为自己的事业贡献全部心智甚至生命的农夫工匠为本行业凝聚为行神,鼓励同行的自豪感和兢业精神,这难道不是人间的正气吗?这是大量民间信仰的正宗本源。但后来有些神道变质了,他们(当然这都是他们背后的"人")大量地索取祭品,聚敛钱财,否则就给人们降下灾难,此时的神明已经变成妖神，祭赛已经演为陋俗，人们也开始从信仰转而为厌恶；于是这些神明便为人们所厌弃，或者香火冷落，祠宇荒圮，或者为一个新的神明所取代。就这样，几千年来，中国的民间信仰不断地推陈出新，万千诸神中只有极少的常青树能保留下来。

二

　　中国的神祇不仅数量庞大，而且随着地域、时间的变化，往往倏生倏灭，忽小忽大，诸神之间的关系、统属也变得极不稳定，此起彼落，你上我下。但这只是从我们现在的角度来看，其实在任何一个时期的任一信仰群体，他们对自己的信仰对象都是有着很明确的认识的，也就是说，他们各自有着自己的一套相对稳定的"神谱"。大者如南朝道士陶弘景《真灵位业图》所排列的那个庞大的分成七个阶级（位）的神祇体系，小者则可以把一个家族供奉的几位神明也算上。然而，这无量数的神谱之间又存在着各自不同的关联，诸神之间交织错落，变形移位，总是脱不掉华夏信仰这一大的血脉，所以我们就有可能把各宗各门、各家各户的诸神们编成一个总的神谱。这就是本书试图达到的一个目的。

　　历来的所谓"神谱"，简单地说，就是存在于某一信仰中的诸神在他们那个世界中的位置排列，就是让他们有个老祖宗，剩下的则"尊卑有序"。可是我们这个神谱虽然无法迁就任何一个宗派和信仰，但也有自己的中心，三教门徒都不得不让一让，这个中心就是我们自己——人。《左传》中说"神，聪明正直而一者也"，但紧接着又说："依人而行。"这就道出了人与神的主从关系。因为神是人造出来的，即使是以往的神谱，其核心角色也并不真的就是玉皇大帝、元始天尊和如来佛，而是人本身，那可是真的"以人为本"，毫不含糊。老百姓家家供着灶王爷，因为他们天天要吃饭。大老板的客厅里供着财神爷，因为他们要发财，你让他供个火神爷，他一准的不高兴。大官屋里供着天官赐福，如果改成什么佛陀菩萨，那多半是他们的官运已经久不亨通。

记得改革开放不久，某个城市的一个城中村开始盖庙了，因为这村里有个见多识广的能人，跑了趟广东，回来就说，我看盖庙这生意不错，不光是有香火钱，方圆几十里的人来烧香磕头了，他们总要吃饭吧，我们就在庙旁边盖几个饭馆，再开个小旅馆，弄些卖小百货的铺子，大家就都有钱可赚了。于是一间过去生产队的库房就改造成了个马马虎虎的小庙。可是庙里要供什么神呢？玉皇大帝的官最大，先把他矗在中间再说。有人说，现在人们都想生儿子，在玉皇旁边再放个送子观音吧。那时拖拉机还不像现在普及，种地还是把大骡子大马当成主力，于是玉皇大帝的那一边就立了个三只眼的马王爷。然后左一个关老爷，右一个猪八戒，凑了七八个神仙。小庙开张之后，生意果然不错，投资有了回报，就继续扩大再生产，一来二去，那个仓库里的神道竟列了有二三十位。但当时是博采众议，有个提案就矗个泥胎，最后终于有个明白人觉得有些不大对劲了：饭局上就座可是按规矩的，我们这小庙里的神道是不是有些乱套了？于是他们就讨论起"神谱"问题，想让这一堆泥胎论资排辈了。

这事儿说起来像是个笑话，但几千年来人们造神创教的过程却与此完全一样。各种神道，上自玉皇大帝，下至水火雷电、鱼龙百虫，所有的神道都是根据人们的需要造出来的，等到有了一定数量之后，才会想到给他们排座次，立尊卑，而那座次尊卑也无不与人们的需要有关。所以对于不同的人群，就有不同的"神谱"。那么我们现在的"神谱"又是站在哪家的立场上编排的呢？说起来又具体又含糊，那就是"民间"。

中国向来有儒释道三教之说，儒家算不算是一个宗教，眼下尚无定论，但起码在历史上大多数时间内没有宗教化，所以在中国最有影响的宗教其实就是佛道二家。这二家历朝历代都有过争风斗法、抢占头牌的故事，但细想起来，中国势力最大的就是民间信仰，中国的两大宗教对于泛神的民间信仰都不得不屈就，二教相争时是争民间的信仰市场，二教圆融时也是在民间信仰上取得共识。君不见，过去家里死了人做水陆道场，那边是一桌和尚，这边是一桌老道，各念各的经，弄得那可怜的亡魂也不知道西去佛国还是东去蓬莱了，但毫无疑问的是，和尚道士都得了一笔出场费。民间信仰的泛神原则，说好听些叫博大宽容、兼收并蓄，其实是见神就烧香，就是立个笤帚疙瘩也磕头。当然，如果这神道不灵，也可以一脚就踢得远远的，毫不客气。

势所必至，民间信仰就成了僧道们的大市场。因为佛祖和仙真可以饮风餐露，和尚和道士却是要吃饭的，而对民间好恶的逢迎正是他们的衣食源头。和尚关上门可以去念自己的经，坐自己的禅，可是只要一打开门，就要迎合善男善女的口味，让五百罗汉帮他们生孩子，让自己还托钵化缘的释迦牟尼给他们送元宝，让佛国的光棍汉们成全他们的百年姻缘。一般老百姓对《华严》《楞伽》是弄不清的，他们有兴趣的是达摩祖师少林拳、十八罗汉斗大鹏。佛教法海无边，圆通无碍，并不要求人人都去听他们讲经论、守五戒。如果有人看着我这辆"大乘"车好，拉走就是，愿意加些雕饰，描些金漆，就是改成轿子和三轮摩托也都无不可，于是观世音菩萨成了慈祥的美妇人，阎罗王都改了中国姓氏，毗沙门天王成了陈塘关的总兵。

道教囊底羞涩，本钱不如佛教雄厚，他们自己造的那些真君仙官苍白而乏味，没有几个局外人对他们肯看上一眼（除非让《封神榜》给"演义"一下），那就从民间拖拉购并。听说某个街市的叫花子死后有异相，哪个山里的老农八九十了还健步如飞，那就把他编进"列仙传"，拉进仙家队伍，从祖师爷太上老君到八仙十二真，就都是这样收购来的。

三

可是这样一来，对数以千计的天神地祇，有人就习惯把他们分为佛、道二类：非佛即道，好像凡是本土的神祇理所当然地就归属于道教。石家庄西北郊毗卢寺的壁画是很有名的，有人就把佛教以外的神祇统统划归道教，从而得出毗卢寺是"道释合一"的荒唐结论。其实那些所谓道教神祇如三皇、五岳、四渎等本属于中国的民间信仰和朝廷祀典，他们和天地日月、风雨雷电等神祇一样，早在佛教传入、道教产生之前就为生民所信仰，而且其信仰仪式数千年来一直延续着，怎么会突然变成道教诸神了呢？

佛教的宗旨是以涅槃而脱离轮回，它的主角是佛陀、菩萨、罗汉，道教的宗旨是以修炼而羽化飞升，它的主角是三清及各级仙真。天神、地祇、人鬼都不是二教的主角。他们尽管可以和民间信仰互通有无，但绝对不要以为真的成了"三教圆融"。二教的本始原则在教内是不能乱来的，这也是内外有别，对外的是民间化的佛教和道教，内部却严守着疏而不漏的藩篱，于是《十王经》终究不能收入佛藏，而八仙也不会单独立庙。他们可以让民间诸神看家护院，却绝对不允许升堂入室，即便是人间帝王升了天，也别想轻而易举地成佛成仙。

人们常说"神鬼仙佛"，这正合他们出世的顺序，先有神鬼，后有仙佛。仙佛自然属于道释二教，至于神和鬼，则是民间信仰的主角，换一种说法，只有在民间信仰中，这些鬼神才能得到尊重或敬畏。

民间信仰中的神祇，其性质都是与民生息息相关的，不管是有利还是有害。而佛道二教中的天神地祇，完全是佛国、仙都中不入仙佛之"流"的"杂品"。此言或为诸君所置疑：难道佛国中包括四大天王在内的二十四诸天，仙都中的九天应元雷声普化天尊和三界伏魔关圣帝君也是"杂品"吗？二十四诸天都是佛教收伏的外道，正如杨二郎收伏的梅山兄弟一众妖精，在佛国中始终处于接受再教育，天天听法却永远成不了佛的尴尬地位，其职责不过是佛国的门房家丁。而关圣帝君呢，我们只看一事即可明了，嗣汉第三十代天师张继先，在北宋的末世皇帝那里还要站班上朝，在仙界更是蹭不上仙阶边沿的微末角色，可是我们的关老爷却要被张继先挥来斥去，稍不顺眼，就要打发到酆都狱中做囚犯！关羽即便封为"帝君""大帝"，在道教中也不能列入仙班。

民间信仰中的神祇为释道二教所吸收，安排什么差事，赏个什么头衔，那是人家教门中的私事，我们干涉不着，但也不必为此而受宠若惊，喊着叫着"我们的关老爷已经为智者大师收容，到赵太爷家看院子啦"，"我们关老爷已经受了招安，成了张天师的部将，替大宋皇帝征蚩尤打冲锋啦"。生前威震华夏，死后炳耀千秋的关老爷，我们老百姓更愿意他成为自己的"义勇之神"。

正是基于这一认识，此书仅收中国民间信仰中的天神地祇，同时也顺便介绍他们与释道二教的一些瓜葛。可是瓜葛归瓜葛，我们的本位依旧立在民间的信仰上。中国民间的信仰是很讲实用主义的，所以此书就把众神按功用分作十类，但在前面还要加上一个任何一类都难包容得下的大神，即"开天辟地之神"。

本书不当之处，还望三山五岳诸位高人指正，在此先谢过了。

栾保群

目
录

第二编　风雨雷电水火诸神

开篇　开天辟地众神之神

开天，辟地，造人，这样的大神自然要凌驾于天神、地祇和人鬼之上，所以堪称"众神之神"。每个民族的神话中大致都要有那么一个创世或者造人的大神，不用多说，中国人都知道我们的这位大神是盘古。但此篇还想再补充二位，那就是伏羲和女娲，理由后面自然要谈，先立个规矩，就是把每一类的诸神先排个谱，再把每位神的别称及异变列于后面。本类虽然只有三位，但也要循例开列如下：

盘古

据传说，宇宙最初的状态是一片混沌，连天和地都未分离，记载说"混沌如鸡子"，可是鸡蛋中尚有蛋清蛋黄，这未成型的宇宙就是茫茫然昏昏然的一"锅"粥。而"盘古"就生于这混沌之中，一日九变，而天地始判，也就是才分出蛋清蛋黄。于是每天盘古长高一丈，而天也日高一丈，地也日厚一丈，如此过了八万四千年，天极高，地极厚，而盘古极长。天地就这样开始了创造阶段。而盘古"本人"生得是什么样子，虽然据说生得是龙首蛇身，但那只是后世立庙塑像的想象。其实他就是整个"宇宙",空间和时间的统一物。据说其生时嘘气则为风云,出声则为雷霆,睁眼则为白昼,闭眼则为黑夜,喜则为晴,怒则为阴。但天地创造的最后完成,则是盘古的"垂死化身":他死后左眼化为日,右眼化为月。四肢五体化为四极五岳(一种说法是:头为东岳,腹为中岳,左臂为南岳,右臂为北岳,足为西岳),血液流为江河,筋脉化为地里,肌肉化为田土,毛发化为星辰,皮肤化为草木,齿骨化为金石,精髓化为珠玉,汗流化为雨泽,身上的诸种寄生虫,因风所感,化为黎民。而后便出现了天皇、地皇、人皇所谓"三皇",人类的历史便开始了。

盘古开天辟地的神话为道教所看中,认为可以壮大本教的声势,于是盘古就成了道教的大神,称为盘古真人。东晋道士葛洪在《枕中书》中说:在天地尚未成形的混沌状态时,盘古真人已经"游乎其中"了。他是"天地之精",即天和地的最原始胚胎,用现在的观念来想象,他就是宇宙大爆炸之前的那个最原始的"奇点"。"自号元始天王",天地尚且未有,他何须要自立个名目?后来葛洪笔锋一转,就在这"宇宙洪荒"中凭空出来个大罗天之上有玄都玉京七宝山,山有上中下三宫。上宫是盘古真人、元始天王、太元圣母所治。好像盘古与元始天王又成了两个人。不管怎样,这位盘古真人与太元圣母住在一起,阴阳交合,就把造人的程序规范化了。葛洪把盘古伟大的"垂死化身"庸俗化为一个悬在天庭上的大神,眼界也太猥亵了些。

但后来道教有了自己的最高神——三清,却又舍不得盘古这个在民间很有影响的招牌,便想把盘古与三清捏合在一起,于是出现了盘古即元始天尊的说法。说是盘古开辟天地,死后遗体化为江河山林,但他的灵魂依然存在,于是游行于虚空浩天之中,这时不知从哪里来了一位太元圣女,盘古一见,便化为一道青光,投入圣女口中。圣女怀孕十二年,生下了元始天尊。也就是说元始天尊是盘古转世了。

但是民间对这种自作多情并没有理睬，而道士也觉得这个亲戚攀得离谱，所以始终未能把盘古从民间信仰中连根拔走。盘古以盘王、盘古王、盘古公、盘古大王、盘古星君、盘古万岁等神名继续为南方民间所奉祀，有的还给他配了盘古妈。

伏羲　女娲

伏羲和女娲是中华民族的始祖神，都是人首蛇身，冠冕些，愿意说成是人首龙身也未尝不可。在汉代的画像中，这二位是做蛇身交尾状，纠缠在一起，证明着他们是夫妇。后世也有说他们是兄妹二人的，那也不错。在一些少数民族的神话中，说大洪水过后，世上只剩下伏羲、女娲兄妹二人，只好自为夫妇，重新繁殖人类，创建世界。可是有些儒家的老先生偏要给这二位始祖戴上帝王的冠冕，觉得这才够阔，可是又不能容忍一位女皇的存在，于是他们就又造了一个伏羲、女娲为兄弟之说。但此说虽然在宋元以来为最正统学者所坚持，民间却始终不买账。女娲庙的神像是女性，香火就盛，如果改成男性，则香烟寥落，门可罗雀。

伏羲、女娲创造天地人类，本来应该是夫妇二人合力完成的事，但这方面的神话资料已经被以儒家为主的经典所湮没，只剩下一些片段，好像是二人各干各的，却又不是男耕女织那种分工。在儒者的眼里，伏羲既是开天辟地的第一位帝王，也是开天辟地的第一个知识分子，他最伟大的贡献就是画了八卦，然后就是以"木德"而王天下了。虽然有些书说他教人盖房子、去生食，以至兴礼造乐，但多是方士之言，因为感觉出伏羲的贡献实在太单调，所以便把只有后世古帝才能做的事也加到他身上，结果却弄得更为不伦不类。

伏羲女娲图

而女娲却有幸未被儒生们抬举，所以神话中的材料才得以保存下一些。天地开辟，未有人民，是女娲抟黄土而创造了人类，又使他们结为婚姻，一代一代繁殖下去。她"一日七十化"，创造天地之间的万物。当天崩地陷，天不兼覆，地不周载之时，女娲又炼五色石以补天，断鳌足以立四极，积芦灰以止洪水。这样一来，补天造人的大功绩就只是女娲一个人做的，伏羲却只剩下画八卦了，现在看来，这确实有些不大公平了。

第一编　天穹星历曜宿诸神

本编所涉及的神，都起源于原始宗教中的天体（日月星辰）和有关气象的自然现象之崇拜。

仰望天穹，群星灿烂，但其实那里也和人间一样，大不平等。有稳坐在北极中的帝星相星，也有贼星、耗星。人们按照自己理想的社会结构安排天穹，却又反过来说人世的帝王要"法天"。所以天帝所在的天穹既是人间的投影，也是人间的楷模。这里先简单介绍一下这个天国的大致结构。

天穹的中枢就是北天极，那里有著名的北斗七星（大熊座），而将北斗的前两颗星天枢和天璇相连，其延伸线所指则是北极的中心，北极星（小熊座），正是帝星所在。

北极稳坐天穹，相邻的北斗七星一年四季率领万星围着它旋转。古代称这个天域为中宫。北极的东侧八星和西侧七星如藩篱墙垣护佑着它，后来又号称紫微垣，正如人间的紫禁城一般。

而周天则分为四个区域，即所谓"四象"：左青龙，右白虎，前朱雀，后玄武。

四象之中每象又分为七个小区域，四七二十八，也就是二十八宿。

日、月和金、木、水、火、土五大行星合称七曜。后来又加进紫炁、月孛二星，为九曜，又加进两个从西域历法中引进的罗睺、计都，则称为十一大曜。而由于历法推算以及星命学的需要，天上还有一些虚拟的"星体"，如"太岁"以及他的一些"属神"。

虽然这布局很有秩序，但在民间信仰的诸星神中，却并不那么整齐有序，一切都在变动，有升有降，有显达也有消隐。一个天帝，就有诸多演变，朝廷上尊奉的昊天上帝与民间信仰的玉皇大帝就不那么一致。宋朝为紫微帝垣设置了"四圣"作护卫，后代就不太当回事，其中的"佑圣"发迹成为玄天上帝，而"翊圣"之类就没了声息。古代统管天地人间秩序的北斗，以后的权力就逐渐分散，最后自己连"司命"职能也难于成为专利。至于二十八宿，每宿的地位也很不平衡，有的高升，有的消隐，真有云泥之别。

总之，理想的天体秩序不是永存的，民间信仰中的列星诸曜在职能上自有新的排列。

天帝（玉皇大帝）

天帝，或称帝，或称天，连在一起还是那意思，就是上帝。另有天公、天翁、天皇、惟皇上帝、皇天上帝诸名，纷纭错杂，并不如秦始皇定"皇帝"之称那么严格。西汉时有五方帝，虽然一化为五，但究竟还都是天帝，汉武帝在神界搞大一统，归并为"太一"，不过是新瓶旧酒。在五德终始说的影响下，东汉有了五个"感生帝"，随着德运轮转而倒着班担当上帝的职能。东汉末又以北极星为天皇大帝，名耀魄宝，总领天地五帝群神。可是到了魏晋以后，道教兴起，为了给自己的神仙队伍壮声势，那"皇""帝"之名就如同官场上的高帽

玉皇大帝（石家庄毗卢寺壁画）

子一样满天飞了。看《真诰》中的上皇天帝、高上玉帝、金阙帝君、
酆都北阴大帝，究竟谁管着谁，也弄不太清，而真正的天帝也许成了
他们元始天尊下面第多少位的下手。但是作为"天子"来说，儿子是
不能乱认父亲的，所以朝廷祀典是毫不马虎，自先秦就有的"昊天上

帝"（间或为"皇天上帝"）便成了后代帝王的正宗祖宗，自新莽开始到清朝，一直都是官方上帝的正式名称。

为什么叫"官方上帝"呢？因为民间还有一个非正规的天帝，这个天帝除了不能用"昊天上帝"称呼之外，与官方天帝一样，都是货真价实的天帝。对这个天帝，民间可以编故事，唱小曲，插科打诨，道释二教可以给他捏造家史，向佛祖、老君递门生帖子，这都无所谓，只是不能用"昊天上帝"这个称呼。我们这个神谱中的天帝就是这一位，他最后为人们所认可的名称就是"玉皇大帝"。若问这玉皇大帝和昊天上帝有什么区别，只需举一个例子即可明了。河北省会石家庄（所以注明省会，是因为有外地朋友把我们石家庄当成祝家庄、扈家庄一级的寨子了）近郊有座毗卢寺，以一堂水陆画闻名世界。水陆画中有一玉皇大帝，位于东北壁的最下角，十大明王、天龙八部、十六罗汉、四大天王都排在他的前面。中国的上帝委屈到这个角落里，居然没有人干涉，就因为他不是官方的上帝。倘若敢把"玉皇大帝"改成"昊天上帝"四个字试试，那就走不了和尚更走不了庙，全要治罪的。更何况昊天上帝是连画像都要禁止，就是朝廷祀典，也不过立一个牌位，大象无形，谁敢凭空捏造他的高矮尺寸、五官位置，万一画出来，和某人面貌相像，谁知会惹出多大麻烦！

所以朝廷对昊天上帝，要坚持他的抽象性，以其抽象性让他成为宇宙的主宰。而民间却要把上帝人格化，让他成为具有人类特征的生动具体的"老天爷"。其中一个突破口就是让天帝有了只有人才有的"姓"，唐人段成式的《酉阳杂俎》里有一个显然出自民间的故事：渔阳人张坚，自小无法无天，无所拘忌。天上的刘天翁就想把这小子弄死，可是张坚养着一只白雀，能预知天意。刘天翁每次派人来杀张坚，白雀就预先报知，张坚便设下圈套，让那些杀手有来无回。刘天翁没了办法，只好亲自来到下界。张坚当然早就成竹在胸，便装作若无其事，一桌酒席已经摆好，刘天翁一进门就被让到了上座。张坚把刘天翁灌得醉成一摊烂泥，就偷了天翁的白龙车，直升天庭。等刘天翁醒后再追，张坚早在天庭上更易百官，自己做了天翁，号称张天翁了。按张政烺先生说，此故事当起源于汉末，其中之张天翁影射太平道之张角，而刘天翁则影射刘汉政权。人间的王朝更替被移到了天上，而天帝和人间帝王一样，不但可以戏弄欺骗，而且可以替代。即使天帝已经有了玉皇大帝的正式名号和地位，在《西游记》中还是照样被孙悟空折腾得一塌糊涂，几乎要把灵霄宝殿腾给猴子住。这就是民间的天帝，人间帝王的投影。即使在文人墨客笔下的天帝，也同样如此。唐代文人骚客亦常称天帝为玉皇、玉帝，在他们的诗文中，其宫殿仪仗、权势作用皆俨然人世皇帝。

当然，玉皇、玉帝之称最初源于道教，是民间把这称号借用来称呼他们的天帝。这也算是民间信仰与道教的相互吸收吧。到了宋代，佞信道教的宋真宗为掩饰澶渊之耻，在王钦若等人推波助澜之下，装神弄鬼，伪造符命，曾把道教的"玉皇"正式列为国家的奉祀对象。到了宋徽宗，则干脆把玉皇与传统奉祀的昊天上帝合为一体，上尊号为"昊天玉皇上帝"。表面上看，国家、民间、道教三方面对天帝的信仰似乎统一了。但这只是名称上的形式统一，事实上就是这种皮相的统一局面也未能保持多久。自徽宗以后一直到清，除了个别皇帝在宫中自设三清、玉皇之像供奉外，在国家祭天大典中，并不承认玉皇，仍奉祀昊天上帝。

至于道教，虽然顺水推舟，承认了玉皇是天帝，并且仿造释迦出身造了《高上玉皇本行集经》，但仍然坚持三清为最高神，玉皇只是三清的辅佐或即三清之第二位。但在民间俗信中，玉皇却逐渐脱离了国家祀典和道教经典的束缚，成为至高无上的天神，号称"昊天金阙至尊玉皇上帝"，总管三界十方，是神鬼世界真正的皇帝。但有一点，这个天帝是人性化的，做得不好就要被拉下马的。

紫微大帝

又称"北极紫微大帝"或"紫微北极大帝"。加以"北极"二字，是因为他位于天宇的北极，而实际上就是今天常说的"北极星"。纬书《春秋合诚图》说："紫微，大帝室，太一之精也。"紫微即太一，为天神之最贵者。所以道教或称北极紫微大帝为"万星之主"，与万天帝主玉皇上帝、万地帝主后土大帝、万雷地主天皇大帝、万灵帝主长生大帝、万类帝主青华大帝合称"六御"。"六御"加上"三清"则称"九御法王"。

还有一种说法，认为紫微帝君就是"三元""三官"中的"天官"。可见其地位之尊。

道教故事中或把紫微大帝说成是天皇大帝之弟。《北斗本命经》说："龙汉国王有玉妃，号紫光夫人，至金莲花温玉池，脱服澡盥，忽有所感，生莲花九苞，应时开发，化生九子。其二长子为天皇大帝、紫微大帝，其七幼子为北斗七星。"

天空中的"紫微垣"一向被星占术士视为人间皇朝在天上的"本命"。有个故事说，宋太祖赵匡胤还没有发家时，与兄弟赵光义、朋友赵普，在酒馆里喝酒，遇到华山道士陈抟。陈抟说赵普："你不过为紫微帝垣一小星，怎么能坐在这里？"丞相赵普是紫微垣的小星，那么宋太祖就是紫微大帝了。依此说，则人间皇帝即天上玉皇的兄弟，紫微帝君即皇帝的本命星。北宋以翊圣、天猷、玄武等"四圣"为紫微大帝之辅，也就是为宋朝皇帝的保护神。

四圣

　　宋人以天蓬、天猷、翊圣、佑圣真君合称"四圣"。"四圣"只是个尊称，并不能体现他们的神职，其实他们的职责就是为护卫北极紫微大帝，也就是护卫人间皇帝的本命神，所以称他们为"四将"更恰当一些。四圣的具体名称是，天蓬称大元帅，天猷为副元帅，翊圣为黑杀将军，佑圣为玄武将军，基本是按照皇宫禁卫军统帅来布置的。他们还有另外一套更为显赫的称呼，元帅、将军都成了"上帝"：北极天蓬苍天上帝，北极天猷丹天上帝，北极翊圣皓天上帝，北极佑圣玄天上帝。这正如时下的一些电视剧和历史小说动辄称"某某大帝"或"大汉""大唐"一样，不如此则不足以耸人耳目。天庭的"北极"就是紫微大帝的宫阙，所以虽然成了上帝，但依旧不过是紫微大帝的侍卫，只是苍（青）、丹（红）、皓（白）、玄（黑），四种方位色标明了四位将军在北极的东、南、西、北四个方位，如同四个大将分别把守紫禁城的四方大门一样。

　　四圣的神职平头齐肩，画在墙上也都是一般的高大威猛，其实他们在民间的位置却有极大的高下之别。有名的佑圣真君成了玄武大帝，不仅身世悠远，而且声名显赫。至于翊圣真君，不过是四圣登台的缘起，后世就默默无闻。那位天蓬元帅，只是在《西游记》中被调侃得投了猪胎，才在民间有些不太恭敬的影响，而天猷元帅的履历则更为萧条，简直就是一张白纸了。很显然，这四圣最初是道士们生凑起来的，其起因只是一个"黑煞神"，而所以发迹起来，却与北宋初年的政治大变局有关。

翊圣（黑煞神）

　　烛光斧影，宋太祖赵匡胤在一个寒冷的凌晨突然暴死，在场的只有他的兄弟赵光义，而太祖死后，赵光义随即把本属于侄儿的皇位抢到手里。对这一宫廷奇变，朝野的议论猜疑即使是如鼎之沸，也不会翻了天，因为赵光义成了太宗皇爷，手里有八十万禁军的枪杆子。尽管如此，赵光义也还是要为自己洗刷一番，把自己塑造成一个奉天承运的真命天子。他除了伪造一个老太后让赵匡胤"传弟不传子"的假口诏之外，还需要上帝的神旨，于是陕西凤翔盩厔县（今陕西周至）一个叫张守真的乡下小巫师，就应运而出，成了为万岁爷所瞩目的"神媒"。

据北宋张师正《括异志》说，这是发生在太祖末年的事，有一天，盩厔的百姓张守真突然听到屋里有异响，其声如婴儿，但语声却历历可辨，自称是黑煞神，是玉皇大帝的辅臣。此神虽然始终没有现形，却能预言吉凶祸福，于是惹动方圆百里的乡民都来祭祷。这消息传到了京师，太祖爷便让张守真"带着"那位大神进了京，设醮于皇宫之内，皇上要亲自向大神请教"天命"，好像他自己做了那么多年皇帝，连死后的接班人是谁都弄不清似的。于是黑煞神开言道："万岁爷要归天了，继承大宝的将是晋王，也就是皇弟赵光义！"

而南宋邵博《邵氏闻见后录》则是另一种说法，即太祖并没有在皇宫内降神，而是把神请到建隆观，让太监王继恩到观内请示天意。黑煞神预报天意道"晋王有仁心"，也就是说，晋王如果当了天子，老百姓就会过起幸福生活来，于是天意公布的第二天，太祖爷就"晏驾"了。

历史的真相现在已经不很清楚，但有一点是没有错的，黑煞神降灵论证了赵光义的天命，所以赵光义登基之后，就为这个从陕西民间冒出来的小妖神在终南山建了上清太平宫，黑煞神被封为翊圣将军，"翊"是翊佐、护佑，"圣"则是大宋皇帝。（朱文公揭他的老底儿，说："所谓翊圣，乃今所谓晓子者。"这"晓子"不知为何物，大约就

四圣

是附神汉巫婆之体而预言吉凶的所谓毛神野鬼吧。）那个小巫师张守真也度为道士，成了专为皇上造神界舆论的正式官员。

但此时还没有想到要凑成"四圣"。到了宋真宗时，专门弄神弄鬼的奸相王钦若，写了一篇《翊圣保德真君传》，重申此神的使命是"受上帝符命降世，卫护宋朝社稷"，那就不光是为太宗一个人扯谎，而是让黑煞神成了历朝大宋皇帝的保护神了。而且就在这时，翊圣故事又添了枝叶，此神又声明自己"与真武、天蓬列为天之大将"，"四圣"侍卫紫微宫的格局也就大致形成了。

而翊圣的出身已经先有了黑煞神这个名分，名字起得土里土气，定位不高，无法与久见于经传的"玄武"（即真武）相比，所以到了北宋后期，就干脆让出身不明的翊圣靠边站，把佑圣真君即真武弄成主推的明星。宋徽宗时，金兵威胁北疆，朝廷祈灵于"卫护宋朝社稷"的四圣，其中特别加号真武为"佑圣助顺真武灵应真君"，就是希望他率领四圣大显神威，镇魔北界。可是没有多久，汴京就被金人攻陷了。于是当时又有人说：朝廷推崇真武，真武为玄帝，为北方之神，而金人正在北方，推崇北方之神不就是预兆北方的金人要成事吗！

虽然四圣没有阻止北宋的灭亡，但赵构偏安江左，建立了南宋之后，还是不肯放弃四圣做保护神。他的理由似乎是：北宋要是不亡，哥哥钦宗还做着皇上，能轮得着我赵构吗？我从黄河北一直跑到长江南，金兵一路追着，要是没有四圣保佑，能在杭州立住脚吗？南宋王明清的《挥麈后录》中记载着一个传说：北宋末年，康王赵构被兄长钦宗派遣到金国出使，将要出发时，他的太太们送至厅前。此时有个小丫鬟名叫招儿的，见康王身后有四位金甲神，状貌雄伟，各执弓剑。招儿悄悄对王妃比画着说了，王妃立即醒悟，说："我一向谨事四圣，一定是四圣在暗中佑护。"后来康王在使金途中为李纲等拦

黑煞将军（山西芮城永乐宫壁画）

阻，总算没成了金人的人质。等他成了南宋的皇帝，首先感激的不是
那些拼死抗金的将士，而是这四位虚无缥缈的四圣。所以他在临安建

四圣

了四圣延祥观，宫里也供奉着四圣像。此事一直延续下去，但四圣中以"佑圣"最为尊崇。宋帝于宗阳宫、万寿观及诸御前宫观，将佑圣与感生帝、元命并祀。

佑圣（玄武）

佑圣真君全称北极佑圣真君，就是"玄武"。四圣在天上护卫北极紫微，可是往星空上看去，何为翊圣？何为天猷？连个影子也找不到。这四圣中唯一一个在天空有实体的星神，就是玄武。

二十八宿中，北方斗、牛、女、虚、危、室、壁等七宿合称"玄武"，而以虚、危为主宿。至先秦时遂又演为主北方七宿之神，与青龙、白虎、朱雀合称"四灵"或"四神"。其形为龟蛇相纠缠，所以《淮南子·天文训》把玄武视为北帝之兽：北方水也，其帝颛顼，其佐玄冥，其神为辰星，其兽玄武。这时的玄武只是星象中的龟蛇二兽，其实只是一个身有花纹的乌龟。

到了东汉的纬书中，玄武又被提格为"北帝之精"："其北黑帝座，神名曰协光纪，其精为玄武。"但又说："北方黑帝，体为玄武，其人夹面兑头，深目厚耳。"名字成了"黑帝"，但其体仍为玄武，也就是龟蛇，所谓"狭（夹）面尖（兑）头"正是乌龟的脑袋。其神格因在北方，按五行北方属水，所以玄武在汉代也曾被视为水神。（《楚辞·九怀·思忠》："玄武步兮水母。"《后汉书·王梁传》："玄武，水神也。"）可是随着五帝之说的逐渐消沉，作为北方黑帝的玄武也就不那么显赫了，只是和青龙、白虎、朱雀在一起凑成一套吉祥图案，深深地刻在人们的生活中。

这种状态延续下去，几百年来基本上没什么改善，玄武还维持着龟蛇一体的形象。五代《葆光录》中有一个故事：一个姓沈的浑小子，走在竹林中，见蛇缠一龟，他以为这是二物交配，但这碍着他什么事了，却抡起锄头连蛇带龟打死了。这可惹了大祸，他们家几十口子，旬日之间相继而亡。有人说他杀死的不是普通的乌龟和蛇，而是"玄武神"。神而显本相于竹林之中，而且一把锄头就可以砍死，虽然还能施报于仇人，但其神格之低也可想而知了。

玄武升为大神，乃在北宋真宗大中祥符年间，因避"圣祖"赵玄朗之讳，改玄武为真武，旋加号为"镇天真武灵应祐圣真君"，正式为道教收编。到了宋末，为了加强北方对金人的防御，特加真武尊号，让他成为护佑北疆的大神，而且宋徽宗特意在皇城东北方堆砌了个空前豪华的"艮岳"，此时他在朝廷眼中的位置已在"翊圣"诸位之前了。谁能想得到，为了建这个艮岳，大搞花石纲，天下骚扰，不仅掏空了宋王朝的国库，还点起了各地的烽烟，终于让金兵乘虚而入，灭了北宋。所以后来就有人认为崇奉真武是"金虏灭宋之谶"。

到了南宋，真武神人格化的传说日益滋繁。其形象多为道服羽流，仗剑披发，颇为威猛。而他的本相龟蛇则做成泥塑踩在他脚下。可是在民间传说中，这位大神常常显形于市井，除妖治病，活脱是个许旌阳、吕洞宾式的道士神仙，与他的大帝身份颇不相称了。

真武的再度兴起，起于元大德七年，加封真武为"元圣仁威玄天上帝"，那是因为蒙古从北方兴起，入主中原，所以他们觉得这是北帝玄武在保佑着自己。等到明朝初年，燕王朱棣以一北疆藩王而发动"靖难之役"，决意以北统南时，便拉大旗作虎皮，真武既为镇守北天的大神，自然也就成了他的战神。据说朱棣将起兵时，问他的国师姚广孝何时开始出发。姚广孝说："时候还没到，再等等我的师傅。"过了片刻，忽然旌旗蔽天，云霄中现出一披发仗剑的大神。朱棣问："这是何方神圣？"姚广孝道："这就是我的师傅，北方的玄武大帝。"朱棣和姚广孝造出了这个神话，自然能鼓舞士气。待到朱棣打进了南京，把侄儿建文帝弄得活不见人死不见尸，自己登上了宝座，玄武大帝的助战之功自不可没。靖难之役成功，明成祖朱棣迁都北京后，建真武庙于皇城东北方（所谓艮位，即在今后门桥之东），又因为有玄武出家于武当山之说，便在武当天柱峰顶铸铜为殿，饰以黄金，又铸玄武大帝像于殿中。由于明代历朝万岁爷的大力推动，真武信仰迅速遍及全国，香火极盛，几乎成为仅次于三清、玉皇的道教大神了。（朱棣和他的子孙哪里能想得到，这玄武大帝助金人灭宋的魔咒在他们这一朝再一次重演，二百年后，东北方满人的后金又一次攻入了京城。）

但是各地供奉玄武，特别是宫廷御用各衙门，全部都建真武庙，设玄帝像，旁塑龟蛇，却另有一个功用，那就是前面说过的玄武的水神功能。既是水神，就可以防火，所以真武大帝和龟蛇二将就又兼任了"消防队"。当然事实证明，皇宫还是照样发生火灾，而且一把天火烧得皇上没地方临朝也不是太稀罕的事。

真武有此显赫声威，道教自然要彻底摒弃源自原始宗教的种种传说，另行为他编造身世。于是真武成为净乐国王太子，由善胜夫人剖左胁而生，然后修行得道，除鬼斩妖。这如同玉皇身世一样，也是模仿佛经而编造出来的。但在细节上略有差异，《三教源流搜神大全》谓其为元始化身，余象斗《北游记》谓其为玉皇化身，《历代神仙通鉴》则说是太始化身。真武既然身世、地位如此显赫，当然不可能是龟蛇之类，所以有关真武的传说，又皆称龟蛇乃六天魔王以坎离二气所化，但被真武神力蹑于足下，成为其部将。

可是在民间传说中，却另有一套玄武出身故事，据《台湾神像艺术》说：玄武本是民间一屠夫，以杀猪为业，性情至孝。及至晚年，悔悟自己杀生太多，乃毅然放下屠刀，隐入深山修行。一日忽有所悟，听神人指示："欲除杀生之罪，须刀割自己腹肚，取出脏腑，洗清罪过。"屠夫遵意而行，剖腹于河中。至诚感天，遂成仙，为玄天

玄武大帝（白云观藏画）

上帝。而其弃于河中的胃脏却变成龟，肠变为蛇，兴妖作怪，玄天上帝又亲自下凡降服这个充满自己罪孽的胃肠。这个故事看似很幼稚朴实，又加了一些佛教的色彩，其实最能反映玄武弃旧形、换新妆的真相。

龟蛇二将（天关地轴）

龟蛇本为玄武的形象，玄武既然已经成为大帝，自然不能蛇头龟脑，于是他自己的本相反而降为自己的部将了。在《北游记》中，龟蛇是武当岩水火洞中生出的两个妖怪，抢夺曹州太守之女做压寨夫人，城隍爷奈何不得，便请来玄武降伏。其行径只如《水浒》中的蟊贼小霸王周通而已。到了清人徐道的《历代神仙通鉴》，这夹面兑头的二位买卖便做大了，成了混世魔王。书中说：商纣王时，水、火、旱、蝗、瘟、妖六大魔王，扰乱天下。无上元始一面命玉皇上帝降诏紫微垣，以武汤降为周主，伐纣除残，一面派玄帝收魔荡秽。于是玄帝披发跣足，与六魔王战于洞阴之野。四魔败遁，二魔王自恃坎离二气，化苍龟巨蛇。玄帝施大威力，摄二魔于足下，不能变动。玄帝回天交旨，拜为玉虚师相、玄天上帝，领九天采访使。而龟蛇二魔，也奖其去邪归正，封巨蛇为天关太玄火精、命阴将军、赤灵尊神，苍龟为地轴太玄水精、育阳将军、黑灵尊神。其他四魔见龟蛇受封，也来拜服，玄帝悉收为部从。这样蛇、龟又有了天关、地轴的嘉名。

周公、桃花女

许道龄先生在《玄武之起源及其蜕变考》一文中说："北平一带，明末清初所创建的真武庙，其像的两旁，则多改塑周公和桃花女，是北宫七宿的象征。"这是源于民间小说《桃花女破法嫁周公》。桃花女的故事在明代很流行，在《西游记》《二刻拍案惊奇》中都提到过她和周公斗法成亲的故事，现在还有成本的小说传世。此处仅借许先生的提要，把这夫妻俩与玄武的关系说明一下。

周公，洛阳人，善箕卜。桃花女姓任，父名任定，善解禳。一日，周公闷坐无事，为其仆人彭祖算命，算毕，谓彭祖曰："汝后日午时，合该于土炕上板僵身死。"彭祖闻之大惊，即至任二公家告别，女问其故，彭祖以实告，女乃教彭祖祷告于北宫七星君真武神，为之增寿三十年，得以不死。周公闻之，怒甚，即命彭祖备花红酒礼，送于任家，名为答谢，实则为其子增福订婚，桃花女早知其来意，因即允之。周公俟其迎亲日，处处择凶神恶煞时辰，以谋加害，而女则一一设法破之，周公佩其高明，即备庆喜筵席，以宴宾客，一家团聚，其乐融融。因周公与桃花女二人，本皆天神，故归天之后，真武皆收为侍将云。

据《三教源流搜神大全》，与玄武大帝有关的还有一位铁元帅。此公姓铁名头，"气排山岳，力倒九牛。杀乌兔于颍水之阳，降火马于阴山之北"。因曾协助玄武降服龟蛇，所以玄武邀他同升天界。天帝封他为猛烈元帅，分掌玄冥。这玄冥正是北方，看来也应是玄武的部将了。只是不知明清的真武庙是不是有他的塑像，如果有，大约也是在关老爷背后扛大刀的角色了吧。

天蓬　天猷

与翊圣和佑圣二位来比，天蓬和天猷简直就是饭桌上硬凑四菜一汤的凉拌黄瓜和粉皮。虽然如此，这二位的来路却也比黑煞神出身的"翊圣"正规一些。天蓬、天猷最早见于晋代道士写的《真诰》中。那里记录着一条"北帝煞鬼之法"：先叩齿三十六下，然后祝道"天蓬天蓬，九元煞童，五丁都司，高刁北公"等等一串神名，这里打头的就是"天蓬"，所以又叫《天蓬咒》。咒语最后还有一句："四明破骸，天猷灭类。神刀一下，万鬼自溃。"所谓"北帝"，此处指的就是"北极紫微大帝"。这个《天蓬咒》专管驱鬼降妖，据说走夜路的人没事口里念叨着，什么邪物就都不敢近身了。为什么呢？因为北帝此咒调动了一批杀鬼的神将，除天蓬之外，还有九元煞童、五丁都司、高刁北公、四明、天猷等等。只需口念此咒，这些神将就会在冥冥之中护佑。

这咒一直为道教所崇奉，到了宋代，估计是在出现了黑煞神之后，觉得光杆一个不够威风，就从《天蓬咒》诸神将中抽出天蓬、天猷二位，凑成一对，给北宋皇帝的佐命黑煞神"翊圣"做了伴当。依我的猜测，在还没想到用"四圣"这个名目之前，天蓬、天猷大约只配站在翊圣的一左一右吧。因为这二位实在也没有什么具体的事迹，恐怕连二十个字的简历都难编出来。至于明代时吴承恩让猪八戒的前身充当了"天蓬元帅"，却早与"四圣"不相干，不过是个看守天河的角色。说来也是，四圣本来就是翊佑宋朝皇帝的，厓山一战之后，他们也该散伙了。

北斗

北斗在古代的星辰崇拜中地位突出，因为它位于中天，极为显著，而诸星的运行位移，正好让"斗柄"旋转，每年一周，成了高悬太空中的一座大时钟和年历。所以古人为北斗七星起的名字，天枢、天璇、天玑、天权、玉衡等都是度量测算的器具，天帝就是用这些权衡璇玑"以齐七政"，也就是说，不仅四时、天文由北斗度量安排，就是地理和人道也由北斗调整。到了汉代，人间的历法制定渐趋严密，已经无须依赖于对北斗的观测，北斗的功能就更多地转移到人事上来，在东汉的纬书中，年命寿夭、富贵爵禄、岁时丰歉，都成了北斗的职能。而到了汉魏之际，民间俗信与早期道教吸收了这种信仰，进一步突出了北斗专掌寿夭的神性，于是出现了"北斗注死"之说。在很长一段时期内，道教极力把北斗说成是代天帝掌管人世生死的大神。

晋人干宝的《搜神记》中记载着这时期的几个故事，三国吴时，道士吕石昼卧，梦上天，至"北斗门下"，见门外有马三匹，有人道："这三匹马，是明天用来迎吕石和他的徒弟戴本、王思的。"吕石梦觉，便对戴、王二弟子道："死期将至，你们赶快回家准备后事吧。"隔了一日，三人同死。还有一个故事说有人梦见上天，见北斗门下捆绑着某人，结果次日某人即死。北斗既然掌管着人的生死，所以魏晋以后，道教就有祷北斗以祈寿的科仪。主宰人的生死，虽然比不上往古的"齐七政"，但对人世关系紧密，自然也是很显赫的大神。可是北斗生不逢时，此时又出现了太山府君和阎罗王，都来和北斗争夺冥界的地盘，瑜亮并生，北斗在冥界的影响也渐渐萎缩。六朝时南方道教的神谱《真灵位业图》，有一位"鬼官北斗君"，说是周武王死后充任此职。但他在罗酆鬼都中并不占有主宰位置，不大引人注意了。

北斗七星最惨的处境，莫过于把他们说成是七口大猪了。唐人小说有个一行禅师禳北斗的故事，说一行和尚年幼家贫，全靠着邻居王姥不时资助，才完成学业，成了当时的大博学家，到开元年间，又得到玄宗皇帝的赏识，几乎是言听计从了。此时王姥的儿子犯了杀人罪，案子还没有判决，王姥就找到一行，让他到皇上面前为儿子走走后门，弄个减缓免之类。一行很为难，说："明君执法，难以情求，这事不大好办。"王姥不由分说，破口大骂一行忘恩背义。一行只是行礼作揖，到底也没开口答应。一行回到寺中，让工役们把一间屋子腾空，搬进一个大瓮，叫来两个亲信仆人，嘱咐说："某街坊的一个角上有废弃的园子，你们到那里潜伏着，从中午到黄昏，一定会有东西进园子，一共是七个，你们务必把他们全捉来！"仆人如言而往，果然来了七头猪，就全捉了回来。一行大喜，便把猪扔进瓮中，盖上木盖，封以六一神泥，又写了一行梵文。第二天一大早，皇上就派太监请一行立即入朝，原来太史令上奏，说昨天晚上北斗星不见了，如此大的天变，不知主何吉凶。于是一行说："帝车不见，自古所无，此天将大警于陛下也。所以最好大赦天下，那时上天回心，北斗自然会重见的。"唐玄宗答应了，便大赦天下，王姥的儿子自然也就免了死罪。到了晚上，一行把那七口猪放了出来，果然北斗星就又出现在天空。

这是当时的民间故事，一行是唐朝开国元勋张公谨的后代，不会自幼家贫，而北斗化为黑猪到人间的废弃园子中也没有道理，可是这故事居然为道教所接受了。白云观所藏的斗姆像中，为斗姆拉车的就是七口黑猪。当然这拉车的猪也可以做别种解释：哪个母亲生儿子是为了给自己拉车的？可是北斗在古天文学中就有"帝车"之称，既然有给天帝拉车的履历，给老娘拉车又有什么不可。但此说也只是有这一些痕迹而已，并没有成为正统的说法。

北斗虽然被挤出冥界，但他在天穹的位置是不容忽视的，而他在中国本土文化中的源远根深，更让道教紧紧地把他抱住，不肯撒手，以作为与佛教竞争的主要出场者。自唐代后期开始，北斗在道教神话中就得到了新生，出现了北斗七星轮番下凡做人间天子的说法。而到了北宋时，北斗的地位再一次拔高，人间天子已经不算什么了，北斗成了玉皇大帝和紫微大帝的兄弟。仿照佛经而造的《北斗本生经》对北斗七星彻底人神化：在昔龙汉有一国王，其名周御，圣德无边，禀寿八万四千大劫。王有玉妃，号紫光夫人，于尘劫中发至愿，愿生圣子，辅佐乾坤。因上春之日，百花荣茂之时，游戏后苑。至金莲花温玉池，脱衣洗浴，忽有所感，池生莲花九苞，应时开发，化生九子。

斗姆元君（白云观藏画）

其二长子，是为天皇大帝、紫微大帝；其七幼子，是为北斗七星。这样，北斗的母亲紫光夫人也就成了可以与王母娘娘并肩的"斗姥"。

斗姆

斗姆在信仰中虽然出现很晚，但地位却很高。她又写作斗母、斗姥（读如姆），而尊号则有斗姥天尊、先天道姥天尊、紫光夫人、北斗九真圣德天后诸称。《斗姆大圣元君本命延生心经》所加"尊号"最多，其中一个是"九灵太妙白玉龟台夜光金精斗母元君"，好像不知抬到多高才满足，索性与西王母搅成一个了。这部经也谈到她诞生北斗的故事，但说法与前面有些出入，故意回避对佛经的模仿，已经不是什么国王的王妃，一开始便说斗姆在玄明真净天修行，崇奉元始天尊。在浴池中化生九莲的情节是一样的，但九朵莲花化生九子，则是北斗七星加上二隐星，号称"九皇"，也就是北斗九星，名称也改为天皇、紫微、贪狼、巨门、禄存、文曲、廉贞、武曲、破军。

成都青阳宫有斗姆殿，配神为王母及后土娘娘。其像为四头八臂，以四头应四象，八臂应八卦，似与斗姆为后世附会为"道母"有关。明清时广东肇庆七星岩中也有斗姥像，则是佛教菩萨装扮，名号也是佛教的，叫摩利支菩萨，又名天后，花冠璎珞，赤足，两手合掌，两手擎日月，两手握剑。左右有二天女捧盘，盘中一为羊头，一为兔头，不知有何寓意。

在民间信仰中，斗姆还有医神的功能，所以她又有慈救皇君、天医大圣的称号。安徽怀宁一带还有斗姆的民间故事，说是秀才龚揆一读书于黄梅山天池庵，曾过长安岭，有少妇随行，风雨猝至，龚以雨伞赠妇，冒雨自归。次日，妇人来，百般挑逗，龚不为动。妇人临去，道："你是正人君子，可代天宣化矣。"龚忽见雨伞下有书一卷，皆上清符箓，驱雷役电之事，乃悟妇人为斗姥。这个斗姥也过于平易近人一些了。而小说《封神演义》的斗姆则是金灵圣母，闻太师的师父，属于破坏武王伐纣的反动派。她道行了得，一人独抗慈航（也就是观音）、文殊、普贤三大士，打个平手，最后燃灯道人很不光彩地用暗器定海珠偷袭，才要了圣母的老命。姜太公封神时让她掌五斗群星、吉曜恶煞，那就不仅是北斗，连南斗、东斗、西斗、中斗都要叫她老娘了。

司命

司命星不在北斗七星之中，但因为他毗邻北斗，而且职能与北斗的司命职能相似，所以移到这里叙述。

在北斗星的"斗"的上方有六星，古人统称曰"文昌宫"，六星的名称分别是上将、次将、贵相、司命、司中、司禄。古人认为，其中的司命星"主老幼"，也就是掌人寿之长短。而《楚辞·九歌》有"大司命""少司命"二神，即至战国时司命星已逐渐转化为主掌人间生死寿夭的神明。王夫之《楚辞通释》道："大司命统司人之生死，而少司命则司人子嗣之有无。以其所司者婴稚，故曰少。"这或者也可以用来解释司命星的"主老幼"。

文昌宫紧邻北斗，北斗的司命功能与司命星肯定是有关系的，但究竟孰主孰从，却一时不易弄清。可是到了汉代，文昌中的"司命"似乎有脱离星神的趋向，成为专主生死的神明之称。这应该与中国古代冥府的转型有关。最早的时候，人死之后，魂升于天也好，魂依于墓也好，但统治这些鬼魂的主宰是天帝，而司命星就是天帝主冥的主要执行者。但到汉代以后，天帝主冥的职能开始向下界转移（这方面的详细介绍请看"掌阴司幽冥界诸神"一编），司冥与天帝分离，到汉魏之际出现了冥界主宰"太山府君"（或作"泰山府君"），司命的神职也随着与司命星脱离，成了太山府君的代称，或者就直接称为太山司命。晋人干宝的《搜神记》中记录了很多汉魏时期的冥府故事，其中多谈到生人魂魄为"司命所召"，然后是"司命按录籍""司命阅簿"等语，其职能似兼泰山府君与判官者。另外东汉末年人应劭在他写的《风俗通义》中，也说到当时民间对司命神的信仰："刻木长尺二寸，为人像，行者置于担，居者别作小屋。"由此可以看出，司命一神已然脱离文昌宫，从天上的星宿神转化为人间神祇了。

而一些道书中的司命神，则以人鬼充任，如《云笈七签》卷二十五中说：左司命姓韩名思，字符信，右司命姓张名获邑，字子良，"皆汉高帝之臣也"，即以张良、韩信为左、右司命。左司命张良主生，右司命韩信主死，这又可以看出"北斗主死，南斗主生"的变形。这时的"司命"一词已经化为职能性称呼，不必为某神所专有了。所以后世大则有专司宋朝天子一家命运的"九天司命保生天尊"，小则有黎民百姓一家一户的"司命灶君"，这已经与当年文昌宫中的司命星相距太远了。

本命星官（十二元辰、六十甲子神）

本命星官，也就是本命神，意思差不多，都是护持本人的星宿神灵，但具体到各家说法，又不尽相同。东晋葛洪的《抱朴子》是较早谈到本命星宿的，他说人在结胎受气之日，都与上天列宿之精相配。圣贤文武，富贵贫贱，都是由命中所值的星宿而定。这样看来，葛洪的本命星对人生没有任何护佑的职责，只不过是"命中注定"的一种解释。

《北斗本命延生真经》中的说法就不同了，它说：人的性命五体，都由本命星官所主。而本命星官掌管本命神将、本宿星官，常垂荫佑，主持人命，使保天年。本命星官每年六次降在人间。这里提到了三种不同的本命神：一是本命星官，一是本命神将，一是本宿星官。本命星官是负责"本命事务"的长官，不是某人的本命，所以他降临人间时，要带着"南陵使者三千人、北斗真君七千神将"，一个人的本命神是没那么大排场的，那他是何方神圣呢？而他属下的"本命星将、本宿星官"又是什么角色呢？这里说得比较含糊，但我们可以从唐人小说《逸史》的一个故事里悟出，那里说到宰相裴度"命属北斗廉贞星神"，廉贞是北斗七星之一，裴度命属此星，此星即他的"本命星官"。而廉贞星下又有"廉贞将军"，那就是前面说的"本命神将"了，而本命神将所以有七千，是因为北斗有七星，每星下辖一千神将，专门护佑命属本星的生人。具体些说，就是裴度有了灾难，一千神将中的任何一位都可以救佑他，而不拘于某一个神将。但有一点必须注意，这本命星官的保佑可不是免费的。比如，裴度既然命属廉贞，要想求得廉贞将军的保佑，是要按时向本命星官"祭以果酒"。如果不能按时祭祀，将军就要来催讨，那态度很不客气，以致裴度都吓得浑身冒冷汗；若是催讨无效呢，本命星君不但不会保佑，还要降灾也说不定的。后世北斗系统的人寿保险公司开不下去，弄不好就与他们的这种作风很有关系。

还有一种十二辰系统的本命神。《钱录》第十六卷中录有一品吉祥钱，一面铸有南极、北极二仙，下有一丹鼎，鼎的两旁是龟鹤二物，钱的正中则楷书"本命星官"四字，而钱的另一面则铸有十二属相。十二属相的神名又叫"十二元辰神君"，具体称呼是：寅生属虎，功曹元辰；卯生属兔，太冲元辰；辰生属龙、天罡元辰；巳生属蛇，太乙元辰；午生属马，胜光元辰；未生属羊，小吉元辰；申生属猴，传送元辰；酉生属鸡，从魁元辰；戌生属犬，河魁元辰；亥生属猪，登明元辰；子生属鼠，神后元辰；丑生属牛，大吉元辰。这十二元辰的名目都与星象有关，所以也属于星宿之神。

本命延寿星君

最为人们认可的本命神则是六十甲子神。道教以六十甲子纪年，每年各配以神，掌当年人间祸福，称六十甲子神，或称"六十星宿"，又称"值年太岁"。各神又为当年所生男女之保护神，故又称"六十甲子本命元辰"。这六十个神还给安了名姓，但说法不一，比如乙丑太岁为陈材大将军，有的就做陈枋，到底哪个对，也说不清，又如丙寅太岁为耿章，有的就叫作沈兴，而另一种说法则以沈兴为丁卯神。反正都是胡乱起的，诸男女也不大管它。还有一种甲子神的名姓则同于六十"日值神"，而且除本命神外，又配以男女各六十元辰，如甲子本命神为王文卿，男为乙未杜仲阳、女为癸巳史公来等等，那就更是故弄玄虚了。据北宋黄休复《益州名画录》载，五代时画家石恪于成都圣寿寺经阁院玄女堂画有六十甲子神。今道观多造六十甲子神殿，供香客识认本生神，其意似仿照佛寺之罗汉堂，有些娱乐性，让人在里面转来转去，多泡一会儿。

南斗

南斗即二十八宿中之斗宿，北方玄武之第一宿。因与北斗位置相对，故名。早在战国时代，它已与北斗一起在民间信仰中占重要地位，和日、月、参、辰等星神一样建有庙宇。最晚也在汉魏之际，与"北斗主死"之说相对应，出现了"南斗主生"之说。当时有一传说：术士管辂行至平原县，见一少年颜超，相貌很不好，是个短命之征。颜父求管辂用法术延命。管辂便道："你们回去，准备清酒一榼，鹿脯一斤，卯日那天，在那块刚收割完麦子的田地之南，大桑树下，有二人正在围棋。颜超只管斟上酒，把肉脯放在旁边，他们自会饮酒，饮了一杯，你就再斟一杯，直到榼中酒尽为止。那二人要是问你什么，你但管叩头，什么也不要讲。那时自会有人救你。"颜超依言而往，果见二人围棋。颜超就照管辂所嘱置脯斟酒。那二人只顾围棋，一面饮酒食脯，却也不看酒脯是从哪里来的。数巡之后，北边坐者忽见颜超在旁，叱道："何故在此？"颜超只管叩头，一语不发。南坐者便道："你刚才吃了人家喝了人家，就不讲些情义吗？"北坐者道："文书已定。"南坐者道："借文书看之。"只见文书上写着颜超寿只十九岁，便取笔把"九"字挑到"十"字之上，对颜超道："我救你活到九十岁。"颜超拜谢而回。管辂对颜超说："北边坐者是北斗，南边坐者是南斗。南斗注生，北斗注死。凡人受胎，皆从南斗过北斗。所有祈求，皆向北斗。"《三国演义》中也演绎了这个故事，只不过把

南斗（毗卢寺壁画）

颜超改为赵颜了。

这一传说对北斗"本命延生"的生意无疑要"分一杯羹",但好在影响并不大,人们要求延寿时,还是给北斗送礼的多。但"南斗主生"之说也没有消沉下去,到近代仍有一些民间祠庙建有"延寿司",祷祭的就是南斗星君。求寿的人求完北斗再求南斗,见神就磕头,礼多人不怪,这是我们礼仪之邦中小民的美德。南斗与北斗同塑在一起的时候,北斗是一副凶煞相,南斗则是满面慈祥。但有人不那么说,清末人俞樾在《右台仙馆笔记》中说到南斗的相貌:"赤发赪颜,手执笔,跳舞于前,若俗所画魁星之状。"魁星为北斗第一星,而此星神与魁星相似,脑袋和脸却是红色的,红是南方之色,所以此神正是南斗之神。但此说应是文人臆测,民间未必承认的。

文昌

《史记·天官书》道:"斗魁戴匡六星,曰文昌宫。"斗魁就是北斗的斗,正如饭杓的杓的部分。而那个"匡",就是一个敞着的筐,文昌六星用线连起,成筐形,位在斗魁之前。前面已经说过,文昌六星一曰上将,二曰次将,三曰贵相,四曰司命,五曰司中,六曰司禄。东汉的纬书《春秋元命包》说:"贵相理文绪,司禄赏功进士,司命主老幼,司灾(即司中)主灾咎也。"北斗与文昌合起来看,好像一个长柄的勺子正往容器中放东西,也许是命运把寿夭、福祸以及贫富、贵贱都放进去吧。

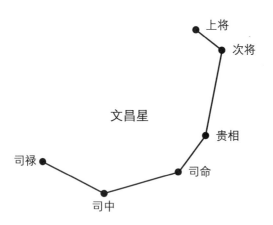

上将

次将

文昌星

贵相

司禄

司命

司中

　　但文昌之为后代所瞩目，主要是在这"文昌"二字，可以望文生义为"文运昌盛"。"文运"虽然是国家的事，但正如扩大了招生名额是考生的福音一样，文昌星也就成了读书人的福星。纬书《孝经援神契》说："文者精所聚，昌者扬天纪，辅拂并居，以成天象，故曰文昌宫。"可见"文昌"二字本来与国家或个人的"文运昌盛"并无关系的。可是读书人既然认定文昌是他们的福神，别人也是奈何不得，正如大盗柳下跖成了勾栏姐妹的护法，他自己都百口莫辩，推托不掉。好在读书人很快便把文昌星君变成了文昌帝君。在四川梓潼有一座地方祠庙，祀奉着张亚子，四川读书人进京赶考，途经此地，便烧香求签，据说颇为灵验，于是这个张亚子就为读书人所信奉，进而与天上的文昌挂了钩，张亚子就成了文昌帝君。这一节，我们到"福禄财喜文昌诸神"一编中详说。

奎星（魁星）

　　四川梓潼七曲山大庙是文昌帝君的"祖庭"，其中有个殿里供着一个新塑的魁星像，鬼面环眼，蓝面赤发，披衣跣足，足踏鳌鱼，右手高举一支笔。这是我见过的最大的魁星像，足有两丈多高，但有一点与常见的魁星像不同。平时魁星像必须一足踏鳌，一足翘起踢"斗"，如果两只脚都站在鳌鱼上，就不大对劲了，理由很可笑，就是魁星不像个"魁"字了。这也无妨，因为这位主文运的魁星爷从一开始就是靠错别字起家的。

按《史记·天官书》，魁星即北斗七星之第一星，也有说是第一至第四共四颗星的，这四颗星就是天之"璇玑"，而余下三颗即勺柄部分则为"玉衡"。所以魁星与文章气运并无关系，更不会主宰文运。据顾炎武说，真正主文章的不是北斗之"魁"，而是二十八宿中西方七宿的第一宿"奎"，因为东汉纬书中就有"奎主文章"之说，而直到宋代，还把奎星当成主文运的星宿。南宋曾敏行《独醒杂志》载：宋徽宗初建宝箓宫，设醮，醮事将结束的那天晚上，道士拜焚给天帝章疏，可是一趴到地上，竟有一个时辰没有起来。旁观者不知何故，也不敢问。及至起来，徽宗才问起缘故。道士说："臣章疏未上时，正好遇到奎宿星官入奏，所以我等他奏毕才敢上奏。"徽宗问："奎宿何神？"道士答道："奎星是主文章之星，今乃本朝苏轼为之。"此时朝内一群奸党正鼓动徽宗把已经被流放的苏轼在肉体上也彻底消灭，徽宗闻之，不禁默然。道士之言虽不可凭信，但却可以证明宋人是把奎星而不是魁星视为文星的。

但此"奎"怎么成了彼"魁"呢。理由大约是，古人有个毛病，好以名字想象人的形貌，钱锺书就曾总结过，尧的儿子叫丹朱，塑泥像时就弄成个红脸猪头，舜弟叫象，就弄个大象鼻子，西门豹则身后拖一豹尾，等等之类。所以人们要给奎星塑像，也要由"奎"字上挖掘灵感。但奎字像蛙，总不能让蛤蟆精主持文运吧？而魁字既有魁首之意，其字形也有想象余地，正是一"鬼"翘足踢"斗"。于是奎星只好让位给魁星。以貌取人，多是择其俊秀者，而如今魁星却以鬼脸

文昌

035

木魁星（泉州）

儿中了雀屏之选。这又让我想到，也许用鬼脸儿做魁星，还有对科举中以貌取人作一反讽的意思在内吧。

文曲星　武曲星

文曲星其实与文昌星差不多，但更为民间所常道，颟顸蠢物如范进的老丈人，那个满脑子猪油的胡屠户，都知道"这些中老爷的，都是天上的文曲星"，可见其深入人心。有了文曲，岂能没有武曲？便又凭着想象创造了一个武曲星。于是北斗七星便有了另一套称呼，其中第四星为文曲星，第六星为武曲星。在《封神演义》里，比干被封为文曲星，窦荣被封为武曲星，皆属北斗星官。

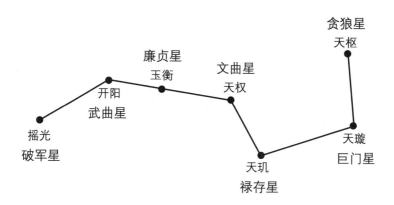

在民间信仰上，只局限在某某人是文曲星下凡之类，却始终没人能见到文曲星的本相，如果试着想象，总应该是福禄寿"三星"中的福神模样吧。但这想象有时却不大靠得住，因为居然有人说他见到文曲星了。清人笔记《高辛砚斋杂记》中有一则"文曲星现形"的故事，可能是有史以来唯一一次让文曲星亮相，但却真是可憎而且可怕了：

余杭姜联升正在北京考进士，但榜尚未公布，家里请着一位教书先生教他的弟弟。一天晚上，弟弟正在熬夜读书，而先生则躺在床上做他的春秋大梦。梦中他忽听嗷的一声大叫，赶忙起身，一看，学生已经不见了，只见一又高又大的黑人踞坐于椅上。教书先生吓得失声大喊，而灯也突然灭了。等到家里其他人跑来，再点亮灯，哪里有黑人的踪影，只见姜弟晕厥于地上。把他灌醒，再看书案上的书本，上有鲜血一块。其家大骇，次日召巫师询问吉凶，不料巫师贺喜道："这不是妖怪，乃是文曲星现形，老爷在京，必定联捷了。"大家还不相信，可是第二天报喜的帖子就送到了。这故事绝无仅有，估计是那位刚刚入梦的教书先生撒吆挣，而能说会道的巫师也能胡编派，所以凑成这么一个故事。可是如果文曲星果真现形为能吓死读书人的黑汉，这时的文运恐怕也好不到哪儿去。所以我们还是把文曲星当成福星的双胞胎吧。

福禄寿三星

顾名思义，此三星即福星、禄星、寿星，为掌管人间之福、禄、寿之神，有只贪"多"而不嫌啰唆者，则称其为多福星君、多禄星君、多寿星君，但也有图省事，把三位拢到一起简称"三星"，题到水陆画上，或做成吉祥塑像。但这一"简称"，近年却让一些读书人弄出个不大不小的笑话。因为他们读过书，知道《诗经》中有一句"三星在天"，而再一查注解，原来"三星"竟是二十八宿中的"心宿"。于是吉祥图画中的福禄寿三星就被说成是二十八宿中的心宿，而某年春节"三星（心宿）高照"，也成了福禄寿的预兆。把这两个不相干的"三星"搅到一起，那就不是谬之千里，而是谬之千万光年了。

此外，有人还把这三位与天地水"三官"联姻，像在旧时堂会的加官戏《天官赐福》中，福禄寿三星就变成了上元天官赐福，中元地官赐禄，下元水官赐寿，有的则于三官之外，又加天福、天禄、天寿、天喜、天财五星君。"天"者"添"也，那是只图场面上热闹，哄得做寿的老太爷傻高兴，和我们是无关了。

寿星（南极老人、南极仙翁）

寿星的原型是老人星，又称南极老人星。《史记·封禅书》中记载："秦时于杜、亳有三社主之祠、寿星祠。"《索隐》注道："寿星，盖南极老人星也，见则天下理安，故祠之以祈福寿。"可见寿星之祠来源久远。

但《尔雅·释天》中又说寿星是二十八宿中的角、亢二宿。角、亢为东方七宿，这就与位在极南的老人星相差太远了。但《尔雅》的理由另有一说，就是角、亢为"列宿之长"，二十八宿中的老大哥。这就与人间之寿命关系不大了。南极老人星，只有在我国偏南地区才能在南方的地平线上看到他的身影，中原一带则很难见到，所以如果他出现，就视为祥瑞，一是天下太平，二是老人多寿。帝王祭祀他，也有祈望国泰民安的意思。

道教很早就把寿星人格化了。南朝梁陶弘景《真灵位业图》中就有"南极老人丹陵上真"的位子，而南极仙翁之称，更是把寿星仙人化。现在我们见到的寿星图，大约成型于宋代。据说在北宋真宗时，京城出现了一个怪人，身高三尺，可是脑袋就有一尺半长。他在街上找人讨饭吃，那畸形模样一定很惹人注目，于是就有好事者问他从何而来。此人大约说了一些"俺是从远处乡下来的，给大爷大奶奶添福添寿"之类的话，可是辗转相传，到了最会编漂亮话哄皇上的太监嘴

南极仙翁（北京
民间神像）

里，就成了："我从外地来此，是专为万岁爷益寿的。"这话说给宋真宗，一是让万岁爷见个稀罕，二是说些吉利话讨个赏钱。于是万岁爷立马把这侏儒召见于内殿，而且真拿他当了神仙。真宗皇帝觉得神仙总要有些异乎寻常的杂耍，便问这侏儒有什么神通。这侏儒哪里会变什么神仙戏法，可怜他又没有文化，不会说那些圣明天子应该以治国为要事，戏法为小道，不足以耽误万岁爷的宝贵时间之类的遮掩话，于是便实话实说，道："俺的本事就是特别能喝酒。"然后就是左一杯右一杯，喝了不少，据记载说是喝了有"一石"之多，那体积可能要比他本人还要大几倍。喝完也没见像张果老似的要什么把戏，就忽然不见了。不见了，是藏匿了，遣送了，还是蒸发了？几种可能都有，然而到了第二天，肯定是"公公"和"老先儿"事先已经打过招呼，太史令便恰是时候地上奏道："昨日天上的寿星与帝星相距很近。"那帝星就是真宗皇帝，眼见得那三尺侏儒就是寿星无疑了。于是真宗便画影图形，让各地访求，而那图形传下来，就是今天的寿星像。南宋岳珂《桯史》所记录的一段，也提到当时的寿星像，是寿星手扶一拐杖，而且拐杖高过其人之首，还要"诘曲有奇相"。至于寿星的脑袋是不是和身子一样长，却是没说，但其杖与今天画像极为相似，估计脑袋也不会太短。

福星（岁星）

平时常听人说什么"福星高照"，可是如果你问他福星在何处高照着，他百分百答不上来，因为这福星究竟在天上何处，至今也不太清楚。五代人孙光宪的《北梦琐言》记有唐末一事，或者可做启发。

唐末乾符中，王铎正任荆州节度使，当时木星入南斗，有数夜不退。王铎认为天象之变预示着要出大事，只是不知主何吉凶，便召请术士请教。众术士都说："金、火、土犯斗，都是主灾，只有木星入斗是福。"有一个叫边冈的说法有异，他说："北斗是帝王之宫，木为福神，入北斗，就应以帝王占之。可是看当今皇上，不像是有福的，所以此变非福于今天，当验于后日。只是我不敢说。"它日，王铎让左右回避，密问边冈，边冈才说道："木星入斗，帝王之兆。木在斗中，'朱'字也。"也就是说，将要有姓朱的做皇帝了。果然若干年后，芒砀山的朱三就做了皇帝，建国号曰梁。

这里提到了木星为福神，是不是可以说木星就是福星呢？《天官占》说：岁星为东方木之精，苍帝之象。"其色明而内黄，天下安宁。岁星盈缩，所在之国不可伐，可以罚人。其所居国，人主有福，不可以摇动。岁星农官，主五谷。"看来确是福星。而这木星入斗，就是把"木"字和"斗"字混到一起，成一"朱"字，这种占法很是让姓氏带"木"的人或者心中暗喜，或者提心吊胆的。

又《玄天大圣真武本传神咒妙经》中说玄武大帝"天称元帅，世号福神"。真武是福神，但他既是星神，所以也可称为"福星"，这也算是一个勉强能说通的解释吧。

禄星

天上虽然没有"禄星"其名，但掌禄之星却是有的。一是南斗。东汉纬书《春秋佐助期》道："南斗主爵禄，神名帙瞻，姓拒终。"二是"司禄星"，即文昌宫的第六颗星。唐人的《开元礼》说，朝廷要在立冬后亥日祀司中、司命、司人、司禄于国城西北。就是有祭禄星之祀典了。禄星掌禄，对当官的来说，祭禄神就是希望年年提薪，而提薪的前提就是升官，所以禄星对他们来说，不如叫"官星"更为直接了。

七曜星君

民间星命说以日、月、五星合称七曜，有的再加上四余星紫炁、月孛、罗睺、计都，称十一大曜。其中罗睺、计都二星，最为人忌，但此二星，明代以前的《天文志》都没有记载。其实这四余星之说源于西域，在星象中或无此天体，但历法推步则宋以后常用之，有"炁、孛顺行，罗、计逆行"之说。因为罗、计逆行，所以民间视为凶煞，而炁、孛顺行，理应以吉神视之。在水陆画中常有这四曜星君的像，从形象上也能看出吉凶来。但这四位实在没有什么可说的，所以此处我们只谈七曜。

太阳星君

司马迁说过："天有日月，地有阴阳。天有五星，地有五行。天有列宿，地有州域。"古人对经天的日月不能说不重视，但不知为什么，日神、月神在民俗中的地位却与他们在民生中的地位很不相称。据袁珂先生说，天帝俊的妻子一个是日神羲和、一个是月神常羲，但太阳、月亮却只是这二位太太生的儿子而已。而且那太阳又是三只腿的乌鸦的形象，兄弟十个，又让羿射死了九个。太阳在神话中的地位似乎就不那么崇高。到了后代，与北斗、玄武这些星神自是无法相比，就是在民间的纪念，好像还要排到魁星、牛女诸位的后面。但纪念太阳的节日还是有的，那就是中和节。清人潘荣陛在《帝京岁时纪胜》中说："二月初一为中和节，传自唐始，李泌请以二月朔为中和节。"中和节起于李泌是不错的，但李泌所请却不是祭太阳，而是祭"勾芒神"以祈年谷。至于《帝京岁时纪胜》说的"京师于是日以江米为糕，上印金乌圆光，用以祀日，曰太阳鸡糕。其祭神曰太阳星君"，恐怕是明清时的风俗了。到那一天，要把春节时悬挂在门窗上的"挂钱"（或称为吊钱）摘下来烧掉，美其名曰"太阳钱粮"，做了个惠而不费的人情。

民间又有三月十九日为太阳生日之说，到了那天要家家礼敬。但王嘉桢《在野迩言》、徐时栋《烟屿楼笔记》等书说，三月十九日与太阳的生日并无关系，那天其实是崇祯皇帝吊死煤山的日子。明亡之后，一些遗民怀念故国，就以崇祯殉国之日为纪念，私设野祭，相聚拜献。这种举动是让清朝统治者很不舒服的，所以必须找个借口，由"明朝"联想到太阳，于是崇祯的死日就硬说成太阳的生日。按崇祯之死确是在那年的三月丁未，也就是十九日，这说法是可信的。

其实国人哪里真对太阳公公那么薄情，连个像样的带冠带冕的头衔也不给呢。中国本来还有一套太阳神系统，《楚辞》中的"东君"，"暾将出兮东方，照吾槛兮扶桑"，就是楚人的日神，而后来的东王

太阳星君

公、木公、东华帝君、扶桑大帝，也都是日神的变形，其名头要比太
阳星君大得多了。相比之下，七曜或者九曜、十一大曜的框架对他们

来说就太小了，而且由于这位太阳神在东王公时期已经随着西王母一起演变为道教大神，就不是三言两语能说清的了。

太阴星君

如果以中和节为祭太阳的日子，那么祭月的日子就应该说是中秋节了，虽然民间尚无祭月这种说法。富察敦崇的《燕京岁时记》说：到八月中秋，北京城时兴卖"月光马"，也就是太阴星君的神祃。在纸上印绘太阴星君，如菩萨像，下绘月宫及捣药之玉兔，玉兔则人立而执杵，据说捣的是不死药，画到这里也是取个吉祥。

中和节吃太阳糕，中秋节则吃月亮饼。在几十年前，月饼上往往还有月宫玉兔的图案，而现在，年年的月饼大战动用了各种招数，恨不得白玉为饼金为馅了，却少见把嫦娥玉兔这些中秋典故用上的。说句极端些的话，这种镶金裹玉的包装，还不如把月饼馅做成比萨风味，或把圆饼改良成孔方兄模样，于老百姓更实惠些。前几年到白云观，见卖一物，名"镇宅之宝"，却是用铜铸成的法天效地大铜钱，颇有意趣。有身份的人可以家中无钱（元宝之类例外），甚至都用不着用手摸钱，不识"阿堵物"，但老百姓家中无钱是绝对不会安宁的。所以钱型月饼不仅可以充饥，还可以当平民财神供起来，杜甫的"留得一钱看"，也是很有诗意的。

除了太阳星君与太阴星君之外，民间还有日宫天子和月宫天子的信仰。日宫天子又作日天、日神；月宫天子又作月天、月神。但这二位都是佛教诸天，和中国本土没什么血缘关系了。

嫦娥

嫦娥又叫姮娥。她只是月宫中的住客，名气却大于月神，而且民间几乎把她当作月亮的化身了。嫦娥奔月的故事最早见于西汉的《淮南

太阴星君

子》，但《搜神记》中说得较为详细：嫦娥的丈夫就是那位射日的英雄羿。羿从西王母那里求来了不死之药，却被嫦娥偷偷吃了，然后想找个地方躲藏起来。在她临逃之前，曾到一个叫有黄的大巫那里求过卦，打问哪里更适于安身。有黄占之曰："吉。翩翩归妹，独将西行。逢天晦芒，毋恐毋惊，后且大昌。"这有些颇似今天专门偷渡人口的蛇头，让嫦娥大胆地前往西天月宫，路上可能会有阴晦，但也不必惊怕，最后的结局是要大大地发达起来的。一片好话说得天花乱坠，不由嫦娥不动心，但她到了月宫之后，却大出意外，她的"大昌"竟是让美人化为蟾蜍了。这故事自然对嫦娥很不利，后人虽然把那蟾蜍与嫦娥相剥离，但一个美女只和一个蛤蟆做伴，也是相当凄冷的，所以月宫又叫作广寒宫。至于有人又在月宫中添上一个吴刚，但这汉从早到晚在那里抡着斧子与桂树为仇，也不会是什么有雅趣的人。好心人想给嫦娥找个相称的伴侣，想来想去，就只有那"月魄"，月神之精，玉兔了。

但民间似乎不大喜欢这结局，于是而有了另一个传说：嫦娥奔月之后，羿思念成疾。正月十四夜，忽有童子诣宫求见曰："明日乃月圆之夜，宜用粉米作团如月，置西北方，呼夫人之名三，夕可降耳。"如期嫦娥果然自天而降，与羿为夫妇如初。今言月中有嫦娥，大谬，盖月中自有主者，乃结璘，非嫦娥也。

说起结璘，现在知道的人很少了。据古书记载，结璘就是嫦娥，但有人好心，把她化为二人，让嫦娥在月中有个伴儿。可是为了让嫦娥夫妻团圆，最后却弄得结璘独享孤清。

五星（金、木、水、火、土）

五星，亦名"五纬"，即金、木、水、火、土五星，与经天之日月合称"七政"。其实五星以五行命名是较晚的事，最初本来是东方岁星（木星），南方荧惑星（火星），西方太白星（金星），北方辰星（水星），中央镇星（土星）。后来大约是有了五星为"五行之精"之说而后改的吧。但这五行之精有名气的只有金、木、火三位。

金星（太白）

金星又名太白，人称为"太白金星"，好像是梁山好汉在名姓前面再加个"江湖人称某某某"，便让人颇感加重了分量。道教称其神为"太白星君"。道藏本《搜神记》有故事道：妙善公主，即观音大士也。初奉佛教，后得太白星君化为老人，指与香山修行，终于得道。如此则太白星君竟为观音的道教老师了。明代吴承恩《西游记》

以太白金星为玉皇大帝文臣之首，是个一本正经的老先生，而在古代民间传说中，竟有太白星窃织女侍儿梁玉清私奔，逃入卫城少仙洞，四十六日不出，而为天帝搜捕之事。可见道貌岸然以整顿世风为己任者，大抵是年轻时已经风流过了也。

又有太白酒星。唐人卢肇《逸史》有一段：章仇兼琼镇守西川之时，令左右搜访道术之士。有一酒家，常有纱帽藜杖者四人来饮，一饮数斗，话谈间常说孙思邈。一日饮酒毕，忽不见。兼琼异之，上奏朝廷，玄宗召孙思邈问之。孙曰："此太白酒星耳，仙格绝高，每游人间饮酒，处处皆至，尤乐蜀中。"既称太白，应是金星，而又嗜好杯中物，可能与大诗人李白为太白之精之说有关。

木星（岁星）

木星即岁星，在古时有贵臣之说，又有福神之称，可见他本应在民间信仰中占据显著位置，但事实却非如此，在民间神祃中都很难找到岁星的单独画像。这确实有些难以理解。如果做一揣测，我想大约是"太岁"的出现，让人们把岁星与他的"镜像"太岁弄混，而太岁为凶神领袖，人们惧而敬之，而既然三星中有了福星，那结果就是假货击垮了真货，太岁挤掉了岁星。

此说也有证据，那就是《封神演义》中，姜子牙封神之时，并排儿弄了两个"太岁"：封殷郊为"执年岁君太岁之神"，坐守周年，管当年之休咎。杨任为"甲子太岁正神"，日直正神，循周天星宿度数，察人间过往愆由。属下之神有：日游神温良，夜游神乔坤，增福神韩毒龙，损福神薛恶虎，显道神方弼，开路神方相，值年神李丙，值月神黄承乙，值日神周登，值时神刘洪。这二位太岁，就有一个是本来的岁星大人，属下的"增福神"就显露了他本来的职能。但究竟哪个是？按理说应该是杨任，杨任在商朝是忠直之臣，因为直谏而被纣王剜去双目，凄惨而死。但革命阵营中的道德真君命黄巾力士把杨任的尸首摄上紫阳洞，道德真君便命白云童儿，葫芦中取二粒仙丹，将杨任眼眶里放二粒仙丹，用先天真气吹在杨任面上，喝声："杨任不起，更待何时！"真是仙家妙术，起死回生。只见杨任眼眶里长出两只手来；手心里生两只眼睛。此眼上看天庭，下观地穴，中识人间万事。于是杨任就归入革命阵营，在助武王伐纣时壮烈牺牲。此人谏阻纣王少兴徭役，与民休息，对老百姓来说自是福神。而另一个太岁殷郊，就凭他背恩忘义，一个番天印专打革命派，也不配做福神了。

火星（荧惑）

火星又称荧惑星，据《晋书·天文志》有"荧惑降为童儿，歌谣嬉戏"，其职务是专门到民间散布谣言的。当然这谣言是歌谣之言，里面隐藏着天上的意旨，而不是现在说的那种类似于明星八卦的无根之谈，却更近似于某些有来头的"小道消息"。荧惑与谣言的关系，在《史记》中就有例证。秦始皇三十六年，"荧惑守心（二十八宿中的心宿）"，于是"始皇帝死而地分"，"今年祖龙死"一类的谣言就出现了，只是当时还没发现那个造谣小子。三国时，吴孙休永安年间，都城里一群小孩子在玩耍，忽然出现了一个样子怪怪的小孩子，高不过四尺多，折合成现代的尺寸，也就是一米左右吧，六七岁的年纪，穿着一身青衣，跟着群儿一起玩。群儿没见过这孩子，就问："你是谁家的小孩，怎么今天突然就出现了？"那孩子答道："我见你们玩得高兴，就想一起来玩。"众儿仔细一端详，见这孩子眼有光芒，熠熠外射，就不禁有些害怕，便一再追问。那孩子道："你们不要怕我，我不是人，乃是荧惑星下凡，要有话对你们说。你们记住了：三公锄，司马如。"众儿听了大惊，就跑回家去告诉家里大人。等大人们赶来时，只见那孩子说一声："不陪你们耍了。"纵身一跃，化为一条白练，渐渐消逝在天空。荧惑星下界化为小儿，通过童谣来传达天命，这大约是最早的记载了。

这荧惑星的出现对统治者往往不利，所以一直就有个"荧惑入南斗，天子下殿走"的民谣，那时荧惑小儿大约活动频繁，民间的谣言也四处流布，万岁爷如不采取措施，弄不好就要走一走了。

水星又名辰星，位于北方，前面说过荧惑降为儿童，同时又说"水星降为妇人"。这似乎不是说水星变成个妇人降到人世间，搞什么天仙配之类，而是预兆着人间要因妇人而发生一些事了，至于好事还是坏事，史书上没有举例，只好不明所以。附上宋时张思恭所绘的一幅水星图，图上所绘正是一美貌妇人，可是旁边侍立一猴，却不知隐喻着什么。至于土星（镇星），实在没什么可说的，只好从略。

四象 二十八宿

大家都知道，月亮大约28天（准确一点儿是27天半）自西向东绕地球一周。由于月亮大体是沿着黄道运行，所以古人就沿黄道自西向东把周天划分成二十八区，月亮每晚运行在这一区内，所以就称这二十八区为二十八"宿"，而具体地说，二十八宿就是指这些区域内的诸星座。

二十八宿的名称，自西向东的排列顺序是：

东方七宿：角、亢、氐、房、心、尾、箕

北方七宿：斗、牛、女、虚、危、室、壁

西方七宿：奎、娄、胃、昴、毕、觜、参

南方七宿：井、鬼、柳、星、张、翼、轸

由于每方七宿，古人又把这每方的星座连接起来，加以想象，再

张思恭绘《猴侍水星神图》

配上四种代表方位的颜色，就成了东方青龙、北方玄武（龟蛇）、南方朱雀、西方白虎，称作"四象"。四象又称四灵，在汉代以前是很为人们所信奉的，但作为一个团体，后来却风头渐衰。其中的玄武是发了迹，最后成为玄天上帝这种吓死人的大神。而青龙、白虎则被道士们借做了门神，庙门朝南，左青龙，右白虎，打扮成一副凶煞样子，正好给他们看门。至于这象征着"南方火"的朱雀，大约容易让人们想起惹不得的火神爷。

二十八宿也和四象一样逐渐地形象化。《星禽衍法》是把二十八宿配上日月五星和二十八种动物，这就给诸宿的形象加上了各自不同的特色，所以常出现在绘画中，而章回小说中也往往用这一套名称：亢金龙、氐土貉、房日兔、心月狐、尾火虎、箕水豹、斗木獬、牛金牛、女土蝠、虚日鼠、危月燕、室火猪、壁水㺄、奎木狼、娄金狗、胃土雉、昴日鸡、毕月乌、觜火猴、角木蛟、参水猿、井木犴、鬼金羊、柳土獐、星日马、张月鹿、翼火蛇、轸水蚓。而道教对二十八宿的人格化就更复杂得多，比如说"角星神，阳神九人，姓宾名远。亢星神，阴神五人，姓扶名司马"等等，这些信口胡编出来的东西是没有人记得住，记住了也没什么用的。

在神魔小说中，二十八宿作为天兵天将中的一班人马常常整体出现，其实他们中的一些在神的谱系中早就各奔前程了。比如其中的斗宿，北方玄武之第一宿，俗称"南斗"，成了和"主死"大神北斗可以并称的"主生"之神。而作为西方白虎之第一宿的奎宿，更成为文章之府，正如凡是生人都要经由坑三姑娘的混元金斗（接生净桶）一样，天下靠读书科举的大官小僚们都要朝这位奎爷的马桶磕磕头。还有一年一度被多情男女掬一同情之泪的牵牛大哥（牛宿中的河鼓星座），很快就会被热衷于和世界接轨的经纪人们炒成东方情人节的大情圣了。至于角、亢二宿会不会因为寿星的关系而被星探们瞄中，包装成中国的圣诞老人，暂且别谈，起码孙行者下一次在小雷音被假如来的"飞碟"罩住的时候，总不好意思再请亢金龙把脑袋削尖当撬杠了吧。这些发迹的大神自应在神谱中另立门户，而下面只介绍剩下堆儿里那些还有些声气的。

虚、危（大耗、小耗）

虚、危为北方玄武中的第四第五宿，他们的名字就注定人们不会给他们好脸色。空虚、危困，都是民生中的灾难，《晋书·天文志》中说，岁星守虚、危二宿之时，其占为："守虚，饥；守危，徭役烦多，下屈竭。"闹饥荒是天灾，徭役多是人祸，所以民间就称此二宿为"凶辰"，又给这二位起了个小名，叫大耗、小耗。

星命家借此说又把大耗、小耗发挥成为太岁属下的二位凶煞。《协纪辨方书》道："大耗者，岁中虚耗之神也，所理之地不可营造仓库、纳财物，犯之当有寇贼惊恐之事。"又说："小耗者，岁中虚耗之神也。所理之方不宜运动出入、兴贩经营及有造作，犯之者当有遗亡虚惊之事。"

有的索性把虚、危二耗当作一物，那形象很是可厌了。明人江应晓《对问编》中有"虚危"一条，其中记录一个故事：有人做梦，梦见天上降一女子，如贱妾之状（大约就和《红楼梦》中的赵姨娘差不多吧），缟衣绯裳，烂鼻子，自言道："我耗神也。"她经过邻人某甲家门，趑趄而不入，但到了某乙家，就直入而不出了。上述只是梦境，现实对此梦的验证是，从此某乙家老婆病故，家业日败，过了二十多年才稍稍缓过来，而某甲家则安然无恙。

另外一个说法就为人所熟悉了，那就是锺馗在唐明皇宫中捉的那个"虚耗"鬼，一只脚穿鞋，另一只鞋别在腰里，手里拿个蒲扇，也是一副二流子相。古代民间有一风俗，叫"照虚耗"，遇交年之夜，在门后、床下及茅坑、猪圈等处都要燃一小灯，这样虚耗之鬼就无法在此藏身了。古人认为这样犄角旮旯儿的地方不仅要注意清洁，起码年终要打扫一次，而且那些没用的废物最好也早早处理，如果一个人懒到肯到家中诸处都可供虚耗做窝，那家境也确实不会太兴旺了。

翼宿星君

翼是南方七宿中的第六宿，翼宿星君被民间当成"乐神"。梨园行神田元帅，就是天上的翼宿转世，田元帅头插一对雉鸡尾羽（就是现今舞台上的"翎子"），正像"翼"字头上的"羽"，而田姓则正是"翼"字之腹，翼下的"共"又像两手两足。这一说法附会得有些牵强，但不管怎样，翼宿星君也算是入了"贵圈"，在戏曲史上留下了一号。

婺女星君

北方七宿之第三宿为女宿，女宿又称婺女和须女。自从天孙织女下凡之后，地上的痴情汉们就难免要有守株待兔之想，希望同样的好事连臂而至，所以仰望天穹，这个带女字的星宿自然就成了目标。而且此星与河鼓（即牵牛）相近，其北即为织女，习俗相染，也应该早动凡心的。于是民间就常有婺女下降人间故事。五代杜光庭的《神仙感遇传》中就有天上织女、婺女、须女三女星下凡的故事，三女同时嫁给三个书生，由于过于美丽，被别人疑为妖物，而书生们泄漏天机，好姻缘便成了恶姻缘。南宋洪迈《夷坚志》中也记有三女星下凡，着白衣襟袖，飘飘若神仙，还记有婺女星度人至蓬莱学仙之事，但已经没有多少风流韵事了。

牛郎织女

牛郎即牵牛星，又称黄姑、河鼓。《史记·天官书》："牵牛为牺牲。"是牵牛星名之本意为祭祀所用之牛，而后来因与织女星每年七夕在银河相近，遂产生"牛郎织女"传说。其传说最早见于《诗·小雅·大东》"维天有汉，监亦有光。跂彼织女，终日七襄。虽则七襄，不成报章。睆彼牵牛，不以服箱。"西汉时期的古诗则更为具体："迢迢牵牛星，皎皎河汉女。盈盈一水间，脉脉不得语。"故事家喻户晓，此不重复。穷汉娶个勤劳美丽的老婆，却只能一年一会，唐明皇不愁吃喝，所以只看到牛郎织女"天长地久"的一面，却不想人家三百六十四天孤孤凄凄日子如何过，唯一相聚的一天又只能哭哭啼啼，泪洒人间。所以有人建议把七夕定为中国的情人节，对老百姓确实不大吉利。但这总比道学家们不但不同情这一对小夫妻，反而横加编派，好像牛女的两地分居是罪有应得似的要强得多了。宋张文潜《七夕歌》云织女"桥东美人天帝子"，"帝怜独居无与娱，河西嫁得牵牛夫。自从嫁后废织纴，绿鬓云鬟朝暮梳。贪欢不归天帝怒，谪归却踏来时路。但令一岁一相逢，七月七日河边渡。"这个织女不理解主人把她嫁人，是为让她更努力地创造剩余价值，同时可以再生产出新的劳动力，却从此爱起漂亮，追求起主人家才配享有的生活方式了，所以天帝爷才让她与牛郎两地分居，在劳动中改造思想。明末朱名世有《牛郎织女传》小说四卷，就据此演义成天帝赐婚，而织女"导淫"，已纯为假道学的恶搞了。

附：三十六天罡　七十二地煞

在北斗星座那一区域中，除了北斗七星和二隐星外，还有很多小星。道教即以北斗丛星中有三十六天罡星，每星各有一神，道士作法召之，以为驱鬼降魔之神。《上清天枢院回车毕道正法》中有"三十六天罡，天中大神王"，"七总太无君，为吾驱祸殃"之句，即指此。《大宋宣和遗事》言宋江在九天玄女庙得了天书，天书中列梁山三十六将姓名，末后有一行字写道："天书付天罡院三十六员猛将使呼保义宋江为帅,广行忠义,殄灭奸邪。"也是道教这一说法在民间故事中的发挥,三十六天罡下凡为三十六将,目的就是替天行道,除奸镇魔,而不是如《水浒传》第一回"洪太尉误走妖魔"中说的,是一群扰乱人间生灵的天魔。

此外,明人余象斗《北游记》中玄天上帝部下有三十六天将,民间俗信中又有哪吒"为三十六天将总领使"之说,这三十六天将很可能与三十六天罡是一回事,但都没有记载他们的名姓。《道教文化辞典》载三十六天将名目,基本是杂取道教四大元帅赵公明、关羽、马胜、温琼,王灵官王善、太岁殷郊等天神,又随意编造一些人名如蒋光、锺英、金游之类凑成,最不足取。

《水浒传》中说江西龙虎山有一伏魔之殿,乃是前代老祖天师锁镇魔王之殿,镇锁着三十六员天罡星,七十二座地煞星,共是一百单八个魔君。这七十二地煞在天文上也有依据,并非信口诌出。唐代大天文学家一行,曾把黄道分成七十二等分,每一等分中设一星点,七十二个点用线连起,即是黄道的轨道。至于七十二回"石碣"上所说的那些天罡地煞一百零八个星名,就全是小说家言了。

太岁(殷元帅)

中国古代在战国以前已有两种观测天体运动以制定历法的方法。一种是把天空按岁星的视运动路径自北向西、向南、向东即所谓右旋划分为十二段,叫十二次。古人以为岁星十二年运行一周天,岁星每运行一"次",便代表一年。这种观测方法后来也用于二十四节气的划分和十二月的划分。另一种方法是把天空由北向东、向南、向西即左旋依次划分为子、丑、寅、卯、辰、巳、午、未、申、酉、戌、亥十二个区域，叫十二辰。（星神中的"十二元辰"即此。）这种方法后来主要用来记录一天之内的十二个时辰，和一年间恒星的方位变化，特别是北斗的回转。这两种观测方法各有其用途，而它们对天空的划分除了方向相反，名称不同，其实是一样的。自战国以来，人们就设法加以协调，最简便的一个方法就是假想有一个和岁星运行速度相同也就是十二年一周天、方向相反的太岁，也叫岁阴、太阴，按十二辰的方向运行，每年进入一辰。由于岁星是天上的实体，太岁却无可捉摸，实际上是人们为计时的需要而虚拟出来的，于是说它"左行于地"，即在地下与天上的岁星做相对运动。太岁的观念就是这样产生的，它的形成年代不算太早，也不是原始宗教的产物。

但它受到了与其他星体类似的神化和崇拜。至迟从西汉开始，人们已经认为太岁每年所行经的方位，与动土兴造、迁徙、嫁娶的禁忌有关。请设想，太岁在地下运行，如果你动土的时候正好与他相遇，一家伙抢到他脑袋上，他会善罢甘休吗？这就是"不得在太岁头上动土"迷信的由来。但太岁在地下运行时是何等尊容？谁也说不出来。只是因为人们动土时偶尔会掘出一种肉块似的东西，其形怪异不定，既无以类之，也无以名之，于是便疑其为太岁的化身。自唐代以来，就有很多挖到肉块而举家丧命的故事，就愈发可以做太岁头上不可动土的例证。

太岁虽是一种虚拟的星体，但他与民生关系密切，而且是既不好惹也不好躲的角色，所以必须把他奉为神明供养着。早在汉代，太岁即有"大将军"之号，到了南宋，《夷坚志》中记常州东岳行宫有一殿，土人奉祀瘟神，其中一尊就叫"太岁灵君"。至元明时则已有具体名姓，但采用的是民间说部的材料，说他是商纣王之子殷郊。《三教源流搜神大全》中说：纣王皇后姜氏践巨人迹而孕，生一肉球。宠妃妲己谮之，纣王命弃于郊。适金鼎化身申真人过此，知为仙胎，以剑剖之，得一婴儿，因得于郊，故名殷郊，法名吟叮咴，正名吟哪吒，交乳母贺仙姑育之。至七岁，乳母告其出身，殷郊欲为母报仇。真人命殷郊先下山收赟神、鸦将为副帅，又杀十二丧门哭鬼骷髅神，以其首挂胸前。其骷髅能助阵，一响则敌人头昏手软。于是殷郊助武王伐纣，至于牧野，率雷震等为前锋，大破纣师，并诛妲己。玉帝封为地司九天游奕使、至德太岁、杀伐威权殷元帅。而到了许仲琳的《封神演义》中，则把殷郊的助周改为助纣，后为其师处死，姜子牙封神，为太岁神。殷郊降生时为一肉毬，是不是有意把太岁和地下的肉块结合起来呢？他杀的那"十二丧门哭鬼骷髅神"，就是星命学中常说的黄幡豹尾、丧门吊客、蚕官五鬼之类，都属于太岁麾下的凶煞。

星神诸凶煞

金神大将军

在水陆画中，金神大将军常与太岁大将军并列。金神就是古神话中的五方神之一，西方之神蓐收。蓐收似是官名，本来的名字则是"该"。这该有说是古帝少昊的儿子的，有说是他叔叔的，有说是他的辅佐的，这些无关紧要，关键是他的神职为刑杀之神。《国语》中说：虢公梦见自己在祖庙中，有一神人，面生白毛，虎爪，执钺立于西墙下。虢公吓得拔脚就跑。其神道："不要跑。天帝有旨，命晋国袭击尔国。"梦醒之后，请巫史占之，答道："此为蓐收，天之刑神也。"刑神即刑杀之神。这位凶神后来与太岁并列，性质也与太岁差不多，《协记辨方书》中说："金神者，太白之精，白兽之神，主兵戈丧乱、水旱瘟疫。所理之地，忌筑城池、建宫室、竖楼阁、广园林、兴工上梁、出军征伐、移徙嫁娶、远行赴任，若犯干神者，其忌尤甚。"宋代时兴土木，最忌畏的"金神七煞"就是这位金神大将军。

黄幡、豹尾

黄幡、豹尾均为太岁麾下的凶煞，但都是虚拟的星神。黄幡、豹尾本为帝王仪仗，水陆画中则以此二神为太岁护卫。《星学大成》道："黄幡，黄道之宿也，一名蚀神，隐行于天。天地犯之崩裂，山岳犯之倾颓，川泽犯之枯竭，至于云怪星妖、冬雷夏雪，未有不由此也。此曜不能兴善，好作妖孽，主血光伤破、斩截凶残、寒热瘴气。"看来是个极凶之神。

《星学大成》又说："豹尾，黑道之宿也。擅行于天，与罗睺相对，逆行天道。喜则红鸾天水星，怒则为黑煞贯索星。"看来此物与人间婚事相关，人间嫁娶要遇到他，他正高兴，那就一切平安，如果正碰上他犯性子，那必要遭灾。明清小说中常提到民间嫁娶最忌的"披麻煞"，可能就是此物。

关于披麻煞，此处略做一下介绍。清人李振青《集异新抄》中有个故事说：某人迎娶新娘，只见花轿前总是两个鬼在晃来晃去，披着发，穿的是麻布宽袖衣，正与丧服一样。千百人共见，赶也赶不走。后来直至新郎家，见主翁绯衣玉带，巍然坐于中堂，这两个鬼才被吓跑了。此后十余年，这夫妻始终没有生育，然后相继夭殁。这二鬼就是披麻煞，因为阴阳生选日子没选好，就遇上了此物。袁枚《子不语》中也记有披麻煞，说他麻冠麻鞋，手扶桐杖，也就是办丧事时的所谓哭丧棒。

蚕官、五鬼

蚕官、五鬼也是太岁属下的一对凶煞。先说蚕官，有人望文生义，说他是"蚕神",这也算是一个笑话。他倒是与蚕有关,但《协纪辨方书》道:"蚕官者,岁中掌丝之神也,所理之地,忌营构宫室,犯之蚕母多病,丝茧不收。"原来是专门和养蚕人过不去的克星。他到了哪里,哪里就不要养蚕,这算什么蚕神?或者有人说,这蚕官既然与蚕事有关,说他是蚕神也并无大错的。其实不然,民间信仰的蚕神是用以祈祷保佑蚕业的,而这位蚕官是不能冲犯,冲犯了就会丝茧不收。这正如不能把"大将军"和"金神"奉为战神,不能把禁忌动土的"太岁"奉为泥瓦匠的祖师爷一样,民间也不会把蚕官奉为蚕业的保护神的。

再说"五鬼",《协纪辨方书》道:"五鬼者,五行之精气也,主虚耗之事。所理之方,不可兴举,犯之主财物耗散。"所以五鬼又叫"破败五鬼"。

一个是与蚕事相关,另一个是主财物耗散,这一组凶煞为什么会搭配到一起呢?在这里我提出了一个猜测。虽然在《协纪辨方书》中提到凶煞蚕官与民间蚕事的关系,但我总觉得有些牵强,我认为,这蚕官很可能是"残官"之误,而"残官五鬼"的前身就是历史上有名的恶星神"五残星"。《史记·天官书》中就有五残星,《索隐》引孟康云:"见则五谷毁败之征,大臣诛亡之象。"这个星神在民间术士手里变化为"残官五鬼",然后又把"残"变成同音字"蚕",让"蚕官"与蚕事联系起来,这个过程已经无法考证,我只是提供一种猜测而已。总之,蚕官五鬼是太岁手下的一对凶煞,而蚕官不是民间的蚕神,则是定而无疑的。

丧门、吊客

丧门、吊客也是太岁下的属神,名如其实,是一对极晦气的凶煞。《协纪辨方书》道:"丧门者,岁之凶神也,主死丧哭泣之事。吊客者,主疾病哀泣之事。"此二凶神在民间早已人格化,其形象颇类于无常鬼。清人许秋垞《闻见异辞》中有个故事，说：明人于谦（就是那个保卫北京城而后来被复辟的明英宗冤杀的兵部尚书）未遇之时，一夜五更时分，乘夜赶路，途遇二人，背着包袱和雨伞疾行，自称："我辈系丧门、吊客二星。因某家盖房，所选上梁之日正与我相值，是以前去。"于谦随至其家，问何人选的上梁日，答道："是家里请的教书先生。"于谦便请见这先生，然后质问道："上梁吉日，须选紫微黄道，君奈何不避凶星？"先生答道："不要紧，到那天自有文曲星到来，可以把灾星禳解的。"于谦便知道自己就是文曲星下凡，由此发愤下帷，竟科甲联登，成为名臣。由此故事看来，这二位凶煞总是结伴而行，那背着包袱和雨伞的打扮，其实就是民间相传的勾魂使者黑白无常。

顺便说一下"丧门神"。此物在宋朝时就为民间所传说，据北宋张耒《明道杂志》说，其神的形象是一条戴幞头的蛇，不要说看见，就是梦见都要大祸临门。南宋方勺的《泊宅编》则说的略有区别，不是蛇戴幞头，而是人首蛇身，样子更为可怕，但却可以被人捉来煮死，而人竟然无事。到了明清，那时的丧门神已经近于丧门吊客了，赵吉士《寄园寄所寄》记明末一事，说：崇祯十六年，夜半子分，有妇人缟素涕泣，自西至东，自称为丧门神，上帝命其行罚此方。那结果是发生了大范围的瘟疫。清人李庆辰的《醉茶志怪》所记"丧神"也是身穿丧服的妇人，但由阎罗王差使，应该与丧门神是一种东西。

太岁手下还有大耗小耗、青龙白虎。二耗就是虚、危二宿，前面已经说过，而这青龙白虎则与"四象"中的东、西二象并非一物，也同样不是道观的那对门神，乃是二位煞星。此处就略过不提了。

孛星（月孛星）

孛星与月孛星不是一回事，所以在这里混在一起说，是因为世间有这么一种误解，把本与彗星（也就是民间说的扫帚星）并列为两大妖星的孛星，与十一大曜中四余星的月孛星搅成一个东西了。孛在星象中为妖星，所谓"妖星彗为最，孛次之"，孛星出现，"内不有大乱，则外有大兵，天下合谋，暗蔽不明，有所伤害"（《晋书·天文志》），在星神中为恶煞，现形则为一裸身女子。据《宋中兴天文志》说：孛星是黄帝时一女子，修行时走火入魔，死得很惨，于是"五行戾气蓄结"，就化为孛星。据说人也不能看见孛星，见则必死，《听雨轩笔记》中有一故事，说董邦达年轻时，与朋友读书于富阳（今浙江富阳）山寺中。一夕月明，同散步于寺前，忽见一女人长丈余，肤色如雪，披发赤身，持刀而立。二人大惊倒地。及至为寺僧寻得，已经都晕死过去。到次日，董邦达才苏醒，具言所见，而其友竟不得苏。后有精于天文者说，那一天的那个时分，孛星临于斗、牛之分，正是杭州分野。而道家又说：孛星系女身，平时常裸体，只有朝拜北斗时才穿上衣服。而此时有人遇上，那就无不立死者。董邦达所遇正为孛星，他所以没有死，正是因为他福泽正远，就是邪星也奈何不得他，所以后来他官做到了工部尚书。

而月孛并不是妖星，在四余星中他算是吉神，可是这一个"孛"字让他没来由、葫芦提地受了冤枉。这冤案大约起于明代或更早，一些妖道发明了一种求雨术，叫"月孛法"。明人郎瑛《七修类稿》讲一传闻道：某处延一道士祈雨，其术名月孛法，用十五六岁女子，共入密室，门窗上虽有一丝缝隙也要用纸糊严。那太守只想着尽快求得甘霖，也就任凭道士所为了。但道士携女子入室很久了，唯见黑云密布，雷声隐隐，雨却一滴也没有。眼看着一天就要过去，太守心急，便令人悄悄捅开纸缝偷看，只见那道士披发仗剑，足踏女子的阴门，而彼此口舌尽出，势已垂危。就在此时，只听一声霹雳，大雨如注，道士起步而女子也随之苏醒了。

裸身女子本是孛星，故事中却成了"月孛"。小说中还有把月孛星的邪劲儿用到战场上的。明人余象斗《东游记》中说：黄琼女赤身裸体，立于旗下，手执骷髅骨，每遇交锋，她就临阵大哭，而敌军则必败。这也是让她充任月孛星的角色。实战中是否有此战例，恐怕也不好说绝对没有。据说明清之际有某军守城，令女子裸身立于城头，说可以让对方大炮放不出炮弹，就也是月孛战术的活学活用。（见《三冈识略》卷一"阳阵阴阵"条。）

天狗

老年间，每逢月食，人们就说这是天狗吃月亮，然后拿出家中所有能敲的响器，如铜盆、铁簸箕甚或洗衣板之类用力敲打，一时间大街小巷，喧闹无比，说这可以吓走天狗。过去对此批判为"迷信"，其实也未必然，因为那时的百姓也未必有那么呆，不过是借此机会大家发泄一下，正如今天的"蹦迪"。因为我见到的场景是只有欢腾笑闹，而无任何忧戚的。

但天狗的迷信也是有的。他也是天神中的恶煞之一。据《汉书·天文志》说："天狗，状如大流星，有声，其下止地，类狗。"他所坠落之处，望之如火光，炎炎中天，其下圆如数顷田。天狗见则千里破军杀将。如此说，天狗就是一种大流星，但流星坠地而类狗，则甚不可解。《宋书·文五王传》中有记载："有流星大如斗杆，尾长十余丈，从西北来坠城内，是谓天狗。"当时占道："天狗所坠，下有伏尸流血。"所以天狗出现，最为兵家所忌。《武经总要》说，如果看到军队上空有黑气如牛形，或如马形，从气雾中下，渐渐入军，叫作"天狗下食血"，为军队散败之兆。而民间传说，天狗坠地，要吃妇人小儿。那就真的变成疯狗了。至于把月食说成是"天狗吃月亮"，古书上少见记载，但相关的说法却有，即天狗为月中凶神，出现之日，不能祷祀鬼神。疯狗咬人，还不许人求医问药，这就有些混账了。

第二编　风雨雷电水火诸神

　　本编所列主要为与气候相关之神，风雨雷电霜雹都与民生关系密切，但它们能享有先民的祭祀，一半在于它们所降的恩惠，而先民因它们所带来的灾害而起的敬畏之心则占了另一半。雪、露对民生的恩惠并不小，民间信仰中却没有雪、露之神，大抵是因为它们不会制造灾难，露水本来温顺滋润，而在华夏大地上又很难遇到雪暴。

　　水、火为民生日常所必须，在远古时期都是大神，但随着人们对大自然的认识，水神的职责分散到江河湖海中，火神却无法分身，始终独享着生民的祭祀。

雷神

　　在诸多自然现象中，雷电受到原始人类的格外敬畏是可以理解的。那隆隆巨响和闪闪电光，不仅显示着大自然的神秘和威力，而且往往携来狂风疾雨，甚至引起火灾，使人畜毙命。所以雷神是最原始的自然神之一。对雷神神性和形象的塑造，与其他神一样，也经历了一系列复杂的发展过程，其神性逐渐从单纯的自然属性的崇拜，发展到具备了重要的社会职能；其形象也经历了兽形—半人半兽形—人形的发展过程。但整个看来，雷神在民间的地位并不很崇高，虽然人们对他有所畏惧，却也常把他当成戏弄的对象。在神界中，雷神始终是大神的仆役。即使是凡人，只要掌握了法术，也照样可以驱使他，甚至只要有胆量，就可以制服雷神。从雷神信仰中，可以看到中国民间对神鬼的两种相反相成的态度。

雷兽

《山海经·海内东经》中说："雷泽中有雷神，龙身而人头，鼓其腹。"另一种版本则说"鼓其腹则雷"，大约他的肚皮很大，没事时就拍着肚皮做消遣，那结果就是发出了阵阵雷声，远震到千里之外。而在《大荒东经》中又说："东海中有流波山，其上有兽，状如牛，苍身而无角，一足，出入水则必风雨，其光如日月，其声如雷，其名曰夔。黄帝得之，以其皮为鼓，橛以雷兽之骨，声闻五百里，以威天下。"这是雷兽，叫夔，皮做了鼓，然后一客不烦二主地把骨头做了鼓槌。

雷泽中的雷兽，后来几乎被人忘却，可是到了清代，徐道在《历代神仙通鉴》忽然想起，却又改造为黄帝之臣雷公所化：黄帝至一泽边，雷公下车，自往掬水解渴，忽然一翻身栽入泽底。黄帝急令人捞救，但闻泽中震声如雷。其人奔出道："直没至底，见雷公已化为神，龙身而人颊，自鼓其腹而鸣。"黄帝之臣雷公与岐伯并称，掌医药。《帝王世纪》有黄帝命雷公、岐伯论经脉之事，《神农本草》也有伪托雷公所做的集注，现存中医典籍还有《雷公赋》，好像此雷公与雷霆并无关系，只是因为名字有个"雷"字，便与雷兽附会到一起了。这只是文人对古代神话的改造，小说家言。后世对雷神的信仰早就与雷泽的雷兽不相干了，但雷神的禽兽特征却始终未绝于传说中：

晋干宝《搜神记》言雷公之形貌："唇如丹，目如镜，毛角长三尺余，状如六畜，头如猕猴。"此形貌大体为后世所沿承。但也有他种说法，唐段成式《酉阳杂俎》说雷神"猪首，手足各两指，执一赤蛇啮之"，而唐戴孚《广异记》则说他"状类熊猪，毛角肉翼，青色，手执石斧"，唐人房千里《投荒杂录》又说是"豕首鳞身"。明人谢肇淛《五杂俎》说雷神"大约似雌鸡肉翅，其响乃两翅奋扑作声也"，清人《拙庵杂俎》则说"大于猕猴，形似蝙蝠"。

有的索性就把雷公叫作"雷鸟"，一个孩子就能把他捉住。明人袁小修《随笔》载：一日大雨，从天上忽然坠下一只乌鸦，正落到崔本智家的院子里，侍童就顺手拿个鸡笼把它罩上了。俄而雷电绕室，吼怒不已。崔本智道："此必雷乌也。"忙招来道士跪在雨中祷告，手捧其乌，不一会儿，霹雳一声，乌鸦不见，雷鸣亦息。又《挥麈新谈》记今湖南澧县东一事，一日大雨震雷，忽见雷神入舍，其形似乌鸦，高二三尺许，两足行地，两翅下有二手下垂。这是雷公，而不是雷乌，但其传说也与雷乌有关。

民间还有一个雷神"雷五"的传说，或者是因为"雷乌"声转而衍生，或者是因为"五雷神"而附会，然后又转变为"雷乌"，或者是什么关系都没有，其间关联要等有心人去考察，此处只是顺便介绍一下这位雷神"雷五"。故事见于五代杜光庭的《神仙感遇传》：叶迁韶，幼年樵采，避雨于大树下。忽见雷公为树枝所夹，奋飞不得。迁韶便取石为楔，把树枝撑开，然后雷公得以脱去。雷公甚为感激，赠以墨符一卷，道："习此可以致雷雨，祛疾苦，立功救人。我兄弟五人，要雷时，唤雷大、雷二，必即相应。然雷五性刚暴，无危急之事，不可唤之。"自是迁韶行符致雨，很是应验。一次在吉州为太守责辱，迁韶于阶下大呼"雷五"一声，当时正是万里无云，忽然霹雳一声，举堂的人全都震倒在地。

最不可理解的是，雷公居然可以被人当作野味来开斋。唐李肇《国史补》记一传闻：雷州（今广东雷州半岛）春夏多雷，无日无之；雷公秋冬则伏于地中。人取而食之，其状类猪，大约味道也和猪肉相近。明姚福《青溪暇笔》也说，到了秋冬之后，雷公和虫子一样入蛰，山行之人，往往于土穴中得之，其物如猴而小，尖嘴肉翅，胆大的人就拿他当便饭吃。而《五杂俎》也有类似的记载，但又成了"鸡形肉翅"，秋冬藏于土中，被人掘出，则轰然而走，当地人追逐而食之，谓之"雷公"。最后一说很有启发，估计这些记载中所说的可能都是岭南一地的特产，但人们称它为"雷公"，一是因为它与雷一样，春夏多有，秋冬则蛰，另外当地多雷，为灾于人畜，称这东西为"雷公"，把它吃了也许有解攘的心理作用。但无论如何，雷公而至此，在民间也算是颜面全无了。

雷师（丰隆）

先秦时雷神已经人格化为"雷师"，一般的说法认为，雷师的名字就叫"丰隆"。《楚辞·离骚》说："鸾皇为余先戒兮，雷师告余以未具。吾令丰隆乘云兮，求宓妃之所在。"王逸注解道："丰隆，云师，一曰雷师。"而东汉张衡的《思玄赋》有"丰隆軥其震霆"之句，也可以证明丰隆是雷师之名。这大约是"丰隆"二字有些模拟雷声的缘故吧？但丰隆也可以认作对云团的描写，所以又有云师之说。

雷师之名到唐代还为民间所采用。《文献通考》载天宝五载始祀雷师，诏每祀雨师，宜以雷师同坛。戴孚《广异记》里有雷州长史欧阳绍，率其徒二十余人与雷师激战。最后的结果是雷师大败，雷电飞散，池亦涸竭。中获一蛇，状如蚕，长四五尺，无头目。这大约就是雷师的原形，可是这已经很地方化，不足为训了。五代徐铉的《稽神录》中，雷师不仅娶妻，而且"亲族甚众，婚姻之礼，一同人间"，更是唐人传奇式的随兴编派。但到这时，"雷师"之名只是偶尔一见，民间对雷神最普通的称呼却是"雷公"了。

雷公

"雷公"之称，最晚在汉代就出现了。《楚辞·远游》中有"左雨师使径待兮，右雷公而为卫"，雷公与雨师并称，作为大神的护卫，但《远游》虽然署名屈原，但其实是汉代慕仙者的作品。至东汉时，雷公已经形于图画，但他只是一般士人模样。王充《论衡》道：图画中把雷画成一串大鼓相连，而雷公则左手引连鼓，右手持椎，作打击状。其意若曰：雷声隆隆者，连鼓相叩击之音也；而霹雳如敝裂者，则椎所击之声；如果连鼓与椎并击，则是要击杀人了。

到了晋干宝《搜神记》中，雷公就如前面所述的那种"唇如丹，目如镜，毛角长三尺余，状如六畜，头如狝猴"。此形貌大体让雷公定了型，一直到现在也没有大变动。如《元史·舆服志》提到"雷公旗"上所绘雷公："大首鬼形，白拥项，朱犊鼻，黄带，右手持斧，左手持凿，运连鼓于火中。"这是为朝廷官方所定下的雷公标准像，而民间更认可他的"头如狝猴"，所以《西游记》中一提孙悟空，就说是"雷公脸的和尚"，读者自会明白他的尊容。至于前面所述的各种似禽似兽的雷公，只是民间的齐东野语，为缙绅先生所不道了。

在"左雨师，右雷公"的古代，雷公本是别无分号的唯一一个，但大约是人们的视野越来越扩大，明白天下同时打雷的地方绝非一处，显然一个雷公是忙不过来了，于是雷公也就多起来。即使不算民间的随意创造，就是正统的雷公，也开始分身演变。道教专设雷部诸神，不用雷公之名，容后再说，就是沿用雷公之名的也成了群，而且职责也不再只是行雷一事了。仅以道教的一种说法为例，《朝天谢雷真经》有"十二雷公"之说，谓天、地、人各有十二雷公。即天雷有

雷公（山西浑源永安寺壁画）

神霄、五方、行雨、行风、行云、布泽、行雪、行冰、飞砂、食祟、吞鬼、伏魔等十二雷公；地雷有纠善、罚恶、社令、发稻、四序、却灾、收毒、救病、扶危、太升、巡天、察地等十二雷公；人雷有收瘟、摄毒、除害、却祸、封山、破庙、打鬼、伏虎、破瘴、灭尸、荡怪、管魄等十二雷公。雷公已经成了他们的行政执法工具，除了生孩子，人间的事可能让这三十六雷公全管了。

雷部

民间以及道教，都把"雷部"与"瘟部"并称为上天降罚的两大部门。雷部在宋代又叫"雷府"，起于道教。雷府诸神名目烦琐，不厌重复，可以看出道教的风格。南宋道士白玉蟾《修真十书》载有雷部三十六神，又名"三十六雷"。名目与上节三十六雷公又不相同，叫天洞天真之神、毕火毕真之神、天乌天镇之神、威猛丁辛之神等等，让老百姓听来，已经神秘得不知是干什么的了。而"雷府奏事议勋丹章"所载更为浮夸，雷部神将名号极言其威猛，如风火龙骑震天沸海神君，霹雳火光银牙濯目神君，欻火律令大神，雷公火车元帅，三五铁面火车大将军，霹雳火车腥烟使者，移山翻海铁甲使者，等等，雷霆的形态及功用几乎全部被命以神名，又拉进太岁将军、掌疫病使者这些与雷无关的神，队伍极为庞杂。

雷部诸神在民间得到了简化，而在神魔小说和一些庙宇中得到整齐化。《封神演义》卷九十九回载姜子牙封雷部众神，共有二十四员，其职责说得很好听，统称"催云助雨护法天君"：邓天君（忠）、辛天君（环）、张天君（节）、陶天君（荣）、庞天君（洪）、刘天君（甫）、苟天君（章）、毕天君（环）、秦天君（完）、赵天君（江）、董天君（全）、袁天君（角）、李天君（德）、孙天君（良）、柏天君（礼）、王天君（变）、姚天君（宾）、张天君（绍）、黄天君（庚）、金天君（素）、吉天君（立）、余天君（庆），另包括闪电神（即金光圣母）、助风神（即菡芝仙）二位女将。而明时常熟致道观有雷部前殿，列律令大神邓元帅、银牙耀目辛天君、飞捷报应张使者、左伐魔使苟元帅、右伐魔使毕元帅、火犀雷府朱天君、纠伐灵官王天君、黑虎大神刘元帅、魁神灵官马元帅、朗灵上将关元帅、雷公江使者（名赫冲）、电母秀使者（名文英），共十二位。其中仅朱、马、关、江不在封神榜内，而雷公单列其名，雷公属于雷部，而雷部未必尽是雷公。在《西游记》中雷部天君则仅为八位，这八位都在《封神榜》二十四天君之内，即：庞、刘、苟、毕、邓、辛、张、陶。

雷部诸元帅虽然难免拼凑，但也并不都是毫无来历，考察一下，其中最有影响的苟、毕、辛三帅竟然本是一人，其源头则出于民间故事。

苟元帅

《三教源流搜神大全》有"辛兴苟元帅"：雍州有神雷山，每年惊蛰时雷气发扬，威气闪赫，但入秋之后，雷藏于地中，作鸡状。（参看前面"雷兽"一节。）雍州有民姓辛名兴，字震宇，家贫，卖薪以养母。一日入雷山，于石中得鸡形者五，以为可做母膳，以衣裹之而归。母欲烹之，一鸡作人言："予雷也，不可食。乞宥一剐之恩。"其母不允，雷霹雳而起，母受惊破胆而死。辛兴卖薪携酒归，抱母尸而泣，知为雷鸡所震死，遂欲将五雷鸡并捶毙。雷神冲虚而起，风霾交至，欲下击辛兴，而悯其为孝子，便化作道士，揖辛兴曰："误伤尔母，勿怨也。我等愿听命以谢罪。"因奉十二火丹，辛兴食之，遂易形貌，头如妖，嘴如鸟，肩生翼，左持凿，右持槌，脚踏五鼓，而升化母尸而去。天帝感其孝，封为雷门苟元帅，与毕元帅共五方事，往来行天，剪除幽明邪魔。

姓辛名兴，却称为苟元帅，让人难解。其实这是把辛元帅与苟元帅故意混在一起。雷神姓苟，起源可追溯到晋陶潜的《搜神后记》：吴兴（今浙江湖州）人章苟，五月时耕作于田，把带来的饭放在菰草中，到了晚上再来吃时，饭却不见了。如此不止一次，他便埋伏附近，忽见一大蛇来偷食。章苟便用锄砍蛇，而蛇则钻入一洞。这时只听洞中有哭声，说："我叫人砍伤了。"又有一物道："把他交给雷公，用霹雳杀死他！"须臾之间，云雨冥合，霹雳只在章苟头上转。章苟便跳脚大骂道:"天使! 我贫穷,奋力耕垦,蛇来偷食,罪当在蛇,反倒来劈我吗! 真是混账雷公,你要是下来,我非用锄头把你砍了不可!"过了一会儿,云雨渐散,霹雳转向蛇穴,击死蛇数十条。

《封神演义》所记雷部苟天君名叫苟章,恰为"章苟"二字倒过来,显然是那位不怕雷的章苟所演变。故事虽然不同,但主角都是不怕雷神、与雷神斗争的人。而这人最后战胜雷神,自己取而代之,这正是民间故事的套数,由此可见,民间对鬼神的信仰有时很有进攻性和挑战性:你干不好,不如下来让我干。

毕元帅

毕元帅事迹也见于《三教源流搜神大全》,说他姓田名华。他是雷精所化,雷藏于地中,他则寄胎于田间千年石乳。他出世时白昼霹雳,火光照天,风雨骤至。因为寄胎于田间,出生于草莽,所以因田为姓,指莽而名毕。他曾经助女娲补天,又助黄帝击死蚩尤,黄帝拜以龙师之职,他不接受,而隐于华胥之境,于是又以华为名。至汉末,妖魔纵横。玉帝封以"雷门毕元帅"之职,掌十二雷霆,辅玄天上帝诛瘟疫鬼。

那些赫赫武功都是装点门面语,没什么意思。至于对他名姓的解释,也并不在理。"畢"("毕"的繁体)字拆开就是"田華"二字,而"田"就是"雷"字的简化,古时"雷"字本来就写作"靁",也可以省作"畾"的。所以毕元帅的名字就是一个"雷"字的变来变去而已。《封神演义》记雷部诸神有毕天君名毕环,所以雷部中自有姓毕而不是姓田的"毕元帅"。明代的《常熟私志》记致道观雷部诸神,其中也有"右伐魔使毕元帅"。到了清代,清凉道人《听雨轩笔记》还有天神毕元帅除千年石妖故事,道元帅手发巨雷,复挥巨斧,正是雷神形象。所以田华之名,不过是故作狡狯,把"畢"字一拆两开的结果。

明人陆粲的《庚巳编》还有个"苟毕元帅"：苏州饮马桥居民李旭见一人披发而束额，左绾索，右挈槌，状如神人。便问玄妙观道士郭渊静，渊静道："此人是吾心将雷霆苟毕元帅也。"此处竟把苟、毕二位合成一人，如果不是陆先生记错，就是郭老道说走了嘴。苏州属县常熟有致道观，其前殿塑有二雷神，苟为左伐魔使，毕为右伐魔使。苟、毕在民间传说中早就成了搭档，郭老道不应该不知道吧。但李旭问的是一个人，郭老道只能报上一个人的名字，结果嘴一秃噜，就变出个新雷神。

辛元帅　邓元帅　刘天君

辛元帅，《封神演义》称其姓辛名环，事迹仅见于《三教源流搜神大全》的"辛兴苟元帅"（已见"苟元帅"一条），也就是说，辛兴不过是苟元帅的本名，在初本来是一人，到了后来才拆解成二位。辛元帅在民间影响也比较大。清人顾禄《清嘉录》记载江南每年六月有"食辛斋"之俗，云：六月二十五日为辛天君诞辰。辛天君为雷部中主簿神。凡奉"雷斋"者，到此日都要吃素，以祈神佑。但估计这有些附会，因为食斋者每值当月之辛日及初六日，都不御荤，谓之"辛斋"，民间又有"三辛一板六"之称。所以似乎是辛斋在前，后来又因"辛"字把辛天君拉扯进来，而辛天君的所谓生日，不过是个理由吧。

邓元帅常为雷部众神之首，《封神演义》称邓忠，《西游记》称邓化（仅见于第五十一回，云"天师又奏玉帝，传旨教九天府下点邓化、张蕃二雷公"，邓化可以与邓元帅对号，张蕃自是张元帅了），《常熟志》称"律令大神邓元帅"。不知平日所说的雷鬼"律令"与他有什么关系，如果邓元帅是由律令转化而来，而律令又是以奉令后火速奔走为特征，那么要是雷部全体出动，邓元帅自然应该跑到最前面来带队了。南宋洪迈《夷坚志补》中记一事，言九华道士筑坛行法，见一神人，火焰绕身，自称："吾天元考召邓将军也。"火焰性急，考召欲速，也许是雷部邓元帅的前身吧。

《封神演义》中雷部有刘天君，名甫。又姚宗仪《常熟私志》所记致道观雷部诸神，称黑虎大神刘元帅。估计就是《三教源流搜神大全》中的刘元帅。刘元帅姓刘名后（皇后的"后"），东晋人，生于岷江渔渡中。家贫，送于罗真人处为侍读。因精于五雷掌诀，能招风捉雨，以之济民。据此，刘元帅本来是个道士，因能以五雷法致雨，为百姓所信奉，所以就也被收入雷部。罗真人当指唐朝道士罗公远，所以刘后也不可能是东晋人了。

吕元帅

这个与刘天君相关的雷神吕元帅不可不提一下，虽然《封神演义》雷部二十四天君中都没有他，但他确实是个雷神，而且他的真名叫"田雨"，正是"雷"字拆开而成。《三教源流搜神大全》称他为"田吕元帅"，而且颇有来历。原来他的父亲乃是一条苍龙，大约在人间做了坏事，为慈济真君即刘后刘天君所逐，逃入西蜀黄沙洞。但他在那里也不老实，暗窥庞氏姑娘年轻美貌，就强占为妻。过了半载，刘真君寻访至此，青龙"化去"，大约是被杀了吧，而庞氏也吓得逃匿于田中。真君飞剑指庞氏之腹，于是胎落，是一男孩但生着个龙脑袋。此时大雨降临，真君不忍杀这孩子，便把他抚育成人，就让他姓田而名雨。六岁时，天君把他送到龙虎山张真人帐下为徒。及至有了道行，打听出父亲为刘天君所杀，便想报此杀父之仇。于是他裂帐为旗，折竿为戚，喷水为雾，击令为雷，凭虚而行于太虚之中，四处打听杀父仇人刘天君。途中遇到十二小妖拦路，双方大战不解。玉帝闻听，把他召至上界，任他为元帅，并道："真君为民除害，不可与之为仇。十二小妖也不可杀，让他们归属你的麾下，到下界降妖。"于是元帅左手执雷令，右手执黄旄，成了雷部元帅。由此可见，这位元帅及其部下只是一群受了招安的妖精。英雄不问出处，民间的英雄大抵如此。

谢天君　谢仙

谢天君也不在二十四天君数内，但他可能是雷部诸神中地位最高的一个，据《三教源流搜神大全》说，他最后受职为火德真君，以火神正堂而兼雷部，地位自然不比寻常。他的履历是官宦出身，与其他几位也有不同：姓谢名仕荣，字雷行。生于唐太宗贞观初年。降生之时，一轮火光如斗，直射入山东火焰山界谢家。性如烈火，面貌丑陋，不屈于强豪，严格执法。他担任山阴县令时，督司索贿，不从，又设计刁难，他也能应付。死后为神，受职火德天君，执金鞭，架火轮，头顶道冠，以司亢阳之令。观其履历，谢仕荣就是传说中的一个强项令，因为有德于民，或者死后得到百姓的奉祀。但他的一生事迹中，实在与"火"无关。那么他是怎么成了火德星君的呢？这是因为民间把他与传说中的火神"谢仙"弄混了。而这谢仙本身就是一个误会的产物。

北宋时，有人在岳阳天庆观的木柱上发现有"谢仙火"三字，体兼篆隶，都是倒书，入木至寸，笔画雄劲，一看不像是人力所为。当时永州的何仙姑名气正大，便有人前去请教。何仙姑答道："谢仙是雷部中的火神，兄弟三人，形质如墨，然其长各不过三尺。此'谢仙火'三字，系用铁笔倒书也。"此事在北宋、南宋的很多书中都有记载，而谢仙为雷部火神也就成了民间的定论。可是北宋的沈括在《梦溪笔谈》中有辨，道："我看那几个字像是唐人笔墨，而那个

'火'字，应该是人群结火（现在做"伙"字）的'火'，而不是水火的火。"这样一来，"谢仙火"就可以理解成"谢仙一伙"了。当时人张耒在《明道杂志》中说得更为透彻：人们从深山中砍伐下木材，编成筏排，乘山水流到下游。这些木商为了识别木筏，就在上面写下自己的名字。所以"谢仙火"就是谢仙一伙在木材上烙下的字，而在别的木材上也能见到"某某火"的字样，只不过这位叫"谢仙"，一个"仙"字让人浮想联翩了。

如此说来，谢仙本是生于附会，现在又把一个姓谢的强项令附会到谢仙上，于是就出现了雷部火神谢天君。

律令

这又是一个因误会而生出的神。此神名叫"律令"，属雷部，因为他跑得很快，速度与雷声一样，所以平时道士书写符咒，都要有一句"急急如律令"，意思是让这符咒像律令一样迅速得到执行。关于他的来历，直到清人徐道的《历代神仙通鉴》才做交代，说是：方相死后为险道神，一曰开路神。后为天帝召为雷部健儿。但此说别无旁证，而且方相既然做了开路神，他走得那么快，后面送殡的队伍也无法跟上，那也就无所谓开路了。

其实这"律令"根本与鬼神无关，汉代军中公文，常有"急急如律令"一类的话，意思是要迅速送到，如同律令一般不得延误。因为道教兴于汉代，从张天师那时写符咒，就把军中文书的常用语移植过来。而后人便横加附会，把本来是法律命令的"律令"二字硬说成神名了。

雷声普化天尊

雷部诸帅情况大致如上所述，雷部的部长雷声普化天尊所以放到此处才说，是因为他的任命并不太明确：诸帅多来自民间传说和信仰，这位部长却是道教出身，诸帅是不是认识他还很难说。且说此神介于雷神和道教大神之间，是以道教天尊身份统领雷部的。他的头衔有的加上"九天应元"四字，有的加上"太乙"二字，其实没有任何本质的区别，只不过太乙雷声普化天尊多见于道书（甘肃武威雷台有雷祖庙，现在新建之后，供奉的主神即太乙雷声应化天尊，不知有何根据），而九天应元雷声普化天尊则是得到朝廷承认，正式列入祀典的名号。

"九天应元雷声普化天尊"，最早见于南宋，而这十个字被人称为《十字经》。南宋初年，周举遇见一个道士对他说："你明日当死于兵刃，能诵《十字经》，不仅免死，还能解冤延寿。"然后教他念"九天应元雷声普化天尊"十字。第二天，周举果然遇上了强盗，他口中一念那十个字，立刻雷声大作，群盗惊走。但从古到今，念过《十字经》的想必不少，可是应验的仅此一例。到了明朝弘治年间，朝廷认为雷声普化天尊总司五雷，六月二十四日为天尊现示之日，便规定每年在这天要派遣官员到显灵宫致祭。道士奉雷神是用来做自己的部将打手，朝廷祭雷目的何在呢？估计是认为雷雨须并肩而至，如果没有雷声凑热闹，那雨下得也不会太痛快吧。

关于天尊的来历，却有几种不同的说法。一说是轩辕黄帝。《历代神仙通鉴》说黄帝的封号为九天应元雷声普化真王。所居神霄玉府，去雷城二千三百里。雷城高八十一丈，左有玉枢五雷使院，右有玉府五雷使院。真王之前有雷鼓三十六面，三十六神司之。凡行雷之时，真王亲击本部雷鼓一下，即时雷公雷师兴发雷声。而那雷公，就是前面说的那个雷泽里的雷兽。而三十六雷神，也都是当年黄帝的辅相有功之臣。

一说是"神霄真王"。道书说，阴阳之气，结而成雷，有神主之，

雷声普化天尊（白云观藏画）

曰神霄真王。此所谓神霄真王，即元始天尊第九子玉清真王。道经说他化生为雷声普化天尊，掌雷霆之政。

又一说为《封神演义》中的商纣王太师闻仲。书中说：雷部正神，乃闻仲也。额有三目，中目一睁，发出白光一道，计长二尺余。商纣朝拜相，称太师。曾骑墨麒麟周游天下，霎时可行千里。周武王伐商，闻仲领兵三十万西征，最后在绝龙岭被八根通天神火柱烧死。及姜子牙封神，令闻仲来坛受封，道："特敕封尔为九天应元雷声普化天尊之职，仍率领雷部二十四员催云助雨护法天君，任尔施行。"

雷声普化天尊"总司五雷"，这五雷是道教的专利，什么五雷神、五雷法之类也都是道教的东西，但奇怪的是，这五雷在道教内部却不统一。仅在南宋之前，据白玉蟾《修真十书》所记，道教各派就已经众说纷纭：玉枢之雷书为天雷、神霄雷、水官雷、龙雷、社雷；神霄之雷书为风雷、火雷、山雷、水雷、土雷；大洞之雷书为圣充威灵震动雷、震电哮吼霹雳雷、八灵八狷邵阳雷、波卷水雷、正直霹雳闪电大洞雷；仙都之雷书为天雷、地雷、风雷、山雷、水雷；北极之雷书为龙雷、地雷、神雷、社雷、妖雷；太乙之雷书为东方青气木雷、南方赤气火雷、西方白气金雷、北方黑气水雷、中央黄气土雷……此外还有紫府之雷书、玉晨之雷书、太霄之雷书、太极之雷书也都各有说法。而掌管五雷之神诸说也不同，如神霄派即以二十八宿之箕、房、奎、鬼、娄五宿分掌天、地、水、神、妖五雷。看来道教各派无一派不讲五雷，而各派又以五雷之不同为区分，由此可见道教与雷神的不解之缘了。

雷神一旦成了天庭或某个宗教的执法工具，那就是很让人恐惧的了。这恐惧不仅是源于"雷霆之威"，更由于随之而来的某种罪名。以往的一些传闻中常常有某人被雷劈死，然后雷火在他身上写下他的不孝或不忠的罪状，甚或写上是某巨恶大憨的第几世身，那电火烧出的"字"是谁也不认识的，但越是不认识就越能被人编造。即使被殛的是乡里的长者，而身上也没有写下什么罪状，也一定会落下有"隐恶"的嫌疑。这真是"死不足惜"，身后的名声却是要遗臭，甚至连亲眷子孙都要受连累的。这真是"没来由遭刑宪"，而受此冤枉的基本上都是老百姓，那些大人先生们身居高堂广厦，没有听说历史上的哪个奸臣恶贼是被雷击死的。

对此，民间信仰的正宗是采取反对态度的。那态度的体现，一个是把雷公描绘成蠢、笨、昏的典型，蠢则唯乱命是听，昏则不分贤愚，而笨到该殛的妖邪击不中，却误伤好人，甚至把自己夹到劈开的巨树中。另一个体现则是，把与雷对着干的"抗雷"英雄奉为神明，尊为自己的雷神。前面已经说过的章荀其人即是，下面再说一个陈鸾凤。

雷州雷王（陈文玉、陈鸾凤）

雷州，就是今天广东省境内的雷州半岛，据说那里多雷，而且雷声近在檐宇，很让人惊怕，当然有时也要击伤人畜。很早这里就有一个传说，说在南朝陈时，有一人名叫陈楉（一说叫陈锘），捕猎时得巨卵于丛棘中，携归。雷雨暴至，卵开，得一男孩，其手天然成文，左手为"雷"，右手为"州"。此人姓陈名文玉，到了隋朝大业三年，果然做了雷州刺史。陈文玉死后，屡著神异，民间便祀为雷神。到了宋元时，朝廷封神为王，所以又叫雷州雷王。此庙直到明清时还存在，就在雷州英榜山上，其神冠冕红袍，左右列侍天将，旁立一侍者，手捧一盘，盘中是个大卵，显示着当年雷王出生时的异象；堂后又有雷神十二躯，以应十二方位，还有雷公、电母、风伯、雨师等像。每年六月二十四日，雷州人必供雷鼓，以酬谢雷王所降下的那些不光吓人还要杀人的大雷。

可是雷州还有一个传说，是专与雷州雷王作对的，人称"雨师"，其实更像是雷王，因为雷州的雷神已经让他制服了。故事载于唐人裴铏的《传奇》中，说在唐元和年间，雷州海康有个叫陈鸾凤的，负气义，不畏鬼神。海康有雷公庙，不知是不是隋朝的那位雷州太守陈文玉，如果是的话，也是吃了多年血食，早已腐败了，所以此时多为妖妄之事。比如他规定，本地人每年听到第一声雷，就要记住那个日子，是甲子还是乙丑之类，再到了那个甲子日，也就是每隔六十天来一次，那天谁都不能做营生，有不遵守者，第二天一准被雷震死。这年海康大旱，老百姓就带着祭品三牲，到雷神庙磕头求祷。可是这雷神平时吃老百姓喝老百姓，到了这时却装起孙子来。陈鸾凤见此大怒，道："我之乡，乃雷乡也。为神而不能降福，要这庙做什么！"于是便点火把庙烧了。当地还有一风俗，不能把黄鱼和猪肉搀到一起吃，否则就要惹雷神生气，也要用雷震死。陈鸾凤烧着了雷公庙，就手持竹炭刀，站在野地里，故意把黄鱼和猪肉搀到一起大口嚼着，就等着雷公下来过招呢。果然，一会儿就怪云生，恶风起，然后就是迅雷疾雨自天而下。鸾凤看准雷公下击，便把刀往天上挥去，一击而中，雷公的左腿竟被砍了下来。雷公一个倒栽葱堕落在地，原来是个猪头，披毛戴角，活脱是个畜生，只是生着一个青色的肉翅，流血如注，怪叫不止。陈鸾凤持刀正要上前断其颈，啖其肉。乡人赶快上前把他拉住，说："雷霆是天上灵物，你不过下界凡人，要是杀了雷公，必然让我们一乡受祸的。"鸾凤被众人拉扯，不得奋击。过了片刻，又来了一个雷公，把那个挨刀的连同断下的大腿一起带走了。于是油然作云，沛然作雨，一场甘霖直下了半天，旱情立刻解除，枯苗也复生了。可是斗雷的英雄陈鸾凤却不为乡里所容，他无处安身，只好离开本乡投奔亲戚，可是他走到哪家，那家必被天火所焚，陈鸾凤持刀立在院子里大骂，那雷孙子却不敢碰他。他无处容身，只好住在溶洞中。但此后海康每有大旱，乡人总要把陈鸾凤请出来，他便持刀向天，一面吃着黄鱼和猪肉，那雷神果然忙不迭地把雨送到人间。如此二十余年，民间给陈鸾凤一个"雨师"的美号，却不见有人给他盖庙烧香。所以几百年后，老百姓还是到雷神庙求雨。

附：电母

在出现雷部之后，闪电娘娘已经成了雷部成员。但因为古人一直把雷、电并称，我们不能因为后来雷公发迹，就让老搭档成了部下。更何况用现代知识来看，雷公本应从属于电母才对呢。雷公、电母，一公一母，好像是一对夫妻，可见古人造神时颇富人性化的关爱心理。因为再古一些的时候，本来是"雷公电父"的，电父变性为电母，大合人意，从此电神就一直以女性面目出现。这一变性不晚于唐朝，而到了元代，朝廷用电母旗，上画神人为女子形，两手运光。《封神演义》姜子牙封金光圣母为闪电神，《西游记》则称其为"闪电娘子"。姚宗仪《常熟私志》记致道观雷部前殿有电母塑像，称电母秀使者（又有称电母秀天君的），姓秀名文英，乃用道书之说。

可怜这位电母娘娘没有像雷公爷爷那样留下什么故事，我们只好把《封神演义》中的那位金光圣母介绍一下。却说申公豹到了金鳌岛，请截教十位大仙（即成神后的"十天君"）摆下"十绝阵"，对付西岐。十阵中的第五阵就是金光圣母的"金光阵"。这位奶奶的座驾是五点斑豹驹，她的金光阵是"内夺日月之精，藏天地之气，中有二十一面宝镜，用二十一根高杆，每一面悬在高杆顶上，一镜上有一套。若人、仙入阵，将此套拽起，雷声震动镜子，只一二转，金光射出，照住其身，立刻化为脓血。"这套设备现在看起来一点儿技术含量都没有，只是那镜子中的金光却让人联想到激光武器。但广成子忙将八卦仙衣打开，连头裹定，不见其身。金光总有精奇奥妙，侵不得

电母（永乐宫壁画）

雷
神

八卦紫寿衣。有一个时辰，金光不能透入其身，雷声不能振动其形。广成子暗将番天印往八卦仙衣底下打将下来，一声响，把镜子打破了十九面。金光圣母着慌，忙拿两面镜子在手，方欲摇动，急发金光来照广成子；早被广成子复祭番天宝印打来。金光圣母躲不及，正中顶门，脑浆迸出。一道灵魂早进封神台去了。这位圣母到了封神台，就成了雷声普化天尊闻太师的部下，而那剩下的两面镜子就定型为电母娘娘双手中的道具。

风神

风伯

风伯之名，最初见于《山海经·大荒北经》：蚩尤兴兵伐黄帝，请来风伯、雨师以狂风暴雨助战。此时，风神已经人化。但后来好像风伯又成了黄帝的仆从，《韩非子》中说黄帝大会天下鬼神于西泰山，风伯扬风驱尘以开路。这显然是战败蚩尤之后，风伯被黄帝"招降纳叛"了。风伯本是个自然神，在神话中却被赋予政治倾向，到了后代，这种情况不大出现了。

古人又以风、雨二神上应星象，说"风师者，箕星也，箕主簸扬，能致风气"。于是风神又有风师之名，以与"雨师"相应。以风神应星座，是古人为了祈风而祷祝星辰，但这风是为了扬场簸麦，还是用风雨助战呢？估计以后者为是。

飞廉

风伯有名字，据说叫飞廉。但飞廉是古神话中的人物，一说为夏启之臣，能冶炼；一说是商纣之臣，其子恶来多力，而飞廉善走，父

风伯雨师

子俱为独夫纣的帮凶。但这二位飞廉似都与风神无关。另神话中有兽也叫飞廉，长毛有翼，后来仙人常把他作为坐骑，而出土的铜器石雕中也时见其形象。这东西似乎也与风神无关，但汉人应劭又有飞廉不是兽，而是禽之说。古时禽、兽时而通用，也许应劭说的禽就是长毛有翼的兽，但这作为"禽"的飞廉却是"能致风气。身似鹿，头似爵，有角，尾似蛇，大如豹，风伯之神也。"看这描述，说它是禽还不如说是兽更为恰当。由此可见，风伯在人化之前，也曾有过兽形的历史。

　　清人徐道的《历代神仙通鉴》把上述各说综合起来又加以演义，

道："蜚廉生得鹿形蛇尾，爵头羊角，与蚩尤同师一真道人，并居南祁，见对山之石，每遇风雨则飞起似燕，天晴安伏如故。怪而觇之，夜见一物大如囊，豹文而无足，向地吸气二口，喷出，狂风骤发，石燕纷飞。廉步如飞禽，乃追而擒之，是为风母，能掌八风消息，通五运之气候。"这里飞廉本不是风伯，因为他得到了"风母"，就好像得了法宝，所以能招致八风了。风母之形如囊，民间画风伯之像，总见他背着个大布袋，名叫风囊，这风母大约由这口袋再加上"飓母"传说而成。

此外，古代还有说风神名叫屏翳的。曹植《洛神赋》中有"屏翳收风，川后静波"之句。但屏翳为古神话中的自然神，后世诗文时而用之，却有雨师、云师、风师、雷师四种说法，而以雨师之说为多。诗人们浪漫起来，标榜新奇、自我作典，指雨为风也是平常事。所以旁人要是认了真，想把浪漫主义与现实主义调和到一起，那就是自寻烦恼了。

风姨　孟婆　飓母

《太公金匮》中说"风神名姨"，并没有说风神是女性，也许"姨"是"夷"字之误也说不定。但后世却仿电母之例，把风神女性化为"风姨"，到了唐人小说中进一步加了姓叫"封姨""封十八姨"，是个中年妇人模样了。

故事见于唐段成式《酉阳杂俎》，说唐天宝年间有处士崔玄微，好道，一日于园中见少女多人，自言多为恶风所扰，幸有封十八姨相庇。后因得罪十八姨，求崔玄微相助："每年岁日，作一朱幡，上图日月五星之文，于苑东立之，则可免难。今岁已过，但请至三月二十一日，平旦微有东风，即立之。"玄微依其说嘱，至二十一日立幡于苑中。此日东风大作，折树飞沙，只有苑中繁花不动。玄微乃悟诸女皆众花之精，而封十八姨乃风神也。

女性风神还有个"孟婆"，年岁似比封姨大一些，见于宋人诗词中。据杨升庵说，叫风为孟婆是宋时"勾栏中语"，而传于民间，至江南七月间有大风，不利于舟行，百姓就说这是"孟婆发怒"。如此看来，孟婆是七月风神的专称了。但清人虞兆漋《天香楼偶得》中表示了不同意见，他说重阳之后，风渐迅厉，所以重阳前后的大风，人称"重阳信"。而俗以九月十三为孟婆生日，以这一天占卜一冬的晴雨。秋深之风，干燥无雨。孟婆生日就是"风生日"的意思也。如此说来，孟婆又是深秋之风了。封姨为晚春的风神，孟婆是晚秋的风神，如果这样安排，姨、婆二字对女风神的年纪安排得却很不错，一年之间，春天的阿姨到秋天便成了阿婆。可是南宋蒋捷的词中却说："春雨如丝，绣出花枝红袅，怎禁他孟婆合皂。"可见这安排也未必合于事实。但不管怎样，阿姨阿婆对青春花季的少女都是有些嫉妒的。

此外，在岭南也有个女性风神，叫飓母，据屈大均解释："飓者，具也，飓一起，则东西南北之风皆具而合为一风，故曰飓也。"据此说，这"具也"倒不如说是"聚也"，把四面八方的风聚合于一处，正是超级的龙卷风。飓风之神又叫飓母，那就不仅是阿婆，而是母夜叉了。

雨师（屏翳）

称雨神为雨师，几千年来少有变化，但雨师的名目却很不少。1. 按《楚辞·天问》，说雨师名叫蓱号，又写作蓱翳、屏翳。但屏翳又有说是云师、风师、雷师的。看那名字，与风、雷似乎不大相切，而更像是与云有关。也许当然屏翳是身兼云、雨二职的。2. 一说雨师又叫玄冥。玄冥本是古代的水神。他是北方帝颛顼之佐。所以玄冥为北方之神，主水，说他曾兼管过雨水，也不算越权。3.一说商羊也是雨师。《三教源流搜神大全》说："雨师神，商羊是也。"可见此说也为民间所承认。商羊据说是种只有一足的神鸟，能大能小，如果他愿意，竟可以一口气把大海吸干。好在自有生民以来，他还一直没有这个兴致。此说源于《孔子家语》所载的一个故事，道：齐有一足鸟，止于殿前。齐侯派人问于孔子。孔子道："此鸟名商羊，是大水之兆。往昔有童儿屈其一足，振其两臂而跳，唱道：'天将大雨，商羊鼓舞。'如今齐国出现此鸟，就要出现应验了，快告诉百姓修治沟渠，巩固堤防，很快就要大水为灾了。"4.仙人赤松子。干宝《搜神记》说赤松子在神农时曾为雨师。他服冰玉散，能入火不烧。至昆仑山，能随风雨上下。至高辛帝时，他又下凡为雨师，游于人间，直至今日。5.雨师之名为咏，见于兵书《太公金匮》，大约是兵家之言。6.天上二十八宿的毕星，也是雨师。大约对毕星的观察可以预报雨旱吧。7.天上的太白金星，其精下世为雨师之神。见于纬书《龙鱼河图》。8.地上生人为雨师的，除了前面提到过的那位陈鸾凤外，有名的还有个唐朝的开国元勋，因为传说他年轻时曾经代天行雨，所以民间求雨心切时，见了神道古人，能拉一个是一个，李靖也就成了雨师。山西翼城四望村有座风雨神庙，供奉的就是卫国公李靖。9.《木郎祈雨咒》的注释中说：雨神名漭漶，字郁光。不知有何根据。此外还有雨师名冯修，号树德之说，雨师名陈华夫之说，雨师外号叫"滕六"之说。

这只是就我狭见所及，不知道的还不知有多少，只是后世引进了"龙王"，雨师之神相对来说少了一些，有些名目就失传了。干旱或淫涝，对于民生影响最大，雨师越多，就越说明人们拿旱涝没办法。后来虽然龙王挤掉了雨师的正座，但每逢求雨，除了龙王之外，凡是能抬出来的各庙神道都要请到太阳地里，一面请他们吃咸咸的猪头三牲，一面让太阳晒得他们口干舌燥，七窍生烟。到了这时，他们就无不兼雨师之职了。

附：旱魃

大旱时是"旱魃为虐"，可是如果雨下个没完，几天几夜不住，那时旱魃就要被请出来止雨了。所以魃这东西，或叫旱鬼，或叫旱神，也是人们势利眼作怪的结果。但不管天旱还是天涝，国人是治本治标两头都不冷落，就是不治中间的自己。比如大旱时一面求龙王，一面驱旱魃，如果涝了，则一面请旱魃，一面骂龙王。所以谈完雨师，也必须说说旱魃。

旱魃也同样不止一种。最原始也最正统的自然是神话中黄帝时的女魃了。《山海经·大荒北经》中说：蚩尤兴兵伐黄帝，黄帝乃命应龙攻之于冀州之野。应龙蓄水，蚩尤请风伯雨师纵大风雨，应龙不敌。黄帝乃命天女名魃者下界，蚩尤的大雨立即被制止，而黄帝遂杀蚩尤。可是女魃却不能再上天了，凡她所居之处就不能下雨，那结果是到处被人驱逐。黄帝的帝业成就了，牺牲个女魃对他不算什么，而下界百姓的牺牲就更大了。所以到汉代时，原来的旱神已经被人视为妖物，张衡《东京赋》有"囚耕父于清泠，溺女魃于神潢"之语，把女魃与诸鬼怪并提。至于后世，每遇大旱，人们或遇到什么丑陋怪物，就说那是旱魃，如《新唐书·五行志》载："永隆元年，长安获女魃，长尺有二寸，其状怪异。"其实究竟是什么，谁也说不清，但指为女魃，然后杀掉，好像旱情也许就会缓解。再如宋人朱或《萍洲可谈》记载：世传妇人有产鬼形者，如果不能立刻杀掉，那就会飞去，至夜间又回到其母身旁食乳，而其母则因此憔悴而死。这种怪胎也被指为旱魃。而且还分男女，女魃窃其家物以出，男魃窃外物以归。

东方朔《神异经》仿《山海经》而作，其中也记述了一种魃：生于南方，长二三尺，赤裸其身，眼睛生在头顶上，行走如风。所至之国大旱，赤地千里。其名一曰旱母，一曰狢。遇到的把他捉住，扔到茅坑里，他就立即死掉，而旱情也就消解了。《北史·齐本纪》中记载一事，与此相类：夏五月，大旱，晋阳（今山西太原）得死魃，长二尺，面顶各二目。虽然载于正史，但其说可疑，估计也许是什么怪兽的尸体再加工了吧。

最令人不解的是，自明代以来，有旱魃为僵尸所化之说。于慎行《穀山笔麈》言：北方风俗，每遇大旱，则在夜间点上火炬，去野地里查看新葬的坟茔，如坟有光焰，就遣人发掘，如果死尸生有白毛遍体，那就是旱魃，只要把它砸烂，天就会降雨。谢肇淛《五杂俎》所载也差不多，说：河北、山东一带，每年到四五月间，往往干旱无雨。当地人便说有魃鬼在地中，必须掘出来，鞭而焚之，那时才会下雨。既然挖不到那种遍体白毛的僵尸，就把人家刚死的小儿指为魃鬼，率众发掘。其家人自然要聚众力拒，于是双方格斗，竟常有械斗而死者。黄玮《蓬窗类记》也记有此事，并有一个专称，叫“打旱骨桩”。沿袭已久，奸邪之人往往假指新丧人家有旱魃，而借此以报私仇。此种事愈演愈烈，弄得每年都要惹多少官司，所以到了弘治年间，官府下令严禁“打旱骨桩”，此风稍有收敛。可是直到清末，以僵尸为旱魃之说仍行于北方。东轩主人《述异记》载：有个叫“骚达子”的，听到他父亲的棺柩中有响声，打开一看，见一毛人，用火烧它，则有痛楚之声。人说此即旱魃。李庆辰《醉茶志怪》记：房山（今北京房山）亢旱，有巫师说西山的坟中有僵尸变为旱魃。打开坟墓，棺材是空的，但棺外却卧一物，如人，遍体绿毛长寸许，双目赤如灯火。见人起立欲逃，为众人擒获而焚之，没过多久，天上就降起大雪。当地人说：每至阴云四布，常见有白气自坟中冒出，即时阴云四散。

　　还有一种如独脚兽者，也被人说是旱魃。清凉道人《听雨轩笔记》有"射旱魃"一条，说乾隆时浙西大旱，有猎户兄弟二人至临安龙湫，见岩中一物跃出，形似人而独足，额生一目，口大如箕。兄弟俩用药箭射之而毙，于是大雨滂沱云云。

　　还有说魃鬼什么也不是，就是一团火光。金人元好问《续夷坚志》载：贞祐初，洛阳一带大旱，人传有旱魃为虐。父老们说："旱魃一至，必有火光随之。"即命少年辈到黄昏后登高而望，果然见有火光入一农家，众人追至，用大棒奋击，火焰散乱，有声如驰。但旱情解决没有，却没有说。

　　而清人袁枚《续子不语》大约是总结当时习俗之见，说旱魃有三种：一种似兽，一种乃僵尸所变，皆能为旱止风雨。还另有一种旱魃名"格"，为害最甚，其物似人而长，头顶有一目，能吃龙，雨师皆畏之；见云起，仰首吹嘘，云即散而日愈烈。此"格"显然就是《神异经》所说的"犭各"了。《子不语》又说旱魃有兽魃与鬼魃之分：猱形披发，一足行者，为兽魃；缢死尸僵，出迷人者，为鬼魃，获而焚之，足以致雨。至于五代后蜀人辛寅逊所写《王氏开国记》一书，以《山海经》中的怪物"肥遗"为旱魃，其说前无根据，后无响应，仅存一说而已。

附：扫晴娘

　　与那种野蛮无知的"打旱骨桩"相对应，民间又有一种很有情调的信仰，即"扫晴娘"。清人赵翼在《陔馀丛考》中说：江南民俗，每至淫雨不止，闺阁中的少妇幼女就剪纸为女人形，悬到屋檐下，以祈天晴，谓之扫晴娘。但此俗不止江南，元初李俊民有《扫晴娘诗》，道："卷袖搴掌手持帚，挂向阴空便摇手。"看来那纸人手里还要有个扫帚，微风起时，纸人晃动，那扫帚就像在扫什么似的，其时久阴而风，那也是将晴的征兆。李俊民是山西晋城人，可见北省也有此俗，不独江南为然了。清人富察敦崇《燕京岁时记》云：六月乃大雨时行之际，凡连阴不止者，则闺中儿女剪纸为人，悬于门左，谓之扫晴娘。这在北京已经成风俗，其来有自了。

附：雹神

雹神出现得很晚。常言道："雨下一大片，雹子一条线。"其对农作物的危害虽然往往不小，但究竟对一地区带有偶然性，所以与旱涝之灾相较，不大被人畏惧，这也是雹神很久不见于记载的原因之一吧。雹神见于记载是在清代，但不止一处，河北遵化州城的西关有雹神庙，每岁端午日致祭。东北辽宁的义州（今义县）城北一里也有雹神庙。但其神名姓全无，也无法考察了。

较为人知的是蒲松龄《聊斋志异》中"雹神"一条所记：王筠仓赴任湖北，要到龙虎山拜谒张天师。及至鄱阳湖，刚一登船，就见有一人驾小艇来迎。到了龙虎山，天师设宴款待，那位使者亦侍立其侧。天师向王介绍，说："他是先生同乡，难道不认识吗？他就是世上所传的雹神李左车也。"雹神奉旨行雹，离席至庭院中，忽然足下生烟，氤氲匝地。又过了大约一刻多钟，极力腾起，才与庭树一般高；再奋力腾起，方高于楼阁。然后霹雳一声，向北飞去。蒲翁写起来已经觉得神奇，可是那腾空的本事还不如眼下武侠片中的武林不高之手。此外，《聊斋》又记山东日照有雹神李左车祠。祠前有池，池水清澈，有朱鱼数尾游泳其中。人不能打扰这些鱼，道士说它们是龙族，惹动它们就会引来风雹。李左车是山东人，自从楚汉之际与韩信论兵之后，杳无声息，真是神龙见首不见尾，让后代人很是惦记这位高人的结果。所以山东人给这位没有随着刘邦阔起来的英雄立庙，足

冰雹之神

见宅心仁厚。但却让他做了专与庄稼作对，有害而无益的雹神，实在有些送佛不送到西天了。

按，与蒲留仙同时代的王士禛在《池北偶谈》中也记有代神行雹事，言山东平原县某人，正在田间耕作，忽阴风陡起，不觉就给送到云中。只见神人数十辈，形状诡异，驾一车，驾车者似羊而面目狰狞，车中皆冰雹。神人教此人以手撒雹，须臾之间，不知行几百里云云。同是山东人，而且又是朋友，王士禛所记行雹者却与李左车无关，而且虽是神人，却没说是雹神，这也是颇为可疑的。

雹神总算有个古人可以依托，而霜神、雪神就更受冷落了。大约只有西汉时的《淮南子》记下了一个"青腰玉女"，简称青女，说她"主天霜雪"，也就是雪之神，再也没有像样的交代了。

水神（共工、玄冥、水德真君）

水神共工在古代是大神，几乎有"帝王"之尊。最有名的就是神话中共工争帝故事。《淮南子·原道训》说共工与高辛争为帝，《天文训》则说共工与颛顼争为帝，《路史·后纪》说与争的是女娲，《史记·楚世家》则说是重黎，此外还有与神农、与祝融争帝之说，虽然诸说不同，而一方为共工则无异辞。《春秋左氏传》中说："共工氏以水纪，故为水师而水名。"起码他已经是一方诸侯了，却还想当天下的霸主，而他的手段则是，只要达到自己的目的，不管天下生民的死活。《淮南子》中说："共工为水害，故颛顼诛之。"又说他"振滔洪水"，汪洋一片，百姓只好"上丘陵，赴树木"。及至他被打败，怒而触不周山，弄得天塌地陷，则是张献忠式的政策，这天下我坐不成，那就尽力破坏，给你个烂摊子。所以这个水神好像除了发大水祸害人之外，也没有别的用处。当然这历史是由胜利者来写的，颛顼也不一定是什么好东西，共工也不会一点好事都没做。但不管怎样，这共工作为水神是从此没落了。

古代另一个水神则是玄冥，这玄冥是北方帝颛顼之佐。而这颛顼又是共工的对头，是不是颛顼打败共工之后，把水神的位子就给了玄冥了？但此时已经讲起了五行阴阳，颛顼是北方之帝，北方主水，颛顼本身就可以看作水神了。《春秋左氏传》说："木正曰句芒，火正曰祝融，金正曰蓐收，水正曰玄冥，土正曰后土。"《史记集解》服虔也说："玄冥，水官也。"正因为他是水神，所以郑子产禳火时就祭祀玄冥。

但凭借五行或五德说充任的水神总是比较抽象，到了后世，人们更多的是把水神地方化，河有河伯，江有江神，巨浸细流，各有其神。这些江河湖海之神其实都是水神，县官不如现管，老百姓只侍候与自己利害相关的那位也就够辛苦了，所以对那位统管天下的水神也就渐渐漠然，远不如火神爷的风光了。

但这种水神也并没有完全消逝。共工自从在尧爷时列为四凶之一后，名声不大好，但玄冥还时而出现，但已经内调为北海之神了。而据闻一多先生之说，屈原《九歌》中之"大司命"即是玄冥。如此说来，他的工作性质都要有变动，就看他的名字，调到阴曹地府做阎王的可能也不是没有了。

火神

虽然说水火不相容，但火与水在民生中都是须臾不能离的，不仅吃喝要用水火，就是排泄，古人也专门起了个隐语，就叫"水火"。古代的火神和水神的地位也完全可以抗衡。只是水神可以在地方上设几级公司，普天下无处没有他的子孙，那结果却是，用热衷权力的人来看是"架空"了，而让老百姓来看，更像是"无为而治"，大可一唱"帝力于我何有哉"了。试想，如果水神还是共工爷的时代，一动念头就是全国性的统一大水灾，然后就是若干年来一次，真让小百姓没法活了。而火神爷却无法分权于地方，虽然古代也曾经有过"明火""国火"之分，所谓明火是用"放大镜"（阳燧）取之于太阳，用于卜和祭，而"国火"则以钻木取之，用于人间的烹饪，还有说中原之火与蛮夷之火有什么不同，以至东晋初年士大夫过江都要携带中原的火种，好像月盛斋酱肉的百年老汤，换了江南之火来煮就不是味了似的，但这是上等人的精神游戏，老百姓是不理睬的。总而言之，火神自古至今都是朝廷的高级官员，名目尽管可以换，但却都是统管全国的。

火德星君

祝融

祝融是老牌火神。据《山海经·海内经》，祝融乃炎帝四世孙，而《大荒西经》却又说他是黄帝曾孙颛顼的孙子，如此又是黄帝之裔，地道跨灶的"炎黄子孙"了。在古代神话中，祝融以火神身份为天帝之猛将。鲧窃天帝息壤以堙洪水，天帝令祝融杀鲧于羽郊；汤伐夏桀，天帝又命祝融降火于夏城；武王伐商，祝融与诸神乘雪相助，当然也是奉天命而来。而最为人知的是与大神共工之战，逼得共工一头撞倒不周山。而祝融在古神话中还是南方炎帝之佐神，于五正中为火正，在四海神中为南海之神，在民间又为灶神，或称为"火祖"，在道教，祝融以五方神身份而为赤帝，又号曰赤精成子，又称南方赤帝南海君。他最显赫的头衔，是在东汉时曾与伏羲、神农并称"三皇"！但这不仅与以往的说法大相径庭，在辈分上有些乱套，可是汉朝自称火德，祝融正是它的保护神，任神唯亲，也自有他的道理。

火正（火祖）

火正，为上古神话中五帝掌火之官，或称"火官"，实即古代火神。但其人有三说，一说为祝融，见《春秋左氏传》"五行之官，是谓五官，木正曰句芒，火正曰祝融，金正曰蓐收，水正曰玄冥，土正曰后土"。一说为吴回，但有人说，吴回就是祝融，吴回为名，因为做了高辛氏（即帝喾）的火正，号为祝融。还有第三说，火正为阏伯。也见于《春秋左氏传》，说他是陶唐氏之火正。火正既是火官，而朝代不同，担任火官的人也不同，所以三个说法并不算多。

至于"火祖"，其实只是对"火正"的尊称。《汉书·五行志》云："帝喾时有祝融，尧时有阏伯氏，民赖其德，死则为火祖。"而后来江南又有以炳灵公为火祖的，苏州人说六月二十三日是他的诞辰（或云是七月十八日），常熟县有至圣炳灵公庙，也相传为火神。炳灵公就是泰山三郎，以后还要提到，但据《玉匣记》说，泰山炳灵公的诞日为五月十二日，那么这个"火祖"炳灵公可能就是另外一位，也许是祝融在民间的"封号"也说不定。

吴回

吴回既为火正，自然也是神话中的火神。除了说他就是祝融之外，《山海经·大荒西经》的郭璞注又说他是祝融之弟，说法虽然不一，但总离不开火神。《山海经》说他"奇左，是无右臂"，好像是个缺了右边胳膊的残废，估计他不过是个左撇子而已。

《吕氏春秋·孟夏》高诱注吴回，则离析其名为"吴国回禄之神"。这回禄也是火神之名。《春秋左氏传》昭公十八年，记郑国子产禳火于玄冥、回禄。祈禳火灾，不仅要求水神灭火，还要请求火神高

火神

抬贵手，这也是抚剿二手并用吧。南宋吴曾在《能改斋漫录》中对回禄之名有解释，他的意思是，火正在祝融之后有吴回、陆终二人，而"回禄"者，即吴回、陆终也，陆、禄音相近，于是误陆为禄，最后竟把二人当作一人了。

宋无忌

严格说起来，宋无忌应该叫作"火仙"才对。战国时燕、齐二国多有鼓吹仙道的方士，宋无忌即是燕国有名的方士之一。据《史记·封禅书》说，宋无忌"为方仙道，形解销化，依于鬼神之事"。所谓形解销化，也就是尸解成仙了。但《史记索隐》据《白泽图》说："火之精曰宋无忌。"大约这位方士所修炼的与火有关，正是《封神演义》中那位火龙岛的焰中仙罗宣一类。但到了后世，此人身份发生蜕变，有些像妖精了。干宝《搜神记》有一故事，说一个婴儿刚出生就能行走，自己钻到灶火里了，原来不是小儿自己走，而是宋无忌之妖附了体。就是这种妖物，在晋代民间居然人称宋大夫、宋大宪。大约是和称兵痞作老总一样，叫得好听些，也是为了避祸吧。此物在唐、五代时尚为民间奉祀，有庙设，其神朱衣。据说给他多磕头可以免火灾，那么这位火精可能是以纵火讹诈为业了。这并不是毫无根据的胡扯，有故事为证。

据南宋洪迈《夷坚志》，金人占领的魏县，有个王员外，为富而不仁，乖狠暴戾，出门遇见神祠，从不礼敬，也就是不肯掏钱施舍吧。这一天有一士人求见，自称名叫宋中正，警告王员外道："荧惑真君不日将降临君家，速速禳之，还可以免祸。"这荧惑真君就是火星，火星降临，也就是说要放火了。可是这王员外是个无神论者，不听这士人的一派胡言。过了十多天，又来了一位，穿着大红衣服，也自称姓宋，又把宋中正的那套话说了一遍。王员外又照样把他回绝了。此人走到门外，仰天大呼，当即有火块从空飞下，散为数十炬，王家的屋邸就荡然无存了。就凭这王员外的为富不仁，确实该烧他个精光，但这位姓宋的可不是替天行道的好汉，他两次通风报信，正是为了让王员外免祸，当然最终目的是为了让自己捞上一票。如果火烧王员外家是天帝的命令，而姓宋的则是此命令的执行者，那就不仅是讹诈，而且还是枉法了。荧惑真君而姓宋，第一次报信的也姓宋，总与宋无忌有些瓜葛吧。

火德真君

火德星君为"五德星君"之一，既是星君，自然就是金木水火土五星了。火星即荧惑星，化为小儿到下界散布谣言的那位，但到了宋代，不知为什么他就改行为纵火，以至宋代以后，江南诸处多立火星庙。此处不讨论这个，只想说一下他与另一位"火德真君"的区别。

《宋史·礼志》载：徽宗建中靖国元年，用翰林学士张康国建言，命天下崇宁观并建火德真君殿。这是"真君"而不是"星君"，一字之差，在此处却有关于大宋的国运。自缘起而言，二者均与五行学说相关，但对于宋朝来说，则有不同意义。

"星君"之身份为"火星"或"火神"，而"真君"之身份为"火德"。依五德终始说，宋依次为"火德"，所以宋时的"火德真君"就是国家的"本命神"。宋人王铚《默记》记一传说：五代后周时，王朴为后周枢密使。一天，王朴来见周世宗，叹道："不久就要出祸事了。臣观天象，不敢不言。如果陛下难逃此难，那就请让臣先来承担。今晚请陛下观之。"到了夜里，王朴与世宗出宫微行，到了郊外五丈河旁，王朴对世宗说："陛下见隔河如渔灯者否？"世宗见一灯荧荧然迤逦而近，渐渐变大，到对岸时已经巨如车轮了，其间有一小儿，约三四岁。王朴道："陛下赶快拜他。"世宗如言而拜，只见那火轮渐远而没。王朴泣曰："陛下既已见到，我也不必多说了。"数日之后，王朴突然得病而死，而世宗伐幽燕时崩于中途。到了明年，赵匡胤篡位代周。这个火轮小儿就是赵宋火运的征兆。而王朴立朝刚正，大臣藩镇包括赵匡胤在内，都对他有所忌惮。赵匡胤曾说过："如果王朴在，朕不得着此黄袍也。"另外，宋太祖赵匡胤发祥于商丘（后来被宋立为南京），而商丘为阏伯所封，阏伯又为陶唐氏之火正，所以有司请以阏伯从祀火德真君。即使北宋灭亡，赵构偏安于江左，也要在杭州的吴山上建一座火德真君庙，来保佑他那半壁江山。

第三编 岳渎湖海地祇诸神

　　"地祇"有宽狭二义。其狭义即指地神，有说地祇即后土者，即执此义。地祇的另一义，则是"地之祇"，也就是大地上的诸神祇。

　　后一意义下的地祇究竟包括哪些神，范围可大可小，但从国家祀典的角度来划定，则可用东晋成帝时所立二郊作为参考。成帝祭天神六十二位，祭地祇四十四位，其中地祇包括五岳、四望、四海、四渎、五湖、五帝之佐、沂山、岳山、白山、霍山、医无闾山、蒋山、松江、会稽山、钱塘江、先农。东晋偏安江左，此四十四神中自然多了一些南方的山川之神，但其界定却是有规可循，即主要包括山川湖海。至于"五帝之佐"，在天郊六十二神中已经包括，不知为什么在地郊四十四神中又重复一遍。"五帝"，即东方太昊、南方炎帝、西方少昊、北方颛顼、中央黄帝，而五帝之佐却有数说。一般认为是东方勾芒、南方祝融、西方蓐收、北方玄冥、中央后土，但东汉袁康《越绝书》却说是："少昊治西方，蚩尤佐之；玄冥治北方，白辩佐之；太昊治东方，袁何佐之；祝融治南方，仆程佐之；后土治中央，后稷佐之。"而晋葛洪《枕中书》则以尧、舜、禹、汤、青鸟等为"五帝佐相"。既然这五帝之佐本身就弄不大清，本编也就不再管它，只说山川湖海之类。

但除了上述地祇的宽狭二义之外，还要对两个以地祇为名的神做些说明，一个是自唐以来国家祀典中常见的一个"神州地祇"。唐孔颖达道："夏正之日，祭神州地祇于北郊。"此祀实始于唐，这个神州地祇，有说是指"王者所卜居吉土，五千里之内地名也"，有说是九州之中，国都所在的那一州为神州，但都不如明人陆容《菽园杂记》所说的简单明确：所谓"神州地祇"，即京畿土地也。也就是京畿所在的社神，唐人祭之，是上配唐朝的感生帝。所以神州地祇也应归于地神之类，与此编无关。

此外，唐人小说中又有所谓"地祇夫人"，见于薛渔思《河东记》。故事大意是，渭南（今陕西渭南）县丞卢佩，母患腰病，不堪痛楚。卢佩即弃官，奉母归长安，欲求国医为治。但每天到门祈请，过了半年才答应来给看病。至期，卢佩从一大早就迎候于门，忽见一白衣妇人，姿容绝丽，乘一骏马，从一女僮，疾驰而来。到卢佩面前，突然停住马，问他何以面带忧容。卢佩具以情告。妇人自言能医，果然手到病除。曰："妾有薄技，不减王彦伯所能。请一见太夫人。"佩遂引妇人至母前，妇人才举手候之，其母已能自动矣。积年诸苦，释然顿平。后来卢佩与妇人结为夫妇，妇人朝夕供养老母，甚是恭谨。但每隔十日，妇人就请求回娘家一次，却又不说娘家在何处。卢佩心怀疑虑，一日伺妇人将出，就悄悄从后面盯梢。只见妇人乘马出城，那马即升于空中。卢佩惊问行路之人，都说什么也没看见。原来只有卢佩才能看到妇人，于是他紧随至城东墓地中，只见神巫陈设酒肴，沥酒祭地，即见妇人下马，就接而饮之。而亲随的女僮就随在后面收拾纸钱，放到马上，立即就变为铜钱。又见妇人以马鞭画地，那巫师便随指其处道："此处可以为坟穴。"事情完毕，妇人即乘马而回。卢佩心中很是不安，回家具告其母，其母认为此妇定是妖怪，更是惧怕。但好像那妇人已经知道他们的心思，从此便再也没有回到卢家。卢佩母子暗自庆幸。过了数十日，卢佩在外面忽然遇到妇人，他迎着要招呼，妇人却不顾而去。第二天，妇人派女僮前来传话道："既已见疑，便当分手。娘子前日已改嫁李谘议了。"又道："娘子是地祇，管京兆府三百里内人家丧葬所在。必须在京城中作生人之妻，不能独自居住。娘子是不会缺少住处的，只叹卢郎福佑太薄，如果能长以娘子为妻，郎君一家就都要成为地仙了。"此处所说的地祇夫人，与朝廷祭祀的地祇或"后土皇地祇"，民间所说的"后土娘娘"完全不是一回事。唐人编写传奇故事，只求情节新奇，在神名的安排上很是随意，而且颇好夸侈，所用的神名未必与实际的信仰相合。所以这里的"地祇夫人"也只不过如小说所写的一个地方神明，与"地祇"大神既不能相称，也与山川之神不属一类，我们只需把她看作对人间豪门中耐不住寂寞的贵妇人的影射就是了。

古人对山川的崇拜，最初主要是因为其自然属性。古人除以为天上有雨神外，又因为高山常有云雾缭绕，遂以为山岳也有降雨的神力。另外，山岭的高峻雄伟和岩谷的深邃，令他们感到神秘、恐惧，山中的野物既可供人们食用，又可能伤害人们。江河湖海则能"润千里"，既是不可或缺的水源和捕鱼的场所，又能吞噬生命，泛滥成灾。山川所代表的伟大的自然力，令古人顶礼膜拜，并产生出神化的观念。

五岳

五岳指东、南、西、北、中五方之名山。天子以天下五方之名山为五岳，岁时望祭，本为原始山川崇拜的延续。但究竟以哪五座名山为五岳，则因历代疆域不同，不可能固定不变。汉代泰山为东岳，华山为西岳，霍山（即天柱山，在今安徽六安地区）为南岳，恒山为北岳，嵩山为中岳，这一概念只能产生于华夏大一统之后。五岳在祀典中本来视同公爵，升为王爵乃在唐时：先是武则天仅封中岳为中天王，那是因为唐高宗已在乾封年间封禅东岳，好像东岳已成为唐室的本命，所以武则天称帝之后，便先封中岳为王，继封为帝，就是要用中岳厌胜东岳。至玄宗登基，又把西岳地位抬高，压住中岳。所以玄宗先封西岳为金天王，然后封东岳为天齐王，南岳为司天王，北岳为安天王。到了宋代，五岳又被真宗封为帝：东岳天齐仁圣帝，南岳司天昭圣帝，西岳金天顺圣帝，北岳安天玄圣帝，中岳中天崇圣帝。元代五岳仍为帝，只是多加了些封号。但到了明洪武年间，下诏定岳、镇、海、渎诸神之号，削去历代封号，对五岳只称东岳泰山之神，南岳衡山之神，中岳嵩山之神，西岳华山之神，北岳恒山之神。当然这并不影响民间私下仍然把五岳称为大帝。

朝廷与五岳的关系已如上述，而民间文化对五岳却另有自己的安排。东汉时的纬书对五岳之神编派得有些随意，仅《龙鱼河图》一书即有三说，一是"五岳君神"：东方泰山君神姓圆名常龙，南方衡山君神姓丹名灵峙，西方华山君神姓浩名郁狩，北方恒山君神姓登名僧，中央嵩山君神姓寿名逸群。二是"五岳将军"：东方泰山将军姓唐名臣，南方霍山将军姓朱名丹，西岳华阴将军姓邹名尚，北岳恒山将军姓莫名惠，中岳嵩高山将军姓石名玄。三是"五岳君"：嵩山君角普生，泰山君玄丘目睦，华山君浩元仓，衡山君烂羊光，恒山君伏通萌。而后来的道士也要标新立异，给五岳安排的名姓是：东岳姓玄丘，名目陆；南岳姓烂，名洋光；西岳姓浩岳，名元仓；北岳姓伏，名通萌；中岳姓角，名普生。这些类似于咒语的名字，据说经常念诵可却百病。

早期道教曾有把五方五帝与五岳相合之说。晋葛洪《枕中书》

云："太昊氏为青帝，治岱宗山；颛顼氏为黑帝，治太恒山；祝融氏为赤帝，治衡霍山；轩辕氏为黄帝，治嵩高山；金天氏为白帝，治华阴山。"而到了唐代，道教得宠，竟然想把国家祀典的五岳置于道教神仙之下。开元年间，天台道士司马承祯上言玄宗道：今五岳神祠都是山林之神，并非真正之神。实际上五岳皆有神仙洞府，由上清真人降任其职，山川风雨、阴阳气序都是上清真人所理，请别立斋祠之所。玄宗赞同其说，便敕令五岳各立真君祠。在这一时期，以山川之神为主的五岳，变而为以上清仙人为主神，原山川之神反退居二流，实际上成了神仙的下属佐使。

说到道教化的五岳，就不能不捎带说一下"三山"。因为司马承祯在把五岳道教化的同时，觉得还不够稳当，又举出一个道教的"三山"来做五岳的上司。这三山即是庐山、潜山和青城山。所谓庐山九天使者执三天之符，潜山九天司命主九天生籍，青城丈人为五岳之长，合称"三山"，俱是五岳上司。但此说并没有得到老百姓的应许，在民间还是以五岳为尊，而"三山"不过是个概念，《封神演义》中管领三山的正神炳灵公黄天化不过是五岳正神中东岳仁圣大帝的儿子，而"公"比"帝"还差着两级呢。

国家祀典中所谓"岳镇海渎"，与五岳并提的还有五镇。这五镇在最初只是四镇，用四州的四座名山以正四方，即青州之沂山，幽州之医无闾，冀州之霍山，扬州之会稽。至隋开皇年间，方于四镇之外另加吴山，似以五镇与五岳相配。至唐玄宗，始封五镇为公爵，金章宗时升五镇四渎为王爵。与此相应，道教则为五岳安排了"五岳佐命"，即把每一岳安插了两个副职：东岳泰山君，以罗浮（在今广东惠阳地区）、括苍（在今浙江台州地区）为佐命；南岳衡山君，以霍山（在今安徽六安地区）、潜山为佐命；中岳嵩高山君，以少室（在嵩山）、武当（在今湖北十堰南）为佐命；西岳华山君，以地肺（即终南山）、女几（在今河南洛阳西南）为佐命；北岳恒山君，以河逢、抱犊（疑指今山西长治南壶关之抱犊山）为佐命。佐命之山与各自辅佐的五岳地理位置并不完全相近，不知道士们出于何种动机。

道教还把五岳各自安排了分工，使其各有所主，分掌世间一切有生无生诸物：泰山主掌人间生死贵贱，衡岳掌星象分野、水族龙鱼，嵩岳掌土地山川、牛羊食啖，华岳掌金银铜铁、飞走蠢动，恒岳掌江河淮济、四足负荷。这些都是道士们的一厢情愿、自作多情，五岳诸神能听他们的分派吗？

东岳泰山（东岳大帝）

东岳为五岳之长，在朝廷祀典中地位很高，因为他是历代帝王封禅告天之所。在春秋战国时他被齐国称为"天齐"，即天之肚脐，在天体之正中；汉代则有"天孙"之称；唐时封王，宋时封帝，而且自宋代开始，全国各地建东岳行宫，简直成了国家和地方的保护神。《三教源流搜神大全》称其为"群山之祖、五岳之宗、天帝之孙、神灵之府"。而且把泰山之神彻底人神化，叙其家世说：玄英氏之子曰金轮王，金轮王弟曰少海氏，少海氏之妻曰弥轮仙女，弥轮仙女夜梦吞二日，觉而有孕，生二子，长曰金蝉氏，次曰金虹氏。金蝉氏即东华帝君，金虹氏即东岳帝君，也就是把泰山神说成太阳神的兄弟了。又道泰山金虹氏在伏羲时封为太岁，为大华真人，掌天仙六籍；至神农时赐天符都官，号名府君。至汉明帝土封泰山元帅，掌人世居民贵贱高下之分、禄科长短之事、十八地狱六案簿籍、七十五司生死之期。这些虽然杜撰得有些离谱，但却也不全是无稽之谈。

在《封神演义》中，东岳大帝是武成王黄飞虎，这一小说中的附会颇为深入人心。二十几年前，我和吕宗力先生到山西蒲县的东岳庙考察，当地人介绍说，这庙里供的是黄飞虎。我们想，这不过是在口头上把东岳大帝"人格化"一下罢了。及至进入庙中才发现，里面原来还有武成王的老爹老娘——《封神演义》中的黄滚夫妇。不仅如此，庙中后土祠的娘娘也成了黄飞虎的夫人贾氏。而这东岳大帝正殿之后就是地藏菩萨、面燃鬼王及十殿阎罗，正应了封神榜中说的"执掌幽冥地府一十八重地狱，凡一应生死转化人神仙鬼，俱从东岳勘对，方许施行。"可见后世东岳最为民间所信奉的，与其说它是帝王之山，毋宁说它是鬼魂之都。泰山掌生死之说始见于汉魏之际，发展到后代，各地的东岳庙就成了十八层地狱的模型。其中曲折不是几句话所能讲清，所以作为鬼都的泰山，我们放到第九编中再叙。

泰山三郎（炳灵公）

传说故事中的泰山神之子，大多为纨绔恶少如高衙内之流。唐戴孚《广异记》中记赵州卢参军，其妻甚美。五月五日，妻子要到市场上买些过节的物品，忽然一阵心疼，没有一顿饭的工夫就没气了。请来有法术的正谏大夫明崇俨，才知道这是泰山三郎见卢妇美丽，竟把魂给夺走了。五代王仁裕《玉堂闲话》中记兖州泗水（今山东泗水）上有天齐王庙，内中又有三郎君像。庙巫说，这是天齐王的爱子，非常灵异。相传泰山脚下，樵童牧竖有时会遇到打猎的贵人，骑从华丽，有如侯王，所说就是此神。山东人对此神之畏敬，甚于天齐王。朱梁时，大将葛周镇守兖州，举家妇女游于泗亭，便来到了神祠。葛周的儿子十二郎，他妻子生得很美，在三郎君像前拜了几拜，回家之后就神情失常，只要睡下，就梦见三郎和她同床，最后到底还是被三郎把魂摄走了。

按泰山有子，最初见于《魏书·段承根传》：段承根之父段晖，师事欧阳汤。有一童子，与晖为同学。两年之后，童子告辞归家，向段要匹马为坐骑。段哪里有马，就戏作一个木马给他。不料那童子非

泰山三郎炳灵公（东岳天贶殿）

常高兴，向段晖道谢，说："我是泰山府君之子，奉命游学，现在要回家了。烦君厚赠，无以报德，就告诉你一下你的前程吧：你将来要位至常伯，封侯。"说罢，便乘木马腾空而去。要看这故事，泰山之子本来是很懂礼义的，不料到了唐代就成了混账东西。这些三郎故事多出于民间，看来明显带有对现实的影射了。

由于泰山三郎太不好惹，所以名气自然也就越闹越大，到了五代后唐长兴三年，朝廷居然下诏，封泰山三郎为威雄将军。而所以加封这个恶少，是因为后唐明宗得了病，久久不能痊愈。淄州刺史刘遂清便荐举一个泰山和尚，说此人善医，及至召见，原来是个庸僧。让这和尚开药方，和尚说："我并不会看病，只是曾到泰山中亲见东岳神，对我说：'我的第三子威灵可爱，却没有爵秩，你替我向朝廷请一个吧。'"明宗这才知道是泰山父子在捣鬼，只好封泰山三郎为威雄将军。可是这并不见效，几个月后，明宗还是死了。但从此之后，泰山三郎就算是有了官号，更不好惹了。及至宋真宗到泰山封禅，亲临泰山三郎庙，又加了一级，封为炳灵公。但又有一种说法，原来炳灵公是宋太宗封的，真宗则加封为炳灵王了。

在《封神演义》中，炳灵公是武成王黄飞虎的儿子黄天化，在西岐大将中与杨戬、哪吒、雷震子等相并列，近于《三国演义》蜀汉之五虎上将，那倒真称得上是威雄大将军，但却是黄飞虎的长子，而不是第三子，这也许是因为泰山三郎在民间的名声太臭了吧。唐朝的天台道士司马承祯在五岳之外又编出了一个"三山"，即庐山、潜山和青城山，把他们的地位抬到五岳之上，让青城丈人为五岳之长。《封神演义》针锋相对，让姜子牙封黄天化为"总领三山正神炳灵公"，这样道教的三山只配给泰山的儿子当马仔了。

东岳大帝究竟有几个儿子？据南宋吴曾《能改斋漫录》说，京东父老相传，东岳天齐仁圣帝有五子，开初只有第三子受封，其余四子到哲宗时才受封。可是在唐人传奇中，除了三郎、四郎之外，还有一个泰山七郎，见薛用弱《集异记》。现在距唐时已近一千年，所以东岳大帝究竟又生了多少祸害生民的衙内，衙内再生小衙内，可能不大好统计了。

温元帅

东岳属神有"十太保"，就是十位大将。十太保以温元帅为首席太保，其他几位竟然名字不显，据南宋吴自牧《梦粱录》所载，温将军以下九位分别姓李、钱、刘、杨、唐、张、丘、孟、韦。只有尊姓，却无大名，也许是当时人都觉得不值一记吧。《三教源流搜神大全》中也仅记"孚佑温元帅"一人：姓温名琼，字子玉，为东汉东瓯人，即后世之温州。父母祷于后土祠，夜梦金甲神持巨斧，手托一明

温元帅（白云观藏画）

珠投胎，于是元帅降生于汉顺帝汉安元年五月五日。幼通经史历算，而至二十六岁不中科第。抑郁间，见苍龙堕珠于前，拾而吞之，突变为青面赤发蓝身，英毅勇猛。泰山府君闻其威猛，召为佐岳之神。因积阴功，玉帝封为亢金大神，赐以玉环、琼花、金牌，金牌上书"无拘霄汉"四字。至嗣汉三十六代天师飞清真人持符召之，列于"十太保"之首。按张天师传到三十六代，已经是南宋末年了。明人宋濂有《温忠靖公庙碑》所记大致与上相同，只是后面也提到"初封翊灵昭武将军正佑侯，宋季累加为正福显应威烈忠靖王"，所以温元帅这神道的发迹，也就是南宋末年的事。

清人薛大训《古今列仙通纪》中有《地祇上将温太保传》，所记的温太保竟好像是另外一个人了。他说温琼本为唐朝元帅郭子仪手下大将，随子仪讨贼，杀敌数千而不失一卒。子仪甚重之，然因梦其变为黑蛇而头生一角，知为异人，终疑为患，欲杀之。琼觉而逃归岱山下，屠牛卖酒为生。后遇炳灵公化为道人点化，度其为东岳太保，然后斩妖除怪，灵应大显云云。这已经类于神怪小说，虽然热闹，却不脱陈套。

西岳华山（金天王）

自有五岳，华山即为西岳。由于华山地邻汉唐之都长安，所以历代甚受尊崇，在五岳中地位颇高，仅次于东岳。其人神化亦始于东汉，当时朝廷官府对西岳之祀亦极重视。唐玄宗仿武则天封中岳之举，以西岳正当本命，封为金天王，所以西岳封王尚在东岳之前。宋又封为金天顺圣帝。自唐至五代，金天王声名显赫，民间信仰尤盛。但在唐代民间故事中，金天王霸占人妻，索贿徇私，是个恶神。如果说泰山三郎是个恶少，那么金天王就是西霸天了。

下面谈一下"华山三郎"。为什么不把华山三郎另立一节？因为在我看来，华山三郎就是金天王，而不是如泰山三郎之例，是华山金天王的三儿子。唐人小说中所载华岳三郎，多与娶妇相关，且读者常误以三郎为华岳之第三子。此须一辨。戴孚《广异记》有"三卫传书"一条，故事前半与"柳毅"事雷同：开元初，有三卫自京还青州（今山东益都），至华岳庙前，遇一妇人，年十六七，容色惨悴。曰："己非人，华岳第三新妇，夫婿极恶。家在北海，三年无书信，以此尤为岳子所薄。闻君远还，欲以尺书仰累，若能为达，家君当有厚报。"遂以书付之。三卫至北海，果见大王。大王读信大怒，调兵五万，西伐华山，无令不胜。雷震电掣，声闻百里，直至华山，雷火喧薄，遍山涧赤，久之方罢。及明，山色焦黑。而后半则格调大异：龙女并没有与三卫成亲，只是得到了她丈夫"三郎"的宠爱，而三郎却移怒于三卫，必欲置三卫于死地。按：此处"三郎"似为华岳第三子，细审却未必然，北海君以女为三郎所虐，径以神兵伐之，如三郎为华山神之子，似应先与华山神通问。而故事中三郎似即华山之主，所以所谓"华岳第三新妇"，只是华山神之第三夫人，而非第三子之妇。看来这位华山神很好女色，不知究竟有多少位夫人，后面还要提到华岳另一位"三夫人"的故事。同书又记华州刺史崔敏悫，性耿直，不惧鬼神。华岳祠傍有人闻庙中喧呼，云"当与三郎迎妇"。《纪闻》中更有一则故事，其中说到三郎夺人之妇，而迎亲者竟为华山府君。华山三郎故事，显然脱胎于泰山三郎，但华岳三郎却非华山神之第三子，而即是华山神金天王，亦即"华山府君"。段成式《酉阳杂俎》提到一巫事金天神，有事则请祈华岳三郎。薛渔思《河东记》载巫者迎三郎神，更明确说明："三郎，即金天也。"是华岳三郎即金天王无疑了。

但《逸史》《广异记》等书所载金天王或华山府君故事系出同源，与泰山三郎故事也如出一辙。可知都是取材于世间官僚贵族的劣迹，而山灵无辜，只好替他们背黑锅了。但由此也可以看出民间信仰对诸神的复杂态度，并不是一味尊崇的。

华岳神女（华岳三夫人、华岳三女、华山三娘）

民间故事中往往老大傻，老二奸，编故事的人总是偏向着老三。这一习惯似乎也没有男女之分，龙女三公主，荷花三娘子之类，张口就是"三"，美丽、善良加浪漫，正是措大猎艳的标准对象。下面要说的则是华山三娘子，而与此相关的一个故事则是华山三夫人，都出自戴孚的《广异记》。

赵郡李湜，在玄宗开元年中，游谒华岳庙。庙中有一院，叫三夫人院，忽然见泥塑神女都化为活人，三位夫人便把李湜邀入宝帐，尽情欢娱一番。三位夫人还想与李湜保持长久的情人关系，临别的时候说："每年七月七日至十二日，岳神当上天述职。到时候我就去接你来。这次你来，正赶上他上天，也是我们有缘了。"自此之后，接连七年，每到七月七日，李湜便突然气绝，三日之后方才苏醒，而他醒后总要大病十来天才能恢复正常。有术士遇见李湜，说他身有邪气，为书一符，佩于身上。此后每逢那一天，虽然他的魂魄仍到了华山，那三位夫人却不能相近。大夫人和二夫人一姓王一姓杜，就骂李湜道："你真没有情义，为什么要带着符？"小夫人姓萧，最有恩义，只是涕泣相顾，并告诫李湜：三年内不要提及此事，如果泄漏，不但对你不利，我也要受牵累。李湜问起自己的前程，三夫人说："你命当进士及第，但只能终于小县的县令。"此后皆如其言。李湜既然带了护身符，三位夫人肯定不会召请他，但也不会自甘寂寞，那位好色的金天王的绿帽子是要永远戴下去了。

华岳的太太们是这样，华岳的女儿也颇有父风，见了异性，只要中意，就开放得与唐朝的公主一样。有一士人进京赶考，路经关西，

五岳

113

宿于旅舍。突然进来几个贵人的家奴，说"公主要来这里住宿"，说着便用布幕围住这座旅店和附近的四五所旅店。过了一会儿，公主乘车而来，大约是逐个地把客人们巡视了一遍，临到士人，便道："这个书生还很合我意。"便与书生上了床。次日，公主与书生一起到了京城。公主在京城有住宅，荣华富贵，一时无比。这书生从此也就荣华富贵起来。如此过了七年，公主生了二子一女。一日，公主忽言，要为丈夫另娶妻子，说："我本非人，不应久为君妇，君亦当另有婚媾。"这样，书生另娶了一个妻子，住在丈人家，可是与公主依旧往来不绝。岳父家见女婿经常一出门就是几日不归，心中生疑，便派人盯梢，见他每次都是进入一个废弃的荒宅，便担心他为鬼神所魅。后来，丈人家趁他喝醉时，让术士把一道符暗暗放到他衣服中。他再到公主那里，公主让家人不许他入内，并质问他为何身佩符纸，难道你以为我不能杀你吗！书生这时才发现身上的符纸，再三哀求，总算让公主消了气。但公主又说："符命已行，我也不能再住于此了。"便把儿女们叫出来，与父亲告别，然后准备行李，说当日就要出城。临别时，公主才说："我是华岳第三女。"言毕诀别，出门便不见了。

华山的神女，不管是女是妇，都喜欢与世上的凡人谈恋爱，让人不得不猜疑华山的男性神灵可能都有些畜生性。但华山神女的故事最动人的不是三夫人和三公主，而是华山三娘，也即至今仍脍炙人口的劈山救母故事。据《沉香太子全传》：汉时书生刘向赶考过华山，与华山神三娘成亲，临别，刘以沉香一块赠别，云他日生子以此为名，三娘亦赠以夜明珠、玻璃盏等三宝。刘至京城，为奸相所陷，赖三娘相救，得以不死，且得功名，为扬州府巡按赴任。三娘与凡人相爱事，为其兄二郎神知晓，怒提华山，将三娘压在地下洞中。三娘于洞中诞子，取名沉香，遣夜叉送往扬州认父。时刘向已娶王氏，并生子秋儿。二子入学读书，同学有丞相之子秦官保，恶言相讥，沉香大怒，失手打死秦官保。王氏以己子秋儿抵命，纵沉香逃难。沉香至华山，遇何仙姑授以仙术，并窃得宣花神斧，遂与其舅二郎神大战，各显神通，不分胜负。后得太白金星说和，沉香斧劈华山，救出母亲。此后又有《宝莲灯华山救母》弹词，使此故事定型，遂以《宝莲灯》的戏曲形式至今上演不衰。

华岳神姥

华山神最不让人佩服的地方，倒不仅是他自己花天酒地，他妻子女儿的浪漫早已经替他抵了风流债了，而是他家的老太太过着孤寒无依、如同乞丐一样的苦日子。

唐人范摅《云溪友议》记一故事，著作郎卢肇在华州做官时，曾游华岳仙掌诸峰，歇马于巨灵神庙。不知不觉他就睡着了，梦见自己来到数间空屋中，有一老妪，正在给一个大锅下面烧火。卢君问旁边的人，答道："这老太太就是华岳神姥。"又问锅中煮的是什么。老太太说是橡子。问煮它做什么，老太太愀然而答："是为了充饥呀。"卢肇道："儿子为五岳神主，每年祭祀的东西如山如海，却让自己的母亲吃橡树子，难道他就不知道要奉养老人吗？"老太太说："按照鬼神之道，虽有君臣父子的关系，祸福也不相关。祭祀之时，只要不呼神鬼之名，那些神鬼都不能享用祭祀之物的。"卢肇梦醒之后，便叫来庙祝，让他另置神母之位。意思是这样一来，老太太就不用自己煮橡子吃了。故事有些强词夺理，应该是先有华山神姥不受儿子奉养的故事，然后范摅就编了这么个梦，来为华岳开脱。试想，即使华岳神姥不能享有祭祀，难道华山神就不能派几个鬼卒替她烧火煮橡子吗？而且老太太住着那么寒酸的屋子，也是有什么混账规矩吗？

苏轼《东坡志林》记有一事：眉山人宋筹与孙抃一同进京赶考，行至华阴，下起了大雪。天色未明，他们经过华山，至毛女峰下时，见一老妪坐于路堠之下，鬓发如雪而面无寒色。当时道上没有行人，雪中也没有足迹。宋筹先过，没有觉出有什么奇怪，就不顾而去。而孙抃却下马与老太太聊了起来，当时他马鞍上挂着几百个钱，就摘下来全给了老太太。这一年，孙抃以第三人及第，而宋筹至老死也无所成就。这故事中的老太太应该就是华岳神姥。此时华山不仅立了神姥的牌位，而且还有她的庙宇，黄神谷中的“独坐姑姑庙”即是。看来这老太太还是照旧捡橡子吃。

中岳嵩山

中岳嵩山，包括太室山和少室山。以其邻近洛水和古都洛阳，位居中原地区的中心，所以很早就获得历代统治者的尊崇。虽然如此，但如果与五方神中的“中黄”相比，这个中岳在五岳中的地位就逊色多了。但它也曾显赫一时，那就是唐武则天时期。武则天一登基，雍州有个叫唐同泰的人宣称，他在专门生产符命的洛水里得到了一块白石，上有紫文，云“圣母临水，永昌帝业”。他把这块瑞石上贡给武则天，则天自然要奖励，就授予这位幸运者以五品果毅的品位，并在发现白石的地方建置了一个永昌县。洛水献瑞有功，中岳嵩山与洛水相近，肯定是这二位商量好要一齐保佑女皇娘娘的。就这样，武则天下旨，号嵩山为“神岳”，尊嵩山神为中天王，夫人为灵妃。嵩山旧有夏启及启母、少室阿姨神庙，全部列入国家祀典。到第二年腊月，武则天又亲行登封之礼，并尊神岳中天王为神岳中天皇帝，灵妃为中天皇后，夏后启为齐圣皇帝；又封启母神为玉京太后，少室阿姨神为金阙夫人。此外又加了一个古代仙人王子晋，也封为升仙太子，另为立庙。为什么想起这位王子晋呢，因为武则天认为她的姘头张易之是王子晋后身，所以立庙之后，武则天还亲自撰文立碑，又让武三思写了一篇《升仙太子传》。这样一来，那启母、少姨二位女神也多少能

水陆道场中的中岳大帝像

和女皇拉上了关系。可是嵩山神的帝位也与武则天相浮沉，武则天一死，嵩山的帝号也就被撤销了。

顺便说一下那位阿姨神。启母既是夏后启的母亲，自然就是大禹的老婆了，而那位阿姨，或称少姨，则是启母涂山氏的妹妹，也就是大禹的小姨子。大禹的小姨子为什么在嵩山立庙，其事不详，不好乱猜。

南岳衡山

南岳作为五岳之一，据说汉武帝时定祀于庐江郡之天柱山，就在今天安徽霍山县的西南，当时也称潜山、霍山、衡山。而现在的南岳，则是湖南省衡山县西的衡山。据《衡岳志》说，是唐太宗贞观中定祀于此，而通常的说法则认为始于隋文帝。

南岳神的身份，以《神异经》之说金蝉氏之子较流行，后世小说又有以伯益为南岳后身者，见《历代神仙通鉴》，有以崇黑虎为南岳司天帝者，见《封神演义》；还有说是尧帝为南岳神者，见于宋张师正《括异志》。南岳的最高峰叫祝融峰，以火神爷爷命名，南岳大帝的神庙就在峰顶。那年路过衡山，已是阳历九月，正是南岳大帝生辰，想不到气温竟达40度，却没有人说南岳大帝是火神爷的后身，真令人不解。南岳是神仙窟宅，宋人陈田夫的《南岳总胜集》里已经记录了不少在此修行成道的仙家，大约是仙气太盛，岳神的灵应多少受了些压制，所以书籍中记载的故事不算多。但当地的老百姓却不太关心什么五老、九真之类，每逢大帝生辰，进香的人至今络绎不绝，成为当地一大胜会。

但衡岳"借兵"之俗却是南岳一大特色。南宋沈作喆《寓简》记道：南岳神庙的西掖门常用两个大铁础顶着，每个铁础重达千钧，没有人能把它移动，所以也就打不开那西掖门。到了国家要用兵出征了，就派遣太监到南岳祭告，然后用武士百人，移动铁础。而且不能乱移，那是要有分寸讲究的，其移动的尺寸要根据出兵人数的多少而定，比如出兵若干万，就要移动大门若干尺寸，其法甚严，不得有一点儿差错，总之最多也不过移动一尺有余。等到战事结束，收兵回朝了，朝廷还要遣使告谢，再让武士把铁础移回原位，塞门如故。据说自建庙以来，就有此规矩，而其缘由则不得而知。

北岳恒山

北岳为恒山，历来并无争议。但恒山在哪里，却聚讼有年。明孝宗弘治六年，当时的北岳之祀是在河北曲阳，兵部尚书马文升提议，请改祀北岳于山西浑源州。他的理由是，北岳本来就在浑源，至唐时出现了"飞石"之说，而宋时浑源又在疆域之外，所以才改成祀于曲阳。所谓"飞石"之事，是有一个传说，道大舜于仲冬巡狩北岳，行至大茂山，为大雪所阻，只能望岳而祀。而这时北岳庙傍有一石飞起，一直飞到大舜面前，那意思是北岳神以此表示接受了大舜的祭祀。又过了五年，那块石头又飞到了真定的曲阳。这故事是说，曲阳所以称为北岳，只是因为北岳的石头飞到了那里，而真正的北岳乃在浑源。马文升的理由还有一个，元代以前的都城都在曲阳以南，而现在大明朝的都城在北京，北岳所在的曲阳却在都城之南，这怎么能叫北岳呢？

可是马文升的提议受到以礼部尚书倪岳为首的礼部诸臣的反对，理由则是，自汉、唐、宋以至明朝，几千年来北岳之祀一直就在曲阳，从未有过改动。而山西浑源州虽然号为恒山，也名叫北岳，但不载于祀典。最后的结果是，北岳之祀仍在河北曲阳。这个决定起码为国家省下了一大笔搬迁费，而从学术上来讲，马文升之议用神话传说做依据，也是站不住脚的。清初大学者顾炎武专门写了一篇《北岳辨》，也是主张北岳应为上曲阳。清顺治十七年三月，改祀北岳恒山于山西浑源州。顾炎武的文章可能就是针对这事而写的。但学术要服从政治，再大的学问家也没有办法。现在的北岳还是在浑源，但河北的曲阳也保留着北岳庙，浑源有悬空寺做旅游资源，曲阳的石雕名闻世界，两个省的人都很大度，还没听说为北岳大帝要住在哪儿打官司。

碧霞元君（玉女、泰山娘娘）

正如妈祖娘娘在民间的影响大大超过了四海龙王，泰山娘娘碧霞元君在民间的信仰也胜过五岳。

泰山有女，最早见于晋张华《博物志》：周文王以太公望为灌坛令，一年过去，风调雨顺。这日文王梦见一妇人，甚是美丽，当道而哭，自称道："我是泰山之女，嫁为东海之妇，现在想归宁探视父母，要经过灌坛。但我每行路，必有大风雨相随，太公有德，我不愿意因为我而影响太公的德政，所以在这里发愁。"于是文王就把太公望召回，太公刚离开，果然有疾雨暴风在灌坛城外疾驰而过。另外，东晋干宝《搜神记》"胡母班"一条也载有泰山女嫁河伯妇事。但这些虽是神女，却没什么神迹。泰山神女为世所瞩目，应该从宋真宗时开始。宋真宗东封泰山，泰山山顶本有一池，称玉女池，但泉水久涸，在真宗到来之时，泉水忽然涌出，清泚可鉴，其味甘美。王钦若最好借此生事，就说是泰山玉女为迎驾而显灵，便怂恿真宗修浚池塘。挖浚中果然在池内发现玉女石像，但已经损坏，王钦若便又用白玉重雕一尊，另以石为龛，建昭真祠以奉祀玉女，人称天仙玉女，即后来的碧霞元君。

玉女本是泰山之女，后世文人觉得泰山的地位还不够尊贵，便又给玉女编了一个更显赫的履历。李谔《瑶池记》说：黄帝初建岱

碧霞元君（白云观藏画）

岳观，派七天女下凡，云冠羽衣，焚修以迎西昆真人。玉女为七女
之一，在泰山修而得道。而另一本《玉女卷》则模仿佛经另编一套，
说：汉明帝时，西牛国善士石守道，生女名玉叶，美丽聪颖，三岁解
人伦，七岁闻道法，常礼敬西王母。至十四岁，忽欲入山，得曹仙长
指点，入天空山黄花洞修行。天空山就是泰山，而黄花洞就在如今玉
女池旁的石屋处。三年丹成，便居于泰山，而泰山从此便有了玉女
神。这些无稽之谈就是想把玉女与泰山之女分离，让民间的神女成为
道教认为更高一级的仙女。顾炎武力驳此说，认为玉女就是晋时传说

的泰山之女。

泰山玉女被封为碧霞元君是明代成化或嘉靖年间的事，虽然事生于道士，但也是因为她在民间声望越来越大。或以为天帝之女，或以为即后土娘娘，称为奶奶、娘娘，但基本上还是看作东岳大帝之女。不过当时碧霞元君并非泰山娘娘的专利，南方的天妃、顺懿夫人甚至小姑神也有此称号。《封神演义》甚至称余化龙为主痘碧霞元君。但至近代，这个封号渐为泰山娘娘所专有了。因为此神主持妇女生育，祈之可佑顺产，并可保护孩童长育，又称送子娘娘。而且不仅山东一地，四方奔辏前来求子及祷求子息平安者络绎不绝。明人谢肇淛对当时信仰碧霞元君之盛颇为不解，道："古之祠泰山者，为岳也；而今之祠泰山者，为元君也。其倒置亦甚矣！"不仅如此，除泰山之外，各地也多兴建碧霞元君之祠，或称娘娘庙，而尤以北京妙峰山碧霞元君祠为最有名。顾颉刚先生有《妙峰山》一书，专记各地前来朝拜盛况，在诸神祭祀中已经是独一无二的了。

清代时又有传说，认为泰山娘娘掌管天下狐仙，每月之朔，狐仙即往泰山娘娘处听差。诸狐如有蛊惑人间男女事，即行处罚。又道每年群狐往泰山娘娘处考试，文理通顺者方许修仙，否则只可为野狐。泰山玉女的神通已经与九天玄女娘娘相埒了。

王三奶奶

碧霞元君的佐神不少，如送子娘娘、痘神娘娘、眼光娘娘之属，均为其他女神所共有，此处不叙，仅介绍一位泰山娘娘在京津一带所独有的佐神，王三奶奶。

顾颉刚《游妙峰山杂记》道：娘娘（碧霞元君）正殿的右手有小间一，供王三奶奶。青布的衫裤，喜鹊巢的发髻，完全是一个老妈子的形状。若干年之后，周振鹤再到妙峰山，又写《王三奶奶》一文，则说："大殿西边露台下，有一个偏殿；黑地金字横额写着：'慈善引乐圣母广济菩萨宝殿'。这里供的那位菩萨，俗称王三奶奶。王三奶奶的装束，已不像《妙峰山》里说的'老妈子'模样，一变而为菩萨了：头上戴着凤冠，身上披着黄色华丝葛大衫。她左边是手里拿着一支长杆烟筒的侍者，她右边是手牵一匹黑毛驴的驴夫。镜框里嵌着一张丁卯年摄得的六寸半身的灵魂(真容)照片。"周振鹤还从庙祝手中得到了一本京师商务公议、总商团会长孙文泉为还愿印送的《妙峰仙山慈善圣母王奶奶平安真经》(又称《敕封妙峰仙山灵感慈善引乐圣母历史真经》)。从"真经"上我们得知，王三奶奶于"民国十四年降北平吉祥经法宝室鸾坛；十五年七月十五日寿辰，玉帝赐黄袍履；十六年冬月十九日正午，在北平正阳门外西皮条营贯妙山弟子家显化照像，奶奶不惜百年之道，以满众生之愿。"据此可知，妙峰山碧霞元君庙中王三奶奶神格的升级，即发生在民国十四年到民国十八年的四年当中，甚至有可能这四年也是整个京津地区王三奶奶信仰发生重大变化的时期。

又，记得 20 世纪 60 年代初，天津天后宫似乎还供着一位老妈子形象的神道，颇让民众感到亲切，只是不知是否即王三奶奶。"文化大革命"期间自然已经被毁。至于现在重建天后宫之后，这位老太太是老妈子还是凤冠霞帔，甚至是否重塑还是就此省略了，都不得而知。

四渎

"四渎"之名始见于《礼记·王制》：天子祭天下名山大川，五岳视三公，四渎视诸侯。据《史记·封禅书》说，夏、商、周三代，皆居于河洛之间，而"四渎"全在东方。而且古时天子虽有四渎之祭，也并没有后世之定名。有人咬住《史记》"五岳、四渎皆在东方"这句话，认为四渎既在"东方"，自然不包括黄河了。明人江应晓《对问编》解释"四渎"说："渎，独也。江、汉、淮、济，受水而不为水所受，径自入海，故名。"也就是说四渎是指江河的主流，直接入海。但最初的四渎没有黄河，是因为诸水唯黄河最大，所以高其位置，不与四渎为伍。天子以江、河、淮、济为四渎而行祭祀之典，始于汉宣帝神爵元年。去掉汉水而以黄河代之，是因为汉水入于长江，不算是"独水"。但这只是一家之言，自司马迁以来都是认为四渎为河、江、淮、济的。

祭四渎之地，汉宣帝时定为：祭河于临晋（今陕西大荔东），祭江于江都（今江苏扬州），祭淮于平氏（今河南唐河东南），祭济于临邑（今山东东阿）。所以朝廷于此四处皆设有祠庙。至唐玄宗天宝六载，始加四渎封号，河为灵源公，江封广源公，济封清源公，淮为长源公，至十载又封四海为王爵，也就是说，四渎的地位是低于四海的。直到宋仁宗康定元年，四渎才升为王爵。

尽管升为王爵，但四渎在神明谱序中地位仍然不高。南宋洪迈在《夷坚志》中讲了一个故事：诸神朝见真官，江渎的班序在诸神之下。有人问真官："江渎尊神，蜀人素所尊崇，为什么班序在下？"真官道："鬼趣安得处神仙上？"这当然是站在道士立场上推崇仙而贬低神，但也可以看出，在当时已经把四渎不看作自然神，而是由"人鬼"充任了。人鬼，就是人死后所成之神，在道教眼里，即使是秦皇汉武死后成神，也要排在仙人之后。但宋时四渎是由什么人鬼来担任的，《夷坚志》没有说，明代的《月令广义》讲了，而所取古人虽然有名，但地位也确实不算高。其中江渎为楚大夫屈原，河渎为汉丞相陈平，济渎为吴伍子胥，淮渎为唐裴说。

这四位古人，屈原投汨罗江而死，成为江神是顺理成章的事，但

四渎

更主要的原因是在此之前他已经成了湘楚一带的江神。晋人王嘉《拾遗记》载：屈原投水自尽之后，楚人思慕，说他成了"水仙"。其神游于天河，而精灵有时下凡到湘水一带，所以楚人为他立了神祠。

但其他三位"渎神"却要费些口舌。伍员伍子胥是吴国大臣，一世忠烈，被夫差赐死，投尸于长江，但为什么却成了济渎之神呢？也许是江渎已为屈原所占，而济渎却无合适的人物充任吧，而伍子胥也确与齐国有一段因缘。吴王夫差问霸业于中原，欲北上与鲁联合攻打齐国。伍子胥认为吴国的心腹之患为越国，力谏夫差不要攻齐，于是惹恼了夫差，赐以属镂之剑。伍子胥虽然本心不在救齐，但齐人也念这一段好处，把他引进为济渎之神，这也是山东人忠厚之处。但有一样，汉时定济水为四渎之一是对的，那时济水径直入海，但后来黄河改道，与济水合流，也就是说，济水已经没有了，济渎之神也不过是个空衔了，伍子胥白搭了个人情。

那么陈平与黄河有什么关系呢？楚汉相争，陈平来来往往，肯定要渡过黄河数十次了。但这不足以为理由。唯一可以牵扯上的一次是，陈平曾孤身渡河，船夫见他身上佩着一把剑，疑心他是楚或汉的逃亡将领，身上一定多有珠宝，便算计着把他宰了。陈平看出船夫的歹意，本来他可以先下手为强，杀了船夫，但一想船夫死了没有人撑船，便心生一计，说要帮船夫撑篙，于是把衣服一件一件脱光。船夫看到陈平身上什么宝物也没有，便自然打消了邪念。这个理由自然也很牵强，但也是没有办法的事，只好将就了。

最麻烦的是淮渎之神裴说，因为此人不见经传，非经非传的书里倒也有个裴说，元人辛文房《唐才子传》中有其小传，略云：工诗，得盛名。天祐三年状元及第。初年窘迫乱离，奔走道路，有诗曰"避乱一身多"，见者悲之。后仕为补阙，终礼部员外郎。而《全唐诗》有诗一卷。却均无与淮渎相关之事，不知何以奉为淮渎之神？所以我怀疑裴说这名字是搞错了,真正能与淮水拉上关系的乃是"裴谌"。

唐牛僧孺《玄怪录》载:裴谌与王敬伯、梁芳为方外之友。隋大业中,同入白鹿山学道。十数年间,梁芳死,王敬伯也下山求人间富贵去了,只剩下裴谌一人继续修行。到唐贞观年间,王敬伯官至大理廷平,奉旨出使淮南,船行过高邮。忽有一渔舟突过,中有老人,衣蓑戴笠,鼓棹而去,其疾如风。敬伯一看,正是裴谌,便急忙追近,延请入舟,握手相慰道:"兄久居深山,抛掷名宦,想不到落魄无成至此。"谌曰:"我与山中之友卖药于广陵(今江苏扬州),那里也有暂住之地。"然后说了地点,请敬伯便中见访,便匆匆别去。敬伯到了广陵,便前去拜访裴谌,有人引入,初尚荒凉,越走景致越佳。行数百步,方及大门,楼阁重复,花木鲜秀,似非人境。忽有一人,衣冠伟然,仪貌奇丽。敬伯一细看,原来正是裴谌,这才知道裴谌已经得道成仙了,自己的官再大也未免失落了。故事是老陈套子,裴谌也史无其人。但此人出没于淮南一带,却与淮水有了牵扯。淮渎庙就建在淮安,而淮南府清河县又有淮神庙,裴谌在这一带活动,被人拉来充淮渎之数,以仙为神,面子上虽不大体面,但能与屈大夫为伍,也不算辱没了他。

后来淮水已经不直接入海,而是注入洪泽湖,淮渎不"渎",名不符实,再加上济水为黄河所并,四渎实际上只剩下两渎了。

河神

河神即黄河水神,是中国古代最有影响的河流神,这自然与它所代表的黄河在中国古代经济文化中的地位有关。黄河流程万里,所以最初的河神,也应是多元的、地区性的。殷王朝建立以后,对河神的祭祀极为重视,建立河神庙,并有人祭的现象。周以后,据说已建立了天子祭五岳四渎的制度,其详细情形尚不得而知。从春秋战国的情况来看，地方性的河流崇拜十分活跃，各地区对河神的理解和祭祀方法，也有所不同，但对河神的统一称呼河伯已经出现。

河神人神化出现较早，其代表即河伯。至汉宣帝把四渎之祭列入国家祀典，河神被抽象为河渎，除去了它的人神色彩。和五岳及长江一样，唐以来历代晋封，由诸侯之礼进为公、王。但民间所信仰的河神则人神气味非常浓厚，而且同对一位河神，其传说因地区、时代的不同，有很大差异。汉代又出现了由人鬼转为河神的河侯。佛教传入中国以后，佛经中的龙王与中国民间信仰中的龙神逐渐结合，成为水神的象征。唐宋以来，形成了遍布江河湖海的龙王体系，河伯除了在道教典籍、小说中偶尔出现，已渐渐湮没无闻，或者与龙王混而为一。但至元明以后，随着漕运、河工的规模扩大，黄河流域又出现以人鬼为河神的信仰，各种"大王""将军"累累不绝，直至近代而不衰。

河伯（冯夷）

"河"，是黄河的专称，所以"河伯"之称虽然始见于战国时南方的《楚辞》，却并不妨碍他是北方黄河的水神，只能说他的影响已及于南国。河伯之伯，与风伯之伯，雷师、雨师之师，都是对已经人神化的自然神的尊称，但这也不妨碍河伯以鱼龙的形态现形。一直到清代，哪怕是由人的身份担任的河神，仍然以龙蛇的样子出现。

《史记·六国年表》载春秋时的秦灵公"以君主妻河"，就是把女子嫁给河神为妻，此处虽然没有"河伯"之称，但河神应该已经人神化了。这种为河伯娶妇的古老习俗，到了战国时期已经很为人所反感，《史记》所载西门豹治邺，废除这一恶俗，得到了百姓的赞成，说明此俗已经失去了民间信仰的基础。而河伯娶妇留给人们的记忆，就是认为河伯是个好色不仁之徒，《楚辞·九歌》河伯一章中有"与女游兮九河",也许可以当成对河伯浪漫生活的描写,但《天问》中就有了"帝降夷羿,革孽夏民,胡射夫河伯,而妻彼洛嫔"一问,让英雄羿给河伯来了一箭,并把他的妻子洛嫔抢走。河伯已经有了"倒霉丈夫"的名声。

河伯名叫冯夷,有的书或作冰夷、无夷。这只是在后人注释"冯夷"时说它是河伯之名,在先秦却没有任何一本书明确地说河伯就是冯夷(《穆天子传》中说"阳纡之山,河伯无夷之所居",好像是明确冯夷即无夷为河伯之名了,但此河伯为历史之河伯,非神话之河伯,而且《穆天子传》的原文早已受到后人改窜)。所以我认为,与其把冯夷理解为是那个倒霉丈夫河伯的名字,倒不如把冯夷当作另外一个河神。黄河长流万里,漫延数国,在各国的民间信仰中本来就不会只有一个河神的。

在《庄子》中,冯夷是个得道者,"冯夷得之,以游大川",冯夷本来是个人,因为得了道,所以成了水神。如果冯夷是河神的话,那么这个河神已经是由人而不是由自然神来担任了。到了汉代以后,冯夷就成了因服食而得道的水仙,《清泠传》说:"冯夷,华阴潼乡堤首

河伯出行图

人，服八石，得水仙，是为河伯。"但另有一说，冯夷的成为河神，是因为他渡河时溺死了。还有说不是渡河，而是在河中洗澡时被淹死的。这样一来，河伯就成了人鬼了。"聪明正直为神"，只是因为浴河或渡河而死，似无成神之理，所以冯夷以人鬼而为河神，其中一定另有曲折。这个"冯夷"也许是个古代为治水而死的烈士，也许是个溺死之后却成了保护人们不再被溺的义鬼，他总是有些为人所敬崇的原因，所以才被祀以为神。所以这个名叫冯夷的河伯已经与先秦的河伯不是一回事了。

黄河之神不仅河伯一人，还有一个叫"阳侯"的。《楚辞·九章·哀郢》中有"凌阳侯之泛滥兮"之句，据东汉人应劭说，这阳侯本是古之诸侯，因为有罪，投江自尽了，而其神为大波。成于西汉的《淮南子·览冥篇》可以证明阳侯的"波神"身份：武王伐纣，要从孟津渡过黄河，此时阳侯兴起大浪，逆流而击，人马不能相见。在黄河中能兴风浪，自然也是黄河之神。到了后世，纬书中出了个人首鱼身的"河精"，道士又编出一个与河伯并列的"河侯"，这些在民间都没什么影响，就不细说了。

巨灵

古代传说，有以巨灵为河神之名者，此称始见于东汉张衡《西京赋》，"巨灵赑屃，高掌远跖，以流河曲，厥迹犹存。"李善注中说："巨灵，河神也。"黄河至华山，不能流过，只能绕行。于是巨灵之神以手擘开山的上部，以足踏离山的下部，整个山体中分为二，黄河便从山的中间顺畅流过。而巨灵辟山的手足之迹，于今尚在山崖。但此传说并不始于东汉，在西汉扬雄的《河东赋》中即有"河灵矍踢，掌华蹈襄"的话，所述正是巨灵劈山的故事，但那时是叫"河灵"，也就是河之精灵。大约后来因为其形巨大，所以又加了个"巨"字，从此也就称为巨灵了。晋干宝《搜神记》说得更具体些：太华、少华二山本为一山，河神巨灵以手擘开其上，以足踏离其下，于是巨灵手迹留于华山之上，脚迹在首阳山下。这个顶天立地的巨人劈山造河的气势，确实让人想一想都感到震撼。至于《西游记》中的巨灵神，为托塔天王之属将，形象颟顸、蠢笨无能，想来仅是以"巨灵"二字取其为庞然大物，巨而不灵，已与黄河水神毫无关联了。

金龙四大王

据明人朱国桢《涌幢小品》所载，金龙大王，其神在世时姓谢名绪，南宋末年人，为谢太后之侄。不乐仕进，隐于金龙山下。元兵入临安，掳太后、少主去。谢绪义不臣虏，赴江而死，尸僵不坏，乡人瘗于祖庙之侧。及至大明兵起，谢绪示梦与朱元璋，说要辅佑圣主。当时明将傅友德正与元朝左丞李二战于徐州吕梁洪，士卒见空中有披甲者来助战，遂大胜元兵，这是谢绪首显灵应。到了明成祖永乐年间，开凿会通渠，舟楫过吕梁洪，只要祷告金龙四大王，无不应验。于是建祠于洪上。按谢绪本是浙人，他投水而死，投的也是浙江之水，他即使成神，也不应该到千里之外的黄河来显灵吧。所以金龙四大王可能本来就是吕梁洪一带的龙神，谢绪云云，不过是把一个殉国的烈士附会其上，而在与元兵交战的时候，谢绪之神自然要比龙神更有鼓舞士气的作用。此后再经朝廷鼓吹，其影响由吕梁洪漫延到附近水域，又与河神相融合，于是生前从未见过黄河的谢绪就成了黄河之神。

而实际上，历史上究竟有没有谢绪这个人都很难说，明清时人说他是谢太后之侄，兄弟四人，名字分别是纪、纲、统、绪，因为排行第四，所以后来称"四大王"，这都是踵事增华的那一套。即以他的居处而论，或说是钱塘，或说是会稽，或说是湖州，而所投之江也有

四渎

钱塘江和苕溪（湖州）之异，哪里有什么准证？如果翻翻《宋史》，就会发现谢太后本来就有自己的侄子，起码能找到谢堂、谢堃、谢起岩和谢垕四人。如果民间要把谢太后的侄子附会成传说中的龙神，为什么不从现成的几个中选上一个，却去望空虚造呢？其中的缘由就是，吕梁洪的神明不能叫别的名字，就是非要叫"谢绪"不可！

我的理解是，所谓"谢绪"，其实就是"泄蓄"，泄水与蓄水！吕梁洪位于徐州城东南五六十里，分上下二洪，绵亘七里，地势险要，水流的落差很大，由北而南，真有一泻千里之势，但船只到此却绝无"漂流"的快感，只有船毁人亡的惊恐。而船只再由南往北，那困难就和把大象拉上城墙差不多了。但我们古人自有妙法，早在东晋时，就在吕梁洪上修了七座堤坝，设闸蓄水，等于把一个陡立的险滩化为七个台阶，让船只凭借水位的提升逐阶而上。至唐高祖时，大将尉迟敬德为卢龙节度使，苦于北地饷道乏绝，再开吕梁，建闸多处。到了元代，吕梁洪为南北漕运的要津，漕船过洪，就必须用堤闸调整水位，或泄或蓄。明人谈迁《北游录》中说道："会通河（即大运河），元人凿以通漕，自济宁至临清，凡四百里。总河尚书及水部并驻济宁。牐（即水闸）禁特严，此启彼闭，一蓄一泄，日不再启。"请大家注意，一是这些水闸复兴于元代，二是"一蓄一泄"，对漕运来说是很严重的事。而正因其严重，所以需要有专门之神即"闸神"或"护漕之神"来护佑。很明显，这就是"泄蓄神"出现的背景。

而在朱元璋与元军作战时，最能以民族情绪鼓动士气的，就是亡宋的烈士。正好南宋理宗的皇后姓谢，理宗死后，度宗即位，尊为皇太后。在贾似道专权时，谢太后无能为力，及至度宗死去，小皇帝才四岁，谢太后只好以太皇太后的身份垂帘听政，支撑着已经枯朽残破的一角江山。此时虽然把误国的奸相贾似道贬死，但内有庸相，外无良将，一个老妪带着寡媳和幼孙，就是赵宋王朝的最后家底了。及至张世杰败于焦山，大势已去，这个年迈花甲的谢太后在殚尽智力之后，所能做的只有求和和投降了。最后是小皇帝和他母亲全太后都被当作俘虏送到大都，谢太后以病暂留杭州，但元人对她并不放心，因为她只要还在临安，南宋遗民就把她视为先朝的象征，所以她最后还是被迫北上，死于大都。由于谢太后在宋亡之际的重要地位，所以把谢绪与她攀上亲戚是很能抬高身份的，于是就出现了那一段投水殉国的故事。

但不管谢绪是不是谢太后的侄子，他成了黄河之神却是铁定的事实。但谢绪不是闸神吗？他怎么又成了河神，而且被冠以"金龙"之名呢？原来在山东曹县西南有地名黄陵冈，正处黄河北岸，其上流有"荆隆口"，"荆隆"与"金龙"音近，所以荆隆口又名"金龙口"。明弘治二年、五年河决于此，于是建"黄河神祠"以镇决口。这个黄河神祠既建于"金龙口"，就自然可以称为"金龙河神"，由此而演变为"金龙大王"也不难理解。黄河自黄陵冈东流至清江浦入大运河，这一段河工都信仰金龙河神。而明代另开泇河，把吕梁洪的漕运转移之后，"泄蓄之神"已经空有其名而无实职，那么这个为明朝开国立下神功的大名"闲着也是闲着"，于是金龙河神便借来一用，二者融为一体，而谢绪便成了"金龙四大王"的名字。吕梁洪的闸神与金龙口的河神合二为一，就成为这一带的黄河神，而谢绪原来的闸神功能反而被人淡忘了。

明亡之后，金龙四大王继续为清王朝所奉祀。满人入关之初的顺治三年，就敕封黄河龙神为"显佑通济金龙四大王之神"，以护佑南北的漕运。此后江淮一带以至潞河，无不有金龙大王庙。而民间传说，四大王经常化身为金色小蛇，故曰金龙。北方船夫见有金蛇方首者游泳而来，必以朱盘奉归，祀以香火，可保一方安吉。清江浦（今江苏清江市，明代时黄河经此，与运河交汇）一带每年霜降之后，为了感谢四大王安澜之功，便演剧赛神，此时若发现有金色小蛇，便供奉高座，再把写有戏目的签单送到它面前。小蛇只要在那上面随便点两三下头，人们就可以知道四大王要看什么戏了。于是锣鼓开场，粉墨登台，人们便与神同乐了。

杨四将军

杨四将军，或作杨泗将军。清人杨凤辉《南皋笔记》中说他是"江神"，道："世俗礼杨四将军为江神，江之上下，舟人筏夫多崇拜之者。"其实这并不准确，因为他本来是黄河之神，只是后来也为长江沿岸所信奉，所以不如像《江南通志》那样称他为"江河之神"更为恰当一些。

仇德哉《台湾之寺庙与神明》中说："据《大清会典》，杨泗将军为河南温县人，明永乐元年六月六日生。生而灵异，未冠成神，以治水功德在民，建庙于张秋镇。明代封为将军，清初封为总理江湖河道翼运平浪镇东侯，同治五年封为灵佑杨泗将军。"河南的温县，山东的张秋，都是黄河所经，杨四将军所治之水，自然应该是黄河。但《大清会典》说他是明时人却也值得商量，因为这位杨四将军很可能就是宋金时的黄河水神"阳武四将军"。

据南宋洪迈《夷坚支甲》卷一"阳武四将军"条说：黄河南岸的阳武（今河南原阳）有大堤，位于汴京（即开封）西北。金皇统中，大堤决口，发动兵卒填塞决口，朝成夕溃，不能成功。汴京守将招募能潜水者探水底，一渔夫自言能潜伏水底一昼夜。于是他手持古剑入水，斩蛟提首而出。封爵位，赠金帛，他都不肯接受。后来渔夫去世，人们为他立祠于其处，请于朝，封为"四将军"，民间又以为龙女三娘子之子，塑像立于傍，灵应甚著。阳武在温县之东不过百里左右，二地俱在黄河沿岸，那么阳武四将军与杨四将军可以说是同乡

杨四将军

了。而二人称呼又是如此相似，那么就不能不令人怀疑，这二位其实只是一人。

　　但到了清代，黄河一带奉祀的河神又有了新的角色，杨四将军便渐渐不那么风光了。而长江一带反倒有不少杨四将军的祠宇，所以《南皋笔记》称他为江神，也不能说全错。据仇德哉说，江西德安称他为杨四菩萨，说六月六日是他的生辰，同时又是他的"晒袍之日"，如那天有雨，就说杨四菩萨没能在一月十三日供雨给关帝磨刀，所以关帝于此日也不给杨四晒袍。

黄大王

草根百姓分不清朝廷的官制，不管官大官小，都是开罪不起的，一律称呼"老爷"，总不会大错。对于神道也是如此，朝廷给他们上封爵、加尊号，王公侯伯要分得清楚才行，但老百姓没那见识，也是一律高帽奉上，所以民间奉祀的什么野庙丛祠中，全是"大王""将军"之类的名号。仅以江南常熟一带的神灵为例，诸如要离大王、镆铘大王、胥吴大王、孙吴大王、春申大王、徐偃大王、高城大王、唉城大王、祝城大王、福顺大王、福善大王、最仁大王、安邦大王、护国大王、姚王大王、何王大王、翁圣大王、徐善大王、裴虺大王、汤明大王、陈曹大王、苏李大王、唐金大王、柳杨大王、芦荻大王、上支大王、支墅大王、朱舍大王、沙营大王、宿金大王、伍相大王、保安大王、新产大王、傀儡大王、休留（鸺鹠）大王、牛头大王，总有数十个。反正他们也不会凑在一起到主席台上排名次，蟒袍玉带的大王和牛头鸟首的大王倒也各过各的日子。

黄河之神也是一样，自从金龙四大王和杨四将军闯出了名头，黄河上下的"大王""将军"也就多了起来，什么黄大王、栗大王、朱大王都陆续出现，比大王低一级的就是陈九龙将军、党将军、刘将军、曹将军，这些全是清代的"河神"，也就是黄河里的龙王。但这些龙王现形时却只是一条小蛇，黄大王色黄，栗大王色褐，朱大王色红，而身形更小些的则都是将军之类了。黄河、运河上的船工和河工，只要在水面上发现形态稍异，比如头是方形的小蛇，往往就据其颜色，称之为某大王，然后就是奉以朱盘，如前述对待金龙四大王的那一番礼敬。清江浦是河工总汇，用现在的话说，就是治理黄河总指挥部的所在地，那里更是大王、将军经常降临，有一年来十几位的，也有一年来几十位的。据薛福成《庸庵笔记》说："闻河工凡见五毒，皆可谓之大王、将军，如蛇、蝎虎、蟾蜍皆是也，然托于蛇体者为最多。"河工上自官员下至民夫兵卒，每年就要向这些长虫、蛤蟆们磕头礼拜。

如此看来，这些人是不是太愚昧了？却也不然，事情不是那么简单。从本质上看，河工上所崇拜的并不是那些爬虫类动物，而是历年来为黄河治理献身的有名及无名的英雄们。那些大王、将军几乎都有事迹可寻，如黄大王是明末的一位民间治水专家，栗大王是清代道光年间的河督栗毓美，他们生前为治河殚尽心智，甚至牺牲了自己的生命，死后仍然作为河工的保护神，理应受到后世人们的敬仰，只不过人们附会以龙王信仰，寄托于灵蛇现形罢了。

此处仅介绍最有名的黄大王。清代杰出的学者俞正燮专门写了一篇《黄大王传》，收在他的《癸巳存稿》中。黄大王，名守才，字英杰，号对泉，河南偃师县南乡夹河王家庄人。生于明万历三十一年十二月十四日。刚生下来就有些神奇，空中似乎听到有叫他"河神"的声音。幼年即丧父母，育于母舅刘氏家。他一岁多的时候，表兄抱他出去玩，不慎失手落于井中。表兄大惊，急忙跑去呼人援救，人们赶到之时，却见这小孩正坐在水面上玩耍，好像水下有什么托着他似的。长大之后，他曾随舅父之船至虞城县张家楼，时有粮船二百艘，滞于河沙，不能行动。在他到来之前的一夜，运粮官吴姓者梦见有人告诉他，说："沙壅不开，明日有姓刘的船来到，里面有一个姓黄的，他是河神。只要他说开，那淤沙就会开解了。"到了次日，吴运官竭诚来拜求黄守才，守才来到现场，登上头船，亲自执篙，果然沙开船行。进入清朝，顺治三年，考城的流通口决了堤。次年，河督杨方兴闻听守才治水之名，亲往聘请。守才来到工地，命于决溜之中下埽（治河时将秫秸、石块、树枝捆扎成圆柱形，用以堵决口，其物称埽），埽下之后，水冲不动，决口很快就堵塞成功。顺治七年，沁水涨溢，河堤将溃。参政分守河北道佟延年赶快请来守才，守才手书一

四渎

137

纸，让佟延年拈香焚于沁水之上，沁水的涨势立即就停止了。守才在世时，河南怀庆人就为他在城北回龙庙立了生祠。至康熙二年十二月十四日，守才逝世于家，葬于偃师县南万安山下。雍正十二年，河南陈留县曲兴集为黄守才建庙，名曰大王坛。乾隆三年，敕封灵佑襄济王，每年十二月十四日祭祀。乾隆四十二年，开封建黄大王庙。道光八年四月，以助佑漕运加封"显惠"，十一年加封"昭应"，全称为灵佑襄济显惠昭应王。今清江浦南临清堰东有黄大王庙，曰灵佑观，神每出现，托形为小蛇。他喜欢看戏，而最喜欢的是河南"罗罗腔"。每到为他演戏时，人们就在他盘踞的朱盘上立一竹竿，他就沿竿蟠上，翘首听戏。据说每次黄大王现形时，都是这样。

中国古代的封建统治者对科学技术人员的轻视，让很多黄守才这样的杰出人物及宝贵经验都没能流传于世，如果不是民间把黄守才神化为黄大王，这位治河专家的名字也一定早就湮没无闻了。

党将军

党将军也是河神。但他和其他很多"将军"一样，是代表着千千万万无名治河英雄的英灵而成神的。他的名字据说叫党德柱，党德柱就是"挡得住"，什么洪水恶流，他们都挡得住。当然，这其中要牺牲掉很多无名氏的生命。但是这些无名英雄的事迹，只有凝聚到一个代表人物身上并加以神化，才能在民间流传下去。清人采蘅子在《虫鸣漫录》中讲了党将军的故事：乾隆年间，黄河决口于徐州至淮安一段（那时的黄河从开封至徐州，基本上与现今的陇海铁路平行，至徐州后东南行至淮安清江浦，然后东北行入海，与现在的自开封即东北行到山东济南完全是两条路了），想尽办法也无法让断堤合龙，河督束手无策了。他忽然发现治河兵卒中有个叫"党德柱"的，不禁大喜，因为想起《韩非子》说过"循名可以责实"，便把老党叫来，给他穿上提督的官服，告诉他河工难成，想借他来挡水。老党慨然应诺，便喝得酩酊大醉，投于水中，随即便填下秫秸、石块，果然决口顺利合龙了。于是官府为老党立庙于堤上，称党将军庙，香火累世不绝。

当然，如此牺牲于合龙中的不会只是老党一人，合龙成功也不会只靠一个醉汉垫底，当在下埽之时，肯定有不少壮士跳进水中，以肉躯阻拦洪波，最终才合龙成功。而党将军就是其中牺牲者精灵的会聚，就是现在，我们也应该为他们立碑建祠的。

江神

江神，此指长江之水神。长江，又称洋（扬）子江，虽为中国第一大河，但因中国古代以黄河流域为经济文化中心，所以江神地位反逊于河神。长江绵延万里，浸润百国，其初并无统一之神。作为国家封立的江神，最早见于《史记·封禅书》所记，即秦始皇并天下，立江水祠于蜀郡。入汉之后，初仍保留蜀郡江水祠，后来又于下游的江都即今扬州另立江水祠，所以人称"汉初祠之于源，后祠之于委"。但成都的江神庙始终未废。到汉宣帝定四渎，统一的长江水神即由江渎所充任，而民间则另有一些地方性江神，如蜀地以奇相为江神，楚地以湘江二夫人为江神，吴越或以伍子胥为江神，等等。这些江神显然都不是原始形态的自然神，而是人神化以后的产物。五岳四渎制度属于朝廷奉祀，而地方性江神则为民间所保持，直到明清，地方性江神仍有推陈出新。

下面所述有的是地方性江神，有的只是江南一带的水神，大致属于长江流域，也汇总到一起，不过求眉目清楚一些而已。

奇相

江神谓之奇相，见于三国张揖的《广雅·释天》。东晋郭璞《江赋》也有"奇相得道而宅神，乃协灵爽于湘娥"。把奇相与湘娥并提，应该是位女子。而萧梁庾仲容《江记》也说："奇相，帝女也，卒为江神"。此帝究竟是哪位，没有明说，而为什么帝女死了就应该为江神，更是莫名其妙。到北宋时，张唐英写《蜀梼杌》，说："成都府有奇相祠。按古史，震蒙氏女窃玄珠，沉江而死，化为此神。"如此说来，奇相乃是古蜀国神话中的"帝女"，而帝就是已经查不到来历的震蒙氏。这位江神虽然只为蜀地信奉，但应该是见于记载的最古老的江神了。

巫山神女(瑶姬)

凡是乘船游过长江三峡的人，到了巫峡，都要出舱瞻望那秀丽的巫山十二峰，而最为人所瞩目的则是玉立于众峰之上的神女峰。一说巫山神女的典故，自然首先要提到宋玉的《高唐赋》，"旦为行云，暮为行雨，朝朝暮暮，阳台之下"。可是巫山正是先有了神女的传说，宋玉才会写《高唐赋》，只是神女最原始的传说已经失于记载，或者是文人们觉得乡巴佬之言不够雅驯，便又做了润色加工，所以我们现在知道的巫山神女都是华胄贵胄了。其说有二。一为炎帝之女，见于《襄阳耆旧传》，道是："赤帝女曰瑶姬，未嫁而死，葬于巫山之阳，故曰巫山之女。"此说可能有相当大的民间成分，一个未嫁而死的美丽女孩儿，人们把对她的同情哀怜之思就寄托到山川胜境中，只是未说是什么炎帝之女罢了。另外一说，就是道士们的演绎了，但此说便把神女的巫山之神变为长江水神了。五代时四川有个善于杜撰的道士杜光庭，他撰了本多载女仙事迹的《墉城集仙录》，便把巫山神女列为上古女仙，号为"云华夫人"，为王母娘娘的第二十三女，太真王夫人之妹了。但瑶姬之名总算还保留了下来。据说大禹治水，疏导岷江（长江上游一段古称岷江），至于瞿塘。此处实为鬼神龙蟒之宅，见大禹来到，便兴妖作怪，风沙昼冥，迷失道路。大禹束手无策，便仰空长叹，俄顷便见天女下凡，传授大禹以呼召万灵之书，又让自己手下的狂章、虞余、黄魔、大翳、庚辰、童律等神将，协助大禹治水。于是大禹才能呼风召雷，役使鬼神，开山疏水，无不如志。大禹便向童律询问他主人的来历，童律答道："她是西王母之女。受回风混合万景炼形飞化之道，治于巫山。"大禹便亲至巫山之下恭谒，于是神女现身，但倏忽之间，变化莫测，或为轻云，或为霏雨，或为游龙，或为翔鹤，既化为石，又化为人，千状万态，不可尽述。但另一种传说比这刹那之间七十二变更让人容易接受，那就是神女助禹治水功成，便化身为石，立于峰顶了。

巫山之下的神女庙，从此就成了来往船只的保护神，过往客人至此，都要入庙拜谒，祷求保佑。而庙中陪祀的有一白马将军，据说是神女所收服的神将，民间对狂章、童律那些怪名字不大容易记住，就用白马将军一人代表了。

湘君　湘夫人

湘君、湘夫人见于屈原《九歌》，但后世对这二位的身份始终聚讼不已。一说是"帝之二女"（见《山海经》），也就是天帝的两个女儿，由此说而变为尧的两个女儿，也就是舜的两个妻子娥皇、女英。因为大舜南巡，死于苍梧之野，二妃奔赴哭之，也死于江湘之间，于是就成了湘水之神，称为湘君、湘夫人。但有人不那么看，说堂堂帝妃，怎么能做小水之神呢？四渎与三公同级，而湘水连四渎都算不上，这不太降低身份了吗？所以湘君就是湘水之神，而湘夫人就是湘君的太太，与二妃毫无关系。后一说基本上为儒者所坚持，他们的标准是"礼",而老百姓没有那么多讲究,他们敬仰大舜,喜欢娥皇、女英对爱情的忠挚,愿意用自己家乡的山川来纪念他们,所以也不管什么大儒的权威,依旧把娥皇、女英当作湘水之神来奉祀。

但这里面还有一个公案,就是东晋的郭璞注《山海经》"洞庭之山,帝之二女居之",说这"二女"就是西汉刘向《列仙传》中说的那个"江妃二女"。这就又与娥皇、女英无关了。但还是值得在此一提,因为《列仙传》的故事很不错,是个难得的讽刺小品。故事说是一个叫郑交甫的,游览于汉江,见二女子,生得很美,穿着也很华丽,佩一明珠,大如鸡卵(有说是玉珮的)。这郑交甫是个极没趣的人,面对秀色,眼睛却只盯着那大珠子。而且此人面皮极厚,涎皮赖脸,居然向人家要那明珠。二女微微一笑,便把佩珠解下来给了他。郑交甫把明珠揣到怀里,回头便走,乐颠颠地走了十几步,伸手到怀里一摸,那明珠却不见了。他再一回头,那两个女子也没了踪影。《聊斋志异》中有《沂水秀才》一则,立意与此相类,那秀才与郑交甫是一号人物,但所遇是两个狐仙,并没有江汉二女那么有涵养,所以给了秀才一句"俗不可耐"。蒲翁评道:"丽人在坐,投以芳泽,置不顾而金是取,是乞儿相也,尚可耐哉!"

洞庭君(金龙大王柳毅)

江水之神多是女性,而传说也都很美。这个洞庭君虽然不是女子,故事却也极绮丽。那就是众所周知的柳毅传书的故事。唐高宗仪凤年间,有儒生柳毅到长安应举,落第后回湘滨故乡。路过泾阳时,见有美妇人牧羊于道畔,柳毅怪而问之。妇云:"妾洞庭龙君小女也,父母配嫁泾川次子。而夫婿不良,诉与公婆,公婆爱其子,反黜我至此牧羊。"遂托柳毅寄书与其父洞庭君。毅如其言,至洞庭龙宫,述龙女惨状。洞庭君之弟钱塘君性暴躁,闻言,化为赤龙千尺,劈青天而飞去，至泾阳大战，杀泾阳小龙，救龙女而回。此后又有曲折，最终是龙女嫁给了柳毅。至玄宗开元间，柳毅的表弟谪官东南，经过洞庭，见有彩船迎之，至一宫阙，见毅立于其中，方知柳毅已成神仙。故事中说的洞庭君是龙王，但民间又继续演义，说柳毅为天帝封为金龙大王，成了洞庭神君。湖南民间又传说柳毅是郴州人，所以郴州苏仙桥的一座神祠奉祀的就是柳毅。

但苏州人觉得这么美的故事不能便宜给湖南人，便说那洞庭不是洞庭湖，而是太湖，因为太湖中有山就叫洞庭山。于是他们就建了个水仙庙，又名苍龙堂，塑上了柳毅之像。不仅如此，他们又把苏州城里的一座桥起名叫柳毅桥，还把太湖边上的一个泉眼起名叫柳毅泉，硬说那就是柳毅与龙女结婚的地方。人家在自己家里唱戏，湖南人总不能打上门去吧。好在世人还分得出洞庭湖和洞庭山的区别，所以人们一提柳毅，还是把他当成洞庭湖的神君。

另外，在洞庭湖上，柳毅的传说并没有以"终成眷属"而告终，直到晚近，那里还流传着洞庭神君借舟的故事。《聊斋志异》"织成"一则中就记录着："洞庭湖中，往往有水神借舟。遇有空船，缆忽自解，飘然游行。但闻空中音乐并作，舟人蹲伏一隅，瞑目听之，莫敢仰视，任所往，游毕仍泊旧处。"此为一说，袁枚《子不语》"洞庭君留船"一条却颇有不同：凡洞庭湖载货之船，卸货后，每年必有一整齐精洁之船，千夫拉曳不动。舟人皆知之，曰："此洞庭君所留之船也。"便听其所之，不复装货，舵工水手，俱往别船生活。至夜，则神灯煊赫，出入波浪中，清晨仍归原泊之处。年年船只轮换当差，从无专累一家者。

关于柳毅的神像，本应该是个白面书生吧，却不然，据说是"赤面獠牙朱发，狞如夜叉，一手遮额覆目而视，一手指湖旁"。那是因为柳毅生得太漂亮，作为水神，不足以慑服水怪，便戴上了这么个鬼

四渎

面面具，白天戴着，晚上摘下。谁知时间一长，他竟懒得摘下，而那面具竟与脸长到了一起。这副模样估计龙女见了也不太受用，他自己更是以此为羞。所以在他的庙里，游人是不能用手乱比画的，而行船之人也同样要小心从事，否则柳大王犯了疑心，以为你是在嘲笑他，便要平地而起风波了。可是他很重乡谊，郴州人不在其内，而且他出身于落第秀才，对郴州穷酸格外照顾，郴州士子赴省试者，至庙拜祝，焚乡眷晚生帖，虽遇风涛，无不安然而渡者。可惜湖南人没有学学四川人到梓潼大庙中求签的经验，如果让柳毅成了湖南的文昌神，也不至于现在的郴州人都不知道这位贵同乡了。

宫亭湖神（庐山君）

庐山一带有座神庙，名叫宫亭庙，而鄱阳湖又叫宫亭湖。究竟是湖因庙，还是庙因湖而得名，已经不大清楚，总之，后来人们知道宫亭湖是鄱阳湖的不多，知道宫亭湖神是个水上恶霸的却不少。此处正是长江与鄱阳湖相接处，遇上风大浪急，真正算得上江湖险恶。江上舟船来往不断，官宦商贾，利来利往，到这里就要给宫亭湖神送上买路钱，否则这神道就不给你好脸色。此神无姓无名，不知是哪位地方大员，为了拍这神道的马屁，给他上了个体面的称号，叫"庐山君"。据说他来时阴霾蔽日，其声澎湃若潮。他能把风分成几股，有的往南吹，有的往北吹，上水下水的船都别想挂帆。当然要是哄得他高兴，也可以上水下水都很顺帆的。这样的神道，过路的船只谁能惹他，只好把无赖当成好汉爷，给他立个庙，逢年过节，地方上要烧香上供，而行路的船只，也必须停下来送上买路的礼品。

有个故事说，三国时，吴国正是孙权在位，南方派官吏向孙权献一支簪子，簪子不是金就是玉，并不很是稀罕，估计这支簪子一定是什么宝物镶就，所以这使者过宫亭湖庐山君庙祈祷时，庐山君就通过庙巫下达指示，让使者把簪子留下。使者此行就是献簪，没了簪子也就没了命，他吓得磕头如捣蒜，说这是献给千岁爷的，务必请大王爷爷可怜小人。最后总算打动了神道，道："你先走吧，这簪子我要玩几天，等你快到石头城时，我再还给你。"使者不敢再多说，只好开船。当他走到石头城下时，忽然有条三尺鲤鱼跳入船舱，使者把鱼肚子剖开，那簪子就在鱼肚子里。

而这故事还有另一个版本，时代改成孙权的孙子孙皓在位之时，新任的江夏太守陈敏，离开都城建业，到江夏上任。听说宫亭庙神最灵，就特意前往拜见，请庐山君保佑他在任安稳，升官发财，并许愿任满之后，献上银杖一支。三年任满，财已经发了，官也要升了，陈敏却后悔当年许的愿太重，便削根竹子，上面镀上一层银，到了九江口宫亭庙，献给了庐山君神像之前。陈敏走后，到了傍晚，庐山君附了神巫之体，大发雷霆，让把那假银杖投到水里还给陈敏，而且要重惩这负心贼。那竹杖投入水中，如箭一般飞驰，直到陈敏舟前，徘徊不去。陈敏一见，料到祸事要到，赶忙派小吏回庙谢罪。小吏刚刚离船，暴风突至，涌浪滔天，陈敏的大船就翻了。宫亭湖神对背约的人惩治极重，刘宋时州吏黄苗违约，庐山君竟让他做了五年老虎，吃够三十个人才恢复人形。可是这种东西成了人形，不是贪官，就是酷吏，那不更造孽了吗！

估计这些故事都是庐山君庙里的巫师造出来，做广告揽生意的，但也未必没有民间百姓的创作掺入其中。

大姑小姑

在九江附近的鄱阳湖口，有两座山孤立于长江中，人称大孤山、小孤山。早在六朝时，人们就把大孤小孤演化为大姑、小姑神了。干宝《搜神记》载：宫亭湖有座孤石庙，曾有一位商客入都，经其庙下，见二女子，道："请帮我们买两双丝履，自相厚报。"商客到了都城建业，买了两双上好的丝履，放到箱子里，他自己买了一把书刀，也顺便放了进去。等他返回时，就把箱子放到了孤石庙中，却忘记把书刀取出了。及至他船到中流，忽有鲤鱼跳入船内。他破开鱼腹，那书刀正在里面。这故事与宫亭湖神还簪的故事很是相似，而孤石庙应该与宫亭庙相距不远。书中虽然没有大姑小姑之称，但其庙既然叫"孤石"，这二女子显然就是大孤、小孤二山的神灵了。

而正式记载二神为大姑、小姑则是在唐代，此时神庙建于山上，塑像艳丽。而此地风涛甚恶，行旅维艰，所以每年官府要派从事亲自祭祀。于是就发生了大姑强嫁新郎的故事。宰相杨收之子杨镳任江西推巡，这一年参加本府之祭，见神像端丽，便说了几句玩笑话。不料祭毕回舟，便见云中有一美女，呼道："家姐蒙杨郎相爱，特来相迎以成礼。"杨镳极言前言为戏。小姑不听，命其从容一月，处理家事。到了一月之后，杨镳果然奄然而逝，似有鬼神来迎者。而庐山君也有过类似的故事。吴郡太守张公直途经庐山君庙，子女们前去游观，一个婢女指着小姐说她像庙中所塑的神妃。不想当夜张公直就梦见庐山君来纳聘，吓得他赶快开船。可是船至中流就走不动了，在波心盘旋，看着好像快翻。张公直道："我岂能为这一个女儿让全家受祸。"但他太太总不忍把自己的女儿抛到江中，觉得张公直的哥哥反正也不在人世了，竟把公直的侄女扔进水里。张公直大怒，说："我还有什么脸活着！"便又把自己的女儿投进江心。船正要往对岸行去，只见那两个女孩出现在这边岸侧，旁有一吏，道："我是庐山君的主簿，敬君之义，把二女还给你。"故事把张公直和庐山君全都美化了，但还是掩饰不住强娶民女的性质。而最主要的是要告诉世人，在这块地盘上，不管是谁，说话就要算数，许了愿就要还愿。

但什么事只要官府一插手，往往就颇煞风景。到了南宋，好好的小姑神，就被封为"助顺安济夫人"，有了诰命，就要为朝廷卖力，于是据说官府调发军马，津运钱粮，只要祷告，必有灵应云。

洋子江三水府

五代时，杨氏据有长江中下游，自现在的武汉直到长江入海口，都是杨氏吴国的地盘。此间杨氏小朝廷封了三位长江水神：马当（在江西彭泽东北）上水府宁江王，采石（在今安徽当涂之北）中水府定江王，金山（在今江苏镇江）下水府镇江王。不久吴国政权为徐知诰篡夺，建南唐，恢复原姓李氏，再封三水府，把原来的二字封号增为四字：马当上水府为广佑宁江王，采石中水府为济远定江王，金山下水府为灵肃镇江王。以一江之三水神，地位居然与四渎齐肩，可见这三处对于吴和南唐的经济和军事都是至关重要的。

那么什么叫水府呢？凡江流于崖陡水急之处，深不可测，皆不妨以为水神之居而称水府。比如五代孙光宪《北梦琐言》记唐末昭宗时，朝官李荛自蜀往江陵（今湖北沙市），经瞿塘峡，船破，荛为水神所召。事闻于朝，后遂以瞿塘为"水府"。所以长江堪称水府的并非只有三处。又《新五代史·雷满传》载：雷满尝凿深池于府中，客有来访者，便召宴池上，指其水曰："蛟龙水怪皆窟于此，盖水府也。"唐郑还古《博异志》载白幽求至海岛，海中神怪之居称"水府"。唐裴铏《传奇》"郑德璘"一条称洞庭君所居为水府，《太平广记》卷二三二"周邯"条也有"此井乃龙神所处，水府灵司，岂得辄犯"之语，可见不仅长江，即江河湖海以至井池，凡诸神怪麇聚之处皆可称以"水府"。但所以独称"洋子江三水府"，是因为这三处都是水途险恶，且都在吴和南唐境内，吴王和南唐国主就是想多封几个也没有资格。

马当上水府早在唐代时就已经成为水神了。马当之险，有唐诗人陆龟蒙《马当山铭》为证："天下之险者，在山曰太行，在水曰吕梁，合二险而为一，吾又闻乎马当。"马当水神最为著名的一笔，当属唐初四杰之一的王勃"时来风送滕王阁"的故事，《醒世恒言》有"马当神风送滕王阁"一章，读者自应熟悉。另《广博异志》还载有唐代另一著名诗人王昌龄的故事。玄宗开元年间，王昌龄舟行至马当山。船夫说："不论贵贱，到此都要谒庙烧香，以祈风水之安。"昌龄有急事，不能下船，就派人携带酒肉、纸马和一双草鞋敬奉大王。但昌龄一时忙乱，误把自己的金错刀放在草鞋中了。船行不数里，忽有赤色鲤鱼跃入舟中。昌龄剖开，金错刀宛在其中。这故事全由宫亭湖神故事中脱出，而且本来二地也相距不远，但由此也可以证明，马当水神在唐代已有，只是未必叫水府罢了。

张老相公(张六五相公、张夏)

在《聊斋志异·张老相公》一则中，张老相公是江苏镇江一带所祀的水神。故事说张老相公是山西人，为了女儿出嫁，他携眷来到江南，采办嫁妆。舟至金山，张老相公先渡江，嘱咐家人在船中不要爆炒膻腥，因为江中有鼋怪，闻香即出，毁舟吞人，为害已久。不料家里人只把这话当作耳旁风，张老相公一走，他们只管嘴馋，就在船上做起小炒肉来。那后果确实很严重，只见一股巨浪涌起，把船打翻，张氏妻女皆淹没于江中。张老相公悼恨欲死，便招来铁工，在半山腰燃起冶炉，锻一巨铁重百余斤，烧得通红。问清那鼋怪常隐伏之处，请几个健壮男子，用大钳夹起赤铁投了下去。鼋怪跃出，疾吞而下。少时波涌如山，又过了一会儿，波浪平息，而鼋死浮于水上了。行旅及寺僧便在金山建了张老相公祠，塑像其中，以为水神。这是江苏的张老相公，但在浙江还有两个张老相公，也都是民间所祀的水神。

明田汝成《西湖游览志馀》卷二三云："有所谓草野三郎、宋九六相公、张六五相公，不知何等神，杭人无不祀之。"这个张六五相公为杭城民间普遍奉祀，但在明代已经不太清楚他的家底，连名号也失传了。不仅是杭州，还有杭州东偏北的海宁，杭州东偏南的萧山、山阴，也都奉祀张六五相公。这个张六五相公官方的封号是英济侯，但民间更喜欢称他为张老相公。关于他的来历，实有二说。

一说见于《海宁县志》，海宁有英济侯庙，俗称捍沙王庙，庙神则为萧山人，其人姓张，无官无职的布衣一个，因溺死于海而成神。

一说为宋时人张夏。清人俞蛟在《梦厂杂著》中说：山阴有神，姓张名夏，本是宋朝景祐年间的工部郎中，奉命护堤，封宁江侯，又封英济王，今则称为"张大明王"，还有呼为"张老相公"的，不知何据。此神神像左手执一金锭，右手竖二手指。世俗相传，金锭指金人，二指为徽、钦二帝。另外，乡人又说神能操财用之权，手执金锭，意思是想把钱借给人，竖两根指头，是索二分息。于是求利者香楮酒醴，争先恐后。

关于这张夏，据南宋潜说友《咸淳临安志》卷七二，他本是雍邱人，字伯起，北宋景祐中为两浙漕使。当时江潮为患，以往筑堤都用柴薪与土，所以一为潮水冲击，至多三年就要损坏，这样就很耗费民力。而张夏开始改修为石堤，延袤十余里。居人感念其功，便在庆历二年为他立祠于堤上。

对这位有功于民的张夏，民间还编出了一段神话。据南宋叶绍翁《四朝闻见录》记载：张夏治潮三年，不得其要领，不胜气愤，便抱起自己写好的诉状自投于江，上诉于天帝。他后来托梦于继任者，传授修堤治潮的方略，这才堤成而潮退。

传说归传说，不管是杭州人还是张夏，总不至于笨到连用石筑堤都想不出的。以往不用石，是官府图省事，历任因循，弄个豆腐渣工程，只要在自己这一任将就下来就算了。所以老百姓纪念张夏，不是他比老百姓聪明，而是不造豆腐渣，要比以往那些贪而昏者更体贴老百姓。这位张夏最初立庙于杭州，明代杭州所祀的张六五相公应该就是此公。而山阴所祀的张老相公是从杭州借来的，还是另有本地的张姓土神，则不可知了。因为山阴的这位张老相公除了治水还有其他功能，他手托一只元宝，可以向人们放阴债，也就是兼作财神了。

对这"放阴债"，此处捎带介绍一下。清俞蛟《梦厂杂著》卷一《春明丛说》记北京彰仪门外有"五哥庙"，塑五神列坐，实即南方之五通神。"好事者以纸作金银锭，大小数百枚，堆垒几上"，想发财的人可以从那里去借，前一天要斋戒沐浴，然后备酒肉祭祀，如果想借多少钱，就按数揣上那些纸元宝回去，这就是借阴债。如果以后发了财，就要做上新的纸元宝，再备上酒肉，除了按数归还之外，再加上"利息"，这叫作"还"。五哥庙是利息加倍，张老相公利息只是二分。

萧公爷爷

萧公爷爷本为长江支流赣江水神。《三教源流搜神大全》及谈迁《枣林杂俎》等书载：萧公姓萧名伯轩，生得龙眉蛟发，美髭髯，面如童子。其人刚正自持，言笑不苟，是非分明，锄强扶弱。他在宋咸淳间逝世，便成了神，附灵于童子，预言祸福。乡民遂为立庙于江西临江府新淦县之太洋洲。保佑航船，救佑百姓。元时，其子萧祥叔死而有灵，也合祀于庙。明永乐间封水府灵通广济显应英佑侯。据明徐渭《青藤山人路史》说：明永乐年间，萧公之孙萧天任也于死后为神。

明时新淦人朱孟震《河上楮谈》所述最详，说萧公永乐中屡著灵异，朝廷加封水府灵通广济显应英佑侯。相传萧公客游四川之时，知有一船将回江西，便对船夫说："我是太洋洲人，你替我捎个铁锚送回家吧，也就一千多斤。"船夫说："一个铁锚有一千多斤，我怎么能运上船呢？"萧公说："这你就不用管了，只要你答应了，我自然会弄上船。"于是萧公告别，到第二天开船也没见他露面。若干天之后，这船开到了新淦太洋洲，不知怎么就搁浅撑不动了。就在这前一天夜里，萧公的家人梦见萧公，说："我托船夫捎回一个铁锚，明天你们就去取吧。"家人来到江边，见那条船泊在江中，便问铁锚在哪儿。船夫觉得很怪，说："那天发船之前，是有个老人让我们捎铁锚，可是后来再也没见他。"于是大家一起在船上寻找，最后在船尾上发现果然系着一只铁锚，就是它抛到江底，弄得船动弹不得。这个铁锚现在还放在萧公庙门之外，足有一间屋那么大。庙外还放着一只大靛桶，大概就是染布用的大木桶吧。据说萧公死的时候，嘱咐家人不要埋葬，就用大桶把他扣上即可。所以那桶一直就倒扣在那里，而里面就有萧公的尸体。凡是有船只往来，必然到庙里叩拜，无不灵应。

看来萧公是神巫世家，大约对过往船民多有护佑，所以死后成了赣江水神。而到了明成祖北征时，又有萧公显灵助战的传说，他的影响就扩大到长江上下，连四川都有萧公庙了。不仅如此，据《畿辅通志》载：河北冀州城西一里的高坡上也建有萧、晏二公之庙，看来奉祀萧公的也不限于长江流域了。

晏公爷爷

晏公和萧公一样，也是赣江水神，而且他是江西临江府清江镇人，与萧公的老家相距不足百里。他姓晏名戌子，生得浓眉虬髯，面如黑漆。平生疾恶如仇，为人敬惮。元朝初年曾为文锦局堂长，因病告归，登舟即奄然而逝。他的行柩还在路上，乡里人已见他前有仪仗，后有驺从，行于旷野之间。此后月余，他的棺木才至，打开棺材，里面一无所有，原来是尸解了。家乡父老知道他已成神，就建庙奉祀。此后晏公常显灵于江河湖海之间，旅人遇上风波，只要祷告晏公，立即化险为夷。

而作为水神的晏公，他的发迹据说也是靠皇帝的扶持。据明人郎瑛《七修类稿》说：江苏常州城外白云渡口有座晏公庙，为明太祖所封。传说徐达与张士诚战，不利，太祖与十人扮作商贾，乘舟往援。途中遇到江风甚猛，小船就要翻了，忽有一穿红袍者挽舟至岸，自称是晏公。及至太祖平定天下，有猪婆龙（即江鳄）毁江岸，屡修屡毁。晏公又化为老渔翁，教明祖擒猪婆龙，江岸以成。于是明太祖封晏公为平浪侯、神霄玉府晏公都督大元帅。江南民间称为"晏公爷爷"。但据明人王鏊《姑苏志》，晏公受封，乃在元世：元朝因为他有翊佑海运之功，封为平浪侯。至明朝，漕运官兵依然奉祀不衰。如此说来，晏公更应该是漕运的保护神了。

但还有一个新奇的说法，清初人王士禛在《居易录》中说，他的从祖父写过一首《晏公庙诗》，前有小叙，说晏公本系江中棕绳为怪，许旌阳以法印击之，中其额，遂称正神。说起这位棕绳之怪，来头可不小，也是有过救驾之功的，且看下节。

棕三爷爷

这个棕绳怪有不少"尊号"，有叫鬃三爷爷的，或写作宗三爷爷的，还有叫宗三秀才、棕三舍人的，而其身世说法也不尽相同。先说最风光的鬃三爷爷，这故事与晏公爷爷有些相类。明人夏原吉《一统肇基录》中说：朱元璋与陈友谅大战于鄱阳湖之康郎山，所乘之船搁浅于沙底，一步也动不得。朱元璋气急败坏，只好找老天爷，便拔剑斩断船上鬃绳，仰天大呼："如我有天下分，舟当得脱。"那鬃绳忽然化如龙形，把船驮出浅沙。及至平灭陈友谅，朱元璋立庙致祭，封绳索为鬃三爷爷。至于为什么叫"鬃三"，是因为把鬃绳斩为三段的缘故。至今过彭蠡湖者，祭鬃三爷爷则风浪无阻。作者夏原吉是洪武乙榜，宣宗时的阁臣，想不到他还有这一手，改编民间传说来拍太祖爷的马屁。

再说宗三秀才，也是鄱阳湖船民的传说，却与那位夏阁老所记大有出入了。这是明朝天顺年间，《双槐岁钞》的作者黄瑜亲身所闻所历。那年黄瑜北上，途经鄱阳湖。船夫说起宗三秀才的灵异，让黄瑜备上牲醴以求神佑。黄瑜问"宗三是什么东西"，那船夫吓得直摇脑袋，却不敢吭声。等到祭奠完，船夫才说："昔年太祖爷与陈友谅大战鄱阳湖，有棕毛巨缆分断为三，时间长了，便化为蛟龙。宗一、宗二飞腾而去，独有老三淹留于湖，常蜿蜒于波涛之中。船民稍欠修敬，遇上他必有祸败。有时他还化为丈夫，题诗作谶，无不应验。"黄瑜听了，大不以为然。若干年后，他再经其地，船民们已经不再祭祀宗三了。原来有一年大旱，湖水涸干，都昌知县孔镛到湖边查验，见一巨木，因在水里浸泡的年岁久了，上面斑斑驳驳，真像鱼鳞龙鬣一般。孔知县笑道："宗三秀才原来就是你啊！"命左右点火把它烧了，结果任何怪异都没有发生。从此宗三也就无影无踪了。这位孔县令确是有胆有识，但他没有料到，鄱阳湖的朽木可不止此一根。明末清初人董含在《三冈识略》中有"木龙"一条，也说鄱阳湖有大木，乘风鼓浪，远望如龙，一月数见，土人呼为木龙，犯之者能覆舟。这里说的木龙其实与那位宗三是一种东西，所以宗三的传说到清时仍未断绝。

清东轩主人《述异记》记一事，与黄瑜所说大致相同，最后一段较为细致，说某年大旱，湖水干涸，"棕怪"游入浅汊，不能出，开始还能动荡，等到继续干涸，就只有卧于沙澨之间。人们竞往观看，只见荇藻满身，有若鳞鬣。报告给县令，命举火焚之，中有腥血，臭闻数里，五六日方尽。作者对这腥臭的解释是，元明之际，行军祭神，或为牲血所渍过多，此物取血之精，遂成妖孽。东轩主人改编了黄瑜，但见识却大大退步，又把那段巨木妖化了。对于绳缆成妖的原因，他说是"取血之精"，此说也有所本，明人陆粲在《庚己编》中谈到"棕三舍人"，就说这棕缆所以成精，是因为鄱阳湖大战死者数十万，朱元璋把断缆弃于水中，那些冤魂依凭缆绳而为妖了。因为有缆绳为怪之说，到了清代，还有称这东西叫"缆将军"的。

淮涡神（无支祈、水母娘娘）

淮水之神以及淮渎并不太为民间所关心，当地老百姓所津津乐道的淮水之神是个妖精无支祈和水母娘娘。

无支祈，诸书所记不同，或作无支祁、无之祁、巫支祇、巫支祈、无支奇，不过都是一个名字的音变，而另一个更通俗的名字则叫淮涡神，又名涡水神。唐人李肇的《国史补》中有一个故事，说：楚州（治在今江苏淮安）有渔人在淮水中打鱼，无意中在水里钓得一古铁锁，他把锁链往船上拽，谁知拽起来没完没了，也不知水里还有多长。此人倒是很有公民意识，赶快把这怪事报告官府。楚州刺史李阳便集了大量人力，来牵这铁锁链，最后终于把铁链拉到了头，此时突然有一只青色猕猴跃出水面，然后又潜入水中，再也没有出现。于是有人来查古书记载，发现《山海经》中有这样的记载，说："水兽为害，禹锁于军山之下，其名曰无支奇。"但现在的《山海经》没有这一条记载，与此事有关的却是《古岳渎经》。此书完全是仿《山海经》而作，其实作者乃是唐人，也就是伪造出来迁就《国史补》所记的那则传说的。大致说：大禹治水，三至桐柏山（今河南桐柏县西南），忽然惊风走雷，石号木鸣。原来乃是一个怪物，即淮涡水神，名无支祈。此物善于应对言语，能辨江淮之浅深，原隰之远近，形若猿猴，缩鼻高额，青躯白首，金目雪牙。最神奇的是他的脖子可以伸出百尺之长，而力气大的就不是如牛，而是力逾九象了。他搏击腾

无支祈（清代绵竹年画）

踔，敏捷快疾如闪电一般。大禹把他交给了童律，童律制伏不了；再交给乌木田，乌木田对他也没有办法；最后交给了庚辰，庚辰说他能对付，便持戟逐击，最后擒住。用大铁索锁住他的脖子，用金铃穿上他的鼻子，押到了淮阴（今江苏淮安西），锁在龟山山脚，用以镇水，以使淮水永远安流注海。

于是在北宋乐史《太平寰宇记》中就把刺史李阳放无支奇的事做了进一步发挥，说五代后唐永泰初年，有渔人潜于水底大约有五十丈深，见大铁锁盘着龟山山足，便报告刺史李汤，汤命渔人及能水者数十人，加以大牛五十头，那锁方才拉动，移到岸边。只见锁的末端有一怪兽，状如青猿，白首长鬣，雪牙金爪，猛然跳到岸上，其高有五丈左右，蹲踞起伏如猕猴，只是两眼闭着，昏昏沉沉如喝醉了一般，耳目口鼻全都水流如泉，涎沫腥秽，臭不可近。过了一会儿。它方才如睡醒似的伸着懒腰，打起呵欠，然后双眸忽开，光彩若电，四顾视人，貌若狂怒。四周观看的人吓得四散奔走，那怪兽才徐徐把锁链和那五十头壮牛一起拉到水里，不见了。

但这故事此后还继续演变，一变而为南宋时传说的僧伽大士降伏无支祁，再变而为泗州大圣锁水母，于是镇锁无支祁的龟山自然化为镇锁水母之处。元人杨景贤《西游记》杂剧中，就说起巫支祗为骊山老母及孙行者之妹，系一女怪。这女怪当然就是水母了，于是无支祈又与水母合而为一了。而《安徽通志》载：盱眙县（今江苏盱眙）东北三十里有下龟山，下临淮河。下龟山寺后，就是大禹锁水神处，名"支祁井"，又称"圣母井"，而圣母就是水母。由此也可以看出，在民众眼中水母已经成了圣母，起码转化为被同情者了。近世戏剧《泗州城》中的水母娘娘，就已经与《白蛇传》中的白素贞相似了。

济神

四渎中济水神影响最小，一是因为济水流域本来就有限，二是黄河屡次改道，一度把济水吞掉，弄得济水原来的支流也都改名换姓，成了黄河支流了，这时即使还有济神，他也无处安神了。可是当年济水神也曾号称"济伯"，有过一方诸侯的身份的。

唐段成式《酉阳杂俎》中有个故事：东晋安帝义熙年间，北方的山东正是五胡十六国的南燕国地盘，邵敬伯住在山东的长白山，这天有人带着一封信，对敬伯说："我是吴江（即长江的下游一段）使者，我的主人命我出使于济伯，寄上这封信。现在请您为我把这信送给济伯吧。"敬伯哪里认得什么济伯，那使者就教他，只需前往社林，取下片树叶，投于济水之中，那时自会有人出来接你。邵敬伯照着他的话做了，果然见水中出来一人，让他随之入水。敬伯害怕，不敢下水，那人就让敬伯闭上眼睛，竟然就如同进入水中一般，再一睁眼，已经到了一座华丽宏伟的宫殿之中了，殿上侍卫身穿甲胄，个个眼睛都是圆的。上面一位老翁，年纪总有八九十岁了，坐在水晶床上，打开敬伯递上的信，念道："裕兴超灭。"敬伯临走，老翁赠他一把刀子，说："你以后只要随身带着这把刀，就不怕遇到水祸了。"就在这年，江南的刘裕北伐，灭掉了慕容超的南燕。位于长江流域的南朝攻伐位于济水流域的南燕，与这两条河有什么关系？看来一切都是天命，刘裕灭燕是上天的意旨，上天就要下界神祇配合，济伯本受着南燕的祭祀，有护佑本国的责任，现在既然来了天命，济伯也就撒手不管，这年祭祀的酒肉也算白吃了。

济伯后来肯定是落魄了，一方诸侯做不成，但济渎祠并没有立刻坍毁，当地老百姓也没让济水神失业，给他找了个新的行当，让他开了个借贷银行。原来济渎祠前有一大水池，凡是想找济水神借钱的，就先向神祷告，然后掷筊来窥视神意。如果济神答应，那就把借券投入池中，等上一会儿，便有银子从水中浮出，那数目与求借之数一毫不差。借债的拿走银子去做生意，保证利润翻番。到了期限，就要去济渎祠还债了，也是照样先祭谢，然后把本利如数投入池中，银子沉下，那借契便又浮了上来。如果投珓而神意不准，你就是投入契券也没用，过一会儿，浮上来的就不是银子，而是你那契券。济水神为什么有借有不借，因为他已经算好，如果你命中能用这钱生利，自然就会借你，这也是他投资前应做的调查；否则成了死账，他这银行也就该倒闭了。如此看来，济水神转官为商，也不失为立命之一策，而在商人看来，他也应该算是一个财神。

洛神

洛水虽然不是大河，但"河洛"并称，它的地理位置决定了它在华夏文化中的地位。其神也与河伯一样，称为洛伯，《竹书纪年》记有洛伯与河伯冯夷相斗之事，即指洛水之神。但洛水之神最为人知的，则是曹子建《洛神赋》中所说的那位"翩若惊鸿，婉若游龙"的"宓妃"。有人据"宓"字而认为她是宓戏即伏羲之女，溺于洛水而死，遂为洛水之神。这也是各种河神的老套子，没什么特色，所以人们就把洛神与三国时著名的美人甄氏拉上了关系。

魏文帝曹丕之后甄氏受谗冤死，本来受人同情，而她的丈夫又是篡汉的奸人，所遇非匹，更是让人愤愤不平，于是不妨重理鸳鸯谱，让她与同样冤抑不伸的才子陈思王曹植成了互相暗恋的一对。于是一个让人略消愤懑不平之气的故事就出现了。据唐人《传奇》所记，唐太和间，处士萧旷弹琴于洛水之上，有女子自洛水中走出听琴，自言是洛浦神女。萧旷问："听人说，洛神即是甄后，甄后辞世之后，陈思王遇其魂于洛水之滨，便写了一篇《感甄赋》，但惧怕以此招祸，改题为《洛神赋》，有这回事吗？"神女道："这事是真的，我就是甄

陳思王賦洛神
翩若驚鴻
婉若遊龍

洛神

后。"萧旷又问："陈思王今在何处？"神女曰："见为遮须国国王。"作者的想象力到底还是受些礼教的约束，所以没有让这对才子佳人在灵界团圆。可是蒲松龄老先生却让已经成神的甄后与为天帝做秘书的曹植"时一见之"，那自然是隔三岔五的幽会了，而且她还用一夜情酬谢转了多少世的刘桢，那就是专以给阿瞒父子扣绿帽子为消遣而不顾唐突美人了。

除了宓妃和甄后之外，洛水还有过一个男性的洛水之神，见于六朝萧梁人任昉写的《述异记》中，记洛神为一老翁，让儿子洛子渊到人间求学，那就没什么意思了。

潮神

民间潮神甚多，大致有春秋末人伍员，唐末封潮王的石瑰，御潮有功的宋人陆圭，传说为南宋时人的陈贤，明朝时不知何故而成了潮神的戚澜，此外不知其名但却影响一方的还有各主一时的十二潮神，浙江黄岩的"岱石王"，浙江绍兴宁济庙的潮神，等等。

伍子胥

据《史记》，伍子胥，姓伍名员，字子胥。春秋时楚人。父兄一门忠义，为楚平王所杀。子胥逃至吴，助吴公子阖闾谋得王位，富国强兵。辅吴王夫差西破强楚，鞭楚平王之尸。又大破吴之宿仇越国。因谏夫差不要因为争霸中原而忽视身后的越国，为夫差赐死。夫差取子胥尸盛以鸱夷，浮于江中。吴人怜之，为立祠于江上，名曰胥山。在东汉人赵晔所著《吴越春秋》中已记有子胥成神事：吴王断子胥头置于高楼上，投其尸于江中。子胥因随流扬波，依潮来往，荡激崩岸。越王勾践大破吴兵，至胥门，见子胥头巨若车轮，目若耀电，须发四张，射于十里。越军大惧。即日夜半，暴风疾雨，雷奔电激，飞石扬沙，越军僵毙者不可胜数。越国大臣范蠡、文种稽颡肉袒，拜谢子胥之神，神乃许越军自东门入。越既灭吴，勾践逼杀文种，葬于三峰之下。逾一年，伍子胥从海上穿山，持文种之尸而去。此后子胥与文种俱浮于海，弄浪兴潮。潮水大至，前潮锋头为伍子胥，后继重浪为越大夫文种。后人形容子胥驱潮气势，说他乘素车白马，因流扬波，依潮来往，荡激堤岸，势不可御。

自东汉时开始，江南各地江河有大潮的，都奉子胥为潮神，而最大的庙宇则在杭州之吴山，因为钱塘江潮最为壮观。

伍子胥是潮神，但又是百姓心目中的复仇之神。他根本不理睬"君叫臣死臣不得不死"的所谓"纲常"，历尽艰辛，百折不挠，生则鞭楚王之尸，死则咒吴王之亡，而其精灵不散，以钱塘怒潮向世人展示被迫害者心中的激愤。这在封建时代受到很多道德卫士的指责，但是老百姓喜欢他，所以在民间传说中，伍子胥的复仇故事中加进了渔夫、浣纱女这些普通百姓支持帮助他的情节。

陆圭、岱石神

伍子胥是潮神，但还有治潮之神。钱塘江旁有一协顺庙，祀奉宋人陆圭和他的三个女儿。陆圭因为扞潮有功，封广陵侯，三女封通济、涌济、永济夫人。协顺庙旁又有小庙，祀十二潮神，每天十二时，各主一时。民间又尊称陆圭为陆相公。他的三位女儿也各有分司，一个管护岸，一个管起水，一个管交泽。凡海船行至庙下，必先到三位小娘子前上炷香，供上彩缎、花朵、粉盒，拜祷平安，许下心愿。有的船只想乘早晚潮汛到来时出发，就必须先占卜而后动，方免风涛之险，不得卜则断不敢轻易发船。而那十二潮神，虽然是起起武夫，却远不及这三位小娘子的香火之盛。

据说陆圭实有其人，北宋神宗时曾任真州（今江苏仪征）兵马都监。徽宗宣和年间出征方腊，战败而死，可能在那时就有人为他立了祠庙。到了南宋初年，钱塘江潮冲毁堤坝，随筑随坍，不能成功。传说此时只见陆相公带着他的三个女儿在空中挥动旗帜，江底的巨石就浮到江面，堤岸这才得以筑成。

岱石王是浙江黄岩的地方神，记载始于南宋，但此神历史却可以推到六朝时。据说此神是婺州人，好旅游，游到黄岩大石山，不知怎么就死了。在他去世的那天夜里，惊雷奔电，大雨如泻，山上突然出现一块巨石，高有百丈，耸立如人形。地方以为此人显灵，便奏闻朝廷，封为岱石王。至于这位旅游家的名姓，谁都不知道。由于黄岩一带海潮较大，最高时也有五六尺，当地人又传说岱石神与钱塘江神分得其潮三分。这样，岱石神又成了当地的潮神。但其影响远远不能与伍子胥相比，此处也就顺便提一下罢了。

海神

古代神话中以禺𧊪为东海之神，禺强为北海之神，不廷胡余为南海之神，俱见于《山海经》。禺𧊪据说生得人面鸟身，珥两青蛇，践两黄蛇。而北海之神禺强则是东海神禺𧊪之肖子，所以生得与乃父一模一样，只不过脚下踩的两条蛇颜色变成青的。而南海之神不廷胡余不知为谁氏之子，虽然未说是人面鸟身，却也珥两青蛇，践两青蛇。看来东海之神的鸟身大约与东方民族的图腾有关，而海神的代表标志则是“蛇”。秦始皇时代的人们，则常以为海神为海中之大鱼。这一观念与燕、齐方士对秦始皇的影响有关，而燕、齐都是濒海之国，以大鱼为海中神灵自是见闻所致。《史记·秦始皇本纪》中说：始皇做梦与海神大战，见海神如人之状。问占梦博士，答以"水神不会在人面前现形，只是以大鱼蛟龙的面貌出现"，所以他建议秦始皇去海上猎射大鱼，就是除去海中恶神了。

《楚辞·远游》中的海若和《庄子·秋水》中的北海若，当为楚地传说中的海神名。楚国人可能连大海都没见过，那海神也与他们的生活无关，所以那名字也是很空洞的。

至于所谓四海之神，并非实指。古人曾以为中国居大地之中，四境有海环绕，故有此称，实不针对具体海域而言。其东、南、北海，与今日之地理概念迥然不同。所以四海之神，只可视为海神之泛指，而略以方位区分之。《太公金匮》虽然托名于姜太公，但成书当在汉世，书里说到四海神君，其名字不过是把四方神的名字移用过来，但此说却影响很大：南海之神曰祝融，东海之神曰勾芒，西海之神曰蓐收，北海之神曰玄冥。所以后来虽然纬书与道书给四海起了多少套名字，如东海神名阿明，西海神名祝良，南海神名巨乘，北海神名禺强之类，却始终未能取代《太公金匮》的说法。后来受佛教影响，海神又有四海龙王之类，名称虽变，其实则与以往海神并无大异。

海为水之大者。但古人的生活，主要依赖江河湖泊，邻海多为荒僻之区。所以虽对汪洋无边、凶险无常的大海既畏惧，亦神往，幻想出种种海神，但对海神的礼敬远不及对江河之神。秦始皇时，漂洋过海之人已渐渐多了起来，关于海的传说也多起来，世人常以海洋为神仙居所，但毕竟与大多数人们的生活无直接关系，所以秦汉以来虽列入祀典，其礼不甚隆重。秦汉以来，正如其他山川神一样，民间信仰日趋人神化，国家祭祀却趋向抽象化，仅作为海的象征。宋元以来，海运和海上贸易迅速发展，海上的风波凶险直接关乎社会经济、政治生活，对海神的祭祀也就日形隆重。不仅屡屡加封象征性的四海之神，宋元时还出现了地方性的专司保护某一海域的海神，如泉州海神（即"天妃"）、盐官州海神之类。而后世民间影响较大之海神，实为"天妃"。所谓四海神则仅存于国家祭典或宗教科仪之中，与民生无大关系，其中稍多见于文字者，仅南海神祝融而已。

四海神

祝融在古神话中本为火神，在五方神中为南方之神。虽然在小说《封神演义》和《西游记》中谈到四海龙王，总以东海龙王为首，可是在四海神中，却独以南海神祝融为尊。唐韩愈《南海神庙碑》中说："考于传记，而南海神次最贵，在北东西三神、河伯之上，号为祝融。"韩愈的角度是从朝廷所定的祀典而言，而与民生关系密切的则是东海，也就是现在的渤海、黄海和东海。所以小说中以东海为尊更切合百姓的看法。

东海海神，又称"东海君"，晋干宝《搜神记》中说陈节拜访诸神，东海君赠以青襦一领。这故事不知有何取义，如果硬要钻研，那么东海君方位在东方，东方为青色，所以赠物以青为色吧。署名三国魏文帝曹丕的《列异传》中讲了一个故事：费长房能驱使鬼神。东海君见葛陂君，淫其夫人。于是长房敕令禁闭东海君三年，引起东海郡一带大旱。费长房至东海郡，见当地人正在求雨，这才把东海君释放，于是天即大雨。晋张华《博物志》中又有东海神女嫁为西海神童，经行之处辄有大风雨的故事，但这个东海神女在另一些版本中或作"东山女"，或作"泰山神女"。以上这些东海神的故事与东海邻近州郡的地理观念常常混淆到一起，这也可以看出中国海神的性质与那些海洋国家海神的区别。

至于北海，中国北部本来没有北海，汉以后在地理上所说的北海，或指北海郡，或指荒远的贝加尔湖。所以北海神如禺强、海若、玄冥之类更是一个空名，与实际的大海无关。但却有一个少为人知的"北海神"的故事值得介绍，那就是申公豹。

在《封神演义》中，申公豹本是元始天尊弟子，却专与本教作对，是个挑拨是非的小人。元始天尊气恼不过，便命黄巾力士："将我的蒲团卷起他来，拿去塞了北海眼！"北海眼是什么东西，想象中大约是地沟眼儿一类，塞上之后就不往上冒水了吧。不意小说中的这一情节却让申公豹成了北海之神。清人汤用中的《翼駉稗编》中记载，清代蒙古恰克图的回部崇祀那位被填了北海眼的申公豹，因为恰克图的北境是辽阔的贝加尔湖，也就是中国古代所说的"北海"，而北海的北岸则为"狗头国"。每当秋冬之际，湖冰初合，南北两岸相距遥远，渺无崖际，商旅不敢轻易履冰径过，因为万一走到中途，湖心的冰尚未全合，那就只好原路返回。所以他们在这时就要到申公豹的庙里去烧香拜请，然后把申公豹的像放入水中以试冰。其像以木为之，一臂高举，裸体不着一丝。抬至湖中，让它直立不仆，渐次入水。等到木像的头顶没入水中的时候，那就可以履冰过海了，此时车驰马骤，了无妨碍。到了第二年二三月，远望湖中木像有一指破水而出，即互相告诫，速断行踪。再过数日，木像的手全露出，又数日而神体全出，此时即闻坚冰碎裂，海水沸腾，像即矗立水面。然后大家用彩轿把这塞了一冬天北海的申公豹抬回庙中，迎神赛会，大大地犒劳一顿。这样，申公豹就成了当地人的"北海神"。但此说我总以为有一半是清代文人的附会，因为很难想象贝加尔湖的居民对《封神演义》那么熟悉；湖中木像的风俗可能早在《封神演义》之前就有了。

天妃（林默娘、天妃、天后、妈祖）

妈祖是在民间影响最大之海神。姓林名默娘，又有林夫人、天后、天上圣母、天仙圣母、水仙圣母、碧霞元君、归山娘娘等名。有的因挂祖居地名，而有湄洲妈、温陵妈、银同妈、东安妈、潮州妈之别；或以神序而有大妈、二妈之分。据明朝的《三教源流搜神大全》所述：天妃姓林，莆田（今福建莆田）县治八十里滨海湄州人（诸书皆云为莆田之湄洲屿或湄屿人，此云湄州，应误）。其母陈氏，因梦见观音送来优钵花而孕。其生乃在唐天宝元年三月二十三日。年方周岁，见神像即拜，五岁能诵《观音经》，十一岁能婆娑而舞，以娱神明。这些说法已经给妈祖加进了佛教色彩，但仍然掩盖不了她的巫女身份。她有四个兄弟，都在海上业商，往来于诸海岛之间。忽有一日，默娘神不守舍，若有所失，瞑目很久也不睁开。父母以为她中了颠疾，赶忙呼叫。默娘被呼醒，却一声长叹，道："再等一会儿我的大哥就能无恙了！"父母不解其意。等兄弟们自海上归来，哭言前三日飓风大作，巨浪接天，长兄落水，忽见一女子牵着桅索，履波涛如平地，援救长兄。父母这才知道默娘出元神去救兄长了。而其长兄不能得救，就是因为父母呼之而元神回返的缘故。默娘年已及笄，誓不嫁人。过了不久，她就端坐而逝，正是她的生日那天。自此之后，她常常现形，而侍从众多，气派简直和王母娘娘不相上下。

此为较典型的一种说法。略有差异者，以乾隆《台湾县志》为代表：天后姓林，世居福建莆田之湄屿。父林愿，官至巡检。母王氏，已有五女一男，夜梦大士授一丸，服之有孕，于宋太祖建隆元年三月二十三日生一女，名曰九娘，因弥月不啼，又名默娘。八岁就学，能解奥义，且喜焚香礼佛。十三岁得道士元通授以秘法，十六岁观井得符，能布席海上以济人。雍熙四年九月九日升化，时年二十有八。后常云游岛屿，里人祀之，有祷必应云。

其他说法尚多，但最为差异的，则是明人陆深《金台纪闻》所说，以为天妃为三女子，俗传姓林氏。而《琅琊代醉编》则记云：其

天妃

海
神

神为女子三人，俗称为林灵素（宋徽宗政和末温州人）三女。这也是有民间根据的，许联升《粤屑》记载廉州、钦州有三婆婆庙，州人奉祀极为虔诚，而且地方官每逢初一、十五，也要亲自来行香。而婆婆的生日是三月二十二日，正与天妃相同。每至婆婆生日，州人就抬着神像遍游城内外，铙鼓喧轰，灯彩炳耀，爆竹之声，震动一城。另外，浔州天后庙有一通巨碑，说起天后世系，也说有三姐妹，一同修炼成仙。估计这都是林默娘传到外地之后，为民间所增饰的结果；这也和福建民间的大奶夫人、李三夫人传说有一些关系。

天妃灵迹，历代多有记述，而最早见于南宋洪迈的《夷坚志》。根据他的记述，早在南宋初，兴化军（今福建莆田）境内地名海口之处，已经有了林夫人庙，莫知何年所立，室宇不甚广大，而灵异素著。凡贾客入海，必致祷祠下，祈求佑护，乃敢出行。因为有人曾在大洋中遇恶风，因祷求夫人，神现于樯竿，因而获救。可知天妃信仰最晚也要在北宋时了。

至于天妃之历代封号，有记载的是北宋宣和间赐庙额为"顺济"，南宋绍兴间封"灵惠夫人"，乾道间封"灵惠昭应崇福夫人"，绍熙封"灵惠妃"，庆元封"灵惠助顺妃"，嘉定间因显形助宋兵于紫金山破金兵，更加"显卫"二字。及至南宋末年，国运愈衰而加封益频，然俱都为"妃"。元朝至元年间又封为"护国明著天妃"，"天妃"之号始于此。元开海运，封号屡加，顺帝时加至十二字，为"辅国护圣庇民广济福惠明著天妃"，而庙宇扩散至直沽（今天津）、平江（苏州）、周泾、泉州、福州、兴化等处。明洪武初，以天妃有护海之功封孝顺纯天孚济感应圣妃。永乐间有郑和西洋之行，崇奉弥盛，加封弘仁普济护国庇民明著天妃，建宫于南京龙江关，每年正月十五日、三月二十三日遣太常寺官祭。崇祯时封"天仙圣母、青灵普化碧霞元君"，又加"静贤普化慈应碧霞元君"。清康熙间以对台湾用兵，封"护国庇民妙灵昭应弘仁普济天妃"，而据《莆田县志》，则封为"昭灵显应仁慈天后"。"天后"之称，似始于此，而《清朝文献通考》则云加天后封号为乾隆二年事。至此封号全称为"护国庇民妙灵昭应弘仁普济福佑群生诚孚天后"，达二十二字之多。历朝历代的海神，从来没有天妃这样荣盛的封典，主要还是因为她在民间的影响实在是太大了。

民间，尤其是沿海、闽台一带，奉祀天妃更甚于官府。所以有人说："凡靠海的地方，以及江河码头，莫不有天后庙。"据赵翼《陔馀丛考》记载：台湾与福建之间，神迹最著，当地人呼神为妈祖。倘遇风浪危急，呼妈祖，则神披发而来，其效立应。若呼天妃，则神必冠帔而至，恐稽时刻。妈祖云者，盖闽人在母家之称也。杨凤辉《南皋笔记》也记载道：海行遇难，舟人随呼圣母，遥见水上有金灯一盏，放大光明，冉冉而来，则知天后来解难矣。台湾人民至今仍虔奉妈祖神，而庙宇之多，分布之广，规模之宏伟壮丽，当为台岛第一，而台湾人民仍不忘妈祖祖庙所在，历年来大陆寻妈祖之根者络绎不绝，十余年前大陆祖庙妈祖神像被迎至台岛，所至之处，万人空巷，轰动一时。

妈祖除了海神功能之外，还兼作送子娘娘，天津天后宫（俗称娘娘宫）的拴娃娃哥哥最为典型，早已经被编到相声段子中，此处就从略了。

千里眼、顺风耳

天妃娘娘的两旁总是塑着一对神头鬼脸的家伙，一个叫千里眼，一个叫顺风耳。这二位尊容无可奉承，但心地却极好，他们的功用就是巡视海面，一旦发现哪里有遇难的渔民、商贾，就立刻报告娘娘前往搭救。

天妃娘娘这一装备已经是玉皇大帝级别了。《西游记》中灵霄宝殿发现人间出现什么特殊情况，都是玉帝降旨，命千里眼与顺风耳到南天门外去侦察。但这二位在玉帝那里只是作为高级特务使用，与老百姓没什么好处。《封神演义》中也讲到千里眼、顺风耳，说棋盘山有一座轩辕庙，庙内泥塑鬼使，名叫千里眼、顺风耳。此山的桃精、柳鬼托这两泥胎的灵气，便目能观看千里，耳能详听千里了。二怪下山，化名高明、高觉，与姜子牙的革命大军作对，最后被姜子牙用打神鞭打死。这样一来，就把千里眼、顺风耳与神荼、郁垒牵扯到一起了。但《封神演义》明明说这二位挨了神鞭，"打得脑浆迸流，一灵已往封神台去了"，可是到了姜太公封神之时，这二位却榜上无名，不知是太公把他们忘了，还是二人开了小差，很是让人纳闷的。

龙王

龙，本是中国古人幻想出来的动物神，在古代神话传说中有相当的地位，后来成为象征祥瑞的"四灵"（麟、凤、龟、龙）之一。在中国古代传说中，龙往往具有降雨的神性，如《山海经》中的应龙和烛龙，汉代祈雨亦常用"土龙"。龙又能化身为天子和伟人，所以又成为古代帝王的象征。佛教传入中国以后，因佛经称诸大龙王"莫不勤力兴云布雨"，唐宋以来，帝王又封龙神为王，龙王信仰遂遍及中土。佛教中的龙王从性质上与中国本土的龙本非一物，但却袭用了中国龙神的形象，久而久之，也就分不大清，以至晋代以后，道教吸收佛经中的龙王之说，也随着大造起龙王来。

中国古代传说中的龙神，虽有种种神性，却并无守土之责。但《太上洞渊神咒经》有"龙王品"，除四海龙王及镇守中央之大水龙王之外，又有与五方帝应合的五方龙王，甚且有日月、星宿、天宫、天门、阎罗、地狱诸龙王，有杀鬼、吞鬼、阳气、阴气、镇国、镇宅诸龙王，而主雨水之云雨、大雨、散水、天雨四龙王仅居其末。到了唐、宋，龙王开始大量由"神国"转移到下土，职司由镇守护卫变为兴云布雨，龙王之窟宅遂限于泽国，其职能亦限于行雨，这就完成了佛教龙神中国化、民间化的过程。清人俞樾《右台仙馆笔记》云："天下之龙，各分疆域，亦如人间州县。"凡有水之处，无论江河湖海、渊潭塘井，莫不驻有龙王，掌握该地水旱丰歉，其地位亦随所在水域大小而有高低之分。于是大江南北，龙王庙林立，其数目甚至与城隍、土地庙也不相上下了。

四海龙王

四海以龙王为主神，是佛教中的龙王与中国本土文化结合的产物，而主要见于民间，其名目在通俗小说中也略有差异。《封神演义》中四海龙王为敖光、敖顺、敖明、敖吉，至《西游记》则为东海龙王敖广、南海龙王敖钦、北海龙王敖顺、西海龙王敖闰，此说为民间所认可，《三宝太监西洋记》等小说都沿用，而《历代神仙通鉴》更加以封号：东海沧宁德王敖广，南海赤安洪圣济王敖润，西海素清润王敖钦，北海浣旬泽王敖顺。民间对四海龙王的信仰在一定程度上习俗化，如《月令广义》载八月十八日为四海龙王神会之日，又说"月建申初七、初九、十五、二十七，西海龙王下鱼鬼登天诉事，午时后恶风，无风即雨，须慎行船"等等。但在小说和民间故事中，四海龙王的地位并不怎么崇高，无论是孙悟空的龙宫借宝，还是哪吒闹海、张羽煮海，海龙王都不是正派角色。特别当龙女思春下凡之时，龙王简直就是一个顽固势力、不通人理的老混账了。

龙母

这里说的龙母自然是龙的母亲，但她不是龙，而是人。龙母的传说非常广泛，成为中国民间传说的一大题材，但主要分布在中国的南

海神

方，而故事也大多相似，仅有两三种类型。下面只介绍几种影响较大而久远的龙母。

广东龙母，名温媪，或作媪姬，尊称为温夫人。唐刘恂《岭表录异》说她是秦朝时康州（今广东德庆）悦城县的一个寡妇，一日在河岸附近采野菜，见五只小蛇刚刚出壳，一条带花斑，四条是青蛇，就把它们送到江边。温媪常常到江边洗衣淘米，忽有一日，见水中五蛇（一说为五鱼）跳出水面，只在温媪面前游戏。自此之后，日日如此，习以为常，乡里间都称她为龙母，敬而事之。有时问以祸福，温媪说出来也多应验。朝廷知道了，就派使者接她到京城，行至义全岭，温媪生了病，急忙返回悦城，不治而死。乡里把她葬于江的东岸。忽有一夜，天地冥晦，风雨大作。到了天明，温媪的坟墓已移到了西岸。唐人的《岭南异物志》所述大致相同，但后面情节有所增益，说有一天媪姬正在江边收拾鱼，龙又来游戏于前，媪姬手里拿着刀，和龙戏耍，误断龙尾。而媪姬死之后，是龙来给她堆沙成坟。因为人们见一龙没有尾巴，称为"掘尾龙"。"温夫人"之称见于清初人屈大均的《广东新语》，则说龙母温夫人为晋康（今广东云浮西北）程水人。不是寡妇，而是一个美丽的少女。她拾得一只大卵，收回家中，孵出龙子后，夫人用食物把龙养大。秦始皇遣使致聘，是想把她纳于后宫。夫人不愿意去，被使者敦迫上道。船刚行至始安，到了晚上，龙子就把所乘之船牵回程水。反复多次，这船就是离不开广东，使者只好独自回朝复命了。夫人去世，龙子聚沙成坟。墓南有山，天将雨时，云气必先群山而出。

温州龙母事与此相类，而略有变化。明万历《温州府志》记浙江乐清县有龙母，姓江氏，年方及笄而未出嫁，因到江边浣纱，见一石子光滑可爱，含到嘴里，不慎吞下，从此就有了身孕。因为父母生疑，她含羞投江溺死。忽而雷电交作，其腹迸裂，产出蜥蜴，化为长龙，蜿蜒入海，一面游着，一面还回头看着自己的母亲。今其地有海港名"望娘汇"。清齐召南《温州府志》则说是永嘉人周氏之女，汲水溪边，见一卵悦之，取含于口，不觉吞下，遂有娠。后产一白龙，女惊吓而死。乡人取其骸骨，塑以泥，藏于岩洞间，每逢大旱则迎之祈雨。

苏州龙母的故事与温州龙母相近，因最早见于南宋典籍，可能是温州龙母故事所本。南宋平江府（即今江苏苏州）二十里外阳山有龙母祠，相传其子每年四月必一至祠下，其日必有风雨。范成大《吴郡志》称为阳山灵济庙，俗称白龙母庙。相传龙母为东晋时人，姓缪氏。因出行，风雨暴至，天地陡暗，为龙所感而孕。女为父母所恶，逐出家门，丐食邻里。至次年三月十八日，女产一肉块，惊弃水中，破化为龙，夭矫于母前，若有所诉。其母惊绝于地，当即风雨如晦，及至天晴，则见白龙升腾而去。乡里便厚葬其母于产龙之地，而名其地为龙冢。自此之后，龙母屡屡降神于巫，乡人乃建祠庙于山巅。相传龙子职管潇湘之水，每年三月十八日必归来探母，那天往往风雨凄冷，过了此日，山中方有春意。

相类似的还有广西梧州龙母，浙江嘉兴龙母、溧水龙母，海盐乍浦龙母，都是大同小异了。这是一种颇具讽喻性的民间故事，公子王孙吸吮着农妇的乳汁长大，能有几个像小龙一样念恩呢？

另一种龙母类型则是陷湖故事。陷湖故事最早见于干宝《搜神记》所记秦始皇时事：由拳县，本来叫长水县。当时有一首童谣说："城门有血，城当陷没为湖。"也就是说城门上出现了血迹，这城就要陷没为湖了。有位老太太听说了，每天去城门前张望，看看是否有血。守城门的官吏觉得她可疑，就要把她捆起来送官。老太太说明了缘故，那门官就放了她，笑着说："既然如此，您老人家就天天来看吧。"这门官很有幽默感，这天悄悄用狗血把城门洒了一片。第二天老太太又照常来了，一发现血迹，扭头就跑。而就在这时，突然发起了大水，眼看着就要淹没县城了。县主簿派差人去汇报县太爷，县太爷一见差人，就说："你怎么变成鱼的模样了？"差人说："大人您也成了鱼啦！"于是这县城就"陷没为湖"了。这个故事后来又移到了安徽历阳湖，唐人《独异记》中说了一个故事：历阳县（今安徽和县）有一老妪，常为善事。忽一日，有少年过门求食，老妪很好地款待了他。少年临去，对老妪说："你没事时常到县门看看，一发现门阃有血，就立即登山避难。"此后情节与由拳事相同，结果是历阳县陷为历阳湖。故事进一步演变为安徽巢湖太姥救龙子，北宋刘斧《青琐高议》道：现今的巢湖本为巢州，一日江水暴涨，水落后有巨鱼数十丈，困于浅水，当地人就前去割肉而食。太姥以为鱼长到数百斤者都是神物，人家割了肉给她，她也不吃，就把肉挂在门口。有一天一个老叟来到她家，对太姥说："这是我儿子的肉，此地只有你一个人没有吃，我要报答你。如果东寺门石龟的眼睛变红，此城当陷，你要急去勿留。"从此太姥天天去东寺，有个小孩觉得奇怪，问明原因之后，他就悄悄用朱砂把石龟的眼涂红了。第二天太姥再往，一见石龟眼睛红了，急忙出城。老太太跑不动，这时突然出现一个青衣童子，说："我是龙的小儿子。"便领着太姥登上了山，此时再回视全城，已陷为湖，就是现今的巢湖。这故事继续演变，便把龙母与陷湖结合起来，李膺《益州记》中讲四川临邛郡乡下有一老姥，家贫而孤独。每次她吃饭的时候，都有一条小蛇，头上生有一对角，爬到饭碗旁边。老姥很可怜它，虽然自己也吃不饱，但还是把它喂足。后来它越长越大，竟有一丈多长了。县太爷有匹马，被这蛇吞了。县令大怒，就把老姥捉了起来，让她供出大蛇藏身之处。老姥说在床下，县令就派人发掘，可是挖了几丈深也没找到蛇的踪影，县令大怒，便把老太太杀了。就在当夜，县令梦见那蛇来道："何故杀老姥，必当报仇！"从此每夜常闻风雨之声，接连四十余日，有天夜里，百姓相见，都互相惊问："你头上怎么顶着鱼呢？"就在此夜，方圆四十里俱陷为湖，只有那老姥的故居没有沉没。

昭灵侯（张路斯）

昭灵侯张路斯，知道的人不多了，但却值得一提。因为他是以生人而为龙王，又生了九子，皆化为龙，这在传说故事中也是少有的。此外，在唐宋八大家中有两家的文集都提到了他。

张路斯生于隋朝初年，家住南阳颍上县百社村。唐景龙年间做了宣城县令，以才能著称。其夫人石氏生了九个儿子。他自宣城罢任而归，常到焦氏台之侧钓鱼。有一天，他忽发现钓鱼的地方有宫室楼殿，便走进去住了下来。从此之后，他每夜离家，早晨才回来，到了家浑身湿淋淋、冷冰冰的。夫人惊而问之，他的回答让夫人吓了一跳，说："我乃是龙。蓼人郑祥远也是龙，他要与我争夺我现在住的宫殿，明日就要决战。让咱那九个儿子帮着我，要记住，项下系着红绡的是我，系青绡的是郑。"第二天，果然在水边有二龙大斗，九个儿子用弓箭齐射颈系青绡的那条龙。青龙中箭，含怒逃窜。赤龙在后紧追不舍，所过之处，尽皆荡为溪谷。这样二龙一逃一追，直达到淮上，而青绡之龙投于合肥之西山而死，此地遂称龙穴山。而张氏九子此时也全化为龙。后来的事怎么样了，不太清楚。故事流传于淮颍一带的民间，唐朝布衣赵耕闻而记之，刻于碑。到了北宋，欧阳修把那碑文录于《集古录》中，并道：自唐景龙年间以来，颍上人代代奉祠张路斯于焦氏台，唐末又扩大其庙的规模。至宋初乾德中，蔡州一带大旱，刺史闻公之灵，又建祠求祷，果然大降甘霖。从此之后，自淮南以至于陈、蔡、许、汝各州县，都奔走奉祠。熙宁年间，朝廷封神为昭灵侯，其妻石氏为柔应夫人。庙有洞穴，往往现变异而出云雨，或投器于穴中，则从庙前池中涌出。不久，又有人在地下发掘出张龙公的蜕骨，据说是金声玉质，也藏于庙中。这些事，又见于苏东坡所撰的《颍州昭灵侯广碑》。

欧阳公在《集古录》中收入赵耕的碑文，当时人都认为这张龙公姓张名路斯是没错的。但大书画家米芾又发表意见，说此神并不叫张路斯，而应该叫张路。这米疯子专门写了篇《辩名志》，道："岂有人而名路斯者乎？盖苏翰林凭旧碑，'公名路'，此处应断句，下文是'斯颍上人也'。为什么这中间要加个'斯'字？因为唐朝人说话就是那么啰唆。"米颠这理由不足以服人，所以后来张龙公也就没有改名张路。

第四编　土地城隍五祀诸神

　　人生于大地，长于大地，衣食住无不取于大地，死也要归于大地，所以对大地的崇拜也是最原始的自然崇拜之一。但原始的地神崇拜，必然是有地区性、民族性的，主要是对自己所居住、生存、依赖的这片土地的崇拜。有了国家，特别是到了统一王朝出现以后，就出现了国家以整个大地为对象的抽象化的地神崇拜，后来这种地神被称为"后土"。可是各个地区也仍然奉祀本地区的土地神，为了区别于后土，称之为"社"。这些地神不仅仍具有自然属性，也带有社会职能，并逐渐人格化。最后，各地区的土地神，以及城市出现后的城隍神，逐渐失去其自然属性，成为管理各自地区的地方守护神，并为国家祀典及道教按封建官府的组织形式，纳入其神谱之内。

　　此外，民间又有门神、灶神、行路神等，是从古代的五祀信仰发展而来的。按古代祭法，王有七祀，即一曰司命，主督察三命也；二曰中霤，主宫室居处；三曰门，四曰户，主出入；五曰国行，主道路；六曰大厉，主杀；七曰灶，主饮食。而诸侯、大夫只有五祀，这五祀说法不尽相同，一说为司命、中、门、行、厉，一说为门、户、井、灶、中霤，一说为门、户、灶、中霤、行。后二说或有行祭，或有井祭，后世以为祭井与祭行其实是一事，因为古文字中"井"与

"行"很相似而致相混。到了后世，这五祀之神的名目在朝廷虽然一直延续着，在民间却有所变更，如门、户二神合而为一，或把中雷神改为厕神，而称呼也民间化，如以门称丞，户称尉，井曰童，灶曰君，厕曰三姑，等等。这样古代的五祀，实际上演变为中雷、门户、灶、行、井、厕六种。由于五祀信仰与地神信仰的性质非常近似，所以也一并收录在本编中。

后土

后土有二义：一在五行，与金、木、水、火并列，而地位稍尊。一在天地，与天相对，则天尊而地卑。故后土之神，初起于五行，为共工之子，名句龙，辅佐颛顼平九土，成神后为后土。后世尊天，纳后土为地祇之类，天阳地阴，后土竟成女性之神。汉文帝时，祭地还以高帝配。到汉平帝时，祭北郊则以高后配。后汉光武帝时，改薄太后为高皇后，配食地祇。故而以后土为女性，当自汉朝始。魏晋六朝一直承袭此制，至隋文帝才改以太祖配后土。

五行中后土为尊。其帝为黄帝，其神为后土，其位置在五方之中央。宋丘光庭《廉明术》"五行神"条中说：木神名勾芒，火神名祝融，土神名后土，金神名蓐收，水神名玄冥。五行神中唯土神独称"后"，后就是君主，位居中，统领四行，所以称君。但此后土是五行之神，与汉代的在汾阴立后土祠所祀的后土不是一神，后土祠的后土是"广祀地神"，即如《月令》所祀的"皇地祇氏"。这种对五行后土与地祇后土的区分是正确的。有些死脑筋的老夫子说，世人把后土神塑成女像，难道祝融、勾芒也都是女的吗？这就是分不清五行后土与皇天后土不同之故。

后土皇地祇（白云观藏画）

后
土

后土娘娘。或称"土母"。唐杜佑《通典》中说：汾阴后土祠，为妇人塑像，武则天时把河西梁山神的塑像移到后土祠，与她配成一对。据此，最晚在唐初时后土塑像即为女身。到宋真宗时诰封"后土皇地祇"，更法定了后土的女神性质。徽宗上尊号曰承天效法厚德光大后土皇地祇。五代徐铉《稽神录》记载后土现形为妇人，珠珥珠履，衣五重，皆编贝玉为之。南宋洪迈《夷坚志》记南宋绍兴间，金人侵汾阴后土祠，统军黑风大王"乘醉欲入寝阁观后真容，且有亵渎之意"，那后土的塑像可能是个美女了。这些都还算是正常，皇上娶老婆尚且要三千粉黛中挑来选去，皇天大帝的太太自然应该是个大美人。但唐人小说《异闻录》中竟有后土夫人下嫁生人韦安道事，那就有些荒腔野板了。唐人本来就好游戏神仙，后土娘娘竟化为与世人幽媾之神女，轻薄女神，也是唐人传奇常见手法，就如前编所说的薛渔思《河东记》之"地祇夫人"一样；而且《异闻录》中的后土娘娘也颇有讥刺武则天的意思。不意此故事后世大大流行于民间，扬州蕃厘观竟然塑后土娘娘与韦安道并排而坐如夫妻，北宋黄休复《茅亭客话》卷四也谈到，有个和尚因为宣讲《后土夫人变》，而为神所责罚，那个变文中的后土娘娘肯定是更为风流佚荡了。所以那个后土娘娘是不能认真对待的。

总之，不管后土是男是女，其为与上帝相对应、总司土地的大神则不错。

土地（社神）

土地，又称"社公"，就是现在常说的"土地爷"。过去有人或称为地祇、土祇，也并不错，因为他就是土祇的一种，即地方性的地祇。国家祀典中的国社、社稷坛，地方上的官社，民间的里社或土地祠，就都是不同级别的"土地"。而且不仅乡里有土地，住宅亦有土地，寺观亦有土地，甚至坟墓、山岭、桥梁、花园都有土地，清人张焘《津门杂记》记广东人寓居于津者，在桌台下供奉神位，名"福德土地神"，那就简直是家家祀土地，土地之众，几与灶神相埒了。

古有以二十五家为一社之说，又有十家五家共为田社之说，是社为乡里组织之最小单位，而一社之神亦为神明世界中最卑者。社公亦有甚显赫者，如刘宋刘义庆《幽明录》言社公之出，云：有人著帻，捉马鞭，罗列相随，行从甚多，卤簿导从如方伯，但多属小说家言，不足为据。所以由社公演变而来的乡里土地爷，也是正神中职位最低的一级。土地神之相貌，在初时当各有不同，某些土地既以乡贤名宦当之，则其像亦大致相类。而地方无名之土地，或有如农夫之状者，宋人《夷坚志》曾记有土地神布衫草履，全如田夫状，而宋时土地又已多有为白首老人者，或云"为白须翁，坐小凉轿，仆从三十辈"，或云为一"布袍草履之老叟"。由此可知，近世"土地公公"的形象是由来已久了。所以近代的神祃，土地及夫人有"田公田婆"之称，土地之像，例皆淳朴可亲，所以民间有称朴直之人为"×土地"者。

但后世的"土地神"职，又非往昔之"社神"之职所能包容。因为土地于乡里有保护之责，瘟鬼散疫，里社之神或拒之，有为之而争斗者，甚而有土地向城隍抗颜请命者。土地之有夫人，最早记载见于南宋，《夷坚志补》言一土地卸任，在与新任土地交接时，有美人从内而出，旧土地指曰："此山妻也，当与交代。"并道："我现在要离任了，不能携带妻孥，悉以奉赠。"竟把在此地娶的老婆也当成公产留给后任，这土地的廉洁也太过分了些。明朝无锡谢子兰与人书，请除去土地夫人。正德间，顾璘为台州知州，府有土地祠，设夫人像。顾老爷说："土地岂有夫人！"命撤去。顾老爷自己有夫人，却不许土

土地（社神）

181

土公土母

地爷有太太，不通人情之极，明人之不通与假正经于此也可见一斑。但他们也就仗着权势行于一地一时，遍观全国，打光棍的土地却是少而又少的。而最令假道学气不打一处来的，是有些地方居然以妇人为土地。《夷坚志》记常熟县有寓客曾尚书，死后为福山岳庙土地，现形为妇人，而且极美。清俞樾《耳邮》记福建一村落有土地庙，内塑女像，问起村民，说本来是公公婆婆全的，但公公像剥落了，村民大约觉得不宜让老婆婆再招赘一个土地公公，所以就由她代理土地了。但更有一说，颇合于文明教育，是说村中有一孝妇，与婆母同卧一室。一夜，孝妇闻婆婆身后有簌簌之声，预感到墙要倒坍，急忙起身顶住，然后大呼。婆婆惊醒下床，得免于难，而孝妇竟被压死。过了几天，村中父老梦见土地神来道："昨奉天符，我因失于救护孝妇，已被革职。代替我的，就是这位孝妇，以后请你们改塑女像吧。"

天下都土地（康元帅）

天下都土地，这官名有些不伦不类，正如现在设一个专管全国各地村长的"都村长"一样。但是神界的事不能以常理论，什么东西说有就有，说无就无，河南宜阳县西湾子北坡上就曾经有过一座天下都土地的庙。传闻此地旧系南北孔道，五代后周世宗柴荣曾经过此地，但那时他还是一个穷汉，靠给人家推车运货为生（河北赵州石桥的车辙印据说也是他推车留下的痕迹）。山路崎岖难行，又是上坡，忽然出现一位白发老人，走到车前帮他拉车。一直拉到平坦之处，那老人竟然跪送于路侧。柴荣问他为什么如此重礼，老人答道："臣是本山土地也。"柴荣才知道自己将来有九五之分，便道："我如果异日做了皇帝，就封你为天下都土地。"这就是那都土地庙的由来。但都土地又不止一处，改朝换代，都土地也要一朝天子一朝臣。明朝时江苏盱眙县有唐兴、灵迹二乡，据说是明太祖朱元璋发迹之地，那里的土地爷也被封为都土地。

但这几位都土地都是无名无姓，《三教源流搜神大全》中有位康元帅，是玉皇大帝封的都土地，要比世上皇帝封的更有权威了。据说这位是龙马之精，生于黄河之界，时当仁皇炎德九年。他生性慈惠，不伤胎，不折夭，不虐孤寡，见个蚂蚁在地上爬，都怕不小心踩着。此事闻于天庭，玉皇大帝就封他为仁圣元帅，掌四方都社令。"四方都社令"者，当即天下都土地也。只是故事里说的"仁皇""炎德"，都是杜撰出来的古帝王和年号，可信度就更低了。

田神

田神又叫"田头"神，也就是庄稼地之神。据清人顾禄《清嘉录》载，每年农历七月十五中元节，农家则祀田神，各家准备下米粉团，以及鸡黍、瓜蔬之类，到田间十字路口，再拜而祝，谓之"斋田头"。这种田神之祭由来已久，在古代叫作"田主"，是地祇的一个变形："田神、后土、田正之所依也。"（《周礼》疏）而其神或称"先穑"，或以为即是神农兼掌。其实就是庄稼地的土地神。近代有把土地公公弄成老两口，称为"田公""田婆"的，可见田神与土地本来就分不大清。韩昌黎有诗云："共向田头乐社神。"所以把"斋田头"当成仅祭庄稼之田也可，当成祭社神也不错。

城隍

城隍之神，源于古代大蜡所祭"八神"中之"坊"与"水庸"。坊就是城墙及街坊，水庸就是护城壕以及城内的水道，全是城市最基本的不可缺少的公用设施。所以对坊与水庸之祭就是对城市保护神的信仰。但到了六朝萧梁时，文献始有"城隍神"之名。至唐时，城隍之祀较广，以至吴越一带"每州县必有城隍神"。对城隍神的祭文也多见于李白、韩愈、杜牧等人的文集。而实际上当时并非仅吴越有城隍之祀，蜀、鄂等地也有城隍神。至北宋时，则如欧阳修《集古录·唐李阳冰城隍神记》所云："然今非止吴越，天下皆有，而县则少也。"到了南宋，城隍信仰进一步普及，赵与时《宾退录》说："宋时，城隍祠宇几遍天下，朝廷或赐庙额，或颁封爵。至于神之姓名，则又迁就附会，各指一人。"也就是说城隍神不仅早已人神化，而且多以历史人物附会之。此时虽然不能说县县皆有城隍，但各地奉祀之

城隍之神

广已经是前所未有了。

　　城隍神的职责本来只是佑护城池，而到唐代，不仅守御城池、保障治安，当地的水旱吉凶、冥间事物也全都委托给它。到了唐朝末年，竟已经有了城隍神主掌当地冥府簿籍之事。到了宋代，则士人的科名桂籍也归其掌辖。总之，城隍已成为直接对上帝负责的地方最高神了。

　　城隍神的分布，南北朝时尚局限于南方几个地区，中唐以后已相当普遍，而且已有封爵之举，五代时又陆续加封为王，至宋代则几乎天下府州县城皆立庙奉祀，列入祀典。城隍神所以盛于唐、宋，主要是因为城市得到空前发展，人口集中、商业繁荣，地位日显重要，作为城市守护神的城隍，当然香火就日益旺盛起来。由于城隍神信仰在民间影响扩大，道教也千方百计把它纳入自己的体系之中，以它为剪恶除凶、护国安邦、旱时降雨、涝时放晴，并管领一方亡魂之神。明太祖朱元璋登基之初，极力利用民间信仰以巩固自己的统治，自然不会忽视城隍神的作用。他对城隍神大行封赏，除了六个王爵外，所有的府城隍皆封公、州城隍皆封侯、县城隍皆封伯。至洪武三年，他整顿祀典，取消诸神的爵称，城隍也都按其行政建制称某府某州某县城隍之神。这从表面上看是取消了城隍的虚爵，但实质上却是加重了城隍的实权。朱元璋下令州县俱仿照各级官府衙门的规模建造城隍庙，供奉木主，"以鉴察民之善恶而祸福之，俾幽明举不得幸免"，企图利用这种民间信仰，不仅在政治上，而且在精神上也实行对人民的全面统治。朱元璋的这一措施，让城隍神的地位得到了极大的提升，实际上每州每县的城隍神就是本州本县的阴曹地府。这一题目关系到中国冥府体系的一大变革，不如到"冥界诸神"中另给城隍开一专题了。

最后有必要说一下明代开始出现的"都城隍"。明代北京城内有都城隍庙，在仪门两侧塑有"南七北六"一十三省的省城隍，全是立像。庙中埋一巨石，上面露出部分写有"北平府"三字。据老兵说，这石条有一丈六尺长，埋在土里的部分还有"城隍庙"三个字。看来这庙本是北平府的城隍庙，建于明太祖时。后来燕王朱棣成了明成祖，建都北京，就把它埋到地下。可是埋到土里却又露出一截，谁也不知何意。另有一个谜，就是都城隍庙里有各省城隍，但明代各省省城却没有省城隍庙。这是为什么呢？所以有人猜测，这都城隍正如都御史一样，都御史属下有十三省的巡按御史，所以都城隍之下也有十三省的城隍，这城隍也是长驻北京，并不是在各省省城。这种说法有一定道理。实际上在明代，就是府、州、县各级的城隍也并没有如人世一样的明确统属关系，因为城隍的直接上司是东岳大帝。虽然有的故事说，东岳大帝把公文发到府城隍，府城隍再下达到州县城隍，但大多数的故事却并非如此。

另外，清朝也有都城隍庙，此时已经有十八个省了，但两庑所列城隍却只有十七位，独缺江苏一尊。据说清朝初年，各省城隍来朝，唯有江苏城隍后到，所以让他独居于城外，也就是南下洼子的城隍庙。当然这故事也可以做另一种解释，那就是江苏一省抗清最为激烈，扬州十日、嘉定三屠，所以江苏城隍愤而不来入朝投清。至于南下洼子的城隍庙，不过是一种遮掩罢了。

中霤

中霤是什么？顾颉刚先生《史林杂识初编》有《中霤》一篇，以实际经历诠释中霤，并载孟默闻先生之见，最为明晰。用现在的居宅来套用，蒙古包帐顶的烟孔、屋子中央的天窗、院落的天井，进而为四合院之庭院，都是中霤的演变。中霤在居室中央，地位不能说不重要，所以列于五祀也是很自然的。

中霤神对一家平安有保佑功能。南宋何薳《春渚纪闻》说："中霤之神，实司一家之事，而阴佑于人者。"并讲了一个故事，一个官宦人家，其仆人名陈青，常为冥府走阴，也就是协助鬼卒勾摄死者之魂。陈青自言：每奉符命到被追者之门，则中霤之神先收验公文，讯问缘由，不许擅自入门，及至审验完毕，然后才面带愁容地进去。此时陈青再在门外呼死者姓名，死者之魂才能随陈青而去。此条又言：中霤神乃一白髯老人，居于中霤。又言：东州人刘安行每次喝茶，必先酬让中霤神而后自饮。一夕忽梦一老人告之曰："您的禄命已经告终，阴府符命已下，我让他们稍缓一下，请您赶快处置后事，最晚到明日午时，就不能再拖延了。"

故事是宋代的，作者如此详说，大约是中霤之祀到宋代已经式微，起码中原一带已不常见。但此俗一直到 20 世纪，仍没有失传。顾颉刚在抗战时期居于四川，每入人家，辄见堂上设祖先之位，而几下左端别供一牌，书曰"中霤之神"。又据孟默闻所述，湖南及云南西部家家奉中霤神。湖南一般写作"中宫土地之神位"，右旁书"招财"或"招财童子"，左旁书"进宝"或"进宝郎君"。这位中霤神兼掌财神，也并不错，中霤本为社神之一种，大地献宝，人生最基本的生活资料无不取于此，以农耕致富也是寻常人家的意愿。所以要讲农民的财神，那也就只有让中霤神来充任了。

门神

门户既在五祀之中，自然有神。但"门神"之名，始见于东汉郑玄《礼记·丧大记》之注，但在此之前的西汉，已有在门上画神像，也就是把门神人神化者。《汉书·广川王传》记其殿门画有古勇士成庆，短衣大绔长剑。以武士为门神，这大约是最早的记载了，而且也明确了门神的主要职责，就是用武力阻止任何邪物进入门内，以保佑主人的平安。但古代并不是所有的门神都有具体的人物来承担的。南朝梁时宗懔的《荆楚岁时记》，说每年正月十五日，要做豆粥，上面加以油膏，用以祭祀门户之神。所以要用豆做粥，大约是因为有鬼惧菽豆之说吧。这里的门神并没有实指为某人，但也有祈其辟鬼之意。至于后世，则门神或称户尉，或左曰门丞，右为门尉，虽然名为"丞尉"小官，却大多借历史或传说中的大人物来充任。无论是武将还是文臣，都是大富大贵的阔人，邪鬼很是势利眼，可能还是近视眼，见了阔佬就避之唯恐不及了。

台湾沈平山先生的《中国神明概论》曾总结常见门神为九种，这些习俗可能主要流行于台湾，大陆早已失传，既然他的见识多，此处就不得不掠美了。1. 神庙、民宅的门神为神荼、郁垒。2. 佛寺门神为四大天王。3. 帝庙门神为"双护太监"。4. 衙署门神为朝官或武将。衙署门神依官品配之。如一品官衙署，门神以二品官以下配属。若是武官衙署，门神以武将配属。朝官手捧爵、鹿、冠、簪花；武将手捧蝠、蟢（蜘蛛）、马、鞍。5. 民宅门神为"加冠（加官）、进鹿（进禄）"。加官即舞台上的"跳加官"，据说其形象是狄仁杰。6. 神庙门神为尉迟恭、秦叔宝。7. 道坛门神为赵光明、康妙威。也就是赵公元帅和康元帅。康元帅应该就是那位"都土地"了。8. 岁时神庙的门神为"节令神"，比如初一日值神王文卿、虎贲将等等。但此说不大好理解，日值神每天一换，门神总不好天天换吧。9. 天神庙的门神为二十八星宿。实际上，自明清以来，门神的民俗性质远远压过信仰性质，所以民居中的门神有相当的随意性，但凡戏文小说中可以配对的文臣武将，只要为百姓所喜闻乐见，无不可作为"门神"张贴，"门神"实际上已经成为"门画"。如《七国》中的孙膑、庞涓，《前汉演义》中的萧何、韩信，《后汉演义》中的姚期（即铫期）、马武，《说唐》中的李元霸、裴元庆，《杨家将》中的孟良、焦赞等等。

贴门神本为辟邪，但也有因此而招邪的。据南宋袁褧《枫窗小牍》说：在靖康之变以前，汴京人家过年所贴的门神都是胡虏将帅的打扮，头上戴着虎头盔，而王公贵族之家，那大门都要包金为饰。当时就有人说这是"金虏在门"。等到靖康年，金人入汴，那些王公之家是劫掠的重点，不但是"金虏在门"，而且他们也成了金人之虏了。

神荼郁垒

神荼、郁垒二神，来源甚古，由于记载纷纭，他们二位的名字都莫衷一是：或说一名郁，一名垒；或说一名荼与，一名郁垒（或作郁

门
神

律）；或说一名茶，一名郁；或说一名余与，一名郁雷；或说荼字应作蔡；且有说实仅为一神姓蔡名郁垒者。但这都不是什么大问题，主要是他们的故事并没有什么大分歧。据传说，神界有桃都山（一说叫度朔山），山上有一大桃树，其根盘屈三千里，那枝叶所荫只能更为广阔了。树上有金鸡，树下有二神，一名神荼，一名郁垒，手中都执一苇索，也就是草编的绳索吧，他们的任务就是监视恶鬼以及诸种邪物。原来桃树东北有一大洞穴，众鬼皆由此穴出入。神荼、郁垒主掌统领万鬼。鬼有祸害人的，他们二位就用苇索捆住，然后提拉着去喂虎。此外，每天天色将明之时，日光先照到金鸡，金鸡便啼叫起来，于是天下众鸡全都跟着鸣叫。然后金鸡飞下，食诸恶鬼。恶鬼畏惧金鸡，所以一见曦光，就赶快溜之大吉。

神荼郁垒（汉画）

古代最大的发明家黄帝，便据此而为生民立下一个风俗：桃树辟邪，便以桃木刻成人形，立于门户，又在门上画神荼、郁垒之像，装饰以虎形。这样一来，任何邪鬼就都不敢登门惹麻烦了。《荆楚岁时记》说：绘二神贴户左右，左神荼，右郁垒，俗谓之门神。看来这一风俗最晚也在六朝时就风行于民间了。但看这二位门神留到现在的尊容，也和鬼物差不多，所以估计贴到门户上时，总要做些美化，或者另借别人的形象，或者索性只写上"神荼郁垒"名字。所以后世虽然门上贴的是其他神将，也往往标之以"神荼郁垒"，这二位也就成了"门神"的代名词了。

秦琼、尉迟恭

武士门神中，在近代流传最广的是秦琼、尉迟恭二位名将。关于他们充当门神的故事始见于《西游记》。但《西游记》中的许多情节皆源自元代、明初的话本和民间传说。即如魏徵梦斩泾河老龙一节，明初的《永乐大典》所收话本已有类似描写。所以我们推测民间以秦、尉迟二将为门神的信仰之形成，当早于明代。《三教源流搜神大全》即说：门神乃是唐朝秦叔保、胡敬德二将军也。据说唐太宗生了邪病，寝门之外抛砖弄瓦，鬼魅呼叫，三十六宫、七十二院都搅得夜无宁静。太宗惧之，以告群臣，秦叔宝奏曰："臣平生杀人如剖瓜，何惧魍魉？愿同胡敬德戎装立于门侧守伺。"太宗同意了，二人守了一夜，果然鬼魅敛迹。太宗心想，总不能让这二位每天都熬夜吧，便命画工把二人真容画出，手执玉斧，腰带鞭练弓箭，怒气威风，一如平时，悬于宫掖之左右门，从此邪祟就再也无踪无影了。后世沿袭，这二位也就永为门神了。

这故事中的胡敬德就是名将尉迟恭，字敬德。但何以民间却改为姓胡？估计这一失误与那位秦琼有关。因为秦叔宝在唐封"胡国公"，或称"胡公",就这么一搅混,便把尉迟敬德改了姓。但还有一种可能,《荆楚岁时记》有云:"十二月八日为腊日。村人并系细腰鼓,戴胡公头及作金刚力士,以逐疫。"也就是说,早在秦琼和尉迟恭出世之前,已经有了驱逐疫鬼的"胡公神"了。后人之以秦琼、尉迟二人作门神辟鬼,也可以把这二位就叫作"胡公",再后来,因为秦琼本有"胡公"之名,而尉迟也冒了"胡公"之姓。——揣测之辞,以俟高明。

附:锺馗

锺馗不是门神,但与门神有同样的镇宅功效,特别是在宋代,自朝廷至民间,都在新年之时挂锺馗神像,在民俗生活中的重要并不比贴桃符逊色。锺馗捉鬼的故事发生于唐代,初见于唐人卢肇的《逸史》,大意是唐明皇生病,昼卧于床,梦一小鬼,着绛色犊鼻裈,一脚光着,一脚着履,腰中挂着一履,手执一竹扇,偷着把贵妃娘娘的绣香囊及玉笛拿到手中,嬉皮笑脸地在殿中绕着圈跑,逗弄着明皇。皇上自然冒火,便怒问你是何物。小鬼道:"臣乃虚耗。虚者,望空虚中盗人财物如戏,耗即耗人家喜事成忧。"明皇大怒,正要呼叫武士。忽见一大鬼,破帽蓝袍,角带朝靴,上前径捉小鬼,先挖其目,然后擘而食之。上问大鬼为何人,大鬼道:"臣终南进士锺馗也。高祖武德年间应举不第,羞归故里,触阶而死,得赐绿袍以葬。感恩发誓,为帝除虚耗妖孽之事。"大鬼说罢,明皇梦觉,而病也就痊愈了。便诏吴道子画此锺馗之像。道子沉思很久,若有所见,成图以进。明皇一看,道:"正与朕梦中所见一模一样!"但卢肇《逸史》书已久佚,现仅见《天中记》所引,而且唐代既没有与锺馗相关的任何记载,也没有相关的风俗,所以出于《逸史》之说也颇可疑。

刻印、悬挂锺馗像的风俗似乎起于宋神宗时,据说是神宗在宫中

锺馗像（陈老莲作）

发现吴道子所画锺馗像，卷首有唐人题记，所记事与前述《逸史》相同。于是神宗便命画工摹写刻版，印出赐予大臣。此事见于同时代人沈括的《梦溪笔谈》，当是实事。但为什么神宗要赐予两府大臣呢？可能的理由是此前早就有了以锺馗像辟邪的风俗。到南宋时，锺馗故事继续在民间得到新的发展，如增添了锺馗嫁妹等情节，而且每至岁终，街市上常有贫丐者三五人为一队，装神鬼、判官、锺馗、小妹等形，敲锣击鼓，沿门乞钱，俗呼为"打夜胡"，也有借锺馗驱鬼之意。至于后世编出了《捉鬼传》等小说，而画家也常以终南进士为题材，其影响可能已经超过一般门神了。

唐明皇的故事当然是虚构的，至于锺馗的真正身世，自明胡应麟、杨用修之后屡有人辨之，而以清代学者顾炎武《日知录》、赵翼《陔馀丛考》论证最详。其大意即谓：世所传"锺馗"，乃"终葵"之讹。而终葵则是大椎，古人以大椎驱鬼，所以终葵也就有了辟邪之用。自六朝时多有取终葵为人名者，而其字渐变为锺馗。流传既久，则又忘其为辟邪之物，而意其为逐鬼之人，乃附会为真有一食鬼之姓锺名馗者了。

附：石敢当

在旧时民居的墙外，往往是墙角或丁字路口的迎冲之处，经常见到立一石碑状物，上面刻有"石敢当"字样，此物即是石敢当。作为镇宅辟邪之物，他只是一块石头，说是神都很勉强，但因为他又有"石将军""石大夫"之称，或许可列入由神物向神人转化的中间物吧。石敢当在唐代就已经出现了，宋人王象元在《舆地碑目记》记道：宋仁宗庆历年间，有人兴土木时挖到一石，上有铭文道："石敢当，镇百鬼，压灾殃。官吏福，百姓康。风教盛，礼乐张。大历五年县令郑和字记。"大历是唐代宗年号，可见"石敢当"最晚也在中唐时出现了。而其滥觞则可以追溯到汉代以前,《淮南万毕术》云:"丸石于宅四隅,则鬼无能殃也。"吴兆宜注《荆楚岁时记》也云:"十月暮日掘宅角,各埋大石,为镇宅。"墙角或当冲处埋石,本来就是为了抗拒来往车辆的碰撞,这是建筑的需要,应该很早以前就有的,只是把它与镇宅辟邪联系起来,到汉代才见于文献。而有了石敢当之名,称为将军、大夫,则是对它进一步人神化。

有些学者为了考察"石敢当"的来历,而试图从历史上找到他的"真身"。如《姓源珠玑》说五代刘智远手下有力士名石敢当,在刘智远协助石敬瑭弑杀后唐愍帝时,以石敢当为前锋,最后格斗而死。又说石敢当平生逢凶化吉、御侮防危,故后人凡桥路冲要之处,必以石刻其志,书其姓字,以捍居民。这种编造加附会,只能把石敢当的本源越搅越浑。其实石就是石头,敢当则形其坚固而不怕冲撞,本来与人名无关的。

另外,到明清时,又在"石敢当"前冠以"泰山"二字,其意也就是极言其坚固,稳如泰山而已。另外,我曾在石家庄振头村某家大院内住过一段时间,大门外立有一石,刻的是"华山石敢当"。"泰山石敢当"我见过许多,写"华山"的却仅见过这一块。

石敢当由最初的防御房屋墙壁,转而为镇宅辟邪之物,再进一步演变,"石敢当"三字竟有了符咒般的神效。民间相传康熙间,有将军名拜音达礼年,以所居不净,不利居住,正好因公经过江西,便到龙虎山向张天师求教。就座之后,见一赭衣道士趺坐于西廊。张天师说:"你有事的话,只要求这位仙师即可。"将军拜求道士,道人道:"此是宅妖作怪,以文字镇之当吉。"便索纸大书"泰山石敢当"五字,款著"纯阳子书"。将军这才知道他是吕祖,忙不迭地道谢不止。将军回家之后,把五字刻石于东廊,以厌宅煞。又广东徐闻县民间传说:康熙间,数任知县皆到县不几日,即卒于任上。某黄知县知其事，携一风水先生同赴任。先生察明系本县一座宝塔之影正落于县太爷公座之上，诸官皆因不能经受宝塔之压力而死，遂于县衙前立石碑，刻"泰山石敢当"五字，谓泰山之力可敌宝塔。此后遂无事。这都是民间为"泰山石敢当"的本源所编的故事，但由此也可以看出，人们已经把这五个字当成符咒一般了。

灶神

只要让人活着，就要让人吃饭。统治者再霸道，天子七祀，诸侯、大夫五祀，士三祀，也要留给老百姓一祀，那就是祀灶。但虽然家家只有一个灶神，灶神的名目却不止一个，文献中就我所见，有如下数种：

1.先炊。《仪礼·特牲馈食礼》曰："主妇视馈爨。"又曰："尸卒食而祭馈爨、雍爨。"郑玄注："爨者，老妇之祭。"孔颖达疏："老妇，先炊者也。"这一堆乱七八糟的，意思就是说家中的主妇主持祭祀"先炊"。先炊就是做饭之神，也就是灶神。

2.炎帝。见于西汉的《淮南子·泛论篇》，道："故炎帝于火，而死为灶。"即炎帝死后为灶神。

3.黄帝。见于《事物原会》："黄帝作灶，死为灶神。"做饭用的灶是黄帝发明的，所以他死后也成为灶神。当然，黄帝和炎帝的灶神都是兼职的。

4.颛顼之子黎。东汉应劭《风俗通义》卷八"灶神"条说："颛顼氏有子曰黎，为祝融，祀以为灶神。"这是火神为灶神。

5.吴回。《淮南子》注曰："祝融吴回，为高辛氏火正，死为火神，托祀于灶。"这也是火神兼作灶神。但吴回也是祝融，黎也是祝

灶王

融，祝融在此处为火正官名。

6.名禅，字子郭。《后汉书·阴就传》注引《杂五行书》：灶神名禅，字子郭，穿黄衣，夜间披发从灶中出。知其名呼之，可除凶恶。《酉阳杂俎》作"名单，字子郭"，略有差异，当有一误。

7.髻。《史记·孝武本纪》唐司马贞"索隐"引司马彪注《庄子》："髻，灶神也。如美女，衣赤。"

8.苏吉利。汉许慎《五经异义》说灶神名叫苏吉利，而其夫人则叫王搏头。

9.隗。唐段成式《酉阳杂俎》：灶神名隗，状如美女。

10. 壤子。《酉阳杂俎》又说，灶神名壤子。

11. 种火老母及其属神。《敬灶全书·灶王经》道：昆仑山有一老母，独处其中，名种火之母，能上通天界，下统五行，达于神明，观乎二气，在天则为天帝，在人间乃为司命，又为北斗七元使者，主人寿命长短、富贵贫贱，掌人职禄。又为五帝灶君，管人住宅十二时辰，普知人间之事，每月朔旦，记人诸善恶，及其功德，录其轻重，夜半奏上天尊，定其簿书，悉是此母也。又说：此昆仑之老母，为种火老母元君。又有东方青帝灶君，南方赤帝灶君，西方白帝灶君，北方黑帝灶君，中央黄帝灶君，五方五帝灶君夫人，天厨灵灶神君，地厨神灶神君，曾灶祖灶神君，灶公灶母神君，灶夫灶妇神君，灶子灶孙神君，灶家姊妹媳妇眷属神君，五方游奕神君，灶下炊涛神女，运火左右将军，进火神母，游火童子，天帝娇男，天帝娇女，囱中童子童男童女。《敬灶全书》对灶神的夸张达到了极致，种火老母已经与玉皇大帝不相上下，正是"民以食为天"的形象化，仔细想想也是不错的。

实际上在民间传说中还有不少灶神，如李绰《秦中岁时记》记傩戏中有二老人，称傩公、傩母，而顾雪亭《土风录》谓即今之灶公、灶婆。又姜义镇《台湾的民间信仰》中记一民间故事，说灶神为玉皇大帝的第三子，不务正业、游手好闲，以专看女神为乐。玉皇大帝告诫不听，于是下令要他下界为灶神，可饱看女人。这也与另一个懒汉张三成为灶神的故事差不多。从王母娘娘级的种火老母到二流子张三，灶神身份的落差实在是太大了。这就是民间信仰的特色。

灶神负责全家的肚子问题，理所当然地是"一家之主"，而且他不仅主炊爨，还有"司命"之责，也就是在一定程度上掌握着人的寿命。早在东晋葛洪的《抱朴子》中就说，每逢月晦之夜，灶神就要上天报告人家罪状。罪过大的就要减寿三百日，罪过小的也要夺寿三日。一家人把他当家长，他却利用人家的信任搞特务活动，这样的灶神也太没德行了。后来这差事转移到了"三尸神"那里，而灶王爷也不光上天说坏话了。《敬灶全书》说：灶君乃东厨司命，受一家香火，保一家康泰，察一家善恶，奏一家功过。每逢庚申日，上奏玉帝。终月则算，功多者，三年之后，天必降之福寿。过多者，三年之后，天必降之灾殃。原来每月汇报一次也改为两月，再到后来，索性一年上天一次，事情记不大清，临行时再给他的嘴巴动些手脚，他就只能"上天言好事"了。

灶君有保家室平安之责，见于北宋以来笔记者甚多。北宋刘斧《青琐高议》记灶神乌衣朱冠，苍然焦黑。有饥饿无主之鬼，盗食厨中食物，灶神则缚而挞之。又云：灶神主内外事，到夜间八九点钟的时候就开始房前院后地巡逻，遇到魑魅魍魉就都要驱逐之。这就很有与中霤神做搭档或顶替中霤的意思了。

行神（路神、祖神）

行神，又作道神、路神、祖神，即掌行旅之神，使人行路不迷，以求道路之福者。其神有数说。

1. 共工之子，名修。东汉班固《白虎通义》道：共工之子曰修，好远游，舟车所至，足迹所达，靡不穷览，故祀以为祖神。（今本《白虎通》无此文，见《通典》礼一一所引。）

2. 黄帝子。《宋书·律历志》引《四民月令》云："祖，道神也。黄帝之子曰累祖，好远游，死道路，故祀以为道神，以求道路之福。"

3. 嫘祖。《轩辕本纪》云：黄帝游行四方，元妃嫘祖死于道，帝祭之以为祖神，令次妃嫫母监护于道，以时祭之，因以嫫母为方相氏。但此说有误。按：祖，也有"高禖"之义。高禖就是生殖神。黄帝元妃为"祖神"，也就是生殖神，与夏之女娲、商之简狄、周之姜嫄相同，均为本族之先妣，说通俗些就是"老祖母"。所以嫘祖之"祖"即先妣之义，与祖道之祖实非一物。《轩辕本纪》所云当为王钦若之辈臆说，不足为据。

但行神到了后世，民间就简单明了地称为"路头神"。可是路头神本身又有二说，除行神外，五通神也有称作"路头"者，此当别论。

开路神（方相）

生人出行，祭行神，而死人的魂灵上路，则有开路神，即方相。《三教源流搜神大全》道：开路神即《周礼》之"方相氏"。俗名险道神，一名阡陌将军，一名开路神君。其神身长丈余，头广三尺，须长三尺五寸，须赤面蓝，头戴束发金冠，身穿红战袍，脚穿皂皮靴，左手执玉印，右手执方天画戟。棺枢出门，则方相先行，能镇压凶煞，使恶鬼藏形。所以方相又称为"行枢之吉神"。

但后世娱神活动，在抬着众神像游街之时，照例有众多开路神，一般均为二人上下相迭，罩以冠服，遂成一绝高神像，行于队伍之前。此虽与出丧之开路神君性质不同，但亦当属于开路神之类。

《封神演义》中的开路神就是方相，但又给他加了一个兄弟方弼。方相、方弼俱系商纣王的武臣。方弼长三丈六尺，方相长三丈四尺，赤面四眼，勇力兼人。后来黄飞虎劝方弼、方相归顺了西岐，二人在破风吼阵、落魄阵时相继战死。姜子牙封神时，敕封方弼为显道神，方相为开路神。而显道神又称险道神，方相氏亦称险道神，所以这兄弟俩名目虽然不同，其实仍是一神。

井泉童子（北京神祃）

井神

灶与井，一火一水，都是人生不可或缺的，五祀中本不可少。对于古代的很多平民来说，井神远远比行神重要。所以有的学者认为，五祀中本应是井神，古文字，井、行易混，便在一些记载中成了行神。但汉人注书，涉及行神时，总要把他与井神拉扯到一起，比如说冬天祀行神，就又说冬属水，所以"行"或作"井"，硬把行神与井神说成是一类。

井神在《白泽图》中说是一个"吹箫女子"，井与水相关，而水属阴，说他是女子不难理解。但为什么要"吹箫"呢？莫非是因为井有回声，嗡嗡的如洞箫之声吗？人对井有些敬畏，一是因为井水为炊饮所必需，要入口的东西总不能亵渎，再有就是人要不小心掉进去就会丧命，所以又有井鬼、井精之说。但近世最为世人所信奉的是井泉童子。

井泉童子为掌井泉之神。清人顾禄《清嘉录》记每年年终有"封井"之俗：把井泉童子的神祃放到竹筛之内，祀以糕果茶酒，再把这竹筛放到井口上，这就叫"封井"。直到新年的正月初三或初五，再把神祃焚烧，算是送井神。新年第一次汲水时，如果以手指蘸井水拭目，据说可以让眼睛不昏花。袁枚《子不语》有个故事，说一小儿顽皮，往井中撒尿，当夜就得了病，自呼为井泉童子所控告，府城隍打了他二十板。井泉童子更光彩的名字叫作"金井神童"。清俞樾《右台仙馆笔记》记杭州紫阳山山脚有一林氏妇人，晨起汲井，觉重不可举，视之，则井中有一赤体小儿攀绠欲上。妇人大惊奔还，便病倒了，她常作呓语道："我是金井神童，正在洗澡，你为什么窥我！"这个金井童子有些不讲道理，你洗澡时不避人，怎么能反咬别人一口？而且洗澡也要看时候，清晨正是汲水的时候，你凑这热闹明显就是碰瓷了。

船神（孟公孟姥）

船神，早在六朝时即有了名字，那时中原板荡，为异族占领，士大夫渡江后成了南人，南方的鬼神也就沾了些文化气息，变得有名有姓了。

船神是一对老夫妻，人称孟公、孟姥（读音如母）。南方每逢年终除夕之夜，以及将开船远行之时，都要杀鸡以占卜吉凶，占卜时就要用肉来祭祀船神孟公孟姥。所以孟老夫妻就是船人的保护神。其实也不仅是船夫，那些经常出门的行商更是崇信船神，他们赚钱容易，理应出手大方，祭祀时就不只是一只小鸡，而是杀牛了。刘义庆《幽明录》有一则故事，说秣陵人赵伯伦曾往襄阳，杀了头猪为祭品，可是到了上供时，却只上了一只猪腿。于是当天晚上，赵伯伦就梦见来了一翁一媪，头发都已苍白，身着布衣，手持桡楫，面带怒容。第二天一早发船，那船只往浅沙礁石之处走，船夫也无法控制。赵伯伦知道这是那二老捣乱了，只好重新摆了一桌盛宴，那船才老老实实地走路。有人考证说：玄冥为水官，死后为水神，冥、孟声音相似，所以冥改为孟，就成了孟公。此说很合常理，因为冥府中开茶馆的孟婆其实也是从冥婆音变而来的。

又有一说，云船神名"冯耳"，每上船时三呼其名，可保一路平安。明人方以智说，"耳"读音如"以"，冯耳就是冯夷，也就是河神。因为每上船时祷告河神，一来二去，便把他作了船神。看来船神都与水神有关系。

床神（床公床婆）

人每天都要睡觉，一生三分之一以上的时间都要与床厮守，所以理应要有床神。《清嘉录》云：每逢年终，都要在寝室供上茶酒糕果，以祀床神，一方面是报答一年来辛辛苦苦地驮着主人，一方面是祈求明年让主人每天都睡安稳觉，少做恶梦，更别让狐魇子骚扰。床神的名字也简单，就叫床公、床婆。据说床婆爱喝酒，床公爱喝茶，祭祀时要茶酒俱备，称之"男茶女酒"。而杭州风俗，祭床神是在正月十六，要供煎饼。北宋亡后，北方人特别是河南人大量迁徙到杭州，这床神大约也客随主便，随了北方人的口味。

除了过年之外，床神还有一个受犒劳的机会，那就是主人家生孩子。胡朴安《中华全国风俗志》说：近世北京人家生子三日，名曰"洗三"，必招收生婆至家，然后供设送子娘娘及床公床母神像，祭以烧饼等食品。又淮南寿春一带也有此俗，只是此地床神不吃烧饼，要吃鸭蛋，而且须把蛋壳染作红色。并且祭床公床婆时，要产妇亲自焚香祷告。这样，床神也就和送子娘娘接了班，一个送子，一个保孩子平安。

厕神

厕神放到五祀最后，不是其地位卑贱，而是如舞台上大官出场总在最后，更形其身份尊贵。平生五件事，吃喝拉撒睡，唯一不能稍忍须臾的就是此事，驾到便须恭奉，胜于马屁精之伺候上司，可见其威风八面。时人常称如厕为"蹲大官"，大约也出于同解。

我们要说的第一位厕神就叫"后帝"，级别与秦始皇差不多，当然有些虚张声势。那是因为茅厕为居宅最隐蔽之处，百鬼容易藏身，所以厕神级别高些，百鬼只听到头衔就不敢靠近了。刘宋时刘敬叔《异苑》有一故事，说东晋名臣陶侃还未发达时，一日如厕，见数十人，皆持大印。有一人朱衣，平上帻，自称"后帝"，道："因为我看您是个忠厚长者，所以特来相告。您只要三年内不要乱说话，一定富贵至极。"陶侃听了，觉得这样蹲厕而见贵人不大合适，便赶快起身，可是一眨眼的工夫，那位帝王衣冠的先生就不见了。当然后来陶侃就三缄其口，绝不乱鸣乱放，终于成了大官。

厕神会给人好处，人就要上供。唐人傅亮《灵应录》讲一故事，说台州（今浙江临海）有民姓王，常祭厕神。一日至其所，见一穿黄衣女子。民问何许人，答云："非人，厕神也。感君敬我，今来相报。"便从怀中取一小盒子，以指挖出少许脂，涂到此人右耳，并告诉他："如果你见到蚂蚁，就侧耳聆听，必有所得。"此人第二天见柱础下群蚁纷纭，侧耳听之，果然听到众蚁说起人话，道："把我们的窝移到暖处去吧。这里下面有宝，太冷。"于是此人便找到蚂蚁出处，往下一掘，果然得到十块银子。但这种能让人发财的厕神如何祭祀，记载有阙，不知其详。

为了遇到这种财神而无事常光顾茅厕是很不明智的。因为另有一种叫郭登的厕神，那可是个凶煞。这个厕神每月六日例当出巡，如果在这天遇上他，此人必有灾难，人见到他人就要死，他见到人人也要病。但也有为此说辟谣的。唐李伯言《续玄怪录》有一故事，殿中侍御史钱方义，夜间如厕，忽见蓬头青衣者走了过来。方义大惧，壮着胆问："您老是郭登吧？听人说只要见到您老人家，没有不死的。"郭登答道："我并不害人，也很少出来。那些见到我的人，是他自己阳气不足，自致横死，并不是我杀的他。"但说了半天，那人总还是被郭登吓死的。厕中的邪物不仅有郭登，还有各种厕鬼、厕精、厕怪，再加上茅厕隐蔽，也是自缢者常来光顾之处，所以古人大多认为茅厕不是太吉利的地方。此类故事甚多，再说就离题了。因为我们要多留些篇幅谈说一位重要的厕神，那就是紫姑。

紫姑

以紫姑为厕神，最晚在六朝时已经出现了。据刘宋时人刘敬叔《异苑》所记：世有紫姑神，古来相传，本是人妾，为大妇所嫉恨，常役使她做那些打扫茅厕、猪圈一类又脏又苦之事，至于其他虐待更是家常便饭。某年正月十五日，她冤愤自尽。所以世人就在每年的正月十五，用什么东西做成紫姑人形，到夜里在厕间或猪栏边迎其神灵。迎紫姑时嘴里要祝告着，先说"子胥不在"（子胥就是紫姑的丈夫），再说"曹姑也回娘家了"（曹姑就是那恶老婆），最后说"小姑可以出来了"。如果觉得手里的人形重了一些，那就是神灵已经附上。此时就摆设上酒果，看那人形也面貌生辉了，在手中跳跃不停。此时就请她占卜诸事，预卜当年蚕桑。此处没有详说如何向紫姑占问诸事的，是因为这一闺中游戏就是"扶乩"的变形，紫姑的回答全是在乩盘上写字。南朝时请神扶乩已经成了很习见的事，道教上清派的魏夫人师徒造经，就是用扶乩方式记录下来的。此风流浸到妇女之间，便成为半嬉戏半占事的闺中游戏。其实她们最初所请之神未必即是紫姑，但附之以紫姑，寄之以同情，也便于闺阁流行。久而久之，这种请神扶乩便成了"请紫姑"。而紫姑之类妇女被虐待自尽的故事，民间本多流传，如干宝《搜神记》所述淮南全椒县丁新妇事，嫁于谢家。其婆母严酷，使役如奴仆，动加有笞捶。因不可堪，九月九日，乃自缢而死。死后遂有灵响，附体于巫祝，道："念人家妇女，作息不倦，使避九月九日，勿用作事。"江南人皆呼为丁姑。似此类丁姑故事，应即紫姑故事之蓝本。

至宋时，请紫姑已经在文人间盛行，并对紫姑身世有所增饰。《苏轼文集》有《子姑神记》《仙姑问答》《天篆记》数篇，皆记紫姑神事。《仙姑问答》记三姑（即紫姑）自述身世云："妾本寿阳人，姓何名媚，字丽卿。父以妾生而有异，他日必贵，遂送妾于州人李志处修学。不月余，博通九经。父卒，母遂嫁妾与一伶人。亦不旬日，洞晓五音。时刺史诬执妾夫，置之囹圄，遂强娶妾为侍妾。不岁余，夫人侧目，遂令左右擒妾，投于厕中。幸遇天符使者过，见此事，奏之上帝。敕送冥司，理直其事，遂令妾于人间主管人局。"又自云为唐武则天时人，其夫先为刺史，后入相。按宋时"降紫姑"既已成为文人游戏，所降之仙多能诗善弈者，于是紫姑一变而为才女，而其为人妾亦属被迫。又同时人沈括《梦溪笔谈》亦云："正月望夜迎厕神，谓之紫姑。亦不必正月，常时皆可召。神降，或称上帝后宫，能文章，颇清丽。亦有时见其形，但自腰以上见之，乃好女子，其下常为云气所拥。近岁迎紫姑者颇多，大率多能文章，予屡见之，多自称蓬莱谪仙，医卜无所不能，棋能与国手为敌。"这是紫姑神的一大变化，即把原来的民间不幸女子变成士大夫心目中的女仙。

但在民间，紫姑的影响仍然不减，而且名目日多，闽台称为坑三姑、厕姑，吴人称为箕帚姑，昆山人称饭箩仙，杭人称三姑娘，海宁人称米箸箩娘，浙东人称簸箕神，象山人称三娘子，山东人称斗桶姑。又苏州人有田三姑娘，嘉兴有灰七姑娘，俱为紫姑之神。嘉定称箕姑，或作戚姑，云神是汉高祖戚夫人。此外尚有苇姑、针姑、帚姑，皆为紫姑变形。紫、七、戚、箕、厕，声音相近，所以紫姑的原名甚至可能是从厕姑变来。而坑、灰俱与粪相关（民间马桶内垫之以灰，故讳言粪便为灰）；箕帚、饭箩、斗桶俱是相似之物，可作乩盘；帚、苇则是扎做人形之物。所以变化虽多，大致不离《异苑》故事的原型。

但在《封神演义》中，紫姑被叫作"坑三姑娘"，其前身是三仙岛之仙姑云霄、琼霄、碧霄三姊妹。峨眉山罗浮洞赵公明是她们的胞兄，因助闻太师抵御姜子牙伐纣，被陆压道人以符咒注箭射死。云霄等闻知，一齐下山，摆下黄河阵，以混元金斗及金蛟剪屡败周将。后元始天尊与老子亲自下山，将金斗、金剪收去，三姐妹同时毙命。后来姜子牙封神，封云霄、琼霄、碧霄三姑为"坑三姑娘"之神："执掌混元金斗，专擅先后之天。凡一应仙凡人圣、诸侯天子、贵贱贤愚，落地先从金斗转劫，不得越此。"那金斗就是分娩接生之桶，而金剪就是剪断婴儿脐带之剪。

坑三姑娘与"三奶夫人"搅到一起，成为生育之神。但这可不是胡搅，因为那接生用的桶即是净桶，说明白些就是马桶，而马桶正是厕神的家当。虽然生孩子和死人一样是常有的事，但对于平民来说，也没见有哪家备有专门接生的木桶的，所以临时用马桶代替，也是不足为奇的。就这样，上自权贵，下到阿Q，除了孙行者那样从石头缝中蹦出来的，就都要在坑三姑娘的马桶中走上一遭。

第五编　衣食医药民生诸神

　　人类赖以生存的最基本的生活资料就是衣食住，这些在今天看来最为简单的东西，在先民那里却是要付出极大的辛劳甚至牺牲的。自有人类以来，不知有多少世代的多少无名之人为此做出了贡献，为了感激和纪念这些人，人们就把他们凝聚为一个符号似的名人，奉为神明，就是古代祭礼中的先农、先蚕、先牧、先医等神。所谓"先"，就是创造者的意思。这些神最具人性化，因为他们就是人类自己，他们的神迹就是人类自己的创造。

　　随着社会生产力的提高，社会分工和社会生活领域的扩大，社会分工这一异己力量，也极易使人产生"神灵决定人们命运"的迷信，从而产生各行各业的保护神，即常说的行业神或行神。但是行业神并不能单纯地看作神灵迷信，因为这些行业神大多是对本行业做出突出贡献的历史人物，把他们奉为神明，既是对这些先辈的敬仰和崇拜，也是对自己所从事的行业的自信和激励。我们不妨把这些神祠看作各行业的先贤祠，他们是中华文明的杰出构建者，是我们民族文化至今仍赖以生存和发展的精神榜样。当然娼盗狗腿子这些行当是例外了。由于行业神很多，但大多只是本行业的"祖师爷"，未必皆有神迹，有些确是神仙的，却又多为兼职，所以此编仅举十余种。

五谷神（先农）

五谷神古称稷神，即是先农。先农有二说，一说为神农，一说为后稷。

神农即炎帝神农氏。唐司马贞《帝王世纪》云：神农氏，姜姓。人身牛首，长于姜水。以火德王，故号炎帝。晋人王嘉《拾遗记》说炎帝始教民使用耒耜等稼具，以躬勤于田亩种植，滋生百谷。因教民从事于田亩，主掌稼穑，故而又称"土神"。在此之前，神农先尝百草酸咸之味，察水泉之甘苦，令百姓知所避就，竟一日而遇七十毒。这样他才发现五谷百药，教人种植。所以神农不仅是五谷之神，还是百药之神，后世药王"三皇"中有神农，就是感念他的这一功劳。神农在民间称号甚多，有神农大帝、五谷先帝、五谷王、田祖、田主诸称。

稷神也有二说，一说名柱，为炎帝之子，能植百谷蔬果，故立以为稷。稷在这里是官名，即田正。柱为炎帝之子，也就是神农之子，其实也可以称为神农氏，但此说不大通行，人们常说的稷神是指名弃的后稷。《春秋左氏传》杜预注："弃，周之始祖，能播百谷。汤既胜夏，废柱而以弃代之。"也就是说弃是商汤的田正，用以取代了夏代的柱。以他为稷神，应该是他的后代即周部族的事。周既得天下，他自然被尊为后稷，从此便成了农业之神，为历代帝王所奉祀。

而民间更信奉的则是神农，此外还有一些地方性的农神。如广东一带的五谷神。北宋钱易《南部新书》说：晋吴修为广州刺史，有五仙人骑五色羊，负五谷而来。今州厅梁上画五仙人骑五色羊，以为祥瑞，所以广州称为五羊城。而清屈大均《广东新语》也记此事，却说广州因此号称五仙城。并说每逢春、秋之祭，广东人就把这五仙祀为谷神，因为此地的五谷是五仙所送，一仙携带一谷，谷有五，故为五

后稷像

仙。但他还记有另一个传说，把故事推前到了周夷王时，说当时南海有五仙人，衣各一色，所骑羊亦各一色，来集于庭，各以谷穗一茎留与州人，且祝道："愿此阛阓，永无荒饥。"言毕腾空而去，而五羊则化为石。

五谷神（先农）

蚕神

蚕神即嫘祖，或作儽祖，为黄帝之妃，因为她开始教百姓养蚕治丝茧，以供衣服，为后世祀为"先蚕"。但以嫘祖西陵氏为先蚕，始于南北朝的北周，在此之前的蚕神，汉代则祭菀窳妇人、寓氏公主，又有以为"伏羲化蚕"者，有以蚕神上应天驷星者。而民间又有蚕丛氏、青衣神、马头娘、蚕姑、蚕母、蚕女以及马明菩萨诸说。所以先蚕只是蚕神之一种，而且多见于国家祀典，民间所祀则因地而易，但马头娘却是比较普遍的民间蚕神。

马头娘

起码在唐代，四川的一些祠庙中就有了马头娘的塑像，是一位身披马皮的女子，却没有如名称所述的生着一个马脑袋，当时她为人所奉祀，是为祈祷蚕业的收成，也就是说，她就是蚕神。马头娘的传说故事，见于干宝的《搜神记》（这个故事应该最早见于三国时吴国张俨的《太古蚕马记》，但此书已经失传了，而其文则被《搜神记》所录），而从《山海经》所载的据树吐丝之女子中，则可以看到最早的传说雏形，至《荀子·蚕赋》中有"身女好而头马首者"，蚕为马首女性的造型已经为世间的通识。汉代祀蚕神菀窳妇人和寓氏公主，其故事已经不得而知，但蚕神为女性则已成定局。

《搜神记》的故事大意是：一个女孩儿思念身在远方的父亲，就对她家所养的一匹马说："你如果能把我父亲带回来，我就嫁给你。"那马听了竟奔驰而去，果然把父亲迎回家来。其父从此对这马豢养从丰，可是这马却不肯进食，每见女孩儿出入，就喜怒腾跃。如此非一，父亲甚感奇怪，问女儿是怎么回事，女儿才把当时的戏言如实讲了。父亲大怒，便把那马射杀，晒其皮于庭院之中。这天父亲不

蚕花

在家，女孩与邻女在庭院中游戏，女孩用脚踢着马皮说："你是畜生，怎么妄想娶人为妻呢？遭此屠剥，这不是自己惹的吗！"话未说完，那马皮蹶然而起，卷起女孩就走。等到邻女把女孩的父亲叫回，哪里还有那马皮的踪影。过了几天，他终于在一棵大树间找到了，但马皮和女孩都化为蚕，正在树上吐丝结茧呢。

后世又有称蚕神马头娘为马明王、马明菩萨的。但为什么在民间传说中蚕与马这两种全然不同的动物会结合在一起呢？含混的说法是：蚕、马为一类，蚕、马同气，先蚕在天为天驷星，而驷就是马，还有一些更牵强的理由，比如说如果把白僵蚕涂到马牙上，马就不肯进食，但这些都很难服人。倒不如干脆就用荀子《蚕赋》所说的，蚕的脑袋有些像马，所以就编了马头娘的故事。后世尚有蚕马传说，洪迈《夷坚志》记一故事：南宋绍熙年间，余干一民养蚕，其中一蚕大于常蚕数倍。次日忽生两耳，明日又生尾，生四足，全如马形，时时勃跳为戏。

女性蚕神除上述之外，还有"蚕姑"，又作"三姑"，沈平山《中国神明概论》引《农桑杂录》云："四孟之年大姑把蚕，四仲之年二姑把蚕，四季之年三姑把蚕。"又有"蚕母"，俗名"三娘"，元王桢《农书》"蚕事起本"条云："有谓三娘为蚕母者。"三娘与三姑之间可能也存在着一定的联系。又《续仙传》中也有岁饥之年，可相率祈谢谷父蚕母之神，当致丰穰之说。

此外又有"蚕室神"，也是女性。干宝《搜神记》言吴县（今江苏苏州）张成，夜见一妇人立于宅之南角，举手招成曰："此是君家之蚕室，我即此地之神。明年正月十五，宜作白粥，泛膏于上。"张成如嘱而祭之，果然以后年年大得蚕利。

青衣神（蚕丛）

青衣神是四川的男性蚕神。《三教源流搜神大全》说青衣神就是"蚕丛氏"。云：蚕丛氏初为蜀王，常服青衣，巡行郊野，教民蚕事。乡人感其德，立祠祀之。祠庙遍于西土，无不灵验，俗概呼之曰青衣神。青神县（今四川青神）亦以此得名。此说本之于《仙传拾遗》：蚕丛氏自立为蜀王，教人蚕桑。作金蚕数千头，每岁之首，出金头蚕以给民，民所养之蚕必繁孳，罢即归蚕于王。袁珂先生认为：蚕丛之丛，义当为丛社之丛，蚕丛即蚕神，以蚕色青，故称青衣神。五代后蜀何光远《鉴诫录》言：王建为行军司马，忽梦一青衣神人大张其口。醒后问小将山章，山章答道："青衣乃蜀之地名，又有青衣之神，其祠在平垒内。今青衣之神口开，是土地向公求飨，亦是启其唇齿，露彼腹心之兆也。"也就是预兆王建要得到蜀地。北宋张唐英《蜀梼杌》则言后蜀广政二十三年，蜀太后梦青衣神来言："宫中卫圣龙神乞出居外。"这却是预兆孟蜀将要被宋吞灭。所以青衣神不仅为蚕神，也是蜀地的保护神。

此外的男性蚕神就极少见了，明清时湖州一带有"蚕花五圣"，每届养蚕之期，各家俱赴庙中拜蚕花五圣，用意在于请神护佑蚕花旺盛。但"五圣"之神在江南极滥，凡有所祈，则冠以"五圣"神名，如鱼花五圣、六畜五圣、鸭儿五圣、圈头五圣、树头五圣之类，所以蚕花五圣已经不能说是严格的蚕神了。

医王（三皇）

医王又称先医，即"三皇"。作为医王的三皇，可能始于元朝，按《元史·祭祀志》：元贞元年，"初命郡县通祀三皇"。那三皇是太昊伏羲、炎帝神农、轩辕黄帝，并以黄帝之臣俞跗以下十名医从祀。祭祀之祀如孔庙，主祭者为医师。吴澄《宜黄县三皇庙记》说这是前民未有的事。可见元代虽是少数民族当政，但对科学技术的重视却胜于往昔。这一制度为明朝所承续，永乐间专建"三皇庙"，以为万世医药之祖，与历代帝王并祀。据明沈德符《万历野获编·补遗》所载：明嘉靖间，下诏重修三皇庙，正位三皇是伏羲、神农、黄帝，配位是勾芒、祝融、风后、力牧四人，从祀为季天师、岐伯、伯高、鬼臾区、俞跗、少俞、少师、桐君、太乙雷公、马师皇十人，设置同于孔庙的四配、十哲。此地三皇庙与文庙、武庙并为三大祀，鼎立于京师。到了清代，于三皇之外，又增了一位夏禹，但庙名仍是三皇。

三皇

三皇为伏羲、神农、黄帝，一向并无异议，但石家庄毗卢寺的明代水陆画中有三皇像，却题作伏羲、神农、女娲，而神像却仍是三位男性。以伏羲、神农、女娲为三皇，见于汉代纬书及司马贞补《史记·三皇本纪》，并不是没有根据。而女娲为男性，也久有此说。宋人俞琰的《席上腐谈》就主张女娲氏是男人，并理直气壮地质问：

"且夫氏名女娲，犹国名女直（即女真），又如《左氏传》所谓女艾，《庄子》所谓偊女高，孟子所谓冯妇，果皆妇人哉！"这种腐儒之见在明、清两代都有它的赞同者。所以如果毗卢寺的三皇果是女娲，那么就是世上唯一一幅男性女娲像了。但也许是壁画的题记错了，那幅画像中的三皇依旧是伏羲、神农、黄帝。

药王

据李调元《新搜神记·神考》说，药王有三个，即扁鹊、孙思邈、韦慈藏。前二位并没有什么异议，第三位韦慈藏的身世却较为含糊，因为同样还有几位姓韦的药王：韦善俊、韦古道、韦老师，这几位韦先生与韦慈藏是否一人多名？这也须做些分辨。此外，还有一位外来的药王，就是佛教的药师琉璃光王佛。

扁鹊

扁鹊有二：一为神话中的扁鹊，乃黄帝时名医，曾与俞跗定《脉经》。一为战国时之秦越人。因其医术可比古之名医扁鹊，故在赵时人称之为"扁鹊"，又号"卢医"。其事迹俱见《史记》本传，兹不重复。但因其医术入神，所以后世有一些传说多有神话色彩。比如《列子·汤问》中记一故事：鲁公扈、赵齐婴二人有病，同请扁鹊医治。扁鹊把他们的病治好了，但又对二人说："你们一个志强而气弱，所以做事足于谋而寡于断。另一位则是志弱而气强，所以做事少于虑而伤于专。如果把你们二位的心调换一下，那就各去其所短而补其所长了。"于是扁鹊就给二位喝了毒酒，二人昏死三日，扁鹊即剖胸探心，互相置换，再投以神药，便苏醒过来。二人告辞回家，可是公扈却朝

药
王

齐婴的家走去，齐婴也奔了公扈的家。两家的妻子一见闯来个不认识的大男人，还要和她亲热，自然要采取抗暴行动。两家闹翻了天，最后经扁鹊说明，两位太太居然都极为通情达理地互换了丈夫。

扁鹊作为医神，很早就立有祠庙。在北宋仁宗时，由名医许希提议，仁宗为扁鹊立庙于汴梁城西隅，封"灵应侯"。而起码在元代，他的封号已经升为神应王，因为那时汤阴县东南二十里有一座扁鹊墓，上题"神应王扁鹊之墓"。可是在河北河间任丘县（今河北任丘）也有一座扁鹊墓，那里是扁鹊的老家，不管孰真孰假，总是任丘的比较占理。而其旁有祠，名曰"药王祠"，祠前有地数亩。有病的人来此祷神，掷珓占卜，然后告以从某方位取药，如言而掘之，土下果然有药，据说服之无不痊愈。这名声传了出去，各地前来求祷掘药的络绎不绝，一日之间常把这块地挖出上千的坑，可是过了一夜，那地就自己变得平坦如初了。这当然是传说，如果实有其事，那么看庙的人肯定雇了不少加夜班的农民工。

孙思邈

孙思邈史有其人，两《唐书》中都有他的传，但《旧唐书》中入《方伎传》，《新唐书》却进了《隐逸传》，用古人的"人分九等"法，显然是把他提了一大级。因为《方伎传》中的人士即使是医术如神，也不过是术士一流，而一旦入了《隐逸传》，那就和仙人沾了边。而明代署名王世贞的《列仙全传》中，孙思邈就是一位仙人，说他"好谈老庄，周宣帝时隐于太白山学道，炼气养神，求度世之术。洞晓天文推步，精究医药，务行阴德。"孙思邈这位大医学家的名气全被仙气所掩，在今天看来，真是一种悲哀。

下面讲一讲孙思邈与龙王的故事。这故事有多种版本，唐段成式《酉阳杂俎》、李亢《独异志》和五代杜光庭的《神仙感遇传》以及

《列仙全传》，所述各有春秋，此处仅说其中两个与医药有关的情节。

一个故事说，孙思邈偶然间救了一条受伤的小蛇。过了十多天，路遇一白衣少年，邀请至家。至则为一金碧辉煌的城郭，原来是泾阳龙宫。龙王为思邈救他儿子而相谢，并命其子取龙宫奇方三十首，给予思邈。思邈以此方历试皆效，乃编入《千金方》中。一个故事说，孙思邈隐于终南山。时天大旱，一西域僧请于昆明池结坛祈雨，七日之间，昆明池缩水数尺。池中老龙至思邈石室求救，道："天旱非由弟子，而胡僧借祈雨为名，实欲取弟子龙脑。"思邈对老龙说："我知道昆明龙宫有仙方三十首，你传给我，我就救你。"老龙献上药方，思邈乃行法术，昆明池水忽涨，胡僧羞恚而死。思邈复著《千金方》三十卷，每卷夹入一方，人不得晓，因老龙嘱咐天帝不许此方传于人间也。此类故事的编者目的是把《千金方》神化，但结果却是降低了孙思邈的创造性贡献。而且把孙思邈的医学贡献全都归于龙王，万一被某位专好立异以惊世的文人瞄住，再考证出龙王是从大西洋游来的，伟大的医学名著《千金方》（又叫《千金翼方》）的著作权也都成问题了。

韦慈藏

韦慈藏、韦善俊、韦古道、韦老师，这几位都姓韦，而韦慈藏则有药王之名。慈藏也是唐初人，与孙思邈同时而稍晚。《旧唐书》中，慈藏与李虔纵附于《张文仲传》后。此三人是武则天时代的三大名医，但韦慈藏名气后于张文仲。官为光禄卿。书中所载，仅此而已。而诸书中也未见有说韦慈藏为药王者，但是明初永乐间始创的三皇庙，从祀的历代神医中，孙思邈之后即是韦慈藏，而且标明就是"药王"。这确实是个问题。但揣其由来，似乎是他借了另一位民间传说中的神仙的光。

按《太平广记》引唐人《仙传拾遗》记有一韦善俊，为访道周游名山，遇神仙，授以仙道。或静栖林野，或醉卧道途。常携一犬，号曰"乌龙"。所至之处，必分己食以饲之。此犬身有疥癞，毛尽秃落，见之者无不嫌恶。其兄为僧，居于嵩山寺院为长老。善俊将欲升天，遂入山见兄。众僧以其为长老之弟，甚加敬奉。可是每升堂食斋，善俊即牵犬于侧，分食与之。众僧甚怒，诉于长老。长老怒，召而责之，笞击十数，命其离寺。善俊礼谢，牵犬而去。犬已长六七尺，行至殿前，化为龙，长数十丈，善俊乘龙升天。但这个韦善俊却一点儿神医的痕迹都没有。

可是到了宋代，韩元吉所著《桐荫旧话》中谈及其曾祖韩琦事，说韩琦六七岁时大病，父母守护，见他忽若张口饮药状，道："有道士牵犬，以药喂我。"于是大汗而病愈。韩家便画像以祀。元吉考此道人，云即《仙传》中的韦善俊，并说"世俗谓为药王"。这句"谓为药王"的话并不见于《仙传拾遗》，但也不似是韩元吉的杜撰，大约在宋代时，已经有了这位牵着黑狗的药王道士的传说了，而且这牵狗的药王又不止一个。

《释氏稽古略》载："药王姓韦氏，名古，字老师，疏勒国人，开元二十五年至京，纱巾毳袍，杖藜而行。腰悬数百葫芦，普施药饵，以一黑犬自随。凡有患者，古视之即愈。帝与皇后敬礼之，并图其形而供养之。"注云出自《本草序》及《神仙传》。但这二书却没有此文。清姚福均《铸鼎余闻》引五代沈汾《续神仙传》云："药王姓韦，名古道，号归藏，西域天竺人。"后面所述与《稽古略》全同，而"姓韦名古道号归藏"一段，是说他名为"古道"，还是"道号归藏"呢？去找《续神仙传》原文吧？查了一遍，书中竟然根本就没有任何药王韦古的记载。看来姚福均一定见到异书了。这且不管他，据事实而言，这位韦归藏应该与韦老师是同一个人，都是牵狗的药王。

而《太平广记》引《惊听录》，里面也有一位韦老师，事迹与韦善俊是一模一样，也就是说，韦善俊、韦老师、韦归藏其实是一个人，只是在传说中名字不同而已。

可是这些都是传说中的神仙，三皇庙中从祀的必须是历史上的真人。虽然其实也未必，比如黄帝手下的那几位就很难说，但近代就不能与上古通例了，那么姓韦的名医除了韦慈藏还有谁呢？

药王菩萨

这是位佛教中的药王，所以称为菩萨，其实他的级别不只是菩萨，而是佛：药师佛、药师如来、药师琉璃光如来、大医王佛都是他的名号。药师佛为东方净琉璃世界之教主。此佛于过去世行菩萨道时，发十二大愿，愿为众生解除疾苦。十二大愿之第七愿，愿成佛时，若诸有情，众病逼切，无救无归，无医无药，无亲无家，贫穷多苦，一闻其名号，众病悉除，身心安乐，家属资具，悉皆丰足，乃至成佛，所以称为药师。而又有一说，即古有星宿光、电光明二兄弟，常持良药供养僧众，所以后来兄为药王菩萨，弟为药上菩萨。

但是前面说的三位中土药王也可以被称为"药王菩萨"。清人施鸿保在《闽杂记》中记载：福州于山有药王菩萨庙，民间认为菩萨即是扁鹊，所以也称卢医庙。而施鸿保则以《天中记》所引《唐本草序》为证，说韦古早就被人称为药王菩萨了。

皮场大王

皮场大王庙兴盛于宋代。他的兴盛有几个原因，想起来，神和人一样，发迹有时是要靠运气的。

什么是皮场，就是剥皮熟皮的场所，当然剥的是牲畜之皮，到了明代初年，朱元璋父子在南京皮场庙前剥人皮，那是他们的创造，与皮场大王是毫无关系的。前面说过土地爷的普及，剥皮熟皮的地方也例应有个皮场土地，而因为此地常常剥牲畜的皮，善于联想的人们就把皮场土地当成了皮革专家，既然是专家，人的皮肤病他也就能治了。所以在北宋末年徽宗时，位于东京显神坊的皮场土地就以善治"疡病"而封为"灵贶侯"。这是皮场的发迹之始。但东京汴梁城里怎么会有臭气熏天的剥皮熟皮作坊呢，原来这皮场土地是个外来户，其本籍乃有二说：一说是在岳飞的老家汤阴，那里有个皮场镇，河北河南一带的皮革都聚到这里。一说是在河北祁州，即现今有名的药都安国。都是因为皮场土地能治病而名扬京师（至于当时如何治病，容最后再说），便以外地土地而"流寓"于京师，这也是个少见的特例了。

当时士子进京赶考，都要到"二相公庙"中去烧香祷告，二相公即孔子的高足子游、子夏，士子们想从二位先哲那里乞求一些灵感，自是顺理成章。但这些书生们大概有那么一位屡考不中的，已经求了二相多次，都是铩羽而归，正好看那里新开张了一座皮场庙，求签烧香的人不少，也不问人家是求祷何事，便也挤进去烧祷了一番。可是不想这位皮肤科的专家居然让这位举人公高中了。以上是笔者的妄测，从未有此记载的，但不管缘由如何，反正在北宋末年，二相公的香火转移到皮场庙不少。于是崇宁元年三月灵贶侯晋封为灵贶公，四年闰二月又晋封为灵惠王，七月加封灵惠显通王，大观元年改封明灵昭惠王。这是皮场的再次发迹。这接连高升应该是托那些举人相公的抬举，因为正如胡屠户所云，那些老爷都是天上文曲星下凡，做了官就阔起来的。

但皮场大王却没有能力抵御金兵，他升为王爵不久，北宋就亡了。皮场大王因为身兼医科、文科两门的保护神，便也随着政府南迁，据说是个叫商立的人带着神像到了杭州，而且庙就盖在了万寿宫的晨华馆，正是行都的风水宝地所在。皮场庙两庑奉祀二十四仙医使者，应该是颇具规模的。皮场大王南迁之后，东京的风俗也随之而来，加之庙宇紧邻贡院，除了治病求医者外，每年来烧香的士子也就更多了。这一风习一直延续下来，明代时杭州的皮场大王庙坐落于吴山，仍为考生们所敬奉。

但这位皮场大王的姓氏名字是什么，却一直没有落实下来。说法有数种，而最阔的是说他就是神农。见于南宋吴自牧《梦粱录》，说临安皮场庙有碑刻，碑文说：其神乃古神农，于三王时建都于曲阜。时世人食腥膻多病，神农乃集天下二十四义士，分十二分野，播种采药。故皮场庙两庑奉二十四仙医使者。

又一说皮场大王乃北宋末人席旦。见于洪迈《夷坚志》：席旦生前官至知成都府事，政和六年死于长安。其子席大光（名益）后调官京师。当时皮场庙正在红火，东京人日夜捐施金帛。大光偶然间到庙中游逛，见庙里有只鞋，正是自己父亲入殓时穿的，不禁大惊。等到他回来，夜间即梦见父亲来道："我死后即为神，权势甚重，不减生前作帅时。知道你生活不宽裕，明日我送五百贯钱给你。"大光一惊而醒。忽听外面敲门声很急，出来一看，只见几个兵士拉着一辆车，上插一小黄旗，写着："皮场大王寄席相公钱三百贯。"竟是真的铜钱。但此说不大可靠，因为徽宗建中靖国元年已封皮场土地庙神为灵贶侯，席旦死于政和六年，后于建中靖国十余年，岂有人未死而预封为神者！

还有一说见于明田汝成《西湖游览志》，就是说河南相州汤阴皮场镇的事，因为皮革堆积，热气蒸腾，皮革溃腐，里面就生出毒蝎，螫着人就死。当时皮场中有库吏张森，一向谨事神农氏，就祈祷神农，终于杀除了毒蝎。皮场镇的百姓感激张森，在他死后就为他立下神祠，百姓有了疹疾疮疡，只要到祠中祷告，就会应验。到了东汉建武年间，地方官员奏闻朝廷，遂崇奉之，附近城邑也都为张森立庙，即是皮场神祠。此说以张森为皮场大王，而且是东汉以前的人。

第四种说法则产生于河北祁州，祁州城南门外有皮王庙，为祁州地神。自宋以来，以医显灵，有疾病者至庙祷告，神即于梦中或授以药，或刺以针砭，等到天明，病即痊愈。故老相传，说先朝有秦王得疾，遍访名医，俱皆束手。最后有一医，进药数丸，秦王之病立刻痊愈。问此人姓名，此人只说："我是祁州南门人。"秦王派人到其地打听，才知道是祁州皮王神。宋建中靖国元年封为灵贶侯，后易为公。咸淳六年加封明灵昭惠显佑王，临安立庙。国家凡有灾殃，必遣使祷之。

第五种说法，认为皮场大王就是辅佐汉光武帝的云台二十八将之一的邳彤。邳彤《后汉书》有传，说他是信都人。信都即祁州，在今为河北安国。安国为北方药都，据《祁州志》：汉将邳彤之庙，俗呼皮场庙，即药王也。我看邳彤作为皮场大王起码有两条资格，一是邳、皮同音，二是他与药王同乡。

民间的药王除以上所述之外，还有现今仍以浙江桐庐名胜桐君山和四川药厂桐君阁而为人所纪念的桐君。桐君不知何时人，也不知其姓名，或有人问之，则指桐树示之，所以人们就尊称之为桐君。他仙去之后，就把他采药的山命名为桐君山，而其地也以有桐君之庐室而称为桐庐。又有一种说法，说他是黄帝时人。但没什么根据，还是不如把他当成千万无名药民的化身为好。又《三教源流搜神大全》中有一位高元帅，也是民间药神，但现在已经没有一点儿声息了。

保生大帝

保生大帝，主要为浙、闽、台一带民间所信仰。据仇德哉《台湾之寺庙与神明》，保生大帝，又称吴真人、吴真君、英惠侯、大道公、花桥公、真人仙师、吴公真仙，素为医师、药商、术士所奉祀。最早

保生大帝（民间神像）

药
王

225

记载见于南宋常棠《海盐澉水志》，说：海盐境内有医灵祠。南宋宁宗开禧三年，此乡之人梦有神呼道："我是闽中吴真君，当血食此方，福佑斯民。"及晨，见一神牌从海上漂浮至岸，便腾出一间屋子，改造成神殿，奉此牌位。后来闽商传来绘像，才开始塑做神像。祈祷治病者甚是灵验。这位吴真君就是后来的保生大帝。

这位保生大帝姓吴名夲（音 tāo），大多记载认为是北宋时人。《漳州府志》说他是海澄（今福建漳浦）人，母梦吞白龟而孕。及长，学道云游，得三五飞步之术。以济人为志，死后显灵，为乡人所祀。而《同安县志》则说他是福建同安人，由贡举而官授御史。宋仁宗时医治帝后病愈，炼丹济世。景祐间蜕化于泉州，乘鹤升天。二说差异很大，但为宋时人则一致。而《道教源流》所记就大有不同了：吴真君，名夲，字华基，号云衷，祖籍汉阳。年四十得神方，师南海太守鲍靓，得秘法。（三国）吴黄龙中，以医术行于吴、晋之间。晋武帝时，许逊从之传法。以上所记除了名字之外，根本就不是吴夲，而是魏晋时的著名术士吴猛。吴猛也叫吴真君，却不是保生大帝。

三奶夫人

陈靖姑、李三娘、林纱娘，合称"三奶夫人"，为"三奶教"之教主。陈靖姑又称陈大奶，李三娘又称李三奶，林纱娘又称林九娘。台湾民间又有陈靖姑、李三娘、林纱娘闾山学道故事，云三女结为金兰，至闾山从许真君学法。学成传道，为闾山净明派。又因人称靖姑为陈大奶，三娘为李三奶，纱娘为林九奶，合称"三奶夫人"，故净明派又称三奶教。沈平山《中国神明概论》说：李奶夫人李纱娘，主庙在铁坑（政和）；陈奶夫人陈靖姑，主庙在临水（古田）；林奶夫人林三娘，主庙在转水（宁德）。专以法术解产厄事。也就是说，三奶夫人是专管生育分娩的女神，而其中以大奶陈夫人最为著名。

临水陈夫人（陈靖姑）

《三教源流搜神大全》说：陈四夫人，名进姑，祖居福州府罗源县下渡。父官谏议，拜户部郎中，兄陈二相。嘉兴元年（按除十六国西凉国之外，史无嘉兴年号），蛇母兴灾吃人，占古田县临水村洞穴中，乡人为蛇妖立祠，并于每年重阳喂以童男童女各一，方不为害。时观音菩萨赴会归南海，见恶气冲天，乃剪一指甲，化为金光一道，直投陈长者之妻葛氏之胎。于是进姑降生，时为大历元年（唐代宗年号）。其兄陈二相曾受异人传授，神通三界，行至古田，为民除蛇妖，因酒醉为妖所困。进姑年十七，念同胞一气，遂往闾山学法，得传驱雷破庙罡法。于是打破蛇洞，救出其兄，斩蛇妖为三截。后唐王皇后分娩艰难，进姑遂入宫，以法催下太子。唐王大悦，敕封都天镇国显应崇福顺意大奶夫人，建庙于古田，以镇蛇母，不得为害。圣母专保童男童女，催生护幼。

按"进姑"诸书或作"靖姑"，而其兄"陈二相"即陈二相公，名字则为"陈守元"。这兄妹俩实有其人，见于清吴任臣《十国春秋·闽列传》中的《陈守元传》，传中也有很多传说成分，大致说：陈靖姑为道士陈守元之妹，曾为守元送饭于山中，途遇饿姬，便把饭给老姬吃了。老姬传靖姑以秘箓符篆，可与鬼物交通，驱使五丁力士，鞭笞百魅。永福有白蛇为孽，或隐迹宫禁，幻为人形。惠宗（即闽王）召靖姑驱之，夜围宫，斩蛇为三，蛇化三女子溃围出，尽入古田井中。靖姑围井三匝，蛇乃就擒。惠宗封靖姑为顺懿夫人，食古田三百户。靖姑辞封邑不受。乃赐宫女三十六人为弟子。后数岁，逃居海上，不知所终。又按陈守元其人，实为道士，史称"以左道见信于惠宗，谬为大言，淆乱朝政"，后闽内乱，守元死于乱军中。尽管这里有封建史家的倾向，但也没说出陈守元做了哪些坏事。如守元真有妹靖姑，大约也是一个女巫。说起女巫，有些读者往往想起西方民间故事中的巫婆或《小二黑结婚》中的三仙姑，其实对于女巫不能一概而论，古代传说中的神女、仙姑，包括八仙中的何仙姑在内，不也都是女巫吗？

但不管历史上的陈靖姑是什么样的人，在民间传说中她却是民间妇女的保护神。古时分娩对于妇女是一大厄，婴儿出生之后也很难成活，陈靖姑就是佑产保婴的女神，所以她理应得到古代妇女的敬仰和奉祀。这样一个女神自有其比历史更真实的"模特"。谢金銮《台湾县志》所记一个陈靖姑的传说甚可注意：夫人名进姑，福州人陈昌女。唐大历二年生，嫁刘杞。孕数月，会大旱，脱胎祈雨，寻卒，年只二十四。卒时自言："吾死必为神，救人产难。"而临水斩蛇诸神迹，乃为进姑死后成神之灵应。请读者注意"会大旱，脱胎祈雨"这句话，也就是说，天大旱，而陈进姑正怀有身孕，乡民请术士用月孛法求雨，硬指她为月孛旱魃。关于月孛求雨法，本书第一编"孛星"一条已经说明。术士这时要踩到她肚子上做法术，结果她不幸被折磨得流产而死。这样一位惨死的妇女，死前却发出大愿，要拯救一切难产妇女，这样的人不成神谁还配成神！

陈靖姑除了大奶夫人外，还有很多尊称，如临水夫人、顺懿夫人、护国马夫人、慈济夫人、南台助国夫人、顺天圣母，甚至把碧霞元君、天仙圣母的名称也加到她头上。据《三教源流搜神大全》说，她庙中的辅神有：助娘破庙张萧刘连四大圣者、铜马沙王、五猖大将、催生圣母、破产灵童、二帝将军。听名字好像都与佑生有关。但这都是明朝时的设置，现在可能已经改变了。据沈平山《中国神明概论》：台南临水夫人庙除供临水夫人外，尚有注生娘娘、花公、花妈、大圣爷、三十六宫婆姐。临水夫人陈靖姑收服的鸦、犬二妖成了保护花树之神。人有疾病，即表示元神花上有蛛丝、细虫缠杂，于是花公、花妈专职花蕊的成长，锄童、箕童是花树的栽培者，因此人有疾病即乞于花公花妈。另外又设想一年有十二花胎，每月都有神养胎护胎，如正月奶母廖四娘为取胎神，二月奶母江九娘为收胎神之类。

这里需要对"注生娘娘"说几句话，所谓注生娘娘，也就是《封神演义》中之云霄、琼霄、碧霄三姐妹，作为"坑三姑娘"，我们已经在第四编"紫姑"一节中谈过。其实很容易看出，这三霄仙姑其实就是三奶夫人的变形，所以注生娘娘也就是三奶夫人。在注生娘娘的神殿中，佐神有十二婆姐，又称十二保姆、十二延女，各抱一婴孩，六好六坏，以示生男育女之贤与不肖。

痘神

古人以痘疹为人生一劫，故各地均祀有痘神，以佑平安。碧霞元君、天妃等女神均有"痘神娘娘"陪祀。金受申《北京通》言北京供痘神娘娘，神祃并有痘儿哥哥、痘儿姐姐。在出痘期间，花头如有不正情形，即吁呼痘神娘娘保佑，如出花幼童啼哭打闹，除呼吁痘神娘娘外，还有频呼"痘儿哥哥跟我们玩""痘儿姐姐跟我们玩"，以求安慰出花幼童。出花期间，出花幼童如喜吃素，不近荤食，则断定所来的为"京娘娘"；有的荤肉不忌，喜吃大肉，则断定所来的为"荤娘娘"；有的出花幼童，嗓音不同，举动幼稚，索要食物，必要好的，必要多的，一切均不似京朝派举动，则断定所来的为"怯娘娘"；有的出花幼童，只喜近家中男人，厌弃女人，则断定为"风娘娘"，风者，风骚也。

痘神娘娘在福建又称保珠娘娘，或称珠妈。清道光间，福州登瀛桥旁专建珠妈庙，据说珠妈姓刘，而事迹未见记载。所谓"保珠"就是把孩子当成珍珠一样保佑，且令其出痘后珠圆玉润，不生麻斑。而湖北黄冈一带则以水神柳夫人兼为痘神，江苏吴江的地方痘神称"痘疮老太"。

除了这些女性痘神外，还有男性痘神。如《三教源流搜神大全》所载的"张元帅"即是其一，张元帅名叫张健，唐武则天时生于山东宁海县（今山东牟平）。幼而聪俊，长而神清，貌似灵官。官至刺史，仁直而刚，民不称冤。则天下诏选拔俊美之士，张健以为无耻，正好当时多有痘疫，便以无中选者上报。玉皇大帝认为他不曲不阿，封以飞捷报应之职，赐以瘟槌，兼理麻痘之疫，专以保童为司命之官。另外清人诸联《明斋小识》载其邑西关痘神庙中有施相公像，不知此施相公是当地痘神，还是江南一带有名的蛇神，到痘神庙里租了个摊位。

最后讲个"痘妖"的故事。清破额山人《夜航船》有"驱痘妖"一条，说某年松江痘症大发，小儿为之一空。有兄弟三人共有一子，也要发痘，举家愁惨。三弟为武孝廉，以为一方之灾，必有妖孽为祟，便拔剑坐于小儿之旁，昼夜守候。到第三夜，忽见檐下有一老人，青袍幅巾，眼发绿光，自上而下，对小儿床帐内尽力吸气。孝廉上前擒之，此妖一跃上屋，飞至南城外荒园内皂荚树上，被角刺所伤，扑下，又触着树根不净之物，遂不能起。明晨视之，见巾服蜕壳一具，自顶至踵，皆小儿痘痂。将此物用火烧掉，此地痘症遂得安宁。

斑疹娘娘

仓神

仓神就是主掌仓廪之神。仓廪为一国一方命脉，如果仓廪空虚，一旦遇上饥馑之年，小则死人遍野，大则亡国丧邦，所以仓神之祭历来为国家祀典，上应天文。自汉代纬书，即以星神二十八宿之胃宿为仓神，并说其神名稽览，姓研骨白，又说天廪仓神名均明。而民间或径称为"仓王"。明人叶盛《水东日记》载：广西桂林府仓，土偶淫鬼甚多，金书其匾曰"仓王之祠"。至清时又有加以"增福"，称"增福神"，见朱彝尊《通州西仓增福神祠碑》。

清富察敦崇《燕京岁时记》记每年正月二十五日，粮商米贩致祭仓神，鞭炮最盛。一般居民即使那天不祭仓神，也一定要做些好吃的犒劳家人，称之为"填仓"。

太仓之神

　　民间又有实仓神以人名者，或说为萧何，或说为吉知陀圣母。《水东日记》载岭北仓库草场中皆有土地祠，仓中奉"萧王"，问这萧王是什么人，则答曰"酂侯"，因为萧何在汉初封为酂侯，而楚汉相争之时，萧何镇守关中，督运粮草，以供刘邦。所以封以仓神，正是本色当行。萧何的配神为吉知陀圣母，旁卧一犬，则曰"廐神"。叶盛认为这事很可笑。但民间自有民间的道理，细究起来，也未尝全然荒唐。就说这吉知陀圣母吧，明余象斗《南游记》中华光之母即为吉知陀圣母，因生吃活人而为佛打入地狱，后为华光大闹阴司而救出。如此魔母，竟祀为仓廐之神，最不可解。但一想仓库最忌的就是火灾，而华光则为火神，吉知陀既为华光之母，而华光又是孝子，如今见母亲坐镇仓廪，总不能到这里玩火而给母亲找麻烦吧。至于吉知陀圣母身旁卧的那只犬，大约是只"神獒"，既取与"廐"同音，而且可以警夜防盗。这能说没有道理吗？

还有一种仓神，就是近世河北、天津一带农村，以刺猬、田鼠能收聚粮食，就把这哥儿俩奉为仓神，又称刺猬为老仓神，田鼠为少仓神。河北农民厚道，如此敬奉这两个盗贼，把他们捧到官座上，自然不是指望他们从外面偷来东西往自己家里运，而是求他们不要监守自盗。但此举类似于与虎谋皮，虽然忠厚，却是无用的。

茶神

茶神陆羽，这是众所周知的。品茗斗茶，被人视为雅事，想起茶神陆羽，也一定是风神飘逸、高冠博带的士大夫了。其实不然，他当年却是个出身很苦，经历坎坷的大俗之人。据《唐书》本传，陆羽自出生就被生母扔到了水边，是个弃儿，多亏竟陵（今湖北天门）的一个僧人捡到，才把他抚养成人。长大之后，既不知道自己的姓，更没有正式的名字，他便以《易》自筮，得《蹇》卦之《渐》，其辞曰："鸿渐于陆，其羽可用为仪。"便从此姓了陆，名羽，字鸿渐。他自小给人放过牛，除过粪，最后逃走做了优伶。做了优伶之后，他虽然不识字，但能自己编些节目，很受人欢迎。直到玄宗天宝年间，他作为伶师参加州里的"大酺"（一种官府组织的群众欢宴活动），太守李齐物发现他是个很内秀的人，才让人教他识字读书。他生得其貌不扬，嘴虽然结巴却很善辩。闻人之善，学之唯恐不及，见人有过错，便直言规劝，所以常常为此得罪人。后来，他隐居于湖州苕溪，自称桑苎翁，阖门著书，只与隐居于此的高士张志和有往来。有时独行野中，诵诗击木，心有所感，或恸哭而归，故时人比之于古代的狂人接舆。他有文学，多巧思，尤精茶术。到很晚的时候，才被朝廷任命为太子

茶神

文学，又升为太常寺的太祝，但他不肯就任。

陆羽最好茶，并著《茶经》三篇，言茶之原、之法、之具甚为详备。《茶经》一出，天下遂以饮茶为时尚。当时卖茶的，至有用泥烧作陆羽之形，置于茶灶之间，祀为茶神。每有交易，就以茶祭之；没有交易，就从锅里舀一瓢滚水浇到它头上。据说这一手能让陆羽之神不得不帮他们发财。茶馆多了，每处都要供陆羽像，河南巩县烧瓷的就专做瓷人，号曰"陆鸿渐"，不出售，只赠送，但有一个条件，必须买够十件瓷器才送一个"陆鸿渐"。这样一来，陆羽又让烧窑的也发了财。

其实在陆羽之前还有一位茶神，就不大为人所知了。但这茶神是陆羽推出的，即丹丘子。《茶经》中说汉时有一人，名叫虞洪，很好饮茶。一日他入山采茶，遇一道士，牵三百青羊，饮瀑布水。道士对虞洪说："我是丹丘子。听说你很精于茗饮，就常想送你些东西。山中有棵大茶树，可以奉赠。只希望你以后喝茶时，如有余沥，能以相馈。"后来虞洪果然在山中发现一株大茶树，于是立了茶祠，供上丹丘子之像。估计那时就有了茶人用茶祭丹丘子之俗。只是到了唐代，陆羽名气暴起，那热茶就浇到他头上了。

盐神

柴米油盐，盐为人生中必不可少的东西，而盐除了海盐之外，还有池盐、井盐、岩盐，除了岩盐未见有盐神记载外，其他几种都有盐神。

海盐之神，据清梁章钜《退庵随笔》说，福建沿海业盐之家祀天后，也就是妈祖了。但他认为更规范的海盐之神是"夙沙氏"。因为古史载夙沙氏（或作宿沙氏、质沙氏）为神农时诸侯，曾佐神农烹海水成盐，人始知味。所以奉他为海盐之神理所当然。山西安邑（今山西运城东）旧有盐宗庙，即祀夙沙氏。但安邑之盐是池盐，也就是说夙沙氏不仅为海盐之神了。

安邑池盐就是有名的河东解州池盐。解州盐池之神，唐时就有封号，谓之宝应、灵应二池。元代的盐池神则曾封灵富公和惠康王。但实际上解州的盐神应是蚩尤。

解州池盐向有为蚩尤之血化成的传说，也就是说蚩尤实为解州盐池之神。但后代儒生爱拍成功者的马屁，对失败的蚩尤极尽贬斥。黄帝是中华民族的始祖，其实蚩尤又何尝不是！然而一些人甚至连蚩尤的盐池之神也要剥夺。据《子不语》说：山西蒲州盐池有关帝祠，塑关羽、张飞像，旁有周仓像，怒目狰狞，手拖铁链，锁朽木一枝。土人称此朽木为"盐枭"，道：宋元祐间，盐池之水不能成盐，商民祷于庙。梦关帝谓曰："汝盐池为蚩尤所据，故烧不成盐。吾能制蚩尤；其妻名盐枭，我不能制，吾弟张飞来始能制之。吾已遣人自益州（今四川成都）召之矣。"次日，众人于庙中添塑张飞像。当晚风雨大作，朽木一根已在铁索之上。次日取水煮盐，成者十倍。这个故事是说蚩尤夫妇破坏产盐，但无意中还是透露出他们的盐神身份。

井盐为西南人民生活命脉，自然也有盐神，最为有名的就是十二玉女之神。四川仁寿县古称陵州，那里的盐井周回四丈，深五百四十尺，据说是东汉张天师张道陵所开凿。但张天师其实并没有识别盐源的本领，只是靠此地山神十二玉女的指点，他才找到了盐脉。所以此井之上建有玉女庙，就是把她们祀为盐井之神。此庙神甚是灵验，如不小心把火坠入井中，立即雷吼沸涌，烟气上冲，溅泥漂石，甚为可怕。（现在的人自然明白，那是盐井中有可燃气体的缘故。）工人推排车（就是绞车）取盐于井，推绞车时要齐唱《排车乐》，用以娱神，当然更是为了娱己。玉女没有丈夫，据说当地曾有过一种恶俗，每年要取一少年掷盐井中，若不送，盐水即竭。后来有人把"西山神"的神像搬到玉女祠中，当成玉女的永久丈夫，此俗方革。

花神

花木有精灵，自古已然。像本书第二编说到崔玄微护花故事，在古代是常见的。特别是到了聊斋主人手中，这些花精更是风情万种。但此处只说花神。

明清以来，江南名胜之地多有花神之祀。钱泳《履园丛话》云清时西湖有"花神庙"，花神为男子，能崇女子。但陆长春《香饮楼宾谈》所记"西湖花神庙"则非是：西湖花神庙像，为名手装塑，诸女像俱极美丽，其三为荷花神云云。是杭州花神有男亦有女也。而苏州一带，每逢春二月十二日，则有过"百花生日"之俗，闺中女郎剪五色彩缯，粘花枝上，谓之"赏红"。虎丘花神庙，击牲献乐以祝仙诞，谓之"花朝"。扬州也多有花神故事，见于焦东周生《扬州梦》。

但以上诸书均统言"花神"，未说有什么具体名称。据我了解，旧籍中也有几种掌花之神，名字稍算具体，一个是"女夷"。见于《月令广义》："女夷，主春夏长养之神，即花神也。"但由于缺少较详的事迹，并不大为人所记。稍有影响的则是"花姑"黄令微，也为民间祀为花神。《月令广义》中说的"春圃祀花姑"，即是这位仙姑。称她是仙姑，是因为传说她是著名女仙魏夫人的女弟子。黄令微为唐玄宗时人，而魏夫人则是晋代人，估计这拜师仪式是在梦中举行的。她所以叫花姑，是因为她善于种花，我们只需把她想象为一个爱花养花的姑娘，这就已经够了。她的事迹倒也有不少，见于五代杜光庭《墉

花神

城集仙录》，但开头一句就说她"年过八十"，未免对爱花人颇煞风
景，虽然说她尚"有少容"，但也终究不宜入画。而她的小传中大谈
她到处找牛鼻子老道求长生久视之术，也是没什么意思的。

　　此外，还有一些文人把古人拟入花神。如俞樾《曲园杂纂》有
《十二月花神议》，建议正月梅花为何逊，二月兰花屈原，三月桃花刘
晨、阮肇，四月牡丹李白，五月榴花孔绍安，六月莲花王冕，七月
鸡冠花陈后主，八月桂花郤诜，九月菊花陶潜，十月芙蓉花石曼卿，
十一月山茶花汤显祖，十二月蜡梅花苏东坡、黄山谷。而以捻花一笑
的迦叶尊者为总领群花之神。他又在每条下附上"原议"，摘出如下：
正月梅花林和靖，二月杏花□□（原缺），三月桃花东方朔，四月芍

花
神

药韩琦，五月榴花班超，六月莲花周敦颐，七月秋葵鲍照，八月桂花郤诜，九月菊花陶潜，十月芙蓉石曼卿，十一月山茶石崇，十二月蜡梅苏、黄。而清人吴友如画十二花神，则为正月梅花柳梦梅，二月杏花杨玉环，三月桃花杨延昭，四月蔷薇张丽华，五月石榴锺馗，六月荷花西施，七月凤仙石崇，八月桂花绿珠，九月菊花陶潜，十月芙蓉谢素秋，十一月山茶白乐天，十二月蜡梅老令婆。这些都是文人弄笔，但也间为民间艺人所采，用于织绣绘画。

有趣的花神是台湾的花公、花婆，把种花与种子牵连起来，正与我们把儿童称为"祖国的花朵"一例。仇德哉《台湾之寺庙与神明》记：台南市临水夫人庙供有花公、花婆神像，并附负锄、提篮之花童二名，谓花公为保护树木之神，花婆为保护花卉之神。树木、花卉分别代表男性女性，故男子阳衰，女子不孕，均可求祷。

仓颉

仓颉，或作苍颉，是古代神话中的人物。据说生有四只眼睛，比常人多出的那两只，在画像上往往安排到额头，也就是眉毛上下各有一眼。但这样一来，除了令人感到怪异之外，别无功用，因为仓颉四目就是为了让他能比常人看到更多的东西，估计那另外一双眼睛是生在头顶上，那样观察起天象来就便利多了；可是如果安排到脑袋上面，绘画却无法表现，所以只好示意性地放到了额头上。有的书说仓颉是黄帝的史官，也有的说他是伏羲的大臣，还有的说他谁的臣子也不是，他就是史皇氏，为一朝天子。有的说他生下来就能书写文字，更自幼善画，养着一头乌龟，揣摩龟壳上的文理，又见鸟儿踩在沙地上的爪迹，也若有所悟，于是下依龟文鸟迹，再上观天文，根据奎星圆曲之势，一画一竖，一点一圈，撇捺钩挑，配聚而成字体。也就是说，仓颉受大自然的启发而发明了文字。当然，不可能所有的汉字都是由自然启发而造，如果硬要附会，往往就出现一些笑话。比如秃子的"秃"字，《说文解字》就引王育之说，道是仓颉外出，见一癞痢头趴在庄稼地里，于是"禾"字下面加个伏着的人，便发明了"秃"字，这种联想就有些说不过去了。

仓颉

但不管怎样，文字的发明是人类文明史中的一件大事，《淮南子》说，仓颉发明文字之后，"天雨粟，鬼夜哭"，还有的书说，那时连龙也潜藏水底，不敢露头了。文字的发明让人类进了一大步，鬼物怕人类洞见他们的神秘，所以哭泣，可是天上往下降小米，不知是什么用意，大约是对人类这一进步的奖赏吧。

作为文字的发明者，仓颉之功不在画八卦的伏羲之下，为后世看成一代帝王，也并不为过。所以纬书中说他治世一百一十载，都于阳武。后代又奉他为"仓圣"，建祠庙，入祀典。而民间自宋代时书吏即已把他当作行业神。京师各衙门的胥吏，每至秋天，必凑钱为赛神会，所赛之神即是"仓王"。又有称之为"三圣大王"的。为什么一人而称三圣？是因为仓颉第一主掌文籍算簿，第二能开人聪智，第三能追回过失，这三者都是胥吏所职，而需要仓颉所保佑的，所以称为"三圣"。但在那个时代，胥吏之流好人不多，他们那三件事也多半是造假账、写刁状、出鬼点子整老百姓之类。如果仓圣在天有灵，但愿他不要收下这群刀笔吏的红包，也给打不起官司的草民们稍留些生路。

附：三郎、锺三郎

说到胥吏的行神，还有一个"三郎"神，见于清人翟灏的《通俗编》，说：《史记·秦始皇本纪》有"以罪过连逮，少年三郎官无得立者"的话。《索隐》注"三郎官"，谓是中郎、外郎、议郎。翟灏说："今吏胥家俱奉三郎之神，本此。"翟氏所说的理由不大能服人，因为秦朝的那三种郎官都与胥吏之流不是一类。但胥吏奉祀三郎的习俗却是不差的，而且好像胥吏本人就有"三郎"的代称。记得以往看《乌龙院》，阎婆惜在家中思念情郎张文远，她老妈从外面喊她："你的三郎来啦。"婆惜便问："是哪个三郎呀？"也就是说，宋江和他的徒弟张文远都可以叫"三郎"。张文远是不是真的排行老三，不清楚，但宋江却绝对是老大了，但既叫"宋大爷"，又叫"宋三郎"，这是不是因为他是胥吏，而"三郎"则为胥吏的通称呢？称胥吏为"三郎"，又是否与"三郎神"有些关系呢？

说到"三郎"，就不可不说说"锺三郎"了。这也是位行神，与三郎神也相近，都是官员狗腿子的祖师爷。纪昀《阅微草堂笔记》说："百工技艺，各祠一神为祖。长随所祀曰锺三郎，闭门夜奠，讳之甚深，竟不知为何神。"锺三郎是长随的行神。长随，顾名思义就是总跟在屁股后面，在舞台上那装扮，你也许以为是个"家人"，可是那性质移到现在，就是官老爷的私人秘书。老爷清高，收贿受礼就都要经这位私人秘书的手，老爷的以及行院中相好的，弄不好也是他拉的皮条，所以他们掌握老爷的隐私也最多，甚至超过太太。但这些长随不是幕僚，他们出身卑贱，所以当长随就成了他们的终身职业，除非他们发了财。说了半天，正题才到，为什么长随要奉锺三郎当行神呢？纪大烟袋没想通，他的朋友曲阜人颜介子却一语道破："必'中山狼'之转音也。"

中山狼的故事不必重复了，"子系中山狼，得志必猖狂"，主人在台上，他是狗腿子，主人一旦解任，或者有了罪案，他便是反噬的恶狼，因为他掌握着主人的隐私，往往一口就能咬到要害。但不要以为他是隐蔽的反腐英雄，他首先要做的是肥己。纪昀《阅微草堂笔记》记一长随故事，可作"锺三郎"的注脚：石窗陈公有一长随，自称是山东人朱文；后来又在高淳县令梁润堂家见到了他，却自称为河南人李定了。梁公很信任他，当然什么事也都依赖他了。梁公临启程上任时，此人忽得怪病，从两脚脚趾开始，一寸一寸地向上溃烂，一直烂到胸膈穿漏而死。死后检查他的行李，见有一书册，上作蝇头细字，记着他所服侍的一共十七名官员，每官都详记其阴事，并记某时某地，某人在旁看到听到，可以为证之类，另有官员往来书札、谳断案牍，无一不备录。别的长随有认识他的，说："此人已经挟制几个当官的了。他老婆就是某官之侍婢，携而窃逃，留封信到桌子上，那官儿看了信，吓得竟不敢追他。"

鲁班

鲁班作为行业神，为木石泥瓦、彩绘油漆等行业奉为祖师，有鲁班仙师、鲁班三郎、公输仙师、巧圣仙师、鲁班爷、鲁班公、鲁班圣祖、公输子先师等尊号。其原型实即春秋时鲁国人公输般。《四书人

鲁班

物考》曰：公输子名班，又名般（《墨子》作公输盘），是鲁国的巧人。或以为鲁穆公之子。削木以为鹊，飞上天，三日不下。又做了一个木头人，给他母亲驾车，机关一开，那车就能自己走。楚国攻宋国，公输般为设机械以攻城。身为鲁国人，却助强楚欺负弱宋，不大令人佩服，所以鲁迅先生的小说《非攻》，就写了墨子与公输般的故事，把这位巧人弄得灰头土脸。用自己的智巧杀人夺城或是做一些古怪的玩意儿，还不如做个车辆农具，更有益于百姓民生。所以在后世关于鲁班的传说中，就一直存在着两个不同的取向，一个是豪门的巧人鲁班，一个是平民的工匠鲁班。

《鲁班仙师源流》中的鲁班是个由儒而入道的仙人：鲁班，姓公输名班，字依智。鲁国贤圣路东平村人。生于鲁定公三年，是时白鹤群集，异香满室。十五岁，从师于子夏之门人端木起，不数月，遂妙理融通。愤诸侯僭称王号，因游说列国，志在尊周。其道不行，乃隐于泰山之南小和山。偶出与鲍老辈游，竟受业其门，遂成大匠。其妻云氏，天生神巧。年四十，复隐于历山，卒遇异人，授秘诀，云游天下，白日飞升。而《鲁班书》中则是由工匠而成仙：姓龚输名般，字义之。少年时通木石泥瓦诸艺，后得终南山仙师玄文正之真传，肉身成仙。经常下凡为人间解决难题云。

最可怪的是唐人张鷟《朝野佥载》中所记的鲁班，真是别出机杼，可能把西域的神话移植过来了。在这里鲁班成了肃州敦煌（今甘肃敦煌）人，而且所处年代不详。因为他巧思可夺天工，被聘到凉州去造佛塔，离家日久，就想起了老婆。于是他做一木鸢，只要把上面的机关敲上三下，那木鸢就能飞起，载着他回敦煌了。时间不久，他妻子怀了孕，鲁班的父母很奇怪，你丈夫不在家，你怎么就会怀孕呢。鲁妻只好把缘故讲了。鲁班之父也是好奇，盯着鲁班骑着木鸢回来了，便偷偷骑上，把上面的机关连敲了十多下，不想这一飞就到了江南。吴郡人见他自天而降，便当成了妖人，竟把他杀了。鲁班此时已经又做了一只木鸢，骑着赶来，结果只见到父亲的尸首。鲁班对吴人恨透了，便在肃州（今甘肃酒泉）城南做一木仙人，举手指着东南方，从此吴地大旱三年。吴人占卜后知道是鲁班所为，便带着不少礼物来到肃州道歉，鲁班就折断木人一手，当天吴中就下了大雨。

投炉神（金火二仙姑、孝娥、金火圣母、宁封子、风火仙师、童宾）

投炉神是几种行业都有的行神，那是他们行业的先烈，也是中国古代千千万万为民族文明而牺牲者中的最壮烈者。他们在本行业诸行神中的地位，实际上要胜过那些以神仙古人为招摇的行神。

比如从事锻冶的炉匠，他们有炉神，又称炉火之神。其神或以传说出身于铁匠的唐初大将尉迟恭充当，或以在三十三天之上烧八卦炉的太上老君担任，只是标榜门面，引以为重而已。而真心为他们所崇奉的则是为了冶铸而投身于冶炉的"金火二仙姑"。

关于金火二仙姑，明朱国桢《涌幢小品》中有一记载：遵化县（今河北遵化）西八十里有铁冶。炉有神，为元朝之炉长康侯。康侯主持冶炉，四十天不出铁水，完不成官府的命令就算犯罪，他就想自杀。但他的两个女儿劝阻了他，却自己投炉而死。众人只见飞腾光焰中好像有龙随之而起，过了一会儿，铁水就流了出来。朝廷封其父为崇宁侯，二女遂称金、火二仙姑，至今为冶者奉祀。原来其地有龙潜于炉下，所以冶铁不成，二女投下，龙惊而起，铁冶遂成。

但投炉神不止于此，传说中春秋时的干将之妻"莫邪"，其实应是最早的投炉神。北宋乐史《太平寰宇记》载贵池县北四十里有孝娥庙。三国吴孙权时，孝娥之父为铁官，冶铁遇秽不流。女投身炉中，铁乃涌溢。时人号称"圣姑"，为立庙。此庙到清代仍存在，又称"仙姑庙"。道藏本《搜神记》载唐时江西金溪有银场，有葛佑者主掌其事，因冶炼不得法，耗费甚多。葛佑二女怕其父抵罪，也赴冶而死。后二女现形，自称上帝嘉其孝行。民众为立庙，颇灵应。又有"金火圣母"，或为河南禹县钧窑奉为窑神，或为铸钟业奉为投炉神。全称"金火圣母铸钟娘娘"，又称铸钟娘娘、金炉娘娘。娘娘名王元君，一说名华仙。传说其父为铸钟师，因铸钟不成，将受罚，华仙投身炉中，而钟遂成。

再如陶瓷业，刘向《列仙传》中记有仙人宁封子，据说是黄帝时人，封子世传为黄帝的陶正。有异人过之，为其掌火，能出五色烟，以教封子。封子积火自烧，而随烟气上下。视其灰烬，犹有其骨。时人共葬于宁北山中，故谓之宁封子。这是陶业最早的投炉神了。而现今仍为江西景德镇陶瓷业所奉之行神童宾，又称广利窑神、风火仙师、陶神、火神。其祠称"佑陶灵祠"，俗称"风火仙祠"。他其实也是一位投炉之神。传说童宾为明万历时陶工，因为内府造大器不成，诸陶工屡受鞭挞，童宾恻然伤之，愿以骨作薪，求器之成，遂赴火死，而窑器无不成者。于是童宾被窑工奉为祖师。

梨园神

梨园神即戏曲界所祀之戏神，一称"相公"，一称"老郎"，一称"田都元帅"。但从后代的发展来看，梨园界的行神远远不止这三种。近代名伶李洪春《梨园行供的祖师爷》一文云：梨园行供的祖师爷是唐明皇，道光之后，清朝宫廷内供的是道光皇帝的母亲，称为"御后祖师"。"御后祖师"是头戴冕旒冠的金身像。再一位是翼宿星君，又叫"三丞老郎"，俗称"老郎神"。武戏供"五昌兵马大元帅"。武行单供一位"觔斗祖师"白猿。乐队单供"音乐祖师"李龟年。管戏箱的单供"青衣童子"。青衣童子也叫"指天划地聋哑童子"，尊称叫"指天划地佛"。梳头的祖师是南海观世音。因为观音菩萨是男的，女菩萨像是他的化身。那时旦角都是男演员扮演的，所以和观音男变女像拉上了关系，就以他为祖师了。他的牌位总是供在梳头桌的上方，梳头桌子除了戏具用品外，不许放其他物品，否则就是不恭的表现。此外梨园界还有"喜神祖师"，张次溪编《清代燕都梨园史料》卷下有《重修喜神祖师庙碑志》《重修喜神殿碑序》《重修天喜宫祖师像碑记》，都未详述其神为何人。据云喜神即舞台上所用道具"彩娃子"

（如《四郎探母·坐宫》中公主所抱布娃娃者是），至后台则为伶界崇奉，地位仅次于老郎神。

下面仅介绍几种主要的梨园神。

老郎

老郎神，又称老郎菩萨。顾禄《清嘉录》云："老郎庙，梨园总局也，凡隶乐籍者，必先署名于老郎庙。"沈平山《中国神明概论》论之甚详，大略如下：我国戏班，其后台多设有供案，神龛内供一老郎神，头戴皇冠，身穿锦黄袍，腰围玉带，足蹬朝靴，面如冠玉，目若朗星，伶界尊为祖师爷。其神主要有三说：

一说为唐玄宗。清钱思元《吴门补乘》：老郎庙，梨园弟子祀之。其神白面少年，相传为明皇，因明皇兴梨园故也。

又一说为五代时的后唐庄宗。清人王文治诗集以为是后唐庄宗，其题老郎画赞云："人言天宝，我为同光。"同光即为庄宗年号。后唐庄宗李存勖不仅酷爱戏曲，甚至亲自扮演登场，并给自己起了个优名"李天下"。论对戏曲的酷好，后唐庄宗甚于唐明皇，但他手下的优伶却品质不好，不但没有雷海青的骂贼而死，李龟年的缅怀天宝遗事（那当然是戏曲《长生殿》的情节了），而且由于极受庄宗宠信，谗言乱政，最后让庄宗丢了江山，也丧了性命。所以戏曲界如奉李存勖为行神，未免自贬身价了。

老郎神另有一说，为古神话中的"老童"，《山海经》："騩山，耆童居之，其音常如钟磬音。"郭璞注云："耆童，老童也，颛顼之子。老郎疑即老童，为音声之祖，郎与童俱年少之称。"

以上三说较为普遍，除此之外，还有一些地方性的说法。第一种说法为耿光。清孙星衍《吴郡老郎神庙》一文道：相传唐玄宗之时，耿令公之子名光者，雅擅霓裳羽衣舞，赐姓李氏，恩养宫中，教养子弟。光性嗜梨，故遍植梨树，因名梨园，后代奉以为乐之祖师。

第二说为五代时吴让皇之子杨琏。此说见于清平步青《霞外攈屑》：吴中有让王庙，亦司音乐，称为虞仲，有"句吴至圣"额。虞仲即仲雍，是商朝末年周太王的儿子，他和大哥太伯为了把王位让给小弟弟季历，乃南奔于荆蛮，自号勾吴，断发文身，以示不可为王。所以这"让王"是指虞仲，但这只是吴人的表面文章，其实所祀的是五代十国中的吴让王。徐知诰（即南唐主李昪）篡夺吴主杨溥之位，迁杨溥于丹阳（今江苏南京），尊为让皇，而其太子杨琏性喜音乐，所以让皇庙神也就兼司音乐了。但此说即使成立，也仅限于吴中一地。

第三说为唐太宗之太子。据郭思九、王勇《云南省昭通地区镇雄县泼机乡邹氏端公庆菩萨调查》，老郎神在当地又称太子菩萨、老郎太子或戏主大神，传说李世民因老龙冤魂作祟，派唐三藏西天取经，取经归来，太宗在长安城设坛作斋，超度老龙亡魂。在七七四十九天的大斋中，唐王觉得只念经文太枯燥，便开台唱戏，徐茂公唱须生，秦叔宝扮武生，尉迟恭扮花脸，皇后唱小旦，唐王自扮小生。一时热闹非凡，观者甚众，人群拥挤，竟把皇太子踩死。唐太宗非常伤心，因太子死于唱戏，便封其为"老郎太子戏主大神"。

第四说为耿梦。清杨掌生《梦华琐簿》载，小霞言：老郎神耿姓名梦。昔诸童子从教师学歌舞，每见一小郎极秀慧，为诸郎导，固非同学中人也。每肄业时必至。或集诸郎按名索之，则无其人。诸郎既与之习，乐与游，见之则智能顿生，由是相惊以神，乃肖像祀之。其说颇不经。然吴人晨起禁言梦，诸伶人尤甚，不解其故。如小霞言，是禁言梦者，讳其神名也。

以上为优伶之老郎，而妓女也有祀老郎者，其神则为管仲。胡朴安《中华全国风俗志》下编"江苏"言：六月十一日，妓女有老郎会之举，俗传为老脸会。每年三次，正月、六月、十一月。或谓所祀为管仲，以管仲相齐，建"女闾三百"之故也。这说法有些冤枉管仲，因为设"女闾"的其实是齐桓公，"齐桓公宫中女市，女闾七百"见于《战国策》。齐桓公这一创举不为国人认同，纷纷议论。管仲作为贤相国，有替主公擦屁股的职责，便"故为三国之家"，也就是说自己从三个邻国各娶一妇，把国人的口舌之风引向自己。

顺便说一下另外一个梨园神"西秦王爷"，因为他基本上是"老郎神"的异名。一说西秦王爷即唐明皇李隆基，亦称"郎君爷"或"西秦王"。或说为唐太宗李世民，因其在藩邸时为秦王。传说他始创舞狮、乐阵，所以闽、台戏乐师奉为行神。又有说西秦王是五代后唐庄宗李存勖，北管乐戏奉为行神。因他曾结怨于蛇，一夜，蛇入床帐欲害，适被狗所御。故乐师忌言蛇，神像之旁塑一狗，亦此由来。按西秦王爷像旁所塑之犬，疑与"二郎神"有关。二郎本有梨园行神之说，此西秦王爷也可能由二郎演变而来。

相公（田元帅）

"相公"者，或说为唐玄宗朝宫廷乐师雷海青。据说雷精于琵琶，安禄山入长安，掠诸梨园弟子数百人，大会凝碧池强令奏乐，雷抗拒骂贼，被肢解而死。闽地梨园祀其神，而去"雨"存"田"，称"田相公"。

《三教源流搜神大全》有"风火院田元帅"，当即由田相公衍化而来：田元帅兄弟三人，长名田苟留，次名田洪义，三名田智彪。太平国人氏。唐玄宗善音律，开元时诏三人典音律，歌舞妙绝，帝封以侯爵。至汉天师因治龙宫海藏疫鬼，请教于田氏兄弟。乃作神舟，统百万儿郎为鼓竞夺锦之戏，诱疫鬼出观，然后天师治之，疫患尽消。玄宗封三兄弟爵号：田太尉昭烈侯、田二尉昭佑侯、田三尉昭宁侯。

又配祀诸神有窦郭贺三太尉、金花小姐、梅花小娘、胜金小娘、万回圣僧、和事老人、何公三九承事、都和合潘元帅、天和合梓元帅、地和合柳元帅、斗中杨耿二仙使者、送梦报梦孙喜、青衣童子，等等，多与喜庆相关。

此田元帅自为梨园神一种，而助天师驱鬼故事，也是傩戏的变形，可见古代戏曲与民间宗教的关系。

而田元帅即雷海青的演变，除了去"雨"存"田"之说外，还有一些佐证。施鸿保《闽杂记》载福建兴化（今福建莆田）、泉州等处，皆有唐乐工雷海青庙。在兴化者，俗称"元帅庙"，可见雷海青也有元帅之称。又清俞樾《茶香室丛钞》卷一五：习梨园者共构相公庙，自闽人始。旧说为雷海青而祀，去雨存田，称田相公。海青既可称田相公，何妨称田元帅。一说田元帅为天上翼宿星君，故其神头插双鸡羽，像翼之两羽，田姓像翼之腹，共字像两手两足，故其神擅技击。羽又为五音之一，故其神通音乐，俗又谓之"会乐宗师"。

另有"田都元帅"也是梨园神，与"田元帅"应该是一个神的两种称呼。仇德哉《台湾之寺庙与神明》认为田都元帅即雷海青，因海青死后，玄宗奔蜀，海青显灵救驾，时空中浮现"田都"二字，故拜为田都元帅。而沈平山《中国神明概论》则以为田都元帅即唐代名将雷万春，曾用傀儡、雷鼓吓走安禄山叛军。后来叛军赚万春城头谈话，伏弩齐发，万春嘴角中七矢，却屹然不动，敌将以为木人，引兵自退。万春凯旋回睢阳，旗帜被风一卷，"雷"字遮成"田"字，守将张巡茫然疑惑，遂以"田都"称呼。常见的田都神像，嘴角绘有蟹脚，说是睡中被杨贵妃戏绘，其实乃箭创也。

狱猖元帅

或作"武猖元帅"，伶界武生行所供行神。沈平山《中国神明概论》说：每年五月二十三日有狱猖会，武戏伶工多聚集祭拜狱猖大元帅，祭拜用黄纸书一"狱猖大元帅"牌位，案桌上供有鸡、肉、蛋等，以及短刀一把。传说狱猖乃猿猴也，为山中奇兽，平时常在深山中玩耍打架，有一武人巧见，遂把它演成猴拳、翻斗。久之，此技引入梨园武戏，因此伶人是不养猴子的。道教称寒、荽、郭、高、张为狱猖元帅。另外《鹤孙说戏》云：梨园行拜师礼，所供之神位，普通皆为翼宿星君与狱猖大元帅，据云是战国时代之五大元帅，即白起、王翦、廉颇、李牧、孙武子是也。近年武戏退化，远不如文戏吃重，故二十余年无人祭拜狱猖神。迨至民国二十六年五月二十三日，李洪春曾发起狱猖祖师圣会，颇为人士所重视。

此狱猖是不是与鲁迅先生所写的《五猖会》中的"五猖"有关，尚不清楚。但我觉得"狱猖"似是"武倡"的谐音，武倡即武行之优伶，而昌字也颇为吉祥。而所以变为"犭"旁者，或许因与"五猖"神相混的缘故吧。

狱神（皋陶、萧何、徐相公、阿瞒哥）

监狱有神，最早见于汉代。那时的狱神是皋陶。《后汉书·范滂传》云：范滂被关在黄门北寺狱。狱吏对他说："凡是被关押的都要祭皋陶。"范滂说："皋陶是贤者，古之直臣，他如果知道我无罪，自会到天帝那里替我诉冤；如果我有罪，就是祭他又有什么用！"看来那时的犯人入狱都是先要祭狱神的，而祭祀的目的是为了让自己早日离开，稍带的效益则是狱卒可以捞些好处。

皋陶一直是官方的狱神，因为他在大舜爷坐天下时，担任"士师"，也就是掌管刑狱，而且断案公允。监狱里供上他，让人觉得狱吏们个个都有决心"向皋陶同志学习"似的。而且既然这里已经供上了皋陶，那就是模范监狱，即使窦娥喊冤也没有人相信了。所以历代的监狱必须要供他，让犯人永远怀着对公正的一点希望，直到冤死为止。

民间的某些地方还奉祀萧何为狱神，清姚宗仪《常熟私志》记常熟县狱祭祀"萧王"，那萧王即是萧何。清代在苏州卧龙街乐桥上有座萧王庙，因为那里过去与处决犯人的地方相近，而因萧何为汉制三尺法，所以在此祀之。看来萧何不但管监狱，连刑场都兼了。监狱祭祀萧何，最晚也要起于南宋了。洪迈《夷坚志》载宜黄县狱有庙，奉事萧相国，也不知起于何时，一定是有些年头了。还有一个传说，说萧何之神常化作青蛤蟆出来，估计不会是微服私访，因为那样的话，官府早就有捕蛙之令了。

地方性的狱神还有徐相公，那是在明代的浙东。当时在绍兴县学之西有座徐相公庙，庙有徐渭写的碑文，道：神姓徐名龙佛，世为凤阳人。宋端平三年三月十三日生。少时曾跟着个道士拾一鸡卵，孵而成一白鸡，用以斗鸡，所向无敌。父母对他这种二流子行业极为恼火，他便离家而为县中狱长。没有多久，他改行读书，归侍父母，以孝闻名。他死后为神，宋咸淳间诏封为"白衣顶真人"。越人争相奉祀，因其曾为狱卒，故狱中亦设像祀之。此外，明代时浙江还有一狱神，叫草野三郎，其事不详，只见在田艺蘅《留青日札》中记有"草野三郎神，狱讼所祀者"几个字。

而广东一带的狱神阿蕴哥，却因为有清代两种著名笔记记录了他的事，所以较为出名。在钮琇的《觚剩》中他叫"亚蕴"，是明万历间增城（今广东增城）的狱卒，为人质朴而强健。有一年年终时，狱中重囚五十余人号哭不止，亚蕴问其缘故，众人都说："很快就要过新年了，全城的人无不完聚。我等各有父母妻子，却不能回家，所以不胜悲伤。"这些人肯定都是无辜而系狱的老百姓，亚穑便说："我与你们约定：今晚你们各各还家，到正月初二都回到监狱来。我把你们放了，其罪应死。你们如果都不回来，我肯定要死，就是少了一人，我也要死；但话又说回来，你们就是都按时回来了，我寿尽也是要死的。反正人早晚也要一死，何不行此善事。"到了正月初二那天，众囚徒全部到齐，不少一人。于是亚穑鼓掌大笑，趺坐而逝。众囚犯感激他的恩德，就把他的尸体洗干净，然后用漆涂身。此事县中呈报巡按御史，请为县狱之神。如今其肉身尚在狱中，狱中有疾病瘟疫，祷无不应。而俞蛟的《梦厂杂著》则称他为"阿穑哥"，说是广东新会人。新会土俗，凡生子最少者曰"穑"。穑字，土音呼"赖"云。

娼妓神（白眉神、潘金莲）

烟花行所供祖师各处不同，计有管仲、吕洞宾、柳下跖、潘金莲、五大仙（与平民所供五大仙的不同之处，是其中多了俗称王八的鳖一品）等，而以"白眉神"最为知名。

白眉神，妓院所奉祀之行神。明田艺蘅《留青日札》有云：教坊妓女皆供白眉神。每月初一、十五，就把手帕汗巾之类围着白眉神的脸扎上一遭，这手帕就算有了灵气。如果遇到嫖客对此妓女不中意，想调头就走的，妓女就把那手帕轻拂其面，只要一晃而过，那嫖客之心自然欢悦相从，留恋不已。这也是此行中的厌胜术。明末四公子之一的方以智，在他的《物理小识》中所记则稍有差异：妓院供白眉神，每月初一、十五，就把手帕裹上针以刺神面，然后收起来。在妓女与嫖客挑逗之时，妓女要假装生恼，把那手帕扔到嫖客脸上，再让他拾起来，这样就可以把嫖客的魂魄勾住。

但白眉神究竟是谁，则有数说。

一说为"古洪崖先生"（加"古"字是为了区别另一位唐代的洪崖先生张氲），见于明人谈迁的《枣林杂俎》："白眉神，即古洪崖先生也。"清方浚师《蕉轩随录》则说是"洪涯妓"，为三皇时人，娼家托为始祖。方氏说引自《万物原始》，但此书没见到，原文不详，也未见其他书有此说法，所以不大靠得住。而古洪崖先生则是黄帝之臣伶伦。伶伦既为黄帝乐官，后世优伶自可奉为祖师。而古时伶、伎不分，所以妓女也随着奉祀，也不无可能。此说并非妄测，唐人崔令钦《教坊记》载，玄宗开元年间，教坊两院戏呼天子称"崖公"，那就有称他为祖师之意，而崖公即是洪崖。

一说为柳下跖。不必多讲，只看清人小说《斩鬼传》就会分晓，其书有一段：含冤道："你家有白眉神吗？"柳金娘道："上边供奉的就是白眉神。"含冤扬起幔子看，果然一尊神像，两道白眉。含冤又问道："这尊神是何出身，在生时姓甚名谁？"柳金娘道："小妇人也不知其详，只听得当日老王八说是柳盗跖。"又有一段：白眉神道："俺自春秋以来，至于今日，娼妇人家，家家钦敬，大小奉祀，竟如祖宗一般。"锺馗道："将军在春秋时何等英雄，为何不树功立名，封妻荫子，反受此娼妇供奉，岂不有玷将军乎？"白眉神道："和尚无儿孝子多，那些粉头水蛋就是俺的儿子。每日享他们的供献，受用无比，何必巴巴结结为儿孙作牛马乎？"

还有一说为洪刚，大约出于闽台一带传说。沈平山《中国神明概论》说得最为明晰，原文如下：俗云"洪刚师，白目眉。没人请，自己来。"这话是台湾人平时用来讽刺贪食他人食物者；但民俗洪刚却为妓院行神，人称"客兄神"。据说日本妓院也有供奉洪刚的，其神像多为陶俑。传说洪刚是一位锅铁匠，曾得仙人授艺，平时食飧他人餐，因嫖淫妓院鸨母，两人常暗中勾搭。一天洪刚死于兴云作雾中，鸨母惊吓万分，恐事迹露扬，遂将洪刚尸体偷埋于床下，并日夕供祭牲醴。一次被夫撞问，慌道："洪刚曾夜里托梦，如日夜祭拜其灵，必能保佑生意滚滚，人流不息，又可避免硬汉闹市。"其夫被骗，欣信之。至此，妓院以洪刚为娼家保护神。笔者曾在一家古董店发现洪刚神像，头部上尖下圆，眉白眼赤，似鸳鸯，脸呈赭色。洪刚是妓院业行神，妓女一旦落户从良，须与夫同拜洪刚，谢其往日护育之恩。

沈平山所述洪刚之像正是白眉神像，其中所说的"脸呈赭色"，曾让外行人误解为是关公像，而妓院有时也竟称是关公。明沈德符《万历野获编》有云：近来妓院多供关公像，我开始以为这是亵渎正神，后来才知道不然，原来那不是关公，而是白眉神。长髯伟貌，骑马持刀，与关公很是相像，但眉白而眼赤，则是其差别。京师人互相骂街，如果骂人"白眉赤眼儿"，那人必大恼恨，此神之猥贱可想而知。但妓院中人也忌讳说供的是白眉神，就骗人说那是关老爷了。

现在不少人供关公像，有些人是出于对忠义的敬仰，自然没错。但也有为了发财，或为了逃祸的，那些像中就难免有把白眉涂黑，冒充关公的。

潘金莲为妓女所奉祀，见于张京裁《燕京访古录》，说北京东四牌楼勾栏胡同，为元时御勾栏处，中一巨第，废第花园内，有一小庙，庙内有一铜铸女像，坐式，高四尺八寸，面含笑，美姿容，头向左偏，顶盘一髻，插花二枝，身着短衣，盘右腿，露莲钩，右臂直舒，作点手式，扬左腿，左手握莲钩，情态妖冶，楚楚动人。按此第应是勾栏故址，此像当为妓女崇奉之神。但此书未说明此神为谁，沈平山《中国神明概论》认为是潘金莲，当有所据。

管仲被妓院奉为行业祖师，前面已经说过，那是贤相替昏君顶屎盆子的惯例。

　　至于吕洞宾，只是因为小说《东游记》编了他三戏白牡丹一段，便被当成嫖界领袖，白纸黑字，这还真让吕祖有口难辩。

第六编　六畜龙蛇百虫诸神

　　动物崇拜是原始宗教自然崇拜的一个重要组成部分，也是最先发达的部分。正如朱天顺《原始宗教》所说：动植物崇拜在原始社会尚处于狩猎和畜牧时最为盛行，到了农耕时代就不那样兴盛了。农耕时代，崇拜的主要对象转移到了家畜和耕畜的守护神，一般地不再把野兽本身当作崇拜对象，但图腾崇拜除外。本编所收录的牛王、马王，就是这种"家畜和耕畜的守护神"。至于蛇、蝗虫，由于它们与人们的生活关系密切，人们又始终对它们怀有相当的畏惧心理，所以对其神化并进一步人化的过程，就一直延续至近代。蚕神也是动物神，但我们已经随着"先蚕"移到了前编，去和先农、先医们并列，此处只好阙如了。

牛王

　　近代民间十月一日有牛王之祭。清李调元《新搜神记》"牛王"条：今人多于十月初一日相率祭牛王。牛于农家有功，以报本也。可是据《大玉匣记》，牛王生辰在七月二十五日，现在所以改用十月初

牛王马王

一，是七月正是农民收获时期，农忙没有空闲。由此可见，诸神的生
日也是可以随意调整的，而调整的标准则是根据人自己的需要。

　　牛神之祭，据说始自秦之怒特祠。似不妥。以牛之作用、地位，
其神化必然相当早。至于将保护耕牛之职责统一于一神，称为牛王，
始见于宋代之记载。其时所奉之神为牛首人身，可知仍保留一定的动
物特征。近代牛王神像，也有画一神化之牛者。南宋何薳《春渚纪
闻》记一事：张觐的仆人，曾做梦被人抓到一处，仰视匾额，金书大
字云"牛王之宫"。进去之后，见到他死去的姨母正在那里，因为她
生前爱吃牛肉，而且非常嗜杀，所以每天要在这里吃一升小铁蒺藜。

故事中的牛王就是耕牛的保护神，耕牛一生勤劳为人，人们本应感激，所以多是老死，一向是禁杀的。

牛王本应是牛神，但民间祭祀也有用历史人物充当的。宋元时，北方有牛王庙，墙壁上画满了牛，数了数，正好一百头，而居于中间的牛王，竟是孔子弟子冉耕，因为他字伯牛。伯牛就是"百牛"，这名字很利于耕牛的繁殖，他又是圣人门徒，想必是会很灵验的。文人俞琰见此，觉得北方人不通而可笑，其实不止北方，江南的牛王也照样是冉伯牛，只不过是他少见多怪罢了。

胡朴安《中华全国风俗志》记安徽泾县有牛王会，祀牛王大帝，大帝为汉时渤海太守龚遂。这样的安排比较合理，龚遂为太守，鼓励百姓卖刀买牛，一时地方大治，是古代有名的好干部——循吏。

马王（水草大王）

历朝祀典有四时祭马神之礼，其中春祭马祖、夏祭先牧、秋祭马社、冬祭马步。这四位都是与马有关的神明，只是性质并不相同。其中马祖为马之始源，在天为天驷，即房宿四星，大约是因为其形似马首吧。先牧，则是最初教人放牧者。马社，则是马厩中之土地神。马步又称酾神，是为害于马之神，祭之可使马免瘟疫。这四种都是朝廷祀典，据说周时就已经有了。下面主要谈民间的马神，即马王爷。

《京都风俗志》说：六月二十三日祭马王，京中畜养骡马之人、馆家及各机关皆举行之。马王纸像，纸店皆有售者，名曰"请"，请至则供于桌台，前列钱粮（即元宝、黄千张）及蜡烛、香炉、水果、鸡鱼、羊头之类。马王像红而多须，三目，一目竖立额际，六臂交叉，各执刀枪剑戟，身披铠甲，狰狞可怖，神祃上书"水草马明王神位"字样，神像之下，绘一供桌，桌前绘一小马，并供清水一碗，净草一小斗，以示专诚供此马也。与祭者皆为仆役牧卒。每届此期，不仅要为仆役等醉餍酒肉，还要照例要求主人发给银钱，以为置备祭品之需。至下午祀毕，所有供献酒肉果品，即由仆役享受，是名为供马王，实则赐宴马伕。他如养畜运货与有轿车之家，以及专倚车马为生者，莫不视此祭祀为最重。即磨面、磨油之一类店铺，亦不敢轻此典礼，以为凡驴马等之健肥疲羸、死亡疾病，莫不归马王主之。享祀丰洁，则牲畜蕃庶，营业顺利，否则灾病交侵，营业亦有损焉。至其祀典，亦甚简单，由各仆御等在供桌前烧香叩头后，即移请神祃于庭，而焚于门外，无论祭者或未与祭者，团团围坐，大享祭余。

此处提及马王的另一名字水草马明王。又有就叫"水草大王"的，见于南宋曾三异的《同话录》。可是唐末时有人生得矬而多须，被人嘲为"水草大王"，好像马王爷不至于生得如此不堪吧。这位水草马明王说是马王，就是养骡、养驴的也要祭他。马王爷神像或说是四条胳膊，或说是六条，但三只眼却是统一的。为什么有三只眼，一是据说马有夜眼，夜间行路可以观物；另一说，则是把水草马明王与另一位马王爷即"灵官马元帅"弄混了。那位马元帅面露三眼，号称"三眼灵光"，在《三教源流搜神大全》里，他与哪吒、孙行者打个平手，也算是一代混世魔王了。平时说的"马王爷三只眼"，指的就是这位"爷"。

或以汉时人金日磾为马王爷，其实并不太准确。金日磾《汉书》有传，本是匈奴休屠王的太子。汉武帝时，骠骑将军霍去病率兵击匈奴，浑邪、休屠恐惧，商量一起降汉。但中途休屠王后悔了，浑邪王便杀了他，并将其众降汉。日磾与母亲、弟弟俱没入官为奴，打发到黄门去养马，当时他年方十四。后来金日磾以功拜为马监，迁侍中、驸马都尉、光禄大夫。西汉之世，金家与张、许、史三家号称四贵，子孙世宦不绝。因为金日磾养过马，所以他实际上是养马业的行业神。

驱蝗神（刘猛将、醡神、青苗神、八蜡神）

在中国古代，蝗虫为农作物的大敌，往往蔽天而来，扫地以去，农民半年的辛劳就什么也不剩了。对这种劫匪一样的东西，靠人力的捕捉几乎没有收效，所以只有寄希望于神灵。如宋金时河南、安徽、江苏一带已经是禾稼如云，只待丰收了，突然蝗虫大起，所过之处一扫而尽。当地居民已经绝望，幸而大群水鸟啄蝗为食，竟把蝗虫灭绝了。于是朝廷便封那种水鸟为"护国大将军"。由此可以看出人们的造神心理，是与自己的切身利益息息相关的。

驱蝗之神最著名的就是刘猛将，或称刘猛将军，明清以来全国各地多有奉祀者，而以江南为最。顾禄《清嘉录》、褚人获《坚瓠集》俱载苏州一带祭神盛况：正月十三日，是官府致祭刘猛将军的日子。相传此神能驱蝗，天旱时祷雨也很灵。在此前后数日，各乡村民宰牲献醴，抬像游街，以赛猛将之神，谓之"待猛将"。会中杂集老少为隶卒，鸣金击鼓，列队张盖，遍走城市，富家施以钱粟，至二十日或十五日罢。而且三年做一大会，妆演故事，遍走村坊，众竞往观，男女若狂。可见江南祭赛猛将之盛。康熙间，汤斌曾以为其俗荒诞不经，请旨严禁。但民间并不理睬，汤斌调任之后，照样赛神。所以到了雍正时，刘猛将就正式列入祀典了。可是刘猛将究系何人，却传说甚多，至今仍难定论。

一说为宋人刘宰，见于清王士禛《居易录》。但刘宰为南宋名儒，入《宋史·隐逸传》，史无捕蝗之说。一说为南宋名将刘锜，见于朱坤《灵泉笔记》：宋景定四年，封刘锜为扬威侯，天曹猛将之神，敕书除蝗。第三说为刘锜之弟刘锐，见于明人王鏊的《姑苏志》，说他尝为先锋，陷敌保土。受封吉祥王，故庙亦名吉祥庵。但《宋史·刘锜传》中没有写他有这么一个弟弟。但《宋史》中确有一个刘锐，南宋末年守城抗元，不屈而死，只是并非刘锜之弟而已。但他是死在西北的文州，与江南相距太远了。第四说为刘韐，北宋钦宗时以资政殿学士出使金营，不屈而死。但他也是死于河北，不宜祀于江南。第五说为元末人刘承忠。陶澍《印心石屋全集》有《皖城刘猛将军庙碑记》，说神名承忠，吴川人，元末授指挥使。尝飞剑驱蝗，蝗飞境外。元亡，自沉于河，因封今号。以上数说唯此人与治蝗有关。但此人不如前数者名气大，所以即使刘猛将军是他，传到外地，也会被人附会为名气更大的刘姓忠烈了。其实刘猛将究竟是谁，本无关紧要，只要老百姓认为是一身正气，能为民除害的，都不妨当一当。

刘猛将主要是明清时信仰的驱蝗神之外，还有一位醋神，则是宋代官府主祭的蝗神。前面已经说过冬祭醋神，可为马匹消解疫病，看来他不仅有一种神通。北宋秦观、陆佃等人的文集，都有《祭醋神文》，大意是"自雨阙以来，飞蝗蔽天，敢为妖孽，土之毛发，所过为尽。惟尔有神，亦当上承天意，驱率丑类，入于江海"云云。据此，醋神应近于民间之"虫王"，掌驱除一切害虫之责。但醋神有时又误作"蒲神"，《江南通志》记海州（今江苏连云港）石㳇镇涟河西岸有蒲神庙，凡遇蝗蝻，有祷必应。即是醋神之误。

还有一位"青苗神"，他可以算是驱蝗神的一种，但所管似乎更宽一些，就是庄稼的害虫他都能治。近人柴小梵《梵天庐丛录》说到他家乡每遇亢旱螟螣食禾之时，农民必行"青苗会"。其神曰青苗神，乃一童儿，传说此童因为捕蝗而被暴日晒死，所以后人祀之为神。王树村《中国古代民俗版画》载有"青苗之神"图，并云：北京城西广

261

安门外有青苗神庙,内塑苗神、虫王、冰雹神等像。这位苗神也就是灭虫以保护青苗之神。

顺便说一下八蜡神。直到清代,各府州县都要建八蜡庙。所谓八蜡,就是自先秦时要祭祀的八神,即先啬、司啬、农、邮表畷、猫虎、坊、水庸、昆虫。八神说法不一,此处仅取郑玄之说,有"昆虫"而去掉"百种"。据说先啬就是神农,司啬就是后稷,农则为田神,邮表畷也是与农事相关的神,祭猫是因为它能吃田鼠,迎虎是因为它能吃祸害田稼的野猪,坊庸则为城隍之神,而昆虫则为虫神,也就是我们现在说的专治害虫的"虫王"。但后世的八蜡庙,虽有八神之名,却仅有祭祀虫神之实,而明清时的八蜡庙,主要就是祭祀驱蝗神刘猛将。

附:虫王(百虫将军)

伯益,又称益、伯翳、柏翳,原名叫大费,为帝颛顼的后裔,舜帝当政时为大臣。他协助舜帝调驯鸟兽,而鸟兽多为他驯服,那大约是指把野物变成了家物吧。及至洪水横流,泛滥天下,草木长得欢,五谷却没了收成,禽兽繁殖得快,把人逼得没处安身了。此时伯益给舜出了个主意,就是在山泽间纵火,这才把那些禽兽赶跑。在大禹治水时,伯益是主要助手。他们每行至名山大泽,就召其神而问之,山川脉理,金玉所有,鸟兽昆虫之类,以及八方之民俗,殊国异域土地里数,一面问,伯益就一面记下,然后他就写成了一本书,名曰《山海经》。这当然是传说,但由此可以看出,舜帝之时,伯益的地位仅次于大禹,而他是动植物学的专家。就是这一特长,使他成为民间传说中的"虫王"。

但虫王之名颇不雅驯,在南北朝之前,伯益是以"百虫将军"知名的。《水经注》中谈到有一块《百虫将军显灵碑》,就记录着这位将军是伯益。而到了明代，嵩山下尚有百虫将军庙，据传说，此庙自汉时就有了。

伯益在民间还叫稽山大王，但此称仅限于越地。浙江绍兴有禹迹寺，那是纪念大禹的祠宇，而其左楹所祀为稽山大王，稽山就是会稽山，而那大王就是伯益。

蛇王

南方多蛇，而毒蛇颇为人害，所以蛇王就是限制诸蛇不为人害的神明，但其功用也不止于此。蛇王庙以苏州、无锡、漳州等处最为有名。

苏州蛇王庙本在娄门外，奉祀者最初主要是葑门一带捕蛙为生者，大约是因为蛇好吞青蛙，与捕蛙者是同行，或者惺惺相惜，捕蛙者把蛇当成了祖师神，或许同行是冤家，则是希望蛇少吞些青蛙，留着好让自己去捕捉。但这庙时间不长就废了，又不知何年重建于娄门之内，此时来祭赛的就不只是捕蛙船了。此庙背城临水，前殿塑蛇将军，也就是蛇王了。每年四月十二日为蛇王生日，进香者骈集，焚香乞求符纸，回家粘到门户上，据说能辟毒蛇。福建漳州城南门外，有座南台庙，俗称蛇王庙。其神乃是一个和尚。相传城中人有被蛇咬的，到庙里祷告求诉，其痛自止，随即便有一蛇或腰断路旁，或首断在庙中阶庑之间，人们就说这是蛇王治其罪了。但此蛇王好像只管城里的蛇，城外林野间被咬的，怎么求祷也是不灵的。这蛇王与苏州蛇王一个是蛇一个是人，显然不同了。而另有一种蛇王是弄不清究竟是人还是蛇的，那就是"施相公"。

施相公

施相公是上海松江一带的辟蛇之神，在近代传说中，他是由人而化身为蛇王的。顾禄《清嘉录》引《华亭县志》云，施相公名谔，是宋时的一个书生。行于山间，拾一小卵，后孵出成蛇。蛇长大了，就把它放入一竹筒中存身。这一天，施谔赴省府应试，那蛇就自己出了竹筒乘凉了。此时众人只见有一金甲神人在施家，惊呼有怪，手持利器来攻，无以抵敌。报告官府，便率兵来攻，仍然不敌。这时施谔已经考完试回来了，见门前成了战场，问清缘故，便说："这是我养的蛇，不必担心。"便上前叱之，那金甲神便化为巨蛇，然后渐渐缩小，钻入竹筒了。这大官知道了，惊道："姓施的有这本事，他就是想造反也没人能制止了！"奏闻朝廷，降旨把施谔立即处死了。那蛇大怒，要替施索命，伤人数十，无人能治。最后不得已，便请封施谔为护国镇海侯。施谔生前爱吃馒头，就造了一个巨大的馒头供上，而那条蛇便也蜿蜒其上而死。至今奉祀施相公，就是用面粉盘一蛇像于馒首上，俗呼"盘龙馒头"。故事也是蛇报恩的老套，但施谔本是生人，而所豢之蛇最后与他合而为一，便化为蛇神，这构思还是很新奇的。

然而这施相公的传说很早就有，他就是南宋洪迈《夷坚志》中所说的蛇神"施菩萨"。钱林宗寓居于华亭（今上海松江）之北庵净居院，一日，有百数十条蛇出于室宇之间，卧室的屏帐、厨房中的锅盆里全是蛇。钱林宗并不大惊小怪，只是让仆人把它们驱逐走就算了。这天他散步到僧院，见有新塑神像，正是民间所奉事的"施菩萨"神，其像之前正塑一蛇。原来是院中的和尚借着民间对菩萨的迷信，刚给他立的祠宇，以引诱百姓来祷祝，而他们借此大捞一笔。林宗这才明白为什么家里突然来了这么多蛇，便取来斧子，把那像劈碎，抛入水中。那和尚当夜就卷起行李滚蛋了，而从此钱家也就宁居无事了。这座庙从此日以萧条，几无人迹，只有钱氏子孙还住在那里。谁能想到，到了清代，对这位蛇神的信仰又兴盛起来，只是把蛇神的故事编得人性化，有的甚至说这蛇神不叫施谔，而是《说岳全传》中的那位忠义施全，这真是拉大旗作蛇皮了。

蛇王三

除了上述蛇王之王，还有一种蛇王，就是善治蛇者。洪迈《夷坚志》记有"蛇王三"者，即是一例：方城百姓王三，善于捕蛇。每至人家，就能知道他家中有蛇多少，现在何处，要是有害的，他就捉住吃掉，人称为"蛇王三"。附近某村出了一条毒蟒，甚为民害，众人就凑了十万钱，请王三作法捕之。王三画地为三条沟，对众人说："如果是平常之蛇，越过一沟即死，最凶的也不过越二沟。如有能历三沟者，我就要反被它吞噬了。"结果那蛇窜出，竟然连越三沟，径直向王三扑来。王三甚为窘迫，赶快把裤子脱掉，从中一撕两片，那蛇便一分为二，死了。王三曾到麦陂村，对村里某财主说："你家有一条大黑蛇，但正在旺财，不能取。"财主不信，硬要让他取。王三便要了片纸，写了些什么，让那财主把纸片投于厨房后墙左角小穴中，然后高呼"蛇王三叫你"，随即快跑，不要回头，否则就要伤了你。那人不信，把纸投毕，停下脚还想看看会发生什么事，刹那之间，那巨蛇就窜了出来，那人吓得栽倒在地。巨蛇从旁径奔王三，王三一张袖子，那蛇竟突然变小，王三用衣袖一兜，便走了。而那财主后来果然就破了家。到建炎年间大乱，王三就不知所终了。有人说他就是蛇精。《夷坚志》中还记有一个叫成俊的，治蛇之术更神，但却偏无蛇王之称。

清人俞樾《右台仙馆笔记》记江西真人府法官治萧山临浦蛇，以剑画地为三大圈，径三四丈，自仗剑立第三圈后。众小蛇至，方至第一圈即毙，其后蛇来益大，入第二圈亦毙，最后一巨蛇长十余丈，直

蛇
王

犯第三圈，入之亦毙。与"蛇王三"画地为沟者近似。近人《民权素笔记荟萃》记一乞丐为了替百姓除治毒蛇，竟然不顾牺牲自己，与巨蛇同死，为乡人所感念，奉其神于庙，称为"厩山蛇王"。这种蛇王确实是很让人钦佩的。

青蛙神

读者对青蛙神并不陌生，《聊斋》里有两篇故事谈到此位大佬，那是湖北的青蛙神："江汉之间，俗事蛙神最虔。祠中蛙不知几百千万，有大如笼者。"那就不仅有青蛙神而且有青蛙神庙了。那里的青蛙神很不好惹，俨如一方的黑社会老大："或犯神怒，家中辄有异兆；蛙游几榻，甚或攀缘滑壁，其状不一，此家当凶。人则大恐，斩牲禳祷之，神喜则已。"下面介绍的是江西金溪和浙江杭州两地的青蛙神。

青蛙使者

江西的青蛙神主要是在金溪县，做派与湖北的差不多。县令刚一上任，必须先到他的庙里"拜码头"，礼物是必须丰盛有加的。那年有个陆县令，不把青蛙当神仙，青蛙老大觉得应该给他些颜色看，于是无数青蛙填满县衙门，地下墙上都是这些喽啰，让人无法进门，也别想出去。接着，这群青蛙又进了大堂，在县太爷的公案上也是欢蹦乱跳。再下去，厨房也被他们占领，盆里锅里全是此辈儿孙，整个衙门开不成伙食了。陆太爷大怒，便要直捣青蛙帮的老巢，把神庙烧了，不料方起此念，陆太爷的两眼就发了炎，又肿又疼，突出如蛙目。最后陆太爷还是服了"强龙不压地头蛇"的老理儿，亲自到青蛙庙里谢罪，这事情才算平息。据说这位老大是晋代就有的老蛤蟆，平日起居在一匣中。有烧香拜祀者到庙里来了，这位老大方才出来，或坐匣上，或据案头，或在梁间，但有时不只是一位，还有二三位同时出现，那可能就是老大的军师也出来了。但这青蛙神也不是流氓土匪，深明受一方香火，保一方平安之理，所以当地有了什么水旱疾疫，只要到庙里烧香祷告，他也肯出面了结。此说见于东轩主人《述异记》，董含的《莼乡赘笔》则说此神另有官称，叫"青蛙使者"。但不是蹲在一只匣中了，因为据说"状貌绝大，狰狞可畏"，平日就在郊外田野中。

《金溪县志》说得应该更为切近：此县初创时，曾立三庙以禳瘟疫，北为天符庙，南为太紫庙，中为水门庙，水门庙所祀的就是青蛙使者。使者形即青蛙，背上有七星，好事者用锡作盆，盆里放把小小金椅，那是供青蛙神蹲坐的，然后用锡盖扣上，但使者来去自如。据说创县时盖官衙，取土深数丈，得青蛙，当地人说他是掌本县的五瘟使者，所以奉祀于此。

而李元复《常谈丛录》所说却不同，但却最为可信。他说三个庙里供的都是青蛙神，只是神像却是人形，面貌或紫或黑，居于天符庙的那位号称"火眼金睛"，蹲伏椅上，极肥大，可重三四两，尻部有云纹，即俗所谓"背上七星"者，其实根本不像。后来又见三位使者都蹲在放上水的瓷盘中，大小不一，与前面说的那位号称火眼金睛的又不相同了，其中最小的才一寸多大。如果喂它们酒，它们也能喝，喝后逾时，体稍变赤，竟如醉状。这么一说，原来青蛙使者也不过就是普通的青蛙而已。

金华将军

杭州的青蛙神叫青蛙将军，又叫金华将军。陈其元《庸闲斋笔记》说：这位金华将军不常露面，如果出现，人们就根据他的颜色以占吉凶。或见一青蛙踞于案头，众人便备香烛，供以烧酒，罗拜于下。而那青蛙架子不小，连动也不动一下，过了好久，才跳到酒杯边上，两个小爪子扒着杯沿，一呼一吸的，大约也就是吸些酒气吧，慢慢地他身上的颜色就变为淡红，而腹下则灿若金色。于是众人都叫起来："将军换袍啦！"这里说的没什么神奇，所谓青蛙变色，不过是不同的青蛙上台，人们分辨不清而已。至于吸酒气而变色，那也是正常现象，即使不是金华将军，随便捉只青蛙也会"换袍"的。但阮葵生《茶余客话》所讲的金华将军就有些神气了。他说那东西"极类蛙，但三足耳"，也就是说不是青蛙，只是"像"只三条腿的青蛙。他的出现多在夏秋之交。而所降临之家，则以米酒一盂、豆腐一块祭祀他。然后就喝醉变色如仪，而其家就用盘子捧着，送到涌金门外金华太保庙中，一转眼间，将军就没影了，而其家数日内必有所获，也许是拾到什么狗头金之类的好东西吧。

但青蛙将军为什么叫金华将军呢？有人说那是声音之讹，因为杭州本来就有"金华将军"之神，或说是五代时吴越国的曹杲，因为他曾经疏浚过涌金门一带的西湖，而他又做过金华县令，或说是《水浒传》中的浪里白条张顺，因为他征方腊时战死于涌金门。但杭州人一代传一代，就把青蛙将军和金华将军叫混了，而且把涌金门的金华将军庙也变成了青蛙神祠。

龙

龙作为一种传说性的动物，产生于上古神话时期，但地位并不高，称"应龙"者为黄帝属下，"龙身人首"者为雷泽"雷兽"，而诸大神更以龙为坐骑，驱之乘之。及至传说时代，有"豢龙""扰龙"之夫，龙之为物，真与马也差不很多。迄于战国，随着阴阳五行学兴起，龙与五行五运相配合，竟成为天命象征，于是所谓"黄帝得土德，黄龙地螾见"之类的新神话出现。汉高祖刘邦出身平民，带着痞子气，便编造了他老母与龙野合的故事，让自己成了最高贵的野种。于是纬书群起效之，让传说中的历代受命帝王都成了龙与人杂交的产物。如神农是"任姒感龙生帝魁"，黄帝是"大电（闪电为龙所化）绕枢星，照郊野，感符宝而生黄帝"，而"其相龙颜"，自是遗传的结果，帝尧则是"庆都与赤龙合婚"所生，等等。王充《论衡》有《龙虚篇》，直接对龙的神圣化提出挑战，可见龙的绝对权威还是没能深入人心。虽然后世各朝帝王始终承续了以"龙子龙孙"自命的传统，但"龙"之一物，尚未成为权势者的禁脔，也就是说，龙本身也有高低贵贱之分，除了为帝王象征者外，神仙仍不妨乘为坐骑，术士仍不妨驱其行雨。

关于龙的类分，在《淮南子·坠形训》中有飞龙、蛟龙、应龙、先龙、屈龙五种，为毛羽鳞介诸属之祖。《广雅》则由形分，道：有鳞曰蛟龙，有翼曰应龙，有角曰虬龙，无角曰螭龙。而"鱼龙""龙蛇"并举，则龙不过鳞兽之长，哪吒少爷称之为老泥鳅也是恰如其分。而《白泽图》所说"鸡有四距重翼者，龙也"，"羊有一角当顶，土龙也"，"赤蛾两头而白翼者，龙也"，江河池沼之龙，其形更是不必为龙，或为鱼，或为蛇，或为蜥蜴，可见龙形之多，不拘于禽兽了。而民间传说中更有逆龙、乖龙，以至"龙生九子不成龙"之说，让这种高级杂种的"血统论"扫地无颜。

下面连类而及地介绍几种怪物，只当附录。

龙

269

附：龙九子

很奇怪，前些年不知怎么的，"龙生九子"也成了一热，弄个什么怪物就说是"龙九子之一"，好像在"三不管"的地界发现了天潢贵胄似的；而且只要一封为"龙子"，哪怕是驮着谀墓的大石碑，也自觉有了"龙二代"似的光彩了。但是西洋镜就怕戳破，戳破了就屁也不是。因为"龙生九子"这只是半句话，后面最要害的半句则是"不成龙"！

说起来，人们感兴趣的不在于龙生了九个还是九十九个儿子，而在于这些儿子"不成龙"之后成了个什么东西，想知道一下它们不同的名称、形貌和功能。关于"龙九子"这个问题的提出，各种笔记杂史多认为起于明孝宗（弘治帝）之询问李东阳。这一点没什么疑问，有李东阳《怀麓堂集》卷七十二《记龙生九子》一篇为证。文章开头即云："龙生九子不成龙，各有所好。"然后详述"龙九子"名目的产生经过，令人吃惊的是，这些名目竟然只是几个文臣临时拼凑出来以应付皇上的。

那是弘治年间的事，孝宗皇帝派个宦官到内阁大学士李东阳处，询问"龙生九子不成龙"之后究竟成了什么东西，也就是叫什么名字，有什么特征。一下子竟把李东阳问了一愣，他只记得年轻时"往往于杂书中见之"，仓促之间却怎么也想不全，又不知道到哪里去找这几本书名都忘了的"杂书"，便去询问翰林院编修罗玘。罗玘倒是老实，干脆就不知道，只好去问他的老师，时任参政的左赞，二人总算拉出个单子，但也只凑出五六个。李东阳又派人去询问吏部员外郎刘绩，刘绩不知从哪里找到一个旧册子，册子封面上写了一片字，道是：

囚牛，平生好音乐，今胡琴头上刻兽是其遗像。

睚眦，平生好杀，今刀柄上龙吞口是其遗像。

嘲风，平生好险，今殿角走兽是其遗像。

蒲牢，平生好鸣，今钟上兽钮是其遗像。

狻猊，平生好坐，今佛座狮子是其遗像。

霸下，平生好负重，今碑座兽是其遗像。

狴犴，平生好讼，今狱门上狮子头是其遗像。

赑屃，平生好文，今碑两旁龙是其遗像。

蚩吻，平生好吞，今殿脊兽头是其遗像。

这些文字从哪里抄来，是谁所抄，刘绩也说不清。这九个名目与罗玘提供的五六个有没有什么异同，也未见李东阳说明。但此时在李东阳看来，名目好歹总算有了九个，而且也够怪异，就是不对，一时间也是查无对证。于是他便把这段文字恭录下来，呈给孝宗皇帝，算是交了差。此后陈洪谟《治世余闻》、罗鹤《应庵随录》、支允坚《梅花渡异林》所记"龙生九子"俱与此相同。那是因为他们把李东阳的故事重述了一遍，而不是他们之间的"英雄所见略同"。

"龙生九子不成龙"这句话，当然早于明孝宗发问之前，它或许是来自民间，辗转为孝宗所闻，方才联想到这"不成龙"的九子是不是有什么来历和名目。而李东阳所说少时所见的"杂书"是否即为"龙之九子"的最早记录，也颇可置疑，但皇上既然已经发问，交个白卷是过不去的，于是便与罗玘、刘绩这几位当时朝廷上最博学能文的几位，一起"捏造"了九个既"不知所从出"，对不对还要"俟诸他日"的名目来应付皇上。

所谓"捏造"，倒也不是无中生有，而是李代桃僵，名目是有的，却未必与龙子有关。至于李东阳所说的"杂书"，他自己都说不出是什么，我们更是无从知晓，但有一本书出现在李东阳入阁之前，即陆容的《菽园杂记》，那里载有十四种怪物，很像是李东阳所见过却仓促之间想不出来的那些"龙子"。《菽园杂记》的原文如下：

龙

龙九子—鳌鱼

古诸器物异名：

赑屃：其形似龟，性好负重，故用载石碑。

螭吻：其形似兽，性好望，故立屋角上。

徒牢：其形似龙而小，性吼叫，有神力，故悬于钟上。

宪章：其形似兽，有威，性好囚，故立于狱门上。

饕餮：性好水，故立桥头。

蟋蝎：形似兽，鬼头，性好腥，故用于刀柄上。

螭蛭：其形似龙，性好风雨，故用于殿脊上。

螭虎：其形似龙，性好文采，故立于碑文上。

金猊：其形似狮，性好火烟，故立于香炉盖上。

椒图：其形似螺蛳，性好闭口，故立于门上。今呼鼓丁，非也。

蚼蟉：其形似龙而小，性好立险，故立于护朽上。

鳌鱼：其形似龙，好吞火，故立于屋脊上。

兽吻：其形似狮子，性好食阴邪，故立门环上。

金吾：其形似美人，首鱼尾有两翼，其性通灵不睡，故用巡警。

　　陆容自言："尝过倪村民家，见其杂录中有此，因录之以备参考。"这里说的"杂录"当是民间的一种读物，或是抄辑见闻的笔记本，以致文恪公连书名都没有记住，当然也有可能就是李东阳少时所见的那本"杂书"。但此处最值得注意的是，陆容并没有说这些东西就是"龙子"，而是"古诸器物异名"，也就是古器物上的怪兽装饰，有的形似龙，有的形似兽，有的形似螺蛳、狮子甚至美人。而他所记述的诸怪兽的功用，要比李东阳说的准确得多，比如赑屃，本来是驮石碑的大龟，李东阳却说成"碑两旁龙"，而驮碑的却成了"霸下"。很明显，李东阳的赑屃和霸下本来就是一种东西，却为了凑数而强分为两个了。

　　此外，陆容所记与李东阳所说的还有不小的差异。其中完全相同的只有赑屃，而蚩吻与螭蛭，狻猊与金猊，蒲牢与徒牢这三组其实都是同物而异名，而所谓异名也只是文字写法的不同而已。此外的那些，全不相重。如将二说相凑合，竟能得出十九种：囚牛、睚眦、嘲风、蒲牢（徒牢）、狻猊（金猊）、霸下、狴犴、宪章（以上二位都是看监狱的，有人因其功能相同，即认作一物，未必妥当）、赑屃、蚩吻（螭吻）、饕餮、蟋蜴、蟑蛑、螭虎、椒图、蚚蚸、鳌鱼、兽蚄、金吾。

在李东阳向皇上交卷子时，凭的是三个人的"记忆"（我很怀疑那个封面上写着答案的旧册子，怎么如此凑巧地就出现了），那么这十九种都可能成为"龙之九子"。而如果孝宗皇帝不提那个问题，陆容所说的这些怪物可能就与龙之九子永远扯不上关系。

此后明人笔记如陆深《金台纪闻》、李诩《戒庵老人漫笔》、江应晓《对问编》、刘元卿《贤弈编》、彭大翼《山堂肆考》、董斯张《广博物志》、沈德符《万历野获编》、穆希文《说原》、焦竑《玉堂丛语》、徐𤊹《徐氏笔精》、谢肇淛《五杂俎》等对"龙生九子"这个题目都乐此不疲，可是数目或多或少，组合也稍有异同，却基本上没有出此十九种范围。

十九种之外，只有《万历野获编》卷七补了一个"吉吊"，那倒确确实实是龙生的崽子，"又龙生三子，一为吉吊，盖与鹿交，遗精而成，能壮阳治阴痿。"但这里说的有些失真，那壮阳药不是吉吊，而是吉吊的精液，另外，吉吊也不是龙和鹿杂交的产物。五代孙光宪《北梦琐言·逸文》卷四引海上人云："龙生三卵，一为吉吊。其吉吊上岸与鹿交，或于水边遗精，形如葡萄，为壮阳药。"还有《徐氏笔精》补了一个"瓦猫"，云："好险，檐前兽。"虽然"好险"的家伙已经有了嘲风和蚚蚸，但我们宽容一些，就算是凑到了二十一种吧。

而明末凌濛初《初刻拍案惊奇》卷一《波斯胡指破鼍龙壳》，又以"鼍龙"为龙之九子之一。道："列位岂不闻说龙有九子乎？内有一种是鼍龙，其皮可以幔鼓，声闻百里，所以谓之鼍鼓。鼍龙万岁，到底蜕下此壳成龙。此壳有二十四肋，按天上二十四气，每肋中间节内有大珠一颗。若是肋未完全时节，成不得龙，蜕不得壳。也有生捉得他来，只好将皮幔鼓，其肋中也未有东西。直待二十四肋完全，节节珠满，然后蜕了此壳变龙而去。"

到了清初，王士禛《香祖笔记》卷二又把原载于《集韵》的"狴犴"加进了"龙九子"之列："狴犴，二兽名，秉心忠直。今承天门内华表顶上者是，又卫辉府前石亦是。"这二兽大约是一名牴，一名犴，我们只当它一种。承天门就是今天的天安门，我一直以为两根华表上的怪兽应该是一种东西，看来可能还是各有自己名称的一公一母了。

到此，龙的儿子已经有了二十三种不肖的怪物，也许别的书中还会有新的发现。因为《万历野获编》说了：龙之"苗裔甚伙，不特九种已也。且龙极淫，遇牝必交，如得牛则生麟，得豕则生象，得马则生龙驹，得雉则结卵成蛟。"这里当然不能说全，比如遇上刘大嫂就生出个汉高祖之类就未能列出。总之，如依此说，"驴骡犊特"、犀牛斑马都可能是龙之子孙，恐怕二千三百种也不止了。但我们还是把范围缩小一些，只管那些名目古怪的，而且只说那原始的九种。

这些乌七八糟的怪物名目究竟是从哪里来的，有没有根据？这问题其实自明时就有人留心过。正德间人胡侍著《真珠船》，对李东阳的"龙九子"做了一些源流考证，大略云：

睚眦见于《战国策》和《史记》中聂政、范雎二传。（按：《史记》所言睚眦，是指瞋目怒视，借指因小隙而生的怨恨，根本与兽无关。）

蒲牢见于《文选》班固《东都赋》薛综注。（按注云：海中有大鱼曰鲸，海边又有兽名蒲牢。蒲牢素畏鲸，见辄大鸣。凡钟欲令声大者，即作蒲牢于上。）

狻猊见于《穆天子传》《尔雅》。（按注云即狮子。）

狴犴见于《字林》。（按：狴为狱兽，犴为胡犬，原是二兽。）

赑屃见于张衡《西京赋》、左思《吴都赋》。（按：均指海中大鳌。）

蚩吻当作鸱尾，汉世越巫请以厌火。（按：唐苏鹗《苏氏演义》云蚩尾为海兽。汉武帝作柏梁殿，有上疏者云：蚩尾水之精，能辟火灾，可置之堂殿。而南宋黄朝英《靖康缃素杂记》引《倦游杂录》，则云汉武帝时术士言屋上鸱吻乃像天上之鱼尾星。）

胡侍最后的结论是：都与"龙子"无关。

而胡侍所举六种只是针对李东阳所说的龙九子，其余三子为囚牛、嘲风、霸下。霸下或作蚣蝮，皆为赑屃的音转，所谓霸下为碑座兽足，屃赑为碑两旁龙，不过是一物之两拆。明末四公子的方以智在《通雅》卷四十七中又指出，嘲风实即蚩吻，所以立于殿角。看来李东阳把一物分为二物的就不仅是霸下与屃赑一组，而他说的"龙九子"其实只是七子而已。现在九子中只剩下一个好音的囚牛没有着落，但既然其像在胡琴上，也不过是个龙头，正如"建鼓"架子檐角上的"囚牛"其实就是龙头一样。

值得一提的是，明朝末年的《十竹斋笺谱》中有"龙九子"的肖像，虽然未必是标准照，但也能看出文人对九子名目及相貌的大致认同，其名为蟋蜴、鳌鱼、螭虎、饕餮、金猊、宪章、蚸蚄、椒图、蟕蠵。李东阳所说的龙九子此时只剩下一个狻猊，还因为明显是狮子的异名而采用了《菽园杂记》的说法改作金猊，由此可见，人们对那最初的一组龙九子早就看作赝品了。

更好玩的是，陆深在《金台纪闻》中还说："昔鸱枭氏生三子，长曰蒲牢，次曰鸱吻，次曰蚣蝮。"一下子把龙之三子归到一个莫名其妙的"鸱枭氏"的卵翼之下，鸱枭氏是哪路神仙，不清楚，但鸱枭是恶鸟却是人所共知的。明人考据源流，往往空疏无根，信口开河，陆深的话自不可信，与李东阳也许正是半斤八两，但他却有意无意地表达了一个看法："龙九子"根本就是来历不大地道的一群怪胎，与龙无关。

龙生九子，不仅是不成龙，而且根本就与龙无关，所以在王士禛之后，这个题目就寂寞下来，没了声响。

还有一个问题似乎应该做些说明：为什么明孝宗对"龙生九子不成龙"这句话突然生起兴趣了呢？这样的民间俗语不会通过大臣的奏章上达天聪，皇帝另有自己"采风"的渠道，而"龙"这个词儿也确实存在着相当的敏感性，不得不让万岁爷想起自己的家族。如果龙生九子而不能成龙的话，那么要成的是什么东西呢？明代各地藩王的骄侈、暴虐和淫毒，皇帝应该是有所耳闻的，也许是这句话让他也考虑到，朱家的龙子龙孙们不但没了龙性，是不是连点儿人模样人味儿都不多了？

附：鳖宝

对于想发财的人，鳖宝是个好东西，但商店里买不到，只能靠运气碰。此物最早见于唐末，但那时叫"龟宝"。刘崇远《金华子杂编》中记道：太尉徐彦若赴东南公干，正要渡一海湾，亲随军将在浅滩上捡到一个小琉璃瓶，大如婴儿之拳，内有一小龟，长寸许，旋转其间，略无停息，瓶口极小，不知何由而入。就在这天夜里，忽觉船舷压重，及至天晓再看，见有无数海龟层层叠叠沿着船舷爬上。众人大惧，料到是那小琉璃瓶作怪，赶紧一面祷告一面扔到海里，果然那些海龟便四散而去。后来对一个经常航海的胡人说起此物，胡人说："这就是所谓龟宝，稀世之物。如果藏于家中，宝藏自来。"

到了清代就叫"鳖宝"了，《聊斋志异》有《八大王》一篇，记鳖精八大王"自口中吐一小人，仅寸许"，把此物按入人臂中。此人自念必是鳖宝。而从此之后，他眼睛就能透视了，凡有珠宝之处，就是埋在深深的地下也能清楚地看到，而平时所不认识的宝物，也一张嘴就能说出名来。姚元之《竹叶亭杂记》也记一鳖宝，与之近似而非人形：其物大如豆，喜食血。得到此物者要与它约定，相随十年或八年，每日要食此人之血若干。约定之后，即以小刀划臂，纳之于臂中，自此即能识宝。这故事已经有些与浮士德和魔鬼签约相类似了。但也有靠运气能碰上的，汤用中《翼駉稗编》记某人煮一巨鳖，忽闻锅中呼号声甚惨，掀开锅，却又没声了。等到把那大王八煮熟剖开，方见王八肚子里有一小人，长三寸余，庞眉白髯，已被煮烂。据说此物就是鳖宝，如果得到的是活的，那就发大财了。东轩主人《述异记》和俞樾《右台仙馆笔记》中都记有类似的故事，反正只有活的才能得宝，而侥幸遇到的却偏偏都是死的。但钱财虽能济人贫困，不应得到而得到的，往往又能害人，特别是王八肚子里出来的，来路便很不正。所以鳖宝带来的究竟是福是祸，也很难说的。

第七编　福禄财喜文昌诸神

福神（阳城）

福禄财喜寿，第一当然是福神，《洪范》中的"五福"是"一曰寿，二曰富，三曰康宁，四曰攸好德，五曰考终命。"只要有了福，其他的也就都有了。

但是，能把普天下的福利资源都掌握在自己手里，想给谁就给谁的，除了玉皇大帝这样的超级大神谁能做到呢？所以民间的"福神"之选虽然不少，却大多只是徒有虚名，或者只是与"五福"之一略沾些边而已。下面介绍几位，看看是否如我所说。

一，唐末星卜家的以木星为福星，也称作福神，详见第一编"福星"条。木星在天上走来窜去，只是关乎帝王将相和一些僭王偏霸狠角色的运势，具体来说，就是为朱老三篡唐造些舆论，与老百姓的福利真是半点儿关系都没有。

二，《玄天大圣真武本传神咒妙经》中说真武"天称元帅，世号福神"。真武即玄武大帝，在天上是护卫紫微宫的四大天将之一，在地上是佑护赵家江山的北方门户的神君。北方契丹、女真、蒙古造成的边患一直是赵家老倌的心病，他们用兵无能，只有把自己的富寿康宁寄托在真武大帝身上，让他把守国家的北大门了。

三，与老百姓的福祉有些关系的福神是"杨成"。据《三教源流搜神大全》卷四：汉武帝时，杨成为道州（治在今湖南道县西）刺史。武帝爱州矮民，以为宫奴玩戏，每岁贡数百人。杨成即任，上表奏闻天子："本郡只有矮民而无矮奴。"武帝感悟，自后不复取矮民。道州民为杨成立祠绘像，以为本州福神。后天下百姓皆绘像敬之，以为"福禄神"。按最后这句，道藏本《搜神记》写作"天下士庶皆绘像敬之，以为福、禄、财、门之神"。

按杨成实为阳城之误。阳城是唐德宗朝之道州刺史，治郡有德政。白居易《新乐府》有《道州民》一首，明白易懂，直接抄于此处吧：

> 道州民，多侏儒，长者不过三尺余。市作矮奴年进送，号为道州任土贡。任土贡，宁若斯，不闻使人生别离，老翁哭孙母哭儿。一自阳城来守郡，不进矮奴频诏问。城云臣按六典书，任土贡有不贡无。道州水土所生者，只有矮民无矮奴。吾君感悟玺书下，岁贡矮奴宜悉罢。道州民，老者幼者何欣欣。父兄子弟始相保，从此得作良人身。道州民，民到于今受其赐，欲说使君先下泪。仍恐儿孙忘使君，生男多以阳为字。

阳城能让百姓脱离为奴的命运，对道州民来说自是福神了。但这也要德宗皇帝的"感悟"才可实现。作为老百姓的"福神"，其权力实也可怜得很。

四，还有几位民间的福神，更是有些离谱。比如明万历间刊行的《龙会兰池录》，有"福神蒋子文死于锺山之下"之句。蒋子文是个有些痞子性的地方神道，后面有专题谈及，居然被当成福神，不知是哪里出了错。

五，又有把"上元天官"充为"福神"的，其源盖出于旧时堂会开场的加官戏《天官赐福》。所谓上元天官赐福，中元地官赐禄，下元水官赐寿，更有的则于三官之外再加上天福、天禄、天寿、天喜、天财五星君。"天"者"添"也，"天官"就是"添官"，那是只图场面上热闹，哄得做寿的老太爷傻高兴，其实上元天官与福神根本扯不上关系。

另外，民间又有以福神即送子张仙者，又有以魏征为福神者，皆见于民间神祃，没什么实质性内容，也是百姓求福心切，见什么神道都想叫福神老爷了。

禄神

所谓禄神，其实就是禄星。"福寿禄三星"是天上的星体，可是一旦画为吉祥图画，就成了三位老爷，这时不可具象的禄星就成了人格化的禄神。禄有宽狭两解，一是官禄，当官才能有的。正如《王佐断臂》中唱的"食君禄，报皇恩"，吃主子的钱粮，就要为主子卖命，不能像当年在洞庭湖当"贼寇"时那么逍遥放荡了。至于渔牧耕樵之类草民，就属于"无禄"之人，吃的用的都是自己辛苦挣命换得。常见旧时代文人写的什么"义仆""义樵""义丐""义民"之传，扼腕感慨，大意往往是：你看人家这些贱民，虽然没有吃一粒皇粮，却是舍出性命报皇恩，难道不让我们这些有官有禄有身份的感到惭愧吗？广义的则是"食禄"。食禄并不限于入口填腹的东西，大凡人活一世所能享受的一切，声色犬马都在其内。这种禄就有我等草民的份了，但往往食不果腹，这点儿禄实在见不得人。可是各人有各人的禄命，

禄神

福禄寿喜

这禄命却与万岁吾皇无干，是老天爷安排的，具体办事的则是禄神，刁民如果觉得不公，就找他说去。

可是禄神虽然忝与福、寿并列，其真实的地位却颇为尴尬。因为论官禄，对于学而优则仕的读书人来说，真正的禄神乃是文昌帝君，拿不到功名就无禄可言。而论起全民性的食禄，则不如拜财神，就是愚民也知道，那几文铜钱就是自己的禄。这样一来，禄神的香火被文昌和财神所瓜分，剩下的也就没有几多了。于是在民间信仰中，禄神连个姓名都没有，世情冷暖，让人寒心。

可是元杂剧中有一出《庞居士误放来生债》，里面有位神道，自称"注禄神"，应该是禄神的另一个雅号，倒是有名有姓的。庞居士向他请教高姓大名，这注禄神却是前生欠了老庞银子的李孝先！所谓"注禄",本意是为人注定一生禄命,其权甚大,此处却成了插科打诨的材料:你这辈子是欠账不还的老赖,死后就能成为人人供养的注禄神。

另外,禄神又叫"禄粮神",见于《六壬大全》;又叫"食禄神",见于《星学大成》。算命先生算起某人的禄命,就是看你这辈子能吃多少石多少斗的皇粮。所以这后两种称呼较为贴近事实,不过是掌管发放大小官吏俸禄钱粮的神吏而已。至于能不能当官,官能当多大,这权力本来属于天帝,但后来下放到文昌帝君那里了。在天上,司禄只是文昌宫中的一个小星,用官府的话来说,就是文昌宫这个大衙门里的一个只管发放钱粮的小衙役而已。

文昌帝君(陷河神、张亚子、梓潼帝君)

文昌帝君是由文昌星君演变而来,二者既有名义职能上的共性,论起来头却是一天一地。关于文昌星神,在本书第一编"文昌"一章中已经交代过,但作为民间信仰的大神文昌帝君,却似乎是由精怪、地方丛祀而演变为全国性大神的。文昌帝君的发迹史在民间诸神的演变形成中很有代表性,不妨作为个案多说几句,让我们先看三个故事,它们既是三个独立的传说,但在一定条件下,便拼成了一个大神产生的三个阶段。

一、陷河神的故事。

嶲州嶲县(今四川西昌),也有的说是在越、嶲二州交界之处,即后来叫梓潼的地方(在今四川绵阳东北)。有张翁夫妇,老而无子。张翁每天就靠着上山砍柴为生,一天,他不小心以柴刀划破了手指,其血滂注,滴在一石穴中,张翁用片树叶把小石穴盖好,就回家了。

过了些天他再至其地，把树叶揭开，自己滴下的血已经化为一条小蛇了。张翁见小蛇对自己颇似依恋，就截了一节竹子，把蛇放入，揣回家了。老两口把小蛇当孩子一样，平时就喂它些杂肉，而小蛇也很驯顺。可是时候一长，小蛇成了大蛇，一年后，就趁夜溜出去盗鸡犬而食，二年后，就盗食猪羊了。其后县令失去一马，寻其踪迹，找到张翁之家，可是那马已经进了大蛇的肚子。县令大怒，斥责张翁畜此毒物，服罪也不行，必欲杀死此蛇。可是就在这天晚上，雷电大震，一县并陷，化为巨浸，渺渺无际，全县只有张翁夫妇活了下来。其后人蛇俱失，因改此地为陷河县，而这蛇也被称作张恶子。

这个陷河神的传说始于何时，不清楚，只是最早见于五代王仁裕的《王氏见闻》。龙母和城邑陷没为湖的故事所在多有，最早的起码可以上溯到秦汉。陷河县这地名于史无据，显然只是个流传于村老口耳之间的故事，也就是陷湖故事的一个版本。如果到此为止，也就没什么稀罕。可是这只是故事的开头。

二、张恶子和姚苌的故事。

这故事有多个版本，大同小异。大致是说五胡十六国时期，羌族首领姚苌游蜀，行至梓潼，见一人平民衣着，道："君宜早还秦地，秦地将无主。其康济者在君乎？"姚苌问其姓名，道："吾张恶子也，他日勿相忘。"姚苌回到关中，若干年后，果然篡取前秦，建后秦而称帝了。此时他便派出使者到蜀访求张恶子其人，访而不得，便为张恶子立庙于梓潼，此庙人称"张相公庙"。这样张恶子就成了享受一方香火的小神。

姚苌游蜀，说得很含糊，故事再经文人之手，便有了些历史依据。原来那游蜀，是姚苌当时正做着前秦苻坚的左卫将军，跟随杨安伐蜀。据晋人常璩所著《华阳国志》记载："梓潼县郡治有五妇山，故蜀五丁士所拽蛇崩山处也。有善板祠，一曰恶子。"常璩去世之后

文昌帝君（永乐宫壁画）

五十多年姚苌才称帝，可见张恶子这庙在姚苌出世之前就存在多年了。如果他们之间有什么关系，顶多也就是扩建重修一下吧。《华阳国志》这条材料很重要，首先它是关于恶子神的最早记载，二是点明梓潼是五丁拽蛇崩山之处，这是把陷河的蛇精与恶子神串到一起的关键。

到了唐代，张恶子庙已经有些名气了，（李商隐写过《题张恶子庙》的诗。）据说安史之乱时，唐玄宗奔蜀避难，途经梓潼，张恶子屁颠屁颠地跑到万里桥显灵接驾，后来玄宗回京，赏给他一个左丞相的官衔。再后来，唐僖宗也逃难至蜀了，此神再次离庙十里，匍匐迎驾，雾中现形。这两次朝见的万岁爷，虽然是已经过气的天子，却让张恶子的地位又升了一格，据说被封为英显王。来庙里烧香的人越来越多，前蜀、后蜀小朝廷有了什么疑难事也要派使者来抽签求梦了，可是梓潼的地方小神与主持文运的文昌神还是相距十万八千里。

三、梓潼神的故事。

张恶子的发迹是北宋间的事。话说宋真宗大中祥符年间，西蜀有两位穷举人入京赶考，行至梓潼张恶子庙。此神这时已经有了"英显王"的封号，灵响震三川，凡是路过者必要祈祷。二举子过庙时已是黄昏，风雪交加，天寒地冻，便入庙各祷于神，占其得失，祈梦为信。二位在庙中廊下席地而寝，风雪越来越大，忽见殿中灯烛如昼，一桌桌酒席上肴俎甚盛，人物纷然往来，传导来客入席，俱是五岳四渎的大神。诸神杯觥交错，劝酬一如世人。忽然其中一神道："天帝命吾辈作来岁状元赋，当先议题目。"于是众神定以"铸鼎象物"为题，各分一韵，删削润饰，定成一赋，然后高声朗诵一过。二位举子心想："这不正是为我们准备的吗？"亏他们记性甚好，立时记诵无误。天将破晓，诸神各各辞别，庙中寂然如故。二举子赶快把记下的赋录于书本之上，拜神辞庙，继续赶路，一路上得意扬扬，料定本榜状元就是两人中的一个了。到了京城，引保就试，一路顺畅。直至御试，御题正是《铸鼎象物赋》，连韵脚都和神定的一样。可是这二位下笔欲书，默记下的赋文却一字也想不起来了，不得已，只有草草信笔而出。及至榜发，二位皆被黜，状元乃徐奭也。徐奭的卷子印出发卖，二位买来一看，与庙中所记者无一字不同。故事的结局是：二位明白了，世间得失皆有天数，就是文章也有神鬼借手，于是罢笔入山，不复从事笔砚云云。

这是梓潼神第一个与科举文运有关系的故事，见于叶梦得《岩下放言》。叶梦得是北宋末南宋初人。与他同时的蔡绦在《铁围山丛谈》中也记录了梓潼神主科举的故事，到了南宋，这类故事更加多了起来，洪迈《夷坚志》、岳珂《桯史》都记录了一些。关于北宋哲宗元祐三年加封梓潼神为"辅元开化文昌司禄帝君"的说法虽然有些可疑，但南宋朱熹说的"蜀中灌口二郎庙，又有梓潼神，极灵，今二个神似乎割据了两川"这话，却是千真万确。也就是说，到了南宋，梓潼神张恶子的势力已经不限于西蜀一方，连南宋都城临安的吴山承天观都有了他的一席之地，凡四方士子求名赴选者悉来祷之了。

到南宋后期，梓潼神的封号已经是"惠文忠武孝德仁圣王"，而且已经受到大批应试士子的追捧，却还不是文昌帝君。为什么呢，因为赴试士子追捧的神道并不止梓潼神一个，如东梨岳庙神、广德的祠山神、杭州的二相公庙，前来拜祷的读书人都不少，也就是说，司掌科名还不是梓潼神的一家专利。

比较可靠的说法是，张恶子封为文昌帝君最早也不过是元朝的事。有道士上言，说上帝命梓潼神掌文昌府事及人间禄籍，于是朝廷加其号为"辅元开化文昌司禄宏仁帝君"，而天下学校亦多立祠以祀之。到了明代，他的庙索性升格为文昌宫。直到而今，无人不知文昌帝君是我们读书人的祖师爷了。至于孔夫子，在猎取功名上不在行，只能做书呆子的祖师爷。

可是读书人的祖师爷如果竟是个攘鸡窃狗甚至制造灭县惨案的蛇精，也委实让人丢面子。当然，如果他真的能开一代文运，以往的错误也不妨忽略，白素贞水漫金山，湮没的民居和百姓比张恶子只多不少，不是还可以作为"西湖文化"的代言人吗？问题是这位攘鸡起家的张恶子认不认字都很难说，怎么能指望他掌管文章之府、选拔天下英才呢？于是到明朝弘治年间，由礼部尚书周洪谟领衔，认为文昌六星为天之六府，与梓潼神毫不相干，各级学府的文昌祠，必须立刻拆除。但这提议后来好像不了了之了。有趣的是，明朝末年张献忠破蜀，"老子姓张，你也姓张，我们联宗了罢！"这个大文盲竟追尊梓

文昌帝君（陷河神、张亚子、梓潼帝君）

潼神为"太祖高皇帝",重修了七曲山大庙。

维护梓潼帝君而为其张目的一派势力很大,但主张却不尽相同。一个是,晋朝时的恶子庙即善板祠,供奉的不是蛇,而是晋朝的一位武将,因其战死于梓潼,所以土人为他立了这座小庙。第二种说法是,张恶子虽然是蛇,但不是一发脾气就弄得地陷为湖的恶蛇,而是五丁开蜀路时,为了护卫蜀国而阻挡五丁,最后是五丁拔蛇尾,搞得与五丁同归于尽的那条爱国者大蛇。

以上两种说法都不是没有道理,但却难于把恶子神和国家的文运挂上钩。于是出现了第三种说法,这个文昌帝君根本就不是那位张恶子,而是西汉时治蜀的文翁大人。那时蜀地偏荒,本无向学之士,蜀郡太守文翁便派大才子司马相如到都城学习七经,回来之后再教授蜀民,成绩不小,搞得蜀地学风一时竟可与孔孟二先师的齐鲁相媲美。蜀人感念文翁给本地带来中原文化,为其立祠,这才是文昌帝君的原型。这当然是附会,而且文翁立祠于成都,怎么会跑到梓潼成神呢?于是又有了"梓潼文君"之说,东汉初年的文君是梓潼人,为官益州(汉时治今四川广汉)太守,其子名怆,为北海守。父子相继,同典大郡。于是文氏便成了梓潼衣冠大族,想必在文君死后,益州百姓为其立祠,相沿日久,就为百姓附会为文昌之神。这说法比文翁之说还要牵强,作作标新立异的文章尚可,让人接受实在是太难了。

最后的一派是历史虚构主义,根本不管什么典籍记载,钩索考证,就是痛痛快快地为文昌帝君重新编造一套历史。那成绩就是四卷本的《梓潼帝君化书》,由文昌帝君亲自降鸾,以第一人称缕叙自己数千年以来的光辉历史。文昌帝君原来是天上二十八宿中的"张宿"下凡,先为黄帝之子,名挥,因为发明了造弓弦、张罗网,便以张为氏。于是一代又一代地转世投生,多为当世张姓名人,如《诗经》中说的"张仲孝友",即是其一。不厌其烦地投了七十三世的胎,世世为士大夫，这才修成了文昌帝君的正果。这本《化书》的文笔不像士大夫，却似学着佛经编故事的妖道。可是民众喜欢的就是这种妖道式的胡天胡地，于是红太阳高高升起，爝火自然就暗淡无光，谁要是不同意《化书》的历史，我们老百姓绝不答应。这《化书》从互联网上可以找到全文，有兴趣的不妨搜来看看。

20世纪90年代，我和吕宗力先生在梓潼七曲山大庙曾拜访过当地的谢焕智先生，据他介绍当地的民间传说，亚子本来是个树神。传说在大禹治水至梓潼七曲山，战水妖不胜，夜梦童子言道："大王欲胜水妖，须造独木舟，我辈愿意献身相助。"大禹醒后，循童子所来方向登山，见大树参天，禹率众伐之，造独木舟，终胜水妖。禹遂封大树为椏枝神，讹为亚子。又因童子托梦，遂称此地为"子同"。值得一提的是，梓潼祖庙有瘟祖殿，其像面目狰狞，手持如意，据谢先生说，瘟祖为文昌化身，震慑五方瘟神。往昔每值春节赛会，民间即以圣父（文昌之父）、文昌、瘟祖三神木像置于轿中游行，驻于城内文昌行宫，分置三殿，供士民祭拜。由此可见，"文昌帝君"在梓潼本来就是一个兼职甚多的地方神，如同包治百病的僻乡村医一样。

附：天聋地哑

梓潼县大庙是文昌帝君的祖庭，这组建筑坐落于秀丽的七曲山中，重阁回廊，殿宇堪称宏峻。我曾经拜谒过帝君两次，第二次是20世纪末的一个夏天，和吕宗力先生一起，领略了当代"举子"高中毕业生们求签拜祷的盛况，应该不亚于某些名刹在大年初一的烧头香。但七曲山大庙中的文昌帝君，并不像佛寺道观那样，排上十八罗汉、四大天师之类做陪衬，烘托得好像进了天宫似的。我印象最深的帝君像，就是戴着个斗笠，骑着只白骡，一副进京赶考的举子模样，只是寻常人的身材，没有唬人的丈二金身。而下面站立的两尊塑像则

文昌帝君（陷河神、张亚子、梓潼帝君）

是天聋地哑，书童装扮，无须说明，只看那脸上的神态，就知道哪位是聋君，哪位是哑爷。塑像的作者真是民间的无名大师。相形之下，矗在魁星阁那位青面赤发、脑袋几乎顶破屋梁的魁星大爷，其审美观则近于某大导演的满大浓艳一派了。

天聋地哑这二位侍者神，其产生不会晚于明代，也就比梓潼神正位为文昌帝君稍晚些年，不见于正宗史传，纯粹的民间创作，所以只在通俗小说中能见到简单的记录。清人伏雌教主《醋葫芦》第十六回有道："文昌得旨，即忙骑上白骡，天聋前导，地哑后随，朱衣掌科甲之案，魁星携点额之笔，驾起祥云，霎时已到西天门外。"

但为什么本应玲珑剔透的文章司命要找两个残疾人做侍童呢？两种解释，均属猜测。一是明人王逵在《蠡海集》中所说："梓潼文昌帝君有二从者，一曰天聋，一曰地哑。盖不欲人之聪明用尽，故假聋哑以寓意。"此说颇为费解，意思好像是，这二位书童是非常聪明的，但在文昌帝君面前不能显得太聪明，所以就让他们成为一聋一哑，把那些聪明憋在肚子里，想用也用不出来了。但这样看来，文昌帝君也有些缺心眼，这样的聋哑人使唤起来岂不大费周折？不要说赶考路上误入歧途后形同问道于盲，若是碰上劫道砸明火的更是懵然如痴了。清人徐道《历代神仙通鉴》卷十一说的还是比较在理："梓潼帝君为文章之司命，贵贱所系，故用聋哑于侧，使其知者不能言，言者不能知，天机弗泄也。"其说正如古希腊神话中的财神是个盲人。这让人想起前面讲的两个举子的故事，他们偷听了试题，而且得到了标准答案，如果到京城卖了出去，非要搞出个科场大案不可。科举考试对于士子真是关系到一生的前程，考上了可以直上青霄，落榜的就是跌落泥涂，防范不可不慎。但据实而言，这天聋地哑其实不过是装聋作哑，历来的考场没有不泄漏考题和答案的，我想根子应该就在这二位上，当然这先要假设文昌帝君自己不亲自卖题。

附：朱衣

朱衣神，又称朱衣老人，还有叫朱衣星君的，不过是按惯例加个"星君"头衔抬抬身价，其实与天上星宿并无关系。他是文昌帝君的属神，俗说掌管科甲之案，但从历来故事中，更似是考生（当然是一定能夺魁的那些）在考场上的保护神，兼有报喜的功能。

五代王定保《唐摭言》有一故事，言钟辐于南康山中建山斋为读书之所，手植一松。不久即梦有朱衣吏来道："松围三尺，子当及第。"要等到小松树长到三尺之粗，这辈子是没希望了，所以钟辐心里很恼火。可是三十年后，钟辐中第了，那时他早就不住在南康山中了，便找人到旧日山斋中看看那松树，果然已经有三尺之围了。又，书中王定保记自己三次被举，都落了榜，这年他游庐山，便向庐山九天使者庙遥遥祷祝，晚上就梦见来一朱衣道人，身长丈余，将青灰撒到自己身上。果然这年第四次赴举，就高中了。这都算是"朱衣人"与考试相关的掌故，可是这二者之间没有必然联系，穿着朱衣的神明还有降灾劈人的火神、雷神呢。真正让举子把朱衣人明确定性为保护神的，则是一代文宗欧阳修的一个故事。

故事出自北宋赵令畤的《侯鲭录》，言：欧阳公知贡举，每阅试卷，坐后常觉一朱衣人点头，再看此卷，文章果然不错，可以入格。接连数次，开始欧阳修以为那朱衣人是随侍的官吏，及至回头看时，却是一无所见。他把这怪事告诉了同列诸官，为之三叹。叹什么？叹这科场之上有神明暗中监护。所以欧公尝有诗句云："文章自古无凭据，惟愿朱衣一点头。"又云："清夜梦中糊眼处，朱衣暗里点头时。"考官夜深阅卷，困极眼花，但此时尚有神明监护，不敢草草了事。苏轼兄弟和曾巩都是欧阳修所取之士，唐宋八大家里他们师弟就占了一半，所以他说的朱衣人能为人所认可，这才成了科场的神明。但那时还没有文昌帝君，所以朱衣还谈不上是文昌的属神。

天聋　　　　　　　　　　　　地哑

　　朱衣人成为文昌属神，应该是明代之后的事。清人金捧闾有《守一斋笔记》，言宜兴储孝廉将入考场前一夜，梦至一殿，中坐文昌帝君，旁侍朱衣神。这就明确把朱衣作为文昌帝君的侍神了。又天津杨柳青年画有"朱衣老人"神祃，此神手持一书，上有"阴骘"二字，代表着此书即《文昌帝君阴骘文》，同时也代表着朱衣老人是文昌帝君的属下。姚福均《铸鼎余闻》引《和州志》云："十月十三日祀朱衣神。"这似乎有些打点后门之意。其实据朱衣神的本始功能，他只能见到好文章才点头，如果奉上的货色不对，老人家可能要像《聊斋》说的"向壁大呕，下气如雷"了。

附：五文昌

姜义镇《台湾的民间信仰》言：本省有二十余座庙宇主祀文昌帝君，有三座庙宇合祀五文昌。五文昌即梓潼帝君、文魁夫子、朱衣星君、孚佑帝君、关圣帝君之合称。

看台湾五文昌的塑像，文昌帝君居中位，其右第一位为孚佑帝君即吕洞宾，传说吕洞宾是落第举人，可以代表举子们伸张正义，主持公道，应该有他的位置。吕洞宾右边坐的是朱衣老人。其左第一位赤面大神为关圣帝君无疑，因自明代时，就有关圣帝君为监镇贡院考场主神之说。明末人有《集异新抄》，其卷四"场屋"条云："世传科场事壮缪主之。"即是。而关圣左面那位青面獠牙的则是魁星，只是这里有个文绉绉的新头衔，叫作"文魁夫子"了。文昌帝君只有一个，但另外四位到了文昌宫也就是文昌之神。帝君左右一文一武（但吕洞宾可是背着斩过黄龙的宝剑），分别监临考场内外，防止官邪徇私舞弊，妖物骚扰作怪，剩下的就是朱衣掌管阅卷，魁星点元开榜，整个科举流程就都置于文昌宫诸神的监督之下了。

财神

"财神"是个功能性很突出的神名，如果我们把以求财为目标而供奉的神明都叫作"财神"的话，那么从玉皇大帝到潘金莲，可能总有一多半带有"发财"的职能。特别是在当今一部分人已经富起来而剩下的另一部分也想富起来的时候，那么他们如果要一路烧香磕头下去的话，在上的诸位不论是佛是道是神是妖，就大多被寄予了助我发财的厚望。所以这里要说的"财神"就不能那么宽泛了，那些被财迷先生太太们强行委任的诸位，此处尽量闪开，但对于"兼职"的财神，就不能不慎重地有选择地保留，因为纵观中国神谱，真正专职而居于正位的财神几乎没有，像招财童子之类，其实只是财神的跟班，就如宰相的家丁、门房一样，算不得真正的财神的。

我国的财神既多且乱，而这乱都是想发财却尚未发成的人，以及投这些人所好以行蒙骗之技的江湖术士编造出来的。比如有把五路财神实以五位历史名人，说某路某财神掌管你几十岁时的财运之类即是。这些我们都不必理他。另外，像现在常说的文武财神，诸说纷纭，或说文财神就是增福财神，而玄坛元帅赵公明为武财神；一说赵公明就是增福财神，而关圣帝君是武财神；一说文财神是商朝的比干，而武财神或是关圣或是赵元帅。一个地方一个说法，其实这种分别并没有什么用处，当官的分文武，他们所拜的财神连正邪都不分，还分什么文武？

增福财神

历代国家祀典中，有"福寿禄三星"的位置，却从来没有财神。财神完全是民间神祇。把"财"从"禄"中分离出来，起个"财帛星君"的名，其实只是为了和福、禄、寿三星看齐。可是在民间神像中，财帛星君往往画成"白白胖胖，五绺胡须，穿红袍、相貌，手持'天官赐福诏书'，像是一位大官人"（见《民俗艺术探源·年画艺术的大发扬》），简直就是福神的双胞胎，特别是那卷"天官赐福诏书"，明显就是福神的招牌。（也有左手执玉如意，右手捧着写有"招财进宝"四字的宝盒，但衣冠仍然与福星相同。）福、禄、寿三星的外貌各有特色，一望即可分别，民间神像再造出个有特色的财神形象并不太难，以我浅拙的思维能力，也能想出个赤金面皮、元宝头型的方案来。但民间画师所以要把财神弄成活脱脱的一个二号福神，应当是另有深虑。

增福财神

　　自从用钱可以买地位、买身份、买名爵、买官帽之后，有财就相当于有禄，甚至胜过有禄。但有财却未必就有了福，在那年代，更多的可能是祸源，像沈万三遇上了朱洪武，就是把钱全捐出来，也难逃发配流放。所以财神只送钱不能说就是好事登门，必须让这钱带着福气而不是祸水才行。又要发财，又要平安，正是"东家食西家宿"的好事，却只是一场难于实现的春梦。可是正因为是梦，所以才为人所向往、所祈求。而最稳妥的办法，就是让福神来兼职财神，于是"财神"前面加了个"增福"，身份自然就有了变化，好像我们看到"储蓄"前面加了个"保本"一样。仇德哉在《台湾之寺庙与神明》第四册中，说"增福财神"是福神阳城演变而成，便泄露了人们的保本心理。

增福财神的出现年代肯定不是最早，而且名头似乎也没有赵公明他们响亮，但他无疑是最正的财神。所以明清时京师的财神庙就叫增福庙。

补充一点，诸神中还有个增福相公，名叫李诡祖，有人把他和增福财神混成一个，硬派作"东北财神"，这是不对的。其实他是个冥神。《三教源流搜神大全》卷三说他："白日管阳间冤滞不平之事，夜判阴府是非枉错文案。兼管随朝三品以上官人衣饭禄料，及在世居民每岁份定合有衣食之禄。"生前是个包龙图似的走阴判冥的清官，所以死后让他在冥府中掌管人间官民的食料，绝无监守自盗之虞。但我们此世的一饮一啄都由他在冥府的食料簿中铸成了铁案，再怎么磕头烧香都不会给你添上一文钱一粒米，这算是财神吗？

利市仙官

利市仙官，在明代的《封神演义》中，和招财使者几位一起成了给赵公明站班的侍神，真让人有"哀王孙"之感。因为利市仙官本是个正牌的财神，不仅其资格早过增福财神，而且就是增福财神的前身，至于赵公明之辈，那时可能还给老道张天师做护坛呢。

利市仙官之神，最晚也在南宋时就出现了。元人夏文彦《图绘宝鉴》卷五记载："宋嘉禾好为利市仙官，骨格态度，俗工莫及。"一个"好为"，说明利市仙官不是只有他一人在画，应该是较流行的题材。宋嘉禾着眼于"仙官"，强调的是骨骼清奇，而俗工即民间画师必须着眼于"利市"，应该是"白白胖胖"富家翁的模样。夏文彦的立场是已经做了或准备做官僚的文人，所以他赞赏宋嘉禾的骨格态度，但这并不等于宋嘉禾画的利市仙官最标准。依我的看法，俗工所画才是为民众所承认的标准财神，而宋嘉禾所画只是迎合文人欣赏习惯的变格。但在宰官的身份服饰上，双方是共同的。正因为如此，我认为从形象上看，利市仙官可以说是增福财神的前身。

同样是元人的虞裕，在《谈撰》中说"江浙间多祀一姥，曰利市婆官。或言'利市波'乃神所居地名，非婆也。"地名"利市波"之说，是文人以破除迷信为自作高明的惯例。其实人们见"五髭须"（伍子胥）相公和"杜十姨"（杜拾遗）太太各自形单影孤，尚且要拼到一起，那么受人欢迎的一个发财仙官，怎能不给配个婆娘呢？另外，江南为蚕桑纺织发达地区，江南妇女供个仙官在织机边上，颇有供奉"五通"之嫌，还是供个婆官比较便于交流吧。《谈撰》所记多是宋时事，这利市婆官当不例外。

附：比干

把比干附到此处，是因为他也是宰相的形象，而且与增福财神相貌无别。民间信仰中诸神画像往往透露出他们之间的联系，我认为作为财神的比干，其实就是增福财神的衍生物，甚至可能是一个带些搞笑的版本。至于把比干当成文财神，与武财神关羽作对贴在大门上，起码在一文一武、忠臣良将上说得过去，比一边是黑脸的赵公元帅，一面是红脸的关圣帝君要受看多了。但比干怎么会和财神沾上关系的呢？

《细说中国民间信仰》一书说："民间传说中还有一位古灵精怪的财神，那就是商朝的大忠臣比干，被纣王挖了心，居然不死。在封神榜上，比干被封为北斗七星之一，民间则尊之为财神，难怪许多有钱人都变成没心肝了。"

这最后一句虽然是调侃，但也可备一说。但要补充一点：比干本来是有心的，而且是"玲珑七窍之心"，正是工于算计（并非贬义）

的商人最需要的。这才是比干成为财神的更主要的理由。次要的理由则是，比干的"亚相"形象可以和增福财神接轨，增福财神无名无姓，安上个古贤比干的名字也不辱没他。如此细想起来，比干做了财神也并不"古灵精怪"。可是世上想发财的人多半长不出玲珑七窍的心，仅有的那三四窍也往往被猪油糊住；糊住倒也无妨，只要别把心丢了就行。

比干怎么从玲珑七窍心变成丢了心，赏光看这本小书的读者肯定熟读过《封神演义》，那就不必浪费时间了。

赵公明（玄坛元帅、赵公元帅）

赵公明有三个神职，瘟神、玄坛元帅和财神。三者跳跃距离太大，只好分别介绍。赵公明成为财神，在元代的《新编连相搜神广记》中已经见了端倪。

《新编连相搜神广记》后集"赵元帅"条中，赵公明的神职是正一玄坛元帅，但其职能除了为正一道做护法之外，还有："至如讼冤伸抑，公能使之解释公平；买卖求财，公能使之宜利和合。但有公平之事，可以对神祷，无不如意。"这已经涉及了钱财事务，但还不能算是财神，只能是商贾的保护神。赵公明越权涉足于商业纠纷，似乎有些匪夷所思，但也自有其理由。一是他在元代成了正一道护法，手握重权；二是他的名字"公明"二字，或者可以博个口采，让人联想到商贾间的行业规范，以"公平光明"达到"宜利和合"。

而从商业的保护神晋升为财神，则见于明代的《封神演义》。

《封神演义》一书的雏形是南宋时的《武王伐纣平话》，那书中的赵公明是纣王五将之一，被姜子牙设计用毒酒药死。另外四将是史元格、姚文亮、锺士才、刘公远，全是自晋代以来流祸人间的瘟神。相传为晋代道士编写的《神咒经》，列举诸瘟神之名为刘元达、张元伯、赵公明、李公仲、史文业、锺仕季等,《平话》五将的名字虽然与它们不尽相同,但也可以看出之间的因袭关系。所以在《平话》产生的宋代,赵公明还是瘟部大将,他们助纣为虐的资本也是因为有散布瘟疫的本领。而这时,利市仙官及其婆娘的声气已经遍及南北了。

《封神演义》成书的具体时间虽然众说纷纭,但说是明代中期总不算错。小说中的赵公明是峨眉山罗浮洞修行的"道者",两个门徒是陈九公、姚少司,与西岐对阵时则骑黑虎、持铁鞭。姜子牙封神时,开出的名单是:赵公明为"金龙如意正一龙虎玄坛真君之神",部下四位正神是招宝天尊萧升、纳珍天尊曹宝、招财使者陈九公、利市仙官姚少司,神职为"迎祥纳福,追逃捕亡"。这四名部下的神号和名字已经和五瘟使者的另四位毫无牵连,明显是另一班人马了。奇怪的是,麾下四位正神都是财神,赵公明的封号却与钱财无关,他的正式身份和元代一样,还是正一道派张天师部下的玄坛护法。但他所以能作为财神小集团的头领,正是因为他早有商贾保护神的资历。而其神职"迎祥纳福,追逃捕亡",就是为商人开发没有凶险的财源,追捕逃债的老赖和骗子。

这两个职能都需要相当大的威权和势力。赵公明的"圣号"是"高上神霄玉府大都督、五方之巡察使、九州社令都大提点、直殿大将军、主领雷霆副元帅、北极侍御史、三界大都督、应天昭烈侯、掌士定命设账使、二十八宿都总管、上清正一玄坛飞虎金轮执法赵元帅",有什么黑钱不能洗白?谁欠了债敢不还?以正一玄坛元帅的头衔,骑虎执鞭,护卫着大大小小市侩的发财梦,在思想迟钝的人看来会觉得不伦不类。但如果换一个角度观察呢,赵公明的黑虎竹节鞭显示着他的武力,正一道玄坛护法的身份表明他有道会门的强大靠山,这些难道和发财无关吗?大有关系!当赵公明以玄坛元帅兼充财神的时候,就证明着商贾们已经有了新的觉悟,只有这样一个全新的"武

赵公明像

财神"出现，才能保护自己的发财事业。财神本来不分文武，武财神的出现，就把坐在正中的增福财神挤到一边，看似平分秋色，实际上赵公元帅已经占了上风。

关羽（关圣帝君）

关圣帝君本尊的介绍请见本书第十编，此处仅谈他的武财神身份。关公被人称为武财神的具体时代不大清楚，典籍中是不会有任何记载的，但我估计不会比清代后期更早，其缘由乃在于他的神格太高，威焰太盛。关公的单独立庙奉祀始自宋时，到了明代，已经祠宇遍天下，香火之盛，唯有佛教的观音大士、道教的纯阳祖师可以相比。在我们所知道的诸财神中，关公是唯一得到朝廷奉祀的大神。（五显灵顺庙仅在南京十庙之数，不算正式祀典。）在这种情势下，如果在他的神职中加上类似赵公明那样的财神功能，作为财神来奉祀，正如把观音菩萨当成专主祈嗣求子的神明一样，无疑是对神的亵渎。

但不加以财神的名号，并不等于民众对他没有财神的期盼。关公不仅以其"重义轻利"为行商坐贾所崇拜，奉为商业的保护神，而且还身为几十个手工行业的祖师爷，这种崇拜除了在技艺传承上有所祈佑之外，当然不能排斥生意兴隆、财源茂盛的期望。关公被称为武财神，最后只是一转念间的事。

这一转念就是民间出现了用关圣帝君取代玄坛元帅"武财神"的风头。（到清代后期，朝廷礼乐弛隳，关帝的"圣人"身份不那么容易把持，民间才可能明目张胆地把他当作财神供奉。我们现在见到的最早的武财神关公像，就是晚清时刻印的。）这对关圣来说，不过是加了个小小的虚衔，可对赵公明就很有些大伤元气了。

我对赵公明一向没有好感，那当然是源于《封神演义》中他扮演的大反派角色。而《三国演义》中的关羽，那简直是让文武百官、江

财
神

湖豪士学习的活样板，二者相比，赵元帅的票房肯定落败了。于是就有人对赵元帅重新包装，说赵公明其实是赵子龙的堂兄弟，原来和关二爷是一家人。但人们一翻《三国演义》，查无此人，只有赵公明的老东家张天师的孙子、天师道的系师张鲁，还是投降曹贼的，所以这种说法仅见于江南苏州、昆山、嘉兴等地玄坛庙的记载中，此外毫无响应。

再者说，赵公明只是道教正一派的护法，如果插手发财事业，偏心不是难免，而是必然的。那年到东南某名山，见一道观，想进去瞻仰一番，却被迎门一个小道士拦住："你是正一还是全真？"我说："我哪派都不是。"他坚定地说："那你不能进！"由此推想，赵元帅会让非其族类的我辈俗人发财吗？而关公呢，他是三教护法，佛门里的伽蓝、道家里的伏魔大帝、儒教中的关夫子，另外还是民间道会门香堂上供的桃园祖师。我们要想发财，即便不是三教及帮会中人，只要你能骂几句曹操和孙权，大致就能和他攀上关系。

其实，关老爷是武财神之说，我们北方人并不大清楚，只是从改革开放以后，我到深圳等地出差，见到商铺中供着关老爷瓷像，和另一位天官赐福模样的并排站着，才知道关老爷原来还是财神。当时还觉得稀罕，现在可能无人不知武财神是关老爷了。

五通

五显不是财神，或者说没有明显的财神神性；五通才有财神神性。但一向都把五显说成财神者，是因为五通自觉名声太差，便借用了五显的名号为自己遮丑。所谓"五显财神"，其实就是五通。但也不完全是要流氓似的硬往上靠，因为五显又称五圣，五通也称五圣，一来二去，两个"五圣"就被人故意搞混了。五显既然不是财神，为什么要在这里立个条目？这也是势不得已的事。因为要弄清五通这财神的"偏邪"性质，必须先把他的五显名号剥去，所以在讲五通之前，就要先讲清楚五显。俗间多以为五显是正神，而五通则是邪神，那么怎么把他们甄别开来，以免人参萝卜一锅煮呢？绝对划一的标准是没有的，但有一点值得注意：五显主要兴盛于徽州婺源及其西南百余里的江西德兴，而五通则在两浙及苏南，最后以明清时的苏州上方山为其窟穴总汇。这只是个大致划分，并不能当作什么善恶标准。另外掺和进来的还有"五路财神""五家神"之类，也都冒着五显或五通的名头。

五显

五显在南宋时称五显灵官，除了都城临安外，其他地方也建有灵顺行宫。但五显神有两个源头，却是颇有分别。

一是徽州婺源，庙称五显灵祠，外地人又称"婺源神"。但这只是囫囵一说，细究起来却不那么简单。据宋罗愿《新安志》，说"灵顺庙，在县西，其神五人，旧号五通庙。大观三年三月赐庙额，宣和五年正月封通贶、通佑、通泽、通惠、通济侯，绍兴二年五月并加封四字，十五年九月封六字，乾道三年九月封八字，淳熙元年进封显应、显济、显佑、显灵、显宁公。"此志修成于孝宗淳熙初，是地方官修，原名为"五通庙"，所祀神是封号带"通"的五个"侯"，至淳熙元年（1174）方改为带"显"字的五个"公"。这是五通转为五显的官方证明。此时这庙的名气已经相当大了，两年后即淳熙三年（1176），大儒朱熹回到阔别二十多年的家乡婺源展墓，遂记所见如下："有所谓五通庙，最灵怪，众人捧拥，谓祸福立见。居民才出门，便带纸片入庙祈祝而后行。士人之过者，必以名纸称门生某人谒庙。"

亲友劝朱熹谒庙，朱熹不肯，碰巧他闹起腹泻，别人就说这是没有谒神所致，让他赶快到五通庙拜码头。朱熹说，二十年前他离开婺源时，根本就没有这种风习。

但到了南宋后期，这由五人组成的五显，便为人认作"五显灵官大帝"了。这说法主要见于鲁应龙的《闲窗括异志》。鲁应龙是宋理宗时人，祖籍浙江嘉兴。他说：五显灵官大帝，最初显圣于婺源，各地岁岁前来朝献，络绎不绝。淳祐年间，当湖（即嘉兴府下的属县，今名平湖）人觉得年年要跑那么远，实在辛苦，就另塑神像，安置于德藏寺的东廊。鲁应龙特别强调说，这五显灵官大帝就是"佛书所谓华光如来"。也就是说，朱夫子回乡后不过五六十年，"婺源神"又从五通神升格为"五显灵官大帝"即华光如来了。

明人余象斗《四游记》之《南游记》，又称《五显灵官大帝华光天王传》，正是鲁应龙所说的"华光如来"。毫无悬念的光棍一条，与结成一伙的五位神道在数目上就对不上。在《南游记》中，华光本为妙吉祥童子，因忤如来，转世为"三眼灵光"，又转世为"灵耀"，大闹天宫。又转世萧家，方为华光。其母即吉芝陀圣母，因吞吃了萧家娘子，自己幻成其状，方生华光，后为佛所执，打入地狱以受恶报。华光因思母，遂大闹阴曹，救出其母。此故事与《三教源流搜神大全》之"灵官马元帅"相类，实际上华光如来就是"五显灵官马元帅"，"三眼灵光"就是马元帅的尊讳。《西湖游览志》卷十载北高峰上有华光庙以奉五显之神，山半则有马明王庙，此马明王即马元帅，此时却被当成马头娘一般的蚕神供奉了。也就是说，婺源神就是灵官马元帅，也就是五显大帝华光如来，其故事皆源于佛经中之"目连救母"。

不仅当湖一地，又过了二十多年，《咸淳临安志》记载临安南高峰的灵顺庙，"即婺源五显神"，在咸淳六年（1270），安抚潜说友即庙后拓地，创建华光楼。婺源神即华光，绝对不只是当湖一地的认识了。由五通转为五显，是婺源神洗清与邪神的瓜葛，再转为华光如来，则是升华为佛教大神。但这第二次转型并不成功，华光如来只是光棍一条，怎么能和五位公爷合辙呢？虽然浙江的一些庙宇改成华光，但关键的地方是婺源，而婺源正面临着与江西德兴的祖庙之争。如果婺源神化为华光，那德兴就自然是五显神的祖庙了。

二是江西德兴的五显神庙，最晚在南宋初已经颇有香火了。洪迈《夷坚三志·己集》卷十"周沅州神药"条说：德兴五显庙，本是五显神发迹处。孝宗淳熙三年，吴行成向五显神求药，至夜，便梦黄衣人来，谓曰："知汝欲请药，今大郎、四郎在此，何不遂行？"吴即随往一所，登重楼之上，见衣冠者一人、云巾鹤氅者一人并坐。这就是五位神灵中的大郎和四郎了。而《夷坚三志·己集》卷十"吴呈俊"条说得更是明确：德兴呈报朝廷，为五显神请封。朝廷按例，派上饶丞吴呈俊去核实德兴的呈报。吴呈俊刚到了庙下，便恍然想起少年时曾梦至一座大庙，"见神王五位，皆冕服正坐，光焰烜赫"，梦中的大庙正是眼前的五显神庙。

德兴五显因为吴呈俊的汇报，得到了朝廷的加封，名气自然大了起来。《夷坚三志·己集》卷十"林刘举登科梦"条，说淳熙四年（1177），临安钱塘门外已经建有"五圣行祠"，而且颇著灵验。林刘举得五圣梦兆，秋天登第，除官为德兴县尉，又专门拜谒了祖祠。德兴与婺源南北相邻，治所最远也不过相距百里。而洪迈是乐平人，乐平又为德兴西邻，治所相距亦不过百里。洪迈《夷坚志》所载乐平和德安故事极多，关于德安五显请封的故事也不会是空穴来风。由此可见，在淳熙年间，德兴的五显祖祠的实力有些咄咄逼人了。可是即使是洪迈，也不否认婺源是五显祖祠。（见《夷坚志补》卷十五"李五七事神"条）

这样就出现了两个五显祖祠，而两地竟为祖祠的名义而发生了争执。

德兴绝对可以和婺源抗礼。但德兴的五显封号与婺源的五显封号是不同的，婺源五显的封号是显应、显济、显佑、显灵、显宁，而德兴五显的封号完全可以看成是两组不同的五显。

德兴神的发迹，促使了婺源神的演变。到南宋后期，祝穆《方舆胜览》已经说"五通庙在徽州婺源县，乃祖庙。兄弟凡五人，本姓萧"了。而吴自牧《梦粱录》记婺源灵祠在余杭的七处行祠，所奉五显神也是五位。到了元代的《连相搜神广记》"五圣始末"条，引《祖殿灵应集》，索性赖掉华光一段，直接编出早在唐代时五位神人就降于婺源的故事。婺源神与德兴神合而为一，华光大帝的身份已经隐没了。还有一种说法，虽然迹近混赖，也折中得很有趣。据《三宝大有金书》说：真武入山修道，其父净乐国王遣大臣率五百兵往寻。后五百人亦修道不返，得道，即为五百灵官。其帅则为"五显灵官"，亦称"灵官大圣华光五大元帅"。或做五人，或现一身。现一身时为"都灵官"或"赤心灵官"。做五人时称五显灵官。总而言之，婺源、德兴，本是一物，只是或做五人、或现一身而已。

五神封号中均有一"显"字，为显聪、显明、显正、显直、显德，寓"聪明正直"，《左传》："神，聪明正直而一者也。"可以看出这不像是朝廷正式封号，像是民间据"五显"二字所做的附会。而最主要的是，婺源神的五显大帝，已经与江西德兴的五显灵官合流了。可是这合流并不代表从此和平共处，双方奉祀的既然都是同一套神，便发生了哪家才是祖庙的纷争。这纷争最激烈时，便上演了大打出手的全武行。一方出动人马，越境数百里，突袭对方，把可做正统祖庙证据的文献甚至石碑一卷而空。具体的战绩没有流传下来，只是知道，后来婺源已经成了五显的祖庙，而且这五显又与五通搅混在

五显财神

一起。此后的祝穆在所著《方舆胜览》中说："五通庙在徽州婺源县，乃祖庙。兄弟凡五人，本姓萧。每岁四月八日来朝礼者，四方云集。"我想，这是婺源五显的再一次向五通转型，连姓都随了五通，原本的五显是否存在，此后都很难说了。

据南宋末编成的《祖殿灵应集》说，唐光启中"五显公之神"降临兹邑（据弘治《徽州府志》，指婺源），当时有邑民王喻有园在城北偏，一夕红光烛天，见神五人自天而下，导从威仪如王侯状，呼喻而言曰："吾受天命，当食此方，福佑斯人。访胜寻幽，而来至止，我庙食此，则佑汝亦无忧。"喻拜首曰："唯命。"言讫，禅云四方，神升天矣。这是五显落户婺源之始，哪里有华光的身影？

《三教源流搜神大全》卷二列出了婺源五显神的辅神，除了"吏下二神"外，另有黄衣道士、紫衣圆觉大师、辅灵翊圣史侯、辅顺翊惠卜侯、翊应助顺周侯、令狐寺丞、王念二元帅、打供高太保、打供胡百二检察、都打供胡靖一总管、打供黄太保、打供王太保、金吾二太使、掌善罚恶判官。这些俱不详为何神，估计都是把附近的土神移来凑热闹的，而且可以肯定的是，看不出任何一位是和钱财有关系的。

最后为德兴五显补充一点与钱财相关的材料。据《江西通志》所述德兴灵顺庙的由来，是隋朝驸马张蒙在这一带打猎，遇见五神，指山洞中一双银笋示之，于是此处才开始采掘银矿。土人遂为五神立庙祀之。还有一说，这张蒙不是隋朝驸马，而是唐永徽初人，因猎逐一头白鹿到了银峰，白鹿忽然不见，便有一少年（应是白鹿所化）向张蒙指示一处，结果得到一双银笋。虽然有了这个传说，可是德兴五显还是没有成为财神。由神人指示矿苗的传说，在别的地方还有很多，甚至不只是中国。

五通

五显不是财神，五通也不全是财神。有偏邪财神功能的只是某些地区的五通神。在介绍这个偏邪财神之前，先把"五通"的源流做一简要叙述。

"五通"是什么，从字面上讲，本始的意义似是嘉名。《冷斋夜话》引苏轼诗："宿业相缠四十年，常行八棒十三禅。今着衲衣归玉局，自疑身是五通仙。"《佛学大辞典》释"五通仙"："谓得五神通之仙人。"而"五神通"条则云："又曰五通、五神变：一天眼通，二天耳通，三他心通，四宿命通，五如意通。"而《南游记》第一回，佛祖命妙吉祥投生，云："我就赐你五通：一通天，天中自行；二通地，地中自裂；三通风，风中无影；四通水，水中无碍；五通火，火里自在。"妙吉祥投胎为马耳山娘娘之次子，即华光，而华光亦即五显大帝，所以五显也可以叫五通。这个"五通"就是五显，也就是华光大帝，当然不是妖神。

作为妖神的"五通"一名，始见于宋人王铚托名柳宗元所做的《龙城录》："柳州旧有鬼名五通。"王铚为北宋末南宋初人，似为邪神五通之名始见于文献。（虽然更早的《神咒经》中已经有"五通大鬼"的五个恶神，但如果只有"五通"二字，那还是以《龙城录》为最早。）南宋吴曾《能改斋漫录》有"伍生遇五通神"故事，说是北宋嘉祐年间发生在京城汴梁的事，善制纱帽的伍生，因为踢毽结识了五个少年，并与其中的大哥喝酒。流连至晚，大哥便邀宿其家。至一处，有三室，指一明亮者与伍生："你睡于此，慎勿窥二室，恐受惊吓。"伍生未晓即起，心疑其言，推二室门视之，"一室四壁，皆钉妇人婴儿甚众；一室有囚无数，方拷掠号泣。"吓得他赶快回屋，熬到天明，发现自己睡在保康门内西大石头上。自此之后，他的生意便颇有起色了。故事最后说："五少年，京师人谓五通神也。"作者吴曾是北宋末南宋初人，《能改斋漫录》成书时距嘉祐尚不足百年，所记有可能是北宋时的传闻，如是则五通神在北宋后期已经有名于京师了。但吴曾本人又是五显五通信仰活跃的江西人，所述也有可能只是传闻于南方。不管怎样，北宋末至南宋初，已经出现了带有邪气，且能助人生意的五通神。

在南宋初期，"五通"已经被江南人看作精灵怪魅的统名。另一位与吴曾同时代的江西人洪迈，在《夷坚丁志》卷一九"江南木客"条中有一段，说的正是南宋初人对"五通"的理解："大江以南，地多山而俗機鬼，其神怪甚佹异，多依岩石树木为丛祠，村村有之。二浙、江东曰'五通'，江西、闽中曰'木下三郎'，又曰'木客'，一

五通

309

足者曰'独脚五通',名虽不同,其实则一。"这里提出"五通"在地域上的广狭二义。狭义的五通是二浙、江东之"五通",则正是明清时五通盛行的苏杭一带;广义的则包括江西闽中一带,有木下三郎、木客、独脚五通等名,而从洪迈所讲述的故事来看,《夷坚丁志》卷十三"孔劳虫"条中的五通在荆南(今湖北),《夷坚支志》癸集卷三"独脚五通"条中的五通在舒州(今安徽安庆),又不仅限于江西闽中了。而无论广狭,遍布于上述地区的五通之类,全都具有偏邪财神的性质。所以洪迈说他们"名虽不同,其实则一"。这"实",简单地归纳一下,就是如下几个特征:

一、五通变幻妖惑,大抵与北方狐魅相似。而他们现形后多为家畜和野兽。

二、能使人乍富,故小人好迎致奉事,以祈无妄之福。但如果微忤其意,则又把那些财富夺走而转移到其他人家。

三、尤喜淫,或化为士大夫美男子,或随人心所喜慕而化形,阳道壮伟,妇女遭之者率厌苦不堪,羸悴无色,精神奄然。

作为偏邪财神的五通,其历史要比武财神赵公明久远很多。在洪迈写作《夷坚志》的南宋早期,五通的邪财神的性质已经具备了。五通为人提供的生财之道,主要是以下几种:

一、只要你奉祀我,当祖宗似的供养着,我就让你发财。这供养大致就是花钱买来供品供五通享用,供品就是宰好的猪羊,包括全挂下水大肠头,连血带粪呼啦啦摊上一桌子。有时还要陪五通搞些声色犬马之类的活动,包括眼下还通行的打牌泡澡,让他心里高兴,才能有所回报。而实践证明,你下的本钱越大,回报就越是丰厚。但有一样,你要自始至终小心伺候着他,一旦你有了二心,他立刻就会察觉,那时就会把你的全部财产抄没一空了。

二、如果哪家的老婆或女儿有些姿色,被五通看上了,这也就开了财源。五通不分白天晚上，想什么时候光顾就什么时候光顾，如果丈夫躲避不及，还赖在床上，他就一脚把他踢到院子里。但五通每次都会带些首饰银钱之类，作为给情人的赠品。积少成多，也能发家致富。所以摊上这事的人家，总愿意把关系维持得长久一些，反正脸是丢了，先富起来再说。但五通基本都是畜生，阳道壮伟，其淫毒可以参看《聊斋》中的《五通》，所以要把这关系坚持下来也很不容易。而一旦关系破裂，所有以前送的礼品就全部收回，落得赔了夫人又折兵。

三、五通小庙多有借贷业务，当然不会借给你真金白银，而是香案上摆着的纸糊的假元宝。谁要想发财，就带上香烟供品，磕头许愿，五通同意了，就拿走几锭纸元宝。此后如果做生意赚了钱，也不管是贪污还是受贿来的，投资入股赚了一笔，偷来捡到的脱了赃也算，那时就该还贷了。如果你借的是两锭，这时就应该加几倍偿还上十个八个，当然还的也是纸元宝。一座五通小庙里，如果纸元宝越堆越多，那就证明这庙里的五通最为灵验，这里的香火也就越来越兴旺。所以看庙的总要自己做些纸元宝偷偷加进去，以形成广告效应。

四、"凡财货之出入亏赢，必先阴告"，也就是五通对自己的客户提供商业信息，今年大蒜要涨，明年生姜要跌，跟着买卖，自然会捞上一票。当然，要想获得这些信息，也是先要用猪下水或老婆把五通伺候好才行。

以上几条主要是根据南宋时的一些传说归纳出来的，而五通的这些财神性质直到明清，也没有太大的变化，只是更加淫邪，也更为愚民崇信若狂。但这时五通的地盘主要集中在商业发达的江浙，而尤以苏杭为烈。嘉靖时人陆粲在《庚巳编》卷五"说妖"中，记吴地信奉五通之盛，堪称邪气逼人：

五通

311

吴俗所奉妖神，号曰五圣，又曰五显灵公，乡村中呼为五郎神，盖深山老魅、山萧木客之类也。五魅皆称侯王，其牝称夫人，母称太夫人，又曰太妈。民畏之甚，家家置庙庄严，设五人冠服如王者，夫人为后妃饰。贫者绘像于板事之，曰"圣板"。祭则杂以观音、城隍、土地之神，别祭"马下"，谓是其从官。每一举则击牲设乐，巫者叹歌，辞皆道神之出处，云神听之则乐，谓之"茶筵"。尤盛者曰"烧纸"，虽士大夫家皆然。小民竭产以从事，至称贷为之。一切事必祷，祷则许茶筵，以祈阴佑，偶获佑则归功于神，祸则自咎不诚，竟死不敢出一言怨讪。

到了明代万历时期，苏州的五通已经成了当地的新闻头条，仅钱希言《狯园》一书就记录了十九条五通的故事，五通行事极为不堪，而信奉五通者更为不堪。钱希言是常熟人而寄居苏州者，他不会像蒲留仙那样故意寒碜苏州人。

早在弘治十年，苏州知府曹凤就对五通之祀果断封杀，"严为禁约，焚毁其祠像无遗"。可是他离任不久，便又死灰复燃，而且愈演愈烈。以致陆粲叹道："后来者能举公之善政而兴起之，使妖魅消沮，诚一快也。"这时苏州城西的上方山已经成了五通神的祖庙，《闻见偶录》记载的是明末清初时的上方山：

吴中之上方山，建有大庙，塑神像，正中一妇，名太母，谓生五神者也，左列五男，即为五通，右列五女，为五夫人，谓五通之妻；最下旁侧有白须老者，名马阿公，谓其仆也。能降祸福于人，有病或事故，即问巫者，无非云触犯某相公，或云某相公要某女某妇服侍，须用某某物件、某筹筵席，到庙祈祷。画船箫鼓，阗塞于石湖，焚香礼拜，络绎于西郊，一日之费，不下数百金。

至康熙时，"理学名臣"汤斌巡抚江南，大禁五通之祀，把上方山的石像都投入旁边的石湖中，并且行文各省，命凡有五通之祠，一律投之水火。于是一时之间，烟消火灭，似乎是根绝了。但有的地方把五通神祠的牌匾换一个，或者在旁边添加一两个泥胎，说这是别的神，或者把看庙的改为和尚，这样蒙混过去的也不少，连常州府衙门旁边的五通神庙都保留下来了，其他可想而知。所以到了道光年间，江苏按察使裕谦，只好再一次拆毁上方山五通祠，并禁民间如有私奉五通、太母、马公等像者，以左道论，据说由此始得稍稍安静。但我想，五通的彻底沦没，大约是太平军攻陷苏州的结果，苏州居民都所剩无几，诸神也只能做盲流而四散了。20世纪80年代我去苏州灵岩山，连江南名镇木渎都很荒凉，问了下故老，说上方山上什么都没有了。21世纪再去木渎，繁华得胜过沪上城隍庙，估计上方山的香火也早就兴旺起来了吧。

附：马公、宋相、太母

五通庙的小茅棚一旦扩大成几重殿宇，五个泥胎坐在其中就显得不够气派了。这时一定要有人替神招兵买马。首先是每个泥胎要配一位夫人，然后就要有所谓辅神，给老爷站班用的。

五通最有名的辅神是马公宋相，都是明代时就招募到帐下的。

宋相就是宋相公，资格比马公老。陆粲《庚巳编》卷六有一故事，说苏州有一小民，因事往京师，返回时到张家湾（在北京通州，为大运河码头）搭船。时方黎明，见河中一船甚大，有贵人冠服坐其中，侍卫者十数。小民趋前跪拜，道欲往苏州，请求附载。贵人道："吾船今到苏州尔。"即命载之。民坐船尾，良久，觉困倦，便脱下草鞋置于身旁，以包袱为枕暂睡。不觉睡得沉了，醒来一睁眼，见自己躺在草野中，脑袋下还枕着包袱，草鞋却不见了。爬起来再看，太阳才刚西斜，走上官道，问人此是何处，人说这是枫桥。小民大骇，沿着大道走至阊门，见一庙，便进去休息片刻。可是一抬头看神像，正和舟中贵人一个模样。而庙堂旁挂一船，虽然很小，却与所乘之船装饰无异，而且船底及橹还都湿着。用手去摸船尾，自己的草鞋还在那里呢。小民惊竦下拜，问看庙的，答云："此宋相公庙也。"而万历时人钱希言《狯园》亦载此传说，大同小异。又说，宋相公为水府市曹之神，除了阊门外渡生桥西一处之外，北寺西、盘门内也都有他的庙。可见宋相公本来就是苏州城水陆码头所祀的水神，为居民强搬进上方山五通庙里的。据说其神主杀，所以在五郎部下为"伤官"，也就是打手的雅称吧。《狯园》中载有几则宋相的故事，民间气息很浓。

而马公，原来只是宋相公的部下。据《土风录》和《狯园》说，马公是苏州葑门人，本名福，以卖菱为业。每晨担菱出阊门，过山塘，经宋相公庙，必择取其大者一双为供，日以为常。至其暮年，与人争担，斗击不能胜，怒而登葑门外的灭渡桥，自投于水。适宋相公神舟过桥下，收于帐前驱使。吴俗敬其正直，凡开店铺者，龛事于家，朝夕祈祷。因为他是挑担的，又名叫福，取其"担福"以为吉利也。后来便随宋相公一起成了五通的伤官。清人钱泳《履园丛话》中载一事，说汤斌灭毁淫祀时，五通神俱用铁链锁押，加以手铐脚镣，如重犯者，先命县官拿下，其像长大，屹然不动。汤公正色大骂曰："汝还倔强耶？"遂亲自动手，五像俱倒，杖四十，投之石湖。唯马公、宋相两像终不能动。问是何神，庙祝诡以财神对，乃释之。至今乡人犹存其祀。

太母又叫太妈，就是五通的老娘太夫人也。在上方山五通祠中，左边一排是五通，右边一排是五通的太太，居中则供着太母。太母没什么故事，故事就是生了五通，但五通庙的庙祝却要把她高高供养着，是因为她身上有生财之道。据清人毛祥麟《墨余录》说：苏州人好鬼神，只要生个病就要请巫下神。这些巫婆神汉与五通祠的庙祝勾搭好了，病人家属一到，巫婆就说："你这病非要礼拜太母忏不可。"可是到各庙一问，和尚道士没一个知道太母忏为何物的。回头再找巫婆，巫婆说：这太母忏只有上方山的庙祝会念。病人家属乘船出城，再呼哧呼哧爬上上方山，庙祝正在那里等着宰他呢。

明弘治时人陆容在《菽园杂记》中提到了太妈，可见太妈的历史比宋相、马公还要早不少。但陆容觉得没有故事便少了体面，便道：扬州有五子庙，说是五代时，群盗结义为兄弟，流劫江、淮间，衣食丰足，皆以不及养其父母为憾，乃求一穷老太太为母，事之甚孝，凡所举动，唯命是从。老太太心眼极好，平时就以好言相劝导，最后这五个强盗竟然成了一乡的大善人了。这位老太太死后，就被扬州人祀之为神。陆容认为五通的太妈，就可能是这位老太太。在没有别的新故事之前，此事可聊备一说，但扬州的五子庙是扬州五司徒，与上方山的五通可不是一回事。

附：五圣

如果说五通、五显二名混淆，那么再加个五圣，就更形混乱了。因为我们前面谈到的五显和五通，无一不可以称为五圣。不仅如此，还有很多杂七杂八的毛神，只要成帮结伙，正如19世纪俄罗斯的黑帮，不拘人数多少，一律名以"五人组"一样，也都可以自称"五圣"，而人们也愿意用"五圣"奉承之。"圣"这个词在现在已经很神圣了，自从皇上叫"圣上"，孔夫子叫"圣人"以来，圣就是至高无上的代名词，可是究起"圣"字的原始，却并非那么"神圣不可侵犯"。它和某些词一样，往往有大小二义。宰相称相公，男妓也称相

五通

315

公，总司令叫老总，兵痞也可叫老总。"圣"往往就是淫祀之神的称呼，其中也未尝不可包括妖精在内。孙行者称"齐天大圣"，等而下之的就是群妖之"小圣"。民间的女巫或称"圣姑""圣母"，所以在此处的五圣，就是把五显、五通请出去之后剩下的那些毛神野鬼。

"五圣"盛行于明代，而以《狯园》一书所载最详。除了上方山那五位因为常执弓挟弹，携妓走马而四处游荡遂称为"游方五圣"之外，又有一些形迹相近但似是而实非者，往往称作"树头五圣""花花五圣""圈头五圣""檐头五圣"之类。这些瘪三级的五圣，所栖止之处不过是委巷空园、屋檐树下、树头花间、鸡埘猪圈，虽称作五圣堂或五圣祠，其实只是几块木板搭成的三五尺小屋，连只母猪进去都嫌窄憋的。下面对这几种五圣稍做介绍：

树头五圣：苏杭民间，凡遇大树下架一矮屋如斗大，绘五郎神母子弟兄夫妇于方版上，设香烛供养，以时享之不废者，均称树头五圣。

花花五圣：吴俗，抱痘之家，必供五郎神于堂。既兆吉，具牲牢献之者，此名花花五圣。

卖浆家养猪牧豕，必于牢槛之侧造小橱，供养五郎神于中。夫妇参礼，祈求血财丰旺。卖猪讫，则豚蹄盂黍以祀之。此名圈头五圣。

此外还有鱼花五圣、鸭儿五圣等等，多为民间所奉小神，祀之以求渔耕之获，不过借"五圣"之名，与"五通"全无干涉。奉祀之物也极简陋，一只猪蹄已经是上品了，所以此辈又称"穷五圣"，类于现在阔少之外又有"穷少"也。

此类五圣数目多而品类繁，几乎家家户户、树下檐前触目可见。人们也没精气神儿为他们编造故事，谈及他们的来历，自明至清，好像都倾向于一个：且说明太祖朱元璋得了天下，封过了功臣，只见殿下黑压压一片缺头断肢、血肉模糊的鬼魂，叫道："太祖爷得了江山，诸元勋得了封赏，可别忘了这是我辈千百万人头换来的啊。"太祖爷颇为感动，心生恻隐，便道："你们那么多人，我从哪里去搞清你们的姓名啊。这样吧，此后你们还按军营编制，五人为伍，散往各处，让老百姓供着你们吧！"太祖爷的一句金口玉言，便让江南民间多了些奉诏横吃的野鬼毛神。但这故事仅流传于江南，而江南本是张士诚的地盘，当年太祖爷削平群雄，江南的老百姓死了不少，没死的也多有被下放到凤阳去落户，所以像苏州的老百姓，一没有箪食壶浆欢迎王师的心情，二没有得到一些儿减租减息的好处，现在让他们供着这些毛神野鬼，恐怕不会太情愿的吧。你们不情愿供穷五圣血食，穷五圣就到你们家折腾。今天头疼脑热，明天丢鸡少狗，吴人信鬼，"树头花前，鸡埘豕圈，小有妖夭，辄曰'五圣为祸'"，最后还是老老实实地把五圣供起来。时间既久，就像前元时几户人家供一个蒙古兵似的，我养着你，你监督着我，慢慢也就交融了吧。

五路财神（路头神）

五路财神又叫路头神、五路神。五路自然指的是东西南北中，让人感到财源茂盛，从四面八方，甚至从脚底下滚滚而来，这是坐在店里做生意，如果你要出门做生意，那就可以理解为，四方八方，朝哪个方向去做生意都能碰上发财的机会。所以这财神的供奉者多为生意人，而我认为，出门的行商可能更多一些。

清人顾禄《清嘉录》中说，正月初五，为路头神诞辰。金锣爆竹，牲醴毕陈，以争先为利市，必早起迎之，谓之"接路头"。可见这路头神和商业有极大关系。顾禄又说，有人认为这路头神就是五通，汤斌禁了五通，却禁不了人们发财的瘾，人们就把五通换了个名字，改称"路头"了。但是他自己的意见是，这路头神其实是从"行神"演化而来。行神已见第四编，就是掌行旅之神，使人行路不迷，

五路财神

以求道路之福者。这不是没有道理，行商要奔走八方，那时不比现
在，盗匪加官府，风餐加露宿，信息不灵，旅途多灾，能保平安归来
就算不错了。发财多靠运气，所以行商出门要祷祀行神，底线是保平
安，奢望是发大财，行神而兼职财神也是顺理成章的事。

至于《无锡县志》所说的，神姓何名五路，元末御寇而死，遂为
人所祀。则是碰巧此人名叫"五路"，其实与财神毫无关系。

四大门、五大家

四大门和五大家都是北方的财神，大抵北京多信四大门，天津多信五大家，其实是一回事。李慰祖先生有《四大门》一书，是对20世纪30和40年代北平西北郊的局部考察，这四大门就是狐狸、黄鼠狼、刺猬和长虫（即蛇）四种动物，简称为胡、黄、白、柳，但另有尊称，如胡三太爷、黄二太爷、白老太太之类。五大家则在以上四种再加上老鼠。平时不废猎捕，但如果供起来就是大仙，尊称为"财神爷"。对这四位"财神爷"的供奉情况，读者可去看《四大门》一书，此处只抄录清人张焘《津门杂记》中关于五大家的一段记述：

> 天津女巫自称顶神，能看香头，治人疾病，所顶之神或称"白老太太"，或称"黄少奶奶"，或称"胡某姑姑"。所称之"白"即是刺猬，"黄"即是黄鼬，一名黄鼠狼，"胡"即是狐狸，更有蛇、鼠二者，津人合称"五大家"，即"胡、黄、白、柳、灰"是也。比户供奉唯虔。又云：有与仙缘者，仙即来福，人谓之"作仙家买卖"，一切商贾则利市三倍，庄农则富有千仓。

清人薛福成《庸庵笔记》中说，北方又有以五大家的"财神楼"称作"五显财神庙"的，也可备一说。南方五通多为兽畜，或为牛，或为驴马，或为猪，或为山魈（所以五通相传姓萧），还有说是蜘蛛精的，所以北方以五大家为财神正是同一思路。而五大家于四大门之外另添一老鼠者，也自有道理。老鼠又称耗子，把粮食从家里往外搬是耗子，可是如果把外面的粮食往自己家里搬，那就是财神了。所以近世天津农村以刺猬、田鼠能收聚粮食，奉以为仓神，又以刺猬为"老仓神"，田鼠为"少仓神"。五大家，可以理解为五大财神，也可以理解成五大"家神"，家家供奉，早胜于以往的门户井灶诸家神了。

五通

据周作人说，四大门的起因乃是萨满教的支流，其源头可追溯到西伯利亚，而漫延至朝鲜、蒙古，又为满族所继承，入关后遂在中国北方站住脚。说五大家是五显财神（即五通），那可能只是在小庙上贴个招牌自壮门面，其实是两个系统。但并不是说五通财神的影响未及北方。清乾嘉时人俞蛟《梦厂杂著·春明丛说》有《五哥庙记》一篇，道：

> 彰仪门外有神祠三楹，俗呼"五哥庙"，塑五神列坐，皆擐甲持兵，即南方之五通神也。好事者……以纸作金银锭，大小数百枚，堆垒几上。求富者斋戒沐浴，备牲醴而往，计其所求之数，而怀纸锭以归，谓之"借"。数月后复洁牲醴，更制纸锭，倍前所借之数，纳诸庙中，谓之"还"。或还或借，趾错于途，由来久矣。

这小庙奉祀的是五通，却只能称五哥。康熙时五通在苏州遭到禁止，北京帝辇之下，恐怕没有人敢标榜五通做财神了。我想，五大家、四大门的盛行，也和五通禁足于春明有关。

进宝波斯

这是一位很特殊的财神，有专门的行业奉祀，那就是典当行，其实这财神的服务对象并不止此。《民俗艺术探源·年画艺术的大发扬》一文对这位财神有生动的描绘：

> 年画的财神图中，有一种……又叫"波斯进宝图"……原因是财神爷旁边，站着一位高鼻子、洼眼睛，一嘴卷毛胡子，头戴螺丝形帽，手里拿夜明珠的"波斯人"侍者，一般人都叫他"波

斯进宝"。有的画面还有画着穿韩国古装，背着一棵大珊瑚树的高丽人，以及"运财童子"推着一部满载金银财宝的手推车。

从唐代开始，西域商人络绎到了大唐，带着我们从未见过的稀罕商品，而特别为豪富人家所青睐，所以他们总能狠赚上几笔。在中土人看来，波斯就代表着有钱。虽然波斯未必就是波斯人，所有高鼻深目、奇装异服的西方人都以"波斯"一国笼统之，但有钱更是其重要特征。李商隐《义山杂纂》有九个"不相称"，第一个就是"穷波斯"，在民众看来，波斯而穷，正如大学教授念错别字，八十老翁进了洗脚屋，都是"不相称"。

波斯除了带来洋玩意换钱之外，最为人乐道的是波斯商人能辨识宝物，俗称波斯"辨宝"或叫"别宝"，能用极少的钱买我们中土人拥有却不认识的宝物。说两个唐代的故事：

《乐府杂录》中说坊间有个曲名《康老子》，其由来是，人名有叫康老子，本是长安富家子，不务正业，整天花街柳巷里面泡，最后家业荡尽了。这天偶遇一老姬，拿着件旧锦垫叫卖，康老子用半吊钱买下了。不久，有一波斯人见之，大惊道："何处得此？此是冰蚕丝所织，若暑月陈于座，可致一室清凉。"便用一万吊钱买下了。康老子得了钱，继续追欢寻乐，没多久就又成了穷光蛋。所以《康老子》另有个名字，叫《得至宝》。

《广异记》：有波斯胡人至扶风一旅舍，见主人门外有一方石，盘桓数日不去。主人问其故，胡云："我想用这块石头捣洗衣帛。"因以钱二千求买。主人得钱甚悦，以石与之。胡载石出封外，剖得径寸珠一枚，以刀破臂，腋藏其内，便还本国。

看了这故事，就明白为什么典当铺要供波斯人当财神了，因为这是个专捡洋捞的财神。来当铺典当的不少是大户人家，没落了，或者尚未没落却被自家子弟偷出东西来，换上三二两银子，不知道其实是其价倍蓰的好东西。而且这当往往都是死当，没人来赎，当铺就捡了洋捞。拿到现在，能捡这种洋捞的只有文物收购店了，他们和那些成天逛旧货市场企望捡捞的，其实都应该供上这位波斯财神。

藏神

藏是宝藏之藏。藏神就是掌管地下宝藏之神，与财神有关但不是财神。因为这宝藏命中有主，别人靠烧香磕头也求不来的，所以也就不会有人供养藏神。藏神之名初见于明末清初人董含的《莼乡赘笔》卷上"掘藏获殃"条：松郡（松江）东二十里名红桥，有王斗儒者，一日方炊，觉灶下有物，掘之，遇一瓮，中贮白金数百锭，大喜过望。夜半将寝，忽地中作声，闻呼斗儒名曰："我藏神也，天将富汝，特来相就。伴侣甚众，当络绎至。"移灯视之，遍地皆金，无下足处。

此类故事早见于唐五代时，只是没有"藏神"之名。《逸史》载：隋末太原一书生穷极生疯，他住处旁边就是个专收罚没银钱的仓库，便挖了个地道钻了进去。只见库中有钱数万缗，正要开搬，忽见一金甲人手持戈戟，道："你想要钱，就去找尉迟敬德开个条子，这全是他的钱。"书生四处访求尉迟敬德，这天到了一个铁匠炉前，裋衣蓬发的铁匠正叫尉迟敬德。书生拜曰："某贫困，足下富贵，乞钱五百贯。"尉迟怒道："我一个穷铁匠，安得富贵？"书生道："只求您开个条子，他日公自知之。"尉迟不得已，便写了个"付某钱五百贯"。书生拜谢而去，又从地道钻入库中，金甲人让他把纸条贴到屋梁高处，就让他把钱搬走了。后来敬德成了开国元勋，皇上敕赐乡里一库之物，遂得此钱。可是清算库房时，发现比原簿少了五百贯，正要向看库的问责，忽然在梁上得一纸条，正是打铁时所书。这个金甲神将，就是专门为尉迟公看库的，即所谓藏神。

这类故事从五代到明清，笔记小说中多有记载，只是名目不同，或叫"守藏神"，或叫"守财神"，或叫"库官"，大抵说是富贵有命，不可妄求，倒是有些和拜财神爷的人唱对台戏了。《聊斋志异》有《库官》一则，言明时某公奉旨祭南岳，道经江淮间，宿一驿亭。入夜，来一老人，稽首曰："我库官也，为大人典藏有日矣。幸大驾遥临，下官可以释此重负了。"问："库存几何？"答云："二万三千五百金。"某公说，现在取出有些累赘，等回来再取吧。老叟唯唯而退。某公到南岳转了一圈，收了不少馈赠，等回程再经驿舍，老叟又来谒见。可是一问所藏库物，老人说："那笔钱已经拨辽东兵饷了。"并道："人世禄命，皆有额数，锱铢不能增损。大人此行，应得之数已得矣，又何求？"言已，竟去。某公把这次收的馈赠盘点一遍，恰恰是二万三千五百两。于是想到人生饮啄有定，不可妄求，可是他没有想到，有神为他做库官，哪天一被抄没，他就会明白自己正给万岁爷做着库官，而万岁爷还不知道给谁做着库官呢。

喜神

福禄寿三星神之外加个财星就已经多余，这个喜神更像是多长出来的一个指头。但古人不那么想，他们觉得人的手脚都是五个指头，少了一个就是残废，既然福则"五福"，财则"五路"，怎么能不"福禄寿财喜"呢？而且本书只好随俗列入本编之题，也不得不说上几句。可是无论喜星还是喜神，都实在找不出话来说，这确实是很让人尴尬的事。

说起来，喜神之见于文字，多与星命之说有关。所谓某日为喜神所临，某方为喜神所在，到了那天你就冲着喜神的方向坐立行走，一天或一年都会有好运气。至于这喜神的尊容，谁也不知道，也没有人去打听。《破除迷信全书》有道：

喜神又名吉神，人的心理是趋吉避凶，是指望喜乐而厌弃烦恼，所以就生出一个喜神来了。平时固然多用着喜神，而婚姻时更是离不开喜神的。世俗于婚姻时，新人坐立须正对喜神所在的方位，然后一生方能多有喜乐的事。按喜神的方位，是变幻无定的，要知某天喜神所在的方位，则必先请阴阳家指示；这也是术士谋食的一种方法。其实并没有喜神，他何尝能知喜神的方位呢？据满清乾隆时所敕撰的《协纪辨方书》上说："喜神于甲已日居艮方，是在寅时；乙庚日则居乾方，是在戌时；丙辛日居坤方，是在申时；丁壬日居离方，是在午时；戊癸日居巽方，是在辰时。"既然推定喜神所在的方向，新娘子上轿以后，轿口必对准该方向少停一刻，叫作迎喜神；然后再为出发，这才心下满足。

但并不是只有新娘子才迎喜神。《京华春梦录》云："院中有俗，元旦黎明，携帕友走喜神方，谓遇得喜神，则能致一岁康宁，而能遇见白无常者，向其乞得寸物，归必财源大辟。"这个"院"和我们一般人无关，是妓院之院。而且也不仅是女性，顾禄《清嘉录》记江南风俗，云："大府择立春后丁日或壬日，喜神正南方，率标下弁卒，各陈队伍，张列兵器，迤逦至山川坛，迎祀喜神，谓之'迎喜'。"看来虽然每天每时都有喜神降临于某方，一般人只要在每年迎上一次也就可以了。试想如果每天一到某个时刻，北京城或南京城几十万人有事没事都朝着一个方向坐立行走，下一个时辰就又全体立正向左转，那场面不是很可笑吗？

这个忽东忽西满世界乱转的喜神太抽象。其实民间本来另有一位以给人们带来快乐为执掌的喜神，一般都只当作戏曲界的祖师，但实在有必要把他从行业神中单独请出来，那就是"风火院田元帅"。

田元帅

《三教源流搜神大全》有"风火院田元帅"一条，道：元帅是兄弟三人。老大田苟留，老二田洪义，老三田智彪，乃太平国人士。这"太平国"三字颇像寓言，其实指的是正处于太平盛世的唐帝国。唐玄宗喜好音律，开元时，田家哥仨承诏执掌音律，而且特别善于歌舞，"鼓一击而桃李甲（"甲"字前可能少了一"拆"字，意思是明白的，就是鼓一敲而桃李发芽），笛一弄而响遏流云，韵一唱而红梅破绽，蕤一调而庶明风起"。载入史册的那几位舞蹈家、演奏家如玉奴、花奴之辈，都是田家兄弟调教出来的弟子。据说皇上他老娘偶感微恙，一瞑目间，只见三兄弟至前，歌舞奏乐，欢跳不止。皇太后不知是一喜还是一惊，反正是出了一身大汗，梦醒后病就好了。于是龙颜大悦，就封三兄弟为侯爵。此时大约三兄弟早就成神，也就是死了吧。再后来，京师大疫，汉天师张道陵欲治"龙宫海藏疫鬼"，无奈疫鬼藏匿不出，天师法力没有使处，只好求助于田元帅。元帅根本不用符咒法水，也不使神兵天将，他就是一着，让京城百姓来个乐翻天。他驾着神舟，统率百万儿郎，为"鼓竞夺锦之戏"，就是全民技艺大赛吧，于是万众沸腾，喜笑喧天。这时疫鬼憋不住，跑出来看热闹，天师这才作法把疫鬼断而送之，疫患尽销。据说正月间宫廷及民间有大傩之戏，即缘于此。天师见元帅神异，便向明皇保奏，用其护佐玄坛。唐明皇便封三兄弟为"冲天风火院"田太尉、田二尉、田三尉。

以大傩之戏驱除疫鬼的民俗，由来已久，如今把田元帅当成祖师，自然是附会。但田元帅是歌舞大师，能用娱乐使人祛疫除灾，就与"喜神"挂上了关系。且看田元帅的最主要辅神，竟是和合二仙，一对整天笑呵呵的大胖小子。一团和气，无事不合，满面笑容，无恙不解，这就是《搜神大全》对二仙功能的概括，这不是喜神是什么？此下的属神还有专报喜事的万回圣僧、与人为善的和事老人、专让人做好梦的送梦报梦孙喜，有这一群伙计捧着，三位歌舞大师想不做喜神都不行了。

有人说，弥勒佛整天笑呵呵的，而且长着个能容天下难容之事的大肚子，也不妨作为喜神。这主意很不错，弥勒佛在西方本不是这样子，到了我们中土才有了这副欢喜相，所以民间正是不自觉地塑造着有形象的喜神，虽然他们并没有"喜神"的名称。

万回、和合

万回是唐初武则天时人，是那田家哥仁的爷爷辈。据说他的祖籍是河南阌乡（今属灵宝），姓张，本来的名字已经没人知道了。他长到二十多岁了，脸上总带着傻笑，也不说话，人们就把他当成个傻子。他哥哥戍边渔阳，久无音讯，有传闻说已经死在边塞了，家里人就做起斋饭要请和尚超度亡魂。这时万回说话了："俺哥还活得好好的呢，我给他送饭去。"一面说一面拿张大饼，卷上做斋的素菜，飞也似的出了大门，转眼就没了踪影。到了傍晚，万回回来了，拿着一封书信，信的封口还湿着，打开来看，正是他哥哥的手迹。大家算着，这一往一返总有万里之遥，于是就给他起了名字叫"万回"。而他从此就出了名，人们认为他能遥知万里、预感吉凶，而且总能让人转祸为福。

此时他住在京城里，正是武则天当政，酷吏横行，变着法给人下套，罗织罪名，长安贵人都惶惶不可终日。所以万回就火了起来，每日车马盈门，都是来问吉凶的。崔玄晖位高望重，虽然是个清官，却也每日提心吊胆。他母亲说："你整天忧心忡忡的，请万回来问问吉凶吧。"万回来了，崔母送给他一只银汤匙，他看也不看，随手往上一扔，就落到屋顶上了。万回什么话也没说就走了，崔家预料前景不妙，更愁了，就让人上房把汤匙找回来。上了屋顶，银匙亮闪闪的横在那里，旁边还有一本书，打开一看，把崔玄晖的魂儿差一点儿吓丢了，原来是犯禁的谶纬书，便赶忙偷偷把书烧掉了。过了没两天，特务来了，进门就说崔家家藏禁书，图谋不轨，装模作样地在各屋里搜索一番，就爬上房顶，找他们预先放到那里的谶纬书。当然他们什么也没找到，栽赃陷害的计谋落空，只好悻悻然走了。崔玄晖这才知道是万回化解了祸事，让他转危为安，否则全家人都要性命不保了。

因为万回总给人带来喜事，并且逢凶化吉，能让万里的征夫平安归来，所以在边事不宁的北宋，他更是人们信仰的喜神。北宋亡后，迁都临安，这信仰就带到了杭州。杭州城的居民平时不祭祖先，只是到每年的腊月二十四才供养一次，可是对"万回哥哥"，不仅是各家百姓，就是各部衙门的大小官员、店铺大小老板乃至教坊的大小娟妓，也无不奉祀堂上，每饭必祭。其画像是蓬头笑面，身着绿衣，左手擎鼓，右手执棒，道是"和合之神"，只要虔诚奉祀，就可以让人在万里外也能回来，这"和合"就带有和美团圆的意思。后来人们把"和合神"分为二人，以寒山、拾得充之，那二位也是蓬头笑面的邋遢相，便和万回混搅起来，而万回也有了"万回僧"之称。《三教源流搜神大全》说，三藏法师玄奘自西方归来，见了万回，便称菩萨，这就更坐实了万回是佛弟子的说法。

第八编 瘟蛊殃煞邪祟诸神

人生一世，祸福、灾祥、忧喜、哀乐都是结对儿的，但虽然是正反两面，却总有一面要先出现吧。据我来看，大抵总是痛苦的一面先行，及至痛苦消失或感到麻木，然后才能感觉到快乐。如果没有经历过痛苦，那正应了那句"生在福中不知福"的老话。人生既有灾难祸患，那么相应的神祇也就必然产生。这样一来，人们就习惯于把事情颠倒，无论是喜是忧，好像都是人生之外的神秘力量施加到我们身上的了。

瘟神（瘟鬼）

财神未必每个地方都有，但瘟神大不一样，凡是容易发生瘟疫的地方，可以说没有不供奉瘟神的。瘟神就是瘟鬼，区别只在官大官小、有名无名上。瘟鬼也不全是无名之辈。东汉末人蔡邕的《独断》说道："颛顼氏有三子，死而为疫鬼。一居江水，为疟鬼；一居若水，为魍魉鬼；一居人宫室，善惊人小儿，为小儿鬼。"这三位都是瘟鬼，只是如医院分科一样，各主一科。这三位虽然产自名门，却都没有留

瘟神（毗卢寺壁画）

下大名或诨号，但主管天下疟疾或主管天下小儿惊吓，也算是个瘟疫之神了。

也有些瘟鬼留下了名号，却不知其"主播"的是哪一门邪病。如前面提及的田元帅搞春节大联欢以驱除瘟疫，就是古代大傩的变形。而古代大傩中的十二神，分别驱杀诸种恶鬼，道："甲作食凶，胇胃食虎，雄伯食魅，腾简食不祥，揽诸食咎，伯奇食梦，强梁、祖明共食磔死寄生，委随食观，错断食巨，穷奇、腾根共食蛊。"其中自然要有瘟病之鬼，但我们只认识虎、魅、蛊、凶、咎、不祥是做什么的，其余寄生、观、巨，就很茫然。但另一说，即此"食"字，原是"食于"之意，伯奇食梦，就是伯奇以噩梦为食，胇胃食虎，就是以虎为食，不是吃梦吃虎，而是靠梦靠虎来吃饭。如依此说，那么瘟疫之神就应该在十二神中寻找了。但结果自然也是茫然。所以我们也不必费力去找什么最早的瘟神了，什么《山海经》中的西王母"司天之厉"，纬书《龙鱼河图》中的"五温鬼"，都是古老的瘟神，但也都没什么履历事迹，所以还是直接从最有名的赵公明开始。

赵公明

作为瘟神的赵公明其实也没有什么可传述的业绩，他的秀出于众瘟之上，一是他的资格老，早在汉魏之际就露了头角，二是他后来为张天师所招安，改邪归正，成了玄坛护法，继而成了财神爷，人们再回顾瘟部诸神，自然就感到赵公明似乎是老熟人一样而格外亲切了。

晋人干宝《搜神记》卷五讲一故事，言散骑侍郎王佑病重，有人来访，便力撑着病体接见。其人言："今年国家要有大事。出来三将军分布征发，吾等十余人为赵公明府参佐，至此仓卒，见您有高门大屋，故来投寄"云云。而在此之前，民间就有"妖书"流传，道："上帝以三将军赵公明、锺士季，各督数鬼下取人。"所以王佑一听来人之言，就知道是瘟神瘟鬼到了。散骑侍郎是曹魏时的官职，这应该是赵公明始见于三国的记载。但三位瘟将军只有赵和锺留名，另一位名缺。众所周知的是，魏国就有一位活着的锺士季，即那个助司马氏篡夺魏室的锺会，曹丕篡汉不久他就出生，不知三将军下界收人时，这位人间的锺士季青春几何了。

瘟部诸神的组合有几种，上述的是三人组。传说是晋朝道士编的《神咒经》中，瘟部又变成七人组了，道是"有刘元达、张元伯、赵公明、李公仲、史文业、锺仕季、少都符，各将五伤鬼精二十五万人，行瘟疫病"。此时的瘟神已经有了七位，赵公明和锺士季名在其中，但赵公明仅是七瘟神中的一位，名次并未突出。而新增诸位中有一个张元伯值得注意，因为他也是一位有来头的历史人物。

天师道徒编的《张天师传》，他们的瘟部与民间的组合又有所不同，是八人组，像舞台上的龙套，无论是一对一对地出场或者是站成一排，都很有气势，号称"八部鬼帅"。这八位各有分工，分掌八种不同的瘟病："刘元达行杂病，张元伯行瘟病，赵公明行下痢，锺子季行肠肿，史文业行暴汗寒疟，范巨卿行酸痛，姚公伯行五毒，李公仲行狂魅赤眼。"这里又新添了个范巨卿，与七人组时就有的张元伯配成了对，因为他们是后汉时的一对好朋友，大名即范式和张劭。《后汉书·独行传》中有他们二位的传，最省事的则是看冯梦龙《喻世明言》中的《范巨卿鸡黍死生交》，此不赘述。

以上不同时代的不同组合中，始终名列其中的就是赵公明和锺士季，只是锺士季的名字或作锺仕季，或作锺子季，变来变去的，更显得赵公明在瘟部地位的稳定。

但赵公明虽然资格老，屁股坐得稳，却始终没有显示出他是瘟部诸神的核心。南宋以来出现的五人组"五瘟使者"，是瘟部定型的最后组合。"春瘟张元伯，夏瘟刘元达，秋瘟赵公明，冬瘟锺仕贵，总管中瘟史文业。"如果要在这里面找个核心人物的话，只能是史文业。如此看来，赵公明成为瘟神的代表，更主要的是他后来在别的领域发迹了。

五瘟使者、五福大帝

《三教源流搜神大全》谈五瘟使者的由来，说：隋文帝开皇十一年六月，有五力士现于空中，身披五色袍，各执一物，一人执杓与罐，一人执皮袋与剑，一人执扇，一人执槌，一人执火壶。文帝问太史张居仁。对曰："此是五方力士，在天为五鬼，在地为五瘟：春瘟张元伯，夏瘟刘元达，秋瘟赵公明，冬瘟锺仕贵，总管中瘟史文业。如现形，主国民有瘟疫之疾。此为天行病也。"于是其年国人病死者甚众。帝乃为之立祠，诏封五位力士为将军：青袍力士为显圣将军，红袍力士为显应将军，白袍力士为感应将军，黑袍力士为感成将军，黄袍力士为感威将军，皆于五月五日祭之。五月五日为端午节，正是杀五毒去瘟病的节日。匡阜先生即神仙匡续，路经此祠，即收五瘟神为部将。按民间故事的惯例，这似乎就标志着五瘟改恶从善，一下子从散瘟之神化身为治瘟之神了。但这也许只是一厢情愿，五瘟的使命依旧是奉天帝之命向人间散布瘟疫。

故事说的是隋朝，这当然不可信，但五瘟的历史其实比隋朝还要早得多。袁珂先生以为"五瘟使者"的源头可以推到《管子》中所说之"五厉"，而五厉即五疠，五类流行病。这只是一说，未必为《管子》的研究者所认可，但东汉时的纬书《龙鱼河图》中则确实已经有了"五温（瘟）鬼"。这五瘟可以解释成五位瘟鬼，也可以解释成五种瘟病之鬼，我们也姑置于存疑。确定无疑的则是南宋之时。《蜀中广记》所引《炳灵记》中记载了一个故事，说赵逵生于南渡之后，身矮面麻，聪明质朴，好读书。年八岁，随父自内江迁至资中，住在磐石县北街。夏月夜凉，常绕街吹笛为戏。这年时疫盛行，一日吹笛至北街，茶馆里的老太太对赵逵说："近来有五人常来店中吃茶，每见你吹笛过此，便各回避。"而从此之后，瘟疫就渐渐消失了。人们便疑心那五位茶客是"五瘟使者"。这赵逵后来中了状元，立朝不肯顺从秦桧，所以秦桧死后才得到重用，官至中书舍人，也是一时名臣。五瘟使者见了他便回避，正是因为他是未来的状元公。这是"五瘟使者"之名始见于记载。另外，《夷坚支志·戊集》卷三记当时长沙土俗，每年五月迎南北两庙瘟神之像，庙神也是五人列坐。还有南宋时澧州有"五瘟社"的"社会"活动，多半祭祀的也是五瘟使者。

水陆道场中的主病鬼王五瘟使者

其数目为什么是五，源头当然是五行，但却有空间、时间两说：空间说为五方，东、南、西、北、中，五个家伙把全中国分成五大瘟区，分头去散布瘟病，《封神演义》中的瘟部即用此制；时间说则是五季，春、夏、长夏、秋、冬，分片制改成轮班制，每人负责一季，其他四人闲着或干别的坏事去，《搜神大全》中的五瘟虽然看似是协同作业，同时现形，一人手持一件家伙，齐心合力干坏事，但从名号来看，是采用轮班制的。

这五瘟使者为什么成了仙人匡续的部将？一种解释是，因为匡续在道教的仙话中就是管辖瘟部的。据说匡续修行成道之后，上帝"赐以主瘟之印，统摄八部瘟神"。这八部瘟神就是"八部鬼帅"，是道教系统对瘟神的编派。匡续本来只是主管吴楚一带的瘟部首领，如果要为民间所认可，升格为全国性的"瘟仙"，即使把八部鬼帅扩充为十六部也改变不了中华一隅的局面，他必须掌管东西南北中，也就必须把属下的八部鬼帅改为民间熟知的五瘟使者。当然也可以反过来解释，民间觉得没有个规矩体面些的大仙管着，这五瘟使者就等于是一群拿着细菌炸弹招摇过市的流氓，于是就把匡续大仙从吴楚请上来，上演一出经过五瘟之祠，斗败五瘟，遂收为部将的老套故事。

给五瘟套上笼头，并不能让五瘟改恶从善。但福建和台湾另有一传说，索性把五瘟使者彻底翻案，变成反瘟神的五灵公。据仇德哉《台湾之寺庙与神明》说：相传古代有张元伯、锺士秀、刘元达、史文业、赵光明五位书生，到福州赶考，因夜行，看见瘟鬼向井中施毒。五人恐百姓误饮中毒，乃留书投井而死。井中有了死人，自然没有人敢饮用，村中人就此幸免中毒。后人建庙祀之，张被封为显灵公，锺为应灵公，刘为宣灵公，史为扬灵公，赵为振灵公，合称五灵公。

这故事和闽台间信奉的"池府王爷"相似。"池府王爷"为闽台

"王爷"之一，亦称池王，姓池名然，字逢春，金陵人。明万历间举人，后弃文从武，中武进士。朝廷任为漳州（今福建漳州）府尹，赴任途中，经过泉州府同安县马巷小盈岭时，遇两人，知为行瘟使者，恐漳州百姓受害，遂向使者借看瘟疫粉末，遽尔吞服，毒发身亡。两使者引池然亡魂返回天庭，玉帝念其舍身救民，封为"代天巡狩总巡王"，镇守马巷一带。

从这种为瘟神翻案的故事，大抵能看出老百姓无奈的小聪明：流氓恶霸惹不起，那就帮他们编一套光荣的历史，指望赞歌唱多了，恶霸也信以为真，或许能渐渐向善起来。

蛊神

蛊神就是蛊术之神，实即巫术化的瘟神，但又可以看到五通神、伥鬼等邪物的影子。凡行蛊之人必须奉祀蛊神，接蛊之始，先要与蛊神盟誓，诸如"只愿此生发财，宁肯世世不复为人"之类，那誓言也够黑社会的了。而每次行蛊，还要做法祷告，其中细节，我们在后面谈蛊时或会涉及，此处不缀。总之，蛊神即是蛊虫之神，说完蛊，蛊神也就没什么可说的了。

蛊，是古代借助毒虫惑人害人的一种巫术，其虫亦称蛊。蛊术起源甚早，先秦史料多有记载。其"造蛊"之法类似于人间的打擂台，或者武侠小说中某大野心家举办的比武大会，就是把诸多毒虫置于器皿之中，大者如蛇，小者如虱，使其相啮相食，最后剩下的那一个，不但本身是最毒最强者，还兼取了其他毒虫之毒，这多轮淘汰之后的精英，就是可以用来行蛊的蛊虫。这蛊虫已经成了一种精怪，据干宝《搜神记》说：蛊有怪物，若鬼。其妖形变化，杂类殊种，或为狗豕，或为虫蛇，养蛊之人皆自知其形状，行于饮食，使人食之，入人腹，啮其五脏而死，死后其财产则归于行蛊者。但有一样，如果所畜蛊虫死了，则养蛊之人也活不成。所以养蛊者既是蛊虫的主人，也是蛊虫的奴隶。如果他想让蛊活着，就必须不断地（最长不可过三年）用蛊来做坏事，用被害者生命来满足蛊虫的杀生欲。否则养蛊者将自食恶果，也就是人死财破。还有一样，养蛊者世世相传，想摆脱都难，甚至女儿出嫁，这蛊虫也成了免费嫁妆，带到了婆家。从这一点来看，蛊虫就是蛊神的化身。先介绍一下蛊虫的品类。

有为蛇者。干宝《搜神记》中有一故事：荥阳有姓廖者，累世为蛊。后娶一新媳妇，还没有来得及把事蛊事告诉她。这一天全家外出，只留新媳妇看家。她见屋中有大缸，内有一条大蛇，便忙烧了一大锅开水，倒入缸内，把蛇烫死了。等家人回来，新媳妇告诉他们，全家惊惶恐惧，没多久，便陆续死去了。东轩主人《述异记》所记蛇蛊就更可怕了，云南开化（今文山）有养蛇蛊者，畜此蛊神能致富，但蛊家妻女，蛇必淫之。蛇每于晚间出游，其光如彗，遇人少处，下食人脑。

有为蜈蚣者。陶潜《后搜神记》：剡县（今浙江嵊县）有一家事蛊，行路之人不知情者，只要吃了他家的食物，喝了他家的水，必定吐血而死，这家自然就占有了死者所带的财物。有一清苦和尚昙猷，每食之前必先诵经咒。这天过此，向主人求食。行蛊者摆上食物，昙猷依习惯诵咒，便有一双蜈蚣，长尺余，从盘中跳走。昙猷饱食而归，安然无恙。

有为犬者为猫者。《搜神记》卷一二：鄱阳（今江西鄱阳）赵寿，畜有犬蛊。有陈岑者诣寿，忽有大黄犬六七，群出吠岑。为猫者即所谓"猫鬼"，另谈。

还有鱼虾蛊、牛皮蛊、布蛊、水蛊、木蛊诸种，而最可怕者为飞蛊，最毒者为金蚕蛊，最奇者为挑生鬼蛊。

飞蛊即如张鷟《朝野佥载》所说：江岭之间有飞蛊，其来也有声而无形。人们只听到天上一片啾啾唧唧的鸟叫声，什么也看不到，惊恐之下就中了蛊毒，中毒之后就是痢血。其所以可怕，就在于是大面积的中毒，其实就是痢疾传染病。

如果说飞蛊类于瘟神，那么挑生鬼蛊就近于伥鬼。南宋周密的《岭外代答》中记载：广南以挑生蛊杀人，是在用鱼肉款待客人时，先对鱼肉行厌胜法，客人食后，鱼肉便反生于腹中，人肚子里生了肉，那应该是胀蛊之病了吧，反正这人是死了。死了还不算完，其鬼魂还要受放蛊者支配奴役。凡男耕女织，起居服侍，鬼皆任之，无不如意，若虎之役伥然。故不用人力而粟满庾，帛满箱。

金蚕蛊最为有名，文献中记载得也最多。北宋末蔡绦《铁围山丛谈》说它始于蜀中，然后传播至湖广、闽、粤。此说大致不错，但金蚕并不仅产于蜀中，安徽、江西等地也有金蚕蛊术。五代徐铉《稽神录》中说，一个姓王的石匠，曾为浙西廉访使采选碑石。他在一大堆石料中发现一块天然圆石，其形如球。王石匠试着斫凿，发现这石头一层一层如蛋壳相包，凿到最后，剩有拳头大的一块，再凿破，内有一蚕，形如蛴螬，蠕蠕能动。因为没人能识，便丢掉了。后来浙西兵乱，王石匠逃难至蜀，他和本地人聊天时，听一人说道："人欲求富，莫如得石中金蚕畜之，则宝货自致矣。"问其形状，正是他见到的石中蛴螬也。

金蚕致富之说，最详细的记载应属宋人毕仲询的《幕府燕闲录》，但可不是只要养了金蚕就"宝货自致"那么简单轻松。池州（今安徽贵池）进士邹阆，家贫但有操守，一日见门前有一小竹笼，中有白金器数十，携归。忽觉左股有物蠕动，见金色烂然，乃一蚕，手拨不去，水火刀斧不能伤，寝食之间无所不在。友人有识者曰："吾子为

蛊神

人所卖矣。此谓之金蚕，虽小而为祸甚大，能入人腹中，残啮肠胃，复完然而出。"又曰："子能事之，即得暴富。此虫日食蜀锦四寸，收取粪便，晾干后磨成细屑，置少许于饮食中，人食之者必死。虫既得其所欲，便逐日致他人财物于主人以报之。"邹阆道："我虽贫，安肯为此？我现在只想把此物并白金诸器送回原处。"友人道："凡人畜此虫久而致富，即以数倍之息，并原物以送之，谓之'嫁金蚕'，其虫乃去。你这样穷，哪里有数倍的金钱送回？"这邹阆一不肯养金蚕，二又没能力送金蚕，最后一咬牙，反正是个死，硬把金蚕活吞到肚子里。结局出人意料，过了几天，屁事没有，照样吃喝。而他家白得了一竹筐银子，穷日子大有好转了。

煞神（殃神）

中国丧俗，最晚在汉代时就有了避煞之说，所避之"煞"，就是我们要说的煞神。煞神或称煞鬼，又称眚神，或简称为煞。而"煞"古字或作"衺"，或作"杀"，亦称"殃"或"殃煞"，其实都是一音之转，与"丧"音相近，而此物的出现也就是与人家的丧事相关，所以理解为"丧神"也无不可。

在中国繁复的丧俗中，避煞算是最令人难解又带有恐怖气氛的了。这习俗从记载上虽然可以追溯到三国甚至更早（如《三国志·魏志·陈群传》中就提到魏明帝因幼女早殇，便以"避衺"为借口而想到许昌游幸），但说得较为具体的则见于北齐颜之推《颜氏家训·风操》中的一则：

> 偏傍之书，死有归煞。子孙逃窜，莫肯在家。画瓦书符，作诸厌胜。丧出之日，门前燃火，户外列灰，被送家鬼，章断注连。

此后一千多年，南北的避煞之俗虽然各有花样增添，却大体不离以下这个套数：即人死之后，要由阴阳生测算"归煞"之日，即人死之后的某日，"煞"要回到家里，而家里的亲属都要离家躲避。当然有钱的人家不妨留下仆人看门，有的甚至把念经的和尚也留在家里。而一般的老百姓就只能把门一锁，另找别的住处躲几天。在离家之前，要把停尸的厅堂门窗全打开，地上遍洒草木灰。出避前后都要有一些巫术仪式，虽然未必皆是"画瓦书符"，但"门前燃火，户外列灰"却很普遍。避煞之期既过，家眷们回来，再例行"送煞"之仪，云南纸马中的"煞神"大约就要在这时候焚化。

那么死者亲人要避的这个"煞"究竟是什么东西呢？大致有如下三说：

一说是死者本人的魂灵，颜之推所说的就是此类。南宋洪迈《夷坚乙志》卷十九"韩氏放鬼"条说得更明确，而且有了"布灰验迹"之说：

> 江浙之俗信巫鬼，相传人死则其魄复还，以其日测之，某日当至，则尽出避于外，名为避煞。命壮仆或僧守庐，布灰于地，明日视其迹，云受生为人、为异物矣。

回来的不仅是本人魂灵，而且从他留在草木灰上的足迹，或人或禽或兽，可以判断他将转世为什么异物。当然具体到各地不同风俗，有一些避煞更具戏剧性，竟然成为转凶为吉的过场戏。胡朴安《中华全国风俗志》下编"浙江"一章记海宁丧葬之俗云：迎神（迎神即回煞，俗呼接眚）之日，先于死者原卧处安设灵床，以死者临死时所穿贴身衣裤平铺床上，上用金银纸锭盘成头形，再用粽子四只，分置于袖裤管口，成手足形，中用馒首一枚，置肚腹之间，应该代表心脏了。这样就做成一个虚拟的人形，而在床下铺以炉灰。此外还要造一个"魂亭"，以竹为架，外糊以纸，这是供回煞之魂暂住的地方。自迎神之日起就开始供设，一般七日后即行焚化，但也有放到一两年后的。焚化魂亭自然已经是回煞之后了。那天上午铺设尚白，仍为丧事，下午一律易吉，悬灯结彩，仿佛喜事。入晚用鼓乐前导，由孝子等将魂亭扶出门外，家属跪送，迨焚化既毕，均穿吉服而进。

既然回煞的是死者的亡灵，那么全家避而不见，便大不合乎中国尚孝的伦理，所以颜之推就抨击避煞为"不近有情，乃儒雅之罪人"。

另一种说法是，回煞之日死者的魂灵要回来，但他并不是"煞"，煞是押他回来的那个东西，即称为"煞神"者是。明钞本《太平广记》卷三一八"彭虎子"引南朝刘义庆《幽明录》：

> 彭虎子，少壮有臂力，常谓无鬼神，母死，俗巫诫之云："某日殃煞当还，重有所杀，宜出避之。"合家细弱，悉出逃隐，虎子独留不去。夜中，有人排门入，至东西屋，觅人不得。次入屋，向庐室中，虎子逭遽无计，床头先有一瓮，便入其中，以板盖头。觉母在板上，有人问："板下无人耶？"母云："无。"相率而去。

此处彭虎子之母还煞，但不是一个人回来，另有一个气势凶恶"排门而入"者，他入门还要搜索生人，如果搜索到，那就是"重有所杀"。这个东西是押送彭虎子之母回煞的。此说到明清时依然存在，沈三白《浮生六记》卷三所说："回煞之期，俗传是日魂随煞而归。"就更明确地指明了煞与归魂的关系。而袁枚《子不语》卷一"煞神受枷"条索性就把押送亡魂的煞神写成一个恶鬼："至二鼓，阴风飒然，灯火尽绿，见一鬼红发圆眼，长丈余，手持铁叉，以绳牵其夫从窗外入"。这一说法似乎化解了避煞与伦常的矛盾，但仍然不能彻底：孝顺子孙或痴情夫妇虽然不能在灵堂上坐等煞神，但并不妨从窗户眼里偷看一下亡者的魂灵，沈三白就曾经这样做过，何必举家远远地逃避呢？

第三种说法是，回煞时根本没有亡魂归来，来的只是一个"煞"而已。而这个煞神与袁枚等人小说化的恶鬼完全不同，却正是云南纸马中的煞神形象。云南纸马的煞神我见过有十来种，除了一种雌雄二煞俱为人形，其他的全是禽形凶神。而这些又大致可分为三类，一类题为"杀神"，所绘一为鸡形神物，另一则是人形，似是我们前面说的煞神押解回来的亡灵。另一类则标明为"丧车神煞""殃煞之神"，也是雌雄二煞，人形，全身披甲如神将，但都是鸡头鸡爪。第三类最为彻底，雌雄二煞就是两只鸡形神物。这种鸡或是禽类的形象让煞神在众多极少特性的云南神祃中显得格外突出，却绝不是为了追求怪异而随意乱画的。

煞神或煞鬼为禽鸟，较早的记录见于谢承《后汉书》："杨震卒，未葬，有大鸟五色，高丈余，两翼长二丈三尺，人莫知其名，从天飞下，到震棺前，举头悲鸣，泪出沾地。至葬日，冲升天上。"至东晋陶潜的《搜神后记》卷六"安丰侯王戎"一条又云：王戎去参加某家的送葬礼，因为装殓未毕，别人都在厅堂上，只有他自己卧于车中等着，"忽见空中有一异物，如鸟"，但渐近渐大，就化为"一乘赤马车，一人在中，着帻赤衣，手持一斧"了。此煞虽然化为人形，但本体仍然是禽鸟。

到了唐代，煞多以飞禽状出现于笔记小说中。张读《宣室志》云："俗传人之死，凡数日，当有禽自枢中而出者，曰'杀'。"皇甫氏《原化记》言士人韦滂暮行求宿，主人曰："此宅邻家有丧，俗云，妨杀入宅，当损人物。今将家口于侧近亲故家避之，明日即归。不可不以奉白也。"韦滂自恃勇力，就住进丧家空宅。"至三更欲尽，忽见一光，如大盘，自空飞下厅北门扉下，照耀如火"。韦滂引满射之，一箭正中，其物堕地，取火照之，"乃一团肉，四向有眼，眼数开动，即光"。韦滂竟把此物烹而食之了。又戴孚《广异志》有两条记怪鸟杀人，虽均未明言其鸟为煞，但都是人病重将死时大鸟飞入，取人性命。而张鷟《朝野佥载》中说到一种叫"罗刹魅"的恶鬼，现身为青衣女子，吃人之后，化为大鸟"冲门飞出"。《通幽记》云卢瑗父病卒未殓，"后两日正昼，忽有大鸟色苍，飞于庭"，后化为女子，裂尸如糜而去。

到了宋代，煞的禽鸟之形开始出现向"鸡"形转变。洪迈《夷坚丁志》卷十三记徐吉卿居衢州，乾道六年间，白昼有物立于墙下，"人身鸡头，长可一丈"。侍妾出见之，惊仆即死。徐吉卿次子官于秀州，数日后闻其讣，正此怪出现之日。至清代，煞鬼如禽之说更为纷杂，而大多为鸡形。董含《莼乡赘笔》卷下记"煞神"为"一巨鸡，高四五尺，绛冠铁距，上骑一道士，长及屋梁，鼓翼昂首，从外而入。"王同轨《耳谭类增》卷二四"煞神"云是"雄鸡巨如鹤，钩喙怒目，飞立棺上。邹弢《三借庐笔谈》卷一一"遇煞"条，则为一巨鹅，两眸炯炯作绿色。钱泳《履园丛话》卷一五"打眚神"条，则为一大鸟，人面而立，两翼扑人，宛如疾风，被扑中者满面皆青。袁枚《子不语》卷二"罗刹鸟"条，则为一大鸟，色灰黑，而钩喙巨爪如雪，为墟墓间"太阴积尸之气"所化。徐昆《遯斋偶笔》卷下"回殃"条，言某人见一人家避煞空宅而去，宅内有一棺，棺上有物如家鸡，遂疑为殃煞。薛福成《庸庵笔记》卷六"杨孝廉遇煞神"条，则为似雄鸡者，集于厅屋之上，其眼绿光两道，直射人面。汤用中《翼駉稗编》卷五"煞神"条说得最为确凿，说常州丧俗，人死殓时要以瓦罐覆地，那瓦罐中就罩着煞神，葬时起棺，请巫师诵咒破罐，则道煞神退去，而煞神"其形如鸡"。有一冯氏者新丧，不小心瓦罐被孩子们打破，于是煞神逸走。邻居有楼，封扃已久，此时忽闻拍翅声，打开楼门启视，正见"一鸡冠距甚伟，不知从何处来。罩以巨笼，倏失所在。"而特别要注意的是，此前只是称之为煞或杀，到了清代便把这种东西叫作"煞神"了。

但为什么民间不接受煞神为一般凶煞的狞恶状貌，而认定为禽鸟甚至家鸡的样子呢？有人把缘由追溯到"佛经"中的"阴摩罗鬼"。宋人廉布《清尊录》曾记"一物如鹤，色苍黑，目炯炯如灯，鼓翅大呼甚厉"。此物在有人厝棺之后数日出现，有僧云："《藏经》有之：此新死尸气所变，号阴摩罗鬼。"在此之前，唐人张鷟就把这恐怖的怪鸟说成"罗刹魅"，而此后的清人袁枚又承袭以上二说，略做翻新，说成"罗刹鸟"，这样一来，好像这煞真像是从西方传来的。日人鸟山石燕的著名版画《今昔画图续百鬼夜行》中的阴摩罗鬼，即取此说，而一直成为日本的经典妖怪之一。其实佛经中并没有什么阴摩罗鬼，只不过是那和尚为自己的说辞找个别人无法辩驳的依据。但这位宋朝的和尚很不简单，一句"新死尸气所变"，就揭出避煞之俗的产生缘起。如果仔细想想，这个一向被人訾斥为与孝道相违、恐怖而荒唐的"恶俗"，其实是非常合乎卫生之道的，只不过罩了一层迷信的外衣罢了。

丧门神

丧门神，又叫丧门星。他和"吊客"是搭档，与"黄幡、豹尾"等都是大凶煞"太岁"部下的星神。星神未必在天上能找到星体，这几位都是虚拟的，有其名无其实。作为星神，丧门虽然主凶，但并没有凶到丧灭全门的地步。只是占星家说，如果天上丧门、吊客二星当值，你们家就不要办什么大事了。因为此二星主死丧哭泣之事，这天你要是盖房子、娶媳妇，或者参加别人家的婚丧之事，就会触犯二星，容易招来盗贼、遗亡、疾病、死丧之事。所以说起来并不那么可怕，只不过是老皇历中的"不宜出行""不宜动土"之类，就是现在的"中华万年历"，也不是每天都是黄道吉日的，可是该上班还要上班，没听说包揽婚庆的公司有闲着没事干的时候。

但到了大约宋代，丧门神开始变得可怕起来，而且有了具体形象，那就是人面蛇身。北宋张耒《明道杂志》记元祐年间，开封府推官杨国宝一家大小十余口死亡殆尽，这就是灭门的丧门神降临了。事发之前，先是杨国宝守寡的妹妹到他家来住。这寡妹带着个做饭的丫头，精神上有些错乱，嘴里神神道道的，尽说些不吉利的话，还常把土聚成个小坟堆的样子，坐在那里哭。过了不久，杨国宝的一个女儿就去世了。有一天，杨国宝对张耒说："我夜里做梦，梦见一蛇，头上戴着冠。"张耒听人说过：蛇身而冠，谓之"丧门"，就感到此梦不祥，严重的还在后头，结果杨家竟真的一门尽丧了。据故事来看，那个小丫头可能就是个丧门星附体，而丧门的真形则是蛇而戴冠，蛇本来就是极凶毒之物，如果让它戴上官帽子，那不正应了"灭门知县"那句话了吗？

丧门星在天当值，我们惹不起只有躲，但对这顶着官帽子的毒蛇，则不可躲只能除，除恶务尽，就没有什么后患留下。南宋方勺《泊宅编》讲一故事：范迪简看中一座宅子，想要买下，可是有人劝他，说那宅子中有怪物，不能买。不知这老范是不信邪还是贪便宜，反正是不肯罢手，就让诸仆住到堂庑间监视情况。到了夜间，只见有一物，人首而蛇身，往来其间。这怪蛇不怕人，而诸仆也不怕它，便用被单把它一蒙一兜，裹起来扔进大锅里，放上水就煮将起来，煮到天明，这怪物早就化成一锅腥油了。从此这宅子就平安无事。闻知此事的人说："此'丧门'也。"

还有人死而化为"丧门神"的，这就比较恐怖些。南宋江万里《宣政杂录》记有北宋末年一事：宣和间，沧州南皮县有一弓手张德，也就是县里的捕快，很能干，抓人手狠，却常诬良为盗，以邀功赏。这一年，张德因瘟疫而死，死后半年，他墓中忽发怪声。别人听到了，便报告其子。其子走去一看，坟上出个大洞，洞口露出了张德的脸。及至挖开坟墓想把他弄出来，却发现他的身体已经化为白蛇了。张子惊问道："何为异类？"张德道："我以杀平民多，获此报。你可作屋置我其中，开洞于屋顶。我探出头四望时，你就喂我肉，一天十余斤也就够了。"就这样喂了一年多，此怪饭量越来越大，把家里吃穷了，再也喂不起了。张德对其子说："我虽然败了你家，你千万不能害我。如若杀我，则十二年后复生为白蛇，则天下被兵矣。"儿子愤其为妖，道："此正丧门神也！杀之乃所以止兵。"便乘醉磨刀，把此怪断为两截。此蛇奋跃辗转，坏屋宇桑麻数里，当然，张德的家是彻底扫荡无遗了。但正如此怪所说，十二年后金兵南下，天下大乱，北宋灭亡。故事很像是寓言，暴政杀人，化为丧门神的其实不是人，而是昏君贪官酷吏恶绅们凝成的一股戾气，其后果是不仅破家，而且亡国。

可是到了明代之后，丧门神就不再是蛇而冠的形象，而改为和吊客很相配的模样，或者与吊客搭伴同行，像个勾魂的无常，或者像个服孝的少妇独身道中。谁要是遇到她，轻者亡身破家，重则灾起国灭，下面只拣个严重的说。

清赵吉士《寄园寄所寄》记下一个传说：崇祯十六年春，京营巡捕军夜宿于棋盘街。北京棋盘街位于前门（正阳门）和大明门（入清改大清门，民国时改为中华门）之间的一块空地，形如棋盘，白天最为繁华，至夜则有重兵守护，因为这个"大明门"虽然不大，却是真正的"国门"，为国运所系。却说这夜一更初定，突然出现一老人，嘱咐卫兵说："夜半子时，将有妇人缟素涕泣，自西往东而来。你们千万不可让她过去，过去了就要生大祸害。到了鸡鸣时，就没事了。因为我是这里的土地神，所以相告也。"时至夜半，果然有一穿孝妇人自西而来，卫兵便按土地所嘱不准她过去。没想到将临五鼓，卫兵刚打了个盹儿。那妇人便径穿而东,既过之后,妇人又折回来,用脚把卫兵踢醒,道:"我丧门神也。上帝命我行罚此方者,何听老人言阻我!"说完就不见了。卫兵大惧,回家后告诉家人,话还没说完,就倒地而死了。此后一场大瘟疫降临,城中死者枕藉,第二年,崇祯皇帝就上了吊。

三尸神

　　道教中有内视存思修炼一派,认为人身各器官,五脏六腑、四肢百骸、筋骨髓脑、肌肤血脉以至孔窍荣卫,均有神灵主宰。一身有一万八千神曰本份神,一万八千神曰影照神。又有三部八景之说,算起来竟有一十万八千神。而且似乎诸神还各有名目,虽然没有人能把这十万八千神名全都杜撰出来,最主要的如脑神曰觉元,髪神曰玄华,目神曰虚监,鼻神曰冲龙玉,舌神曰始梁之类,还是有人能编有人会记的。而其中最为修炼者所念念不忘的,则是三尸神。因为三尸神应该是人身中的妖神,他们的职能不是与人身的器官并存亡,而是只有你死我才能活舒服的对头。

　　三尸神的最早记载应该是纬书中的《河图纪命符》,绝大多数纬书的成书年代是东汉,但也有少量的产生于魏晋时期。我们即以最晚为限,三尸神的出现也不会晚于晋代了。因为东晋葛洪《抱朴子·微旨》也有与《河图纪命符》同样的关于三尸的记载。所谓三尸,历代道士们说法不一,但大同小异。一般来说是指上尸、中尸、下尸三神。三神各有名字:上尸清姑,伐人眼;中尸白姑,伐人五脏;下尸血姑,伐人胃。又有一说:上尸居人头中,令人多思欲,好车马;中尸居人腹,令人好食饮恚怒;下尸居人足,令人好色喜杀。后一说可以清楚地看出，这三尸最早可能是人的嗜欲和病毒的人格化。道教常把三尸与九虫并称，那九虫一曰伏虫、二曰蚘虫、三曰白虫、四曰肉虫、五曰肺虫、六曰胃虫、七曰弱虫、八曰赤虫、九曰蜣虫。"三尸九虫"连称，就是人身上的病害之源。三尸九虫越是活跃，人的生命状态就越糟糕，而把活人折腾死，他们也就大功告成了。所以最早的除灭"三尸九虫"还是医学方面的内容为多。

人一出生，三尸九虫就潜伏在人体中。但三尸与九虫还有所不同，他们还是潜在的瘟鬼。从一开始，他们就视人体为樊笼，只想跑出去自由自在地尽兴做坏事。而要达到这目的，只有一条路，就是让这人死掉。人一死，魂升于天，魄降于地，三尸神再无魂魄管领约束，便化成疫鬼，流散人间。四时八节，他们要享受人间的祭祀。谁要是伺候不周到，他们就要散布瘟疫，让人百病竞作，取人性命。

但后来道士们发现，三尸神除了伐害人的身体和神经之外，还有另一职能，原来竟是潜伏在人体中的奸细、特务、密探。他们每至庚申日，就可以趁人入睡，逸出人体，溜到天上，向天帝属下的官员打报告，把这人平日所做的无良之行，不分大小，分毫不漏地一一奏上。而那个官员就根据罪状，削减此人的寿命。人的寿命越短，三尸神从中得到的利益就越大。所以他们乐此不疲，绝对地忠于职守，而且不吝添油加醋。

这样一来，三尸神就成了求仙者的腹心之患。要想长生不死，只想修行为善还不行，三尸神可以无中生有地把你妖魔化。但三尸不是九虫，用什么杀虫剂都是除不掉的。只有一个办法，就是看住这密探，让他没法逸出人体，溜不出去，自然就无法打报告了。所以道士就有了"守庚申"之说。既然只有庚申日三尸才能逸出，那么每逢庚申日，求仙者就不睡觉，让三尸无法潜出，所谓"七守庚申三尸灭，三守庚申三尸伏"，时间一长，就把三尸神憋死了。三尸神当然不肯憋在里面等死，总会想出花招让人犯困，所以每到庚申之日，人就格外地迷糊，一不留神打个瞌睡，三尸神早就跑出去了。

穷神

穷神又叫穷鬼，与财神对应而相反，是专门为人带来贫穷和困厄的，也就是不仅财穷而且人生路途也穷。这穷鬼并不是天生家境就穷，而是有穷瘾，多好的日子也要往穷上折腾。如果他只是自己有这穷瘾也就罢了，麻烦在他还要折腾别人，凡是让他沾上的，不被他折腾到穷断脊梁骨是不肯罢手的。所以人们必须要"送穷鬼"。南朝梁人宗懔的《荆楚岁时记》，就载有正月晦日的"送穷"之祀，每到正月末，湖南湖北一带，家家送穷。这送穷的祭品最为简单，就是一碗喝剩的冷粥，再加上不能再穿的破烂衣服，足矣。但送穷未必始于梁代。早在西汉末，扬雄就有《逐贫赋》，对"贫"尔汝相呼，虽然未必是后来的穷鬼，却隐约有些送穷之俗的影子了。

这穷神自然是有来历的。据隋人杜公瞻为《荆楚岁时记》所做的注说，其大名叫"瘦约"，出自名门，帝高阳之子，"三皇五帝"中五帝之颛顼是他老爹。当然颛顼爷后宫充盈，儿子生得也数不清，瘦约是第几百名公子也难于考究。而褚先生所补的《史记·五帝本纪》中明言颛顼生的儿子中有位叫"穷蝉"，也不能不说毫无根据。且说这瘦约少爷天生好穿破衣，喝稀粥，给他新衣服，也要找地方磨烂，再烧上几个窟窿才肯上身。所以宫中就称他"穷子"，一说叫"穷鬼"。颛顼是楚人的祖先，这传说是楚人流传下来的，还是楚地之外的人编派楚人的，情况不明，我感觉后者的可能性更大些。反正自从楚人送穷之后，各地也起而效仿，好像怕楚人把穷鬼送到自己家里似的，忙不迭地也往外送。而给穷鬼安上个颛顼之子的头衔，也颇有此公本是湖南北之物，非我所产，勿溷乃公的意思。

文起八代的韩文公韩愈，写过有名的《送穷文》，开首即云："结柳作车，缚草为船，载糗舆粮"，然后"三揖穷鬼而告之"。又是车船，又是干粮，比民间所用的冷粥破衣要豪华多了。也许这是当时已经有的风俗，也许是韩文公的创造，不管怎样，在后来的诗文中，"送穷结车"就成了典故。穷神的尊容怎样？宋人绘画中有《送穷图》，想必能有些线索，可惜画没有传下来。只是刘伯温做过一篇《送穷文》，其中提到了梦中所见的穷神尊容，云："余梦有物兮，龙首人身：蓬头鼠目，其音若呻。跳踉睒冶，若远而亲。欻往焂来，忽笑以颦。"这当然是文人揣想之辞，没有人会根据它为穷鬼塑像的。但"龙首人身"一句，可知这穷神还是"高阳"一脉。而民间的穷神或穷鬼并不止此一种。比如唐人康骈《剧谈录》中曾谈到穷鬼，像是孪生兄弟般的一对儿，"状如猿，衣青衣碧衣"。谁要是交了霉运，这二位就算是跟定了，吃喝拉撒睡，总是一左一右侍候着。这对穷鬼想送是送不走的，但也不是跟一辈子，如果哪天看上某土豪要走背字儿，自己就会告别旧主，结伴儿前往，帮新主人把家业折腾光。

樟柳神

樟柳神、耳报神、童哥、灵哥灵姐、鸣童、灵官、肚仙、鬼仙，以及枫子鬼、髑髅神、神神等等，这是一系列神灵，有共同的特征，但又有不同的形态，其实可以说是一种事物在不同时代和地区发生的各种变异。严格说来，这类神灵不算是邪祟之神，但造就他们的无一不是邪术，他们是邪术的牺牲品，却又不得不为邪术效命。虽然不像伥鬼那么卑劣，但其阴惨的性质则相差不多。此处仅以樟柳神为主，以其他诸物为辅，向读者介绍一下此类神灵的来龙去脉。

明人王兆云《挥麈新谭》卷下有"樟柳神"一则，其中讲了一个故事，说苏州乡下有一张二，充任本地里长，每月十五都要到官府点一次卯，所以到了那天，半夜三更就要动身进城。这日走到中途，月色甚明，忽觉足下踩到一物，捡起来看，"乃木刻成一小儿，形长三寸，面貌甚精，毛发皆具，装饰诡异"。他随便将它插到帽檐上接着前行，途中只觉有人在耳旁小声说："张二张二，县前点卯，要打屁股。"张二回头看，却并没有人，心里吓得直发毛，腿也软了下来。到了县里，他果然因为迟到挨了板子。往回走时，又听到耳旁小声说："张二张二，老婆在家偷汉。"说了又说，张二听得好不焦躁，忽然想起是帽檐上的小木人在说话，赶忙把它砸碎扔进路旁的粪坑里。

这里的樟柳神显然是有预知本领的，但又是个爱说实话的唠叨鬼。这故事被清人宣鼎改写之后，收到《夜雨秋灯录·续集》中，婉妙动人，颇有瓜棚豆架之趣，而那个小木头人也就成了个可爱顽皮的小生灵。宣鼎先生只图故事好看，却无意中让读者产生一个误解，以为樟柳神总是像杨柳青大娃娃似的那么可爱活泼、笑容可掬。其实他只是个命运极为凄惨晦暗的小鬼魂。

樟柳神能预知的大抵只是一些琐事。明人王同轨《耳谈》中说他只能"谈人往事，及家居坟墓园宅，如指诸掌"，而王士性《广志绎》卷四又说："其神乃小儿，故不忌淫秽，不讳尊亲，不明礼法；随事随报，然亦不能及远，亦不甚知来。"而《夜雨秋灯录·续集》中又说一事，言有人从巫师家购一樟柳神，望其能预报吉凶，不料"所报者，无非鼠动鸡啼鸦噪等事，且夜伏枕畔，哓哓烦琐，搅梦不酣"。仅此而已。近人孙玉声《退醒庐笔记》中所说的樟柳神本领稍大些，但必须由术士念过咒语之后方可于半夜对语，"问以次日贸易事，言必有中，问及他事，则以不知对。问多则怒，且会詈人。"虽然如此，对于一个木头刻的小偶人也够难为他了。

一个木偶能有如此神异，首先让人想到的，这一定与雕刻所用的木料有关。一种说法望文生义，认为樟柳神就是用樟木与柳木接凑，雕刻而成人形，又有以为"取樟木作灵哥，柳木作灵姐"，都是指樟、柳二木。但也有以为纯用柳木，甚至有说仅用柳枝者，但雕法却有讲究，沈平山《中国神明概论》"玄术篇"言及制造预报功能的"柳人"说："炼时先择吉日，取东方常流水边的柳枝一段，雕刻成人形，长二寸六分，按阴数眉目七窍玲珑，左手阳仰，右手阴覆，头挽双髻，身着绿衣"，即是。但以上诸说似乎并不妥当，因为樟、柳二木都太普通，取材既便，就不稀罕。灵物的出身总是不同凡响的。其实明谢肇淛《五杂俎》早就指出，其木为"樟柳根"，而"樟柳根"并不是樟树和柳树的根，而是另一种植物"商陆"的根，并且挖取时也很神秘："夜静无人，以油炙枭肉祭之，俟鬼火丛集，然后取其根，归家以符炼之，七日即能言语矣。"所以清初的张尔岐在《蒿庵闲话》中认为樟柳神的正名其实是"章陆神"，因为商陆又叫章陆，而"陆"字也可读如"六"音："左道刻章陆根为人形，咒之能知祸福，名章陆神。"

但一块商陆根刻成人形，像王兆云所说的"不必生人魂爽，只以草木合而为之"，或者如谢肇淛说的"以符炼之"，张尔岐说的诵几句咒语，就会成了能预知休咎的神灵吗？或者如王士性说的，把"万家土"（即燕窠，因是燕子用万家之土做成），"万人路"（即板桥上的木板）和木偶放在一起，裹而咒之，用这种办法就能采取生人的精气，注入木偶之中，这总是让人感到疑惑，这样简单生产出来的樟柳神能有多少灵气？樟柳神的制造是术士的专利，不会完全透露给书斋中的文士的，如果真要探究起来，就会发现事情可不那么简单。那不能轻易透露的秘密，便是要为这木头小人注入人的灵魂！

王士性《广志绎》卷四说，那木头所以能雕刻人形而有灵，是因为在树下曾经埋过章、柳二家早殇的小儿，日久天长，因而得了灵气。但下文又说，仅用此木雕刻成小儿形状，并不能立刻有灵应，巫师要用一根针刺入小儿耳内，炼以符咒，四十九天之后，小儿能在耳边传言，然后才拔去针。这就是所谓"炼樟柳神"。看到这里，让人隐隐觉得这樟柳神有些血腥气，但其血腥远不止此！

《海游记》第十五回说起樟柳神又有男女之分，称为灵哥、灵姐，炼制的方法是："取樟木作灵哥，柳木作灵姐，每用男女天灵盖各四十九个为粉填空心，半夜用油煎黑豆，把鬼拘在木人上符咒，百日炼成一对。"每个天灵盖就附着一个鬼魂，炼一对灵哥灵姐就要男女各四十九个鬼魂做候选。还有一种说法没那么复杂，只需使用幽冥中的亡魂，或用法术拘来，或是自愿应募而至。明人陆粲《说听》卷上记衙内文奎，与一术士交游，学炼樟柳神法。术士设食于野外，作法召鬼。鬼来无虑万数，如风雨怪骤。术士呼鬼名一一问之："愿从公子游乎？"鬼如言"不愿"，即麾去。以次相问，或遇一鬼云"愿从"。术士即从身上掏出小木偶人，在上书写鬼之姓名及生年月日，然后交给文奎，让他缝于衣领间。这就成了炼好的樟柳神了。

但我觉得，这些都是术士能够公开对人说的法术，虽然已经够邪，但阳世一般并无禁止招鬼叫魂的法律，被人听到也就无大妨碍。至于他们真正使用的炼樟柳神法，是绝对不能让人知道的。写过《红楼评梦》的乾嘉间人诸联，有本笔记叫《明斋小识》，其卷十二有"鬼仙"一则，所指的"鬼仙"就是"樟柳神"。说潘成章雇的小书童，拾到一个二寸长的木偶，耳目口鼻一应俱全。他以为是个玩具，就把它掖到怀里。不想过了一会儿，那小木偶竟然说起话来：

声若雏鸡朱朱然，家事琐屑俱以告。自言朱姓，生于华亭，三岁之富阳，今为"鬼仙"。

"生于华亭，三岁之富阳"是什么意思？清人钱泳《履园丛话》卷二十四中的一条说出了奥秘：

今吴越间有所谓沿街算命者，每用幼孩八字，咒而毙之，名曰樟柳神。

把幼孩"咒而毙之"，取其灵魂附入木偶，原来这"樟柳神"是用小儿的灵魂造成的！那个小鬼仙本是华亭（今上海）人，在他三岁的时候被术士"咒而毙之"之后，鬼魂就带到了浙江富阳。所谓"迷杀"或"咒而毙之"，就是制造"鬼仙"的最主要手段，即"采生摘割之法"，也就是通过杀人来取得鬼魂。

与樟柳神、灵哥灵姐搅不大清的还有一种钻到人肚子里的"肚仙"。袁枚《子不语》卷十四有"鬼入人腹"一条，就把这三物视为一类。焦举人的太太金氏招来一个算命的盲人，这盲人讲起举人太太过去之事，无一不对。金氏大为信服，便赠以钱米，恭送出门。可是到了夜里，家里就做起怪来。

金氏腹中有人语曰："我师父去矣，我借娘子腹中且住几日。"金家疑是樟柳神，曰："是灵哥儿否？"曰："我非灵哥，乃灵姐也。师父命我居汝腹中为祟，吓取财帛。"言毕，即捻其肠肺，痛不可忍。

举人太太在家里闲得难受，没事找事地去算命，结果给自己找来了麻烦。这且不去管他，只说这肚子里的鬼物，虽然不是木偶，却也可以称作樟柳神或灵哥灵姐的。此物在明代即有，王同轨的《耳谈》中有记载，其中一个北漂到京城的术士还说了"炼制"方法：

> 用符水于天坛僻地，杀一行路小儿，取肝、心及耳、鼻、唇尖，咒之，儿灵爽即归道士腹中，语世间祸福幽隐皆验，赚取资财无算。

此处不是把小儿魂灵移入樟柳人，而是摄入术士自己的腹中。此类故事在清代仍时有传闻，纪昀《阅微草堂笔记》卷九所云"平湖一尼，有鬼在腹中，谈休咎多验，檀施鳞集"即是。而明清时流行于江浙的所谓"肚仙"，虽然未必是用杀人的办法制造，但性质也大致相同。胡朴安《中华全国风俗志》下编"江苏"章述江湖中有以"管灵哥"为业者：

> 业此者自谓有樟木神，能介绍已死之魂与生人接谈。喉间作声唧唧，闻者不明，必须其为之翻译，方能明了，谓之"管灵哥"。

按此"管"应即"关肚仙"之"关"，而"关肚仙"是主要流行于浙江慈溪一带的民间巫术，其源头不可考，但起码从明朝末年到清朝末年一直存在着。清人俞蛟《梦厂杂著》卷八《齐东妄言》中言：

> 浙东西有"关肚仙"之技者，皆妇女为之。关，索取也。关肚仙云者，生人念死者不置，倩妇召之，告以其人之生卒年月日，少选，妇腹中呜呜作声，如泣如诉，倾耳以听，其言可辨不

可辨，其事亦可信不可信，然亦有与其人生前事迹往往相合者。故世人信而不疑，竞呼之为"肚仙"云。

这个肚仙只是一个灵媒，专门为死者的亲属通报亡灵的起居，钱财虽然也要收取，但似无大的恶迹。

"鬼仙"中还有一种"耳报神"，常见于明清时小说。《西游记》第八十二回："孙大圣他却变得轻巧，在耳根后，若像一个耳报，但他说话，惟三藏听见，别人不闻。"这个"耳报"就是耳报神，因为他附在主人耳边上轻语，别人看不见，听不到。《红楼梦》第四十七回也有一段贾太君的话："又不知是来作耳报神的，也不知是来作探子的，鬼鬼祟祟的。"第七十一回中凤姐说："这又是谁的耳报神这么快。"这"耳报神"在此是个比喻，用现在的话讲，指的是那种专精于刺探隐私、打小报告的东西，而且还有个特点，就是传递情报非常之神速，因为他是个"神"。但在民间，他当然还不具备官府密探的资格和功用，只是在邻里家庭之间传播些闲话而已。那么这耳报神又是什么东西呢？

王兆云《挥麈新谭》卷下"樟柳神"条云："耳报之术有数端，其一不必生人魂爽，只以草木合而为之，如世传樟柳神。"王士性《广志绎》卷四有云："奉新有樟柳神者，假托九天玄女之术，俗名'耳报'。"周元暐《泾林续记》则把"耳报樟柳神"连称，明末无名氏《集异新抄》中说到炼樟柳神，也称为"耳报法"。可见耳报神就是樟柳神，或可说樟柳神是耳报神中的一种，只不过用这个称呼是为了特别强调他刺探和传递消息的功能。

再早一些是宋、金，那时的"鬼仙"有"童哥""髑髅神""鸣童"诸种。"髑髅神"见于佚名《湖海新闻夷坚续志》，此书编于元人之手，所述却多是宋、金时的故事。"髑髅神"的事发生在南宋，与

"童哥"虽然地分南北，却几乎是同时。南宋理宗嘉熙年间，某村民十岁的孙子，忽然丢失不见了。撒出榜文和人众四处寻找，毫无消息。村民这天正在外寻找，却遇上大雨，便在一家门屋下躲避。忽然他听到孙子喊祖父的名字，不禁骇然，等到认准确是此儿的声音之后，立刻报官搜捕，果然在这家的柜中发现了孩子，时已枯朽，略无人形，只有奄奄余息了。抬到官府之后，还能勉强说起其事之本末："初被窃，温存备至，一饭必饱，自是日减一日，继用粽子亦减，久则咸无焉。每日灌法醋自顶至踵，关节脉络悉被锢钉，备极惨酷。"此儿说完就断气了。巫师不得不认罪，而他的全家老幼也跟着他赔上了性命。作者最后说：

> 今世言人之吉凶者，皆盗人家童男如此法，待其死后，收其枯骨，掬其魂魄，谓能于耳边报事，名"髑髅神"也。

"髑髅神"这名字起得恐怖，而"造神"的手段更是残忍。另外，南宋时还有一种"鸣童"，制造的手段也同样残忍，而且还要夺取更多的生命，因为传说要生剖孕妇取胎儿，腊制而成。

鸣童之说在南宋看来比较普遍，南宋谢采伯《密斋随笔》卷二似要探讨它的原委，以为即汉武帝所祀的"神君"。其实"鸣童—樟柳神"一类神物的主要功能是"预报"，而"神君"却不尽如此。但樟柳神的源头确实很远，不但不止于宋、金，而且也不止于西汉。如果推想起来，应该起于很原始的巫术。

《国语·楚语》中昏暴双料的楚灵王在拒绝臣子的劝谏时就有一段名言。他说："左执鬼中，右执殇宫，凡百箴谏，吾尽闻之矣。宁闻它言！"韦昭注曰："中，身也。""夭死曰殇。殇宫，殇之居也。执谓把其录籍，制服其身，知其居处，若今世云能使殇也。""鬼中"

就是鬼的身体，具体地说，就是鬼身体的要害部位；而"殇宫"则是短命孩子的魂魄。"我右手掌握着大鬼的要害，左手控制着早殇童子的灵魂，他们都听我的使唤。所以你们的那些箴谏之言，我早就全知道了。"这昏暴的君王用的"殇宫"不就是"樟柳神"吗！到了晋代，韦昭为《国语》做注，注到"右执殇宫"时说："若今世云能使殇矣。"晋代时把操纵小儿灵魂行巫事叫"使殇"，可见这情报系统在后代始终未能断绝，巫师术士的樟柳神只不过是大材小用而已。

第九编　掌阴司幽冥界诸神

本编不谈鬼魂，只谈冥府中有权有势的诸公。鬼魂的观念出现的很早，而为这些鬼魂安排一个专门管理、整治他们的机构，则是很晚很晚的事了。在本书的第一编中已经约略谈道：在专门的冥府出现之前，管理鬼魂的职责理所当然地由无所不能的天帝来代劳。如果后来天帝有了代理，那也是天上的星神。为天帝代掌冥事的天上大神主要有二：一是司命，二是北斗。而"司命"一星在斗魁文昌宫内，所以此二说实出于一源。另有"南斗"，是因为"北斗主死"而衍生出来"主生"的星神。所以尽管代天帝主冥之神不止一个，其实都是源于北斗。但随着人间社会结构的复杂化，管理鬼魂的机构不得不从天上搬到地下，而且与时俱进的复杂起来。大约从汉代开始，两千年来，在佛、道二教和巫师术士的混合作用下，中国民间出现了形式格局各有春秋的几种冥府，而其中掌冥的大神也是面孔各异，但认真追究起来，这些大神好像都穿着同一条裤子。

泰山府君

泰山府君，或作"太山府君"，现在人们对他已经很有些陌生了，其实他是中国冥府发展史中地位极重要的一个大神，如今为人所熟悉的阎罗王和兼领冥间的东岳大帝及下属的城隍爷，都是他的化身或变形。所以在这一节中不妨稍微多用些篇幅，把他的由来做一介绍，希望读者能耐心看下去。

泰山府君并不是最早的地下司冥机构。湖北江陵凤凰山出土的西汉简牍中，就记载着西汉初年的地下冥官，与人间的江陵丞相对应的有"地下丞"，也就是地下的江陵丞。其他的冥府官吏也与此相称，有一套与人间相对应的官府机构。这在出土的东汉镇墓文中记载得更为具体，从郡守一级的"地下二千石"，直到乡社一级的"耗（蒿）里伍长"，该有的总是要有。只有这样，生前作威作福的贵族和土豪，到了地下才能维持原来的社会地位和尊荣享乐。可是这套冥间的地方官吏，却似乎没有一个冥间的中央政府来管理，因为不可能按照这种对应关系在地下安排一个"皇帝"，那就等于要把"当今"咒死了。怎么办？那么地下的全部官僚机构依然由"天帝"来任命和支配，这天帝要派遣使者到了地下直接向地方冥吏发布命令："熹平二年十二月乙巳朔十六日庚申，天帝使者告张氏之家，三丘五墓、墓左墓右、中央墓主、冢丞冢令、主冢司令、魂门亭长、冢中游击等"。这种程序是比较传统的，有可能自西汉以来就是如此。

产生于东汉晚期的《太平经》，又出现了新的冥神，即"地神"和"土府"。《太平经·庚部之八》言天帝对生民的控制，通过善恶之簿记录生民平时的言行，一旦恶贯满盈，就把他们的灵魂交与"鬼门"中的"地神"，由地神审问，不服者则加以刑讯，此时则无有不服者，然后交与"命曹"，核对其寿命与恶迹，如果其恶行已将寿命折尽，此人就该"入土"了，而且其罪孽还要影响到他的后代。《太平经·庚部之十》则除了提到"土府"之外，还有其他一些阴官。每至年终，要汇编天下生民的"拘校簿"，拘是拘捕，校是考问，拘校簿就是记录生民善恶以备拘讯的册簿，此时山海陆地丛祀诸神都要把材料汇报上来，各家的家神平时监督着生民的言行，每月都要汇总，此时自然也要报上来。这时就由"太阴法曹"来进行统计核算，凡是生民中该死的，就召"地阴神"和"土府"，让他们负责拘捕和审讯。

至东汉末年又出现了一种新的冥府体系，即天帝不是直接向地方冥吏下达使命，而是有了一个中介代理，那就是"黄神"和"五岳"。所谓"黄神生五岳，主死人录；召魂、召魄，主死人籍"。这黄神就是大地之神，但与上了朝廷祀典的"后土"名称上要有所区别；大地上最突出的地标就是五岳，而且遍布东南西北中，实际上成了五个分立而互不统摄的冥府，主掌鬼魂的鬼籍；召魂、召魄二冥神，把死人的魂魄就近召到五岳诸山，登入名册，加以管治。这种五岳主死人录的布局，对亡魂的就近入冥是很方便了，但缺少一个中心。黄神是大地之神，只是五岳的上司，却不算是主冥的大神。所以这种五岳共治的冥府形态只是一个过渡，早晚要归顺于人间大一统的统治意识。

但本来召聚死人魂魄的"五岳"为什么最后变成了只是一个"泰山"呢？如果从五岳中硬要选一个主管鬼界的角色，无论从哪个方面也不应该挑上按五行之说主掌万物生育，而且为历代帝王封禅告天的泰山，相比之下，主掌肃杀的西岳更适合充当这一角色。但事情就是违反常规地出现了本应"主生"却主了鬼的"泰山府君"。为什么？有些人试图从泰山本身的历史文化中寻求"泰山治鬼"的线索，说法各有不同，但假设归假设，想象归想象，拿不出一条令人信服的证据就等于白说。依我的浅见，只有钱锺书先生所说"经来白马，泰山更成地狱之别名"，一针见血地揭出此中奥秘。原来"泰山治鬼"的原由不在泰山本身，而在泰山之外。

这是因为在汉魏之际佛教传入，佛经翻译中出现了一个"太山"（极大之山，即佛经中说的"铁围山"或"大金刚山"），而这个"太山"就是佛教中的地狱。东汉安世高译《佛说分别善恶所起经》云："魂魄入太山地狱中。太山地狱中，毒痛考治。烧炙蒸煮，斫刺屠剥，押肠破骨，欲生不得。""太山地狱中，考治数千万毒，随所作受罪。"三国时吴国的康僧会所译《六度集经》谈到的"太山"就更频繁了，如："命终魂灵入于太山地狱，烧煮万毒为施受害也"，"或死入太山，其苦无数"之类总有十余处。另外，我大致检索了一下，作为地狱的"太山"，《大藏经》中除了《出曜经》（姚秦·竺佛念译）和《五母子经》（三国吴·支谦译）写作"泰山"之外，其余均作"太山"。而在中国文字中，作为"极大之山"的"太山"，往往可以与"泰山"通用。

佛经中的"地狱太山"和中土的"东岳泰山"在一个特定环境下就被人故意地搅到一起了，那些人就是中国民间的巫术之士。曹操在平定汉中之后，把五斗米教以及各地的方士之流集中到都城，从他本意上是方便对这些好事之徒的控制，但无形中也造成了各派方士之间的交流，而在那时外国来的和尚也是方士之一种。也许是外国和尚有意和中土套近乎，但更可能的是民间方士对佛教地狱之说的挪借，佛经中的"太山"与东土的"泰山"似是而非地搅混起来，佛教中的"太山"地狱就和民间"主死人录"的黄神五岳相融合，造出了一个史无前例的"太山府君"。（在中国文献中"泰山府君"大多是写成"太山府君"的。）

泰山府君当然主要是中国本土冥府的发展结果，其信仰的主体是民间方士巫师；但由于掺入了佛教太山地狱之说，就为"太山"的归属留下了漏洞。汉魏时的朝廷功令限制汉人为沙门，佛教势力微弱，于此"太山"毫无争夺能力。至东晋南北朝时佛教兴起，巫师借冥府所做的冥事生意便引起了和尚的觊觎，"太山府君"的争夺战就此开始。

有人仅据字面想象，以为泰山府君是道教之神。其实大大不然。纵观历史上的泰山府君，最初本是民间巫师所奉，自六朝至唐，则兼为一些僧徒所利用。泰山府君被民间方士和佛教僧徒各以自己的立场所信奉，就是与道教没有关系，而道教神系中也从来没有"泰山府君"。

北太帝君

太山府君并不是正统道教的神祇。在佛教要从民间信仰中夺走冥府的控制权的时候，道教也想创造自己的冥府体系，只是不想趁太山府君的热灶，而想另砌锅台，也就是南朝上清派道士们的"罗酆山"。此山"在北方癸地，周回三万里，高三千六百里"，山下有洞天，山上、洞中各有六宫，周回千里，是为六天鬼神之宫。人初死，先诣六洞之纣绝阴天宫，而猝死暴亡者则入泰煞谅事宗天宫，贤人圣人去世先经明晨宫，祸福吉凶续命罪害由第四宫即恬昭罪气天宫。第五宗灵七非天宫、第六敢司连宛屡天宫接纳何等魂灵，因为原书残佚，已经无从查考了。

罗酆山冥府的主宰及职事人等，都是由"人鬼"所成之神充任。其最高的罗酆主者为"鬼帝"，或称"北太帝君"。东晋的葛洪在《枕中书》说，北方鬼帝治罗酆山，鬼帝为张衡、扬云，即东汉时字平子的张衡，及西汉末字子云的扬雄，两位辞赋大师。到了梁朝的陶弘景，则以为张衡、扬雄名位太低，便在《真诰》中安排成："炎庆甲，即古炎帝，为北太帝君，主天下鬼神，治罗酆山。"炎帝就是神农氏，"以火德王"，按理说应该在南方，不知为什么却成了"北方鬼帝"。

与民间信仰中太山府君的简陋衙门大不相同的是，这个罗酆山就是一个等级森严的朝廷。北帝居于六天宫中的第一天宫。其辅佐有二位：上相秦始皇和太傅曹孟德。

北帝之下还有四明公，大约是师友级的人物：西明公兼领北帝师周公旦（一说为周文王）、东明公兼领斗君师夏启、南明公召公奭、北明公吴季札。这四明公手下又各有"宾友"一二位，如汉高祖刘邦、小霸王孙策等皆在其内。这四明公的职责是"领四方鬼"，但又说他们分掌酆都六天宫中之四天宫。

六天宫中的第三宫是由"鬼官北斗君"周武王主政。北斗在古代是司命大神，"北斗注死"之说由来已久，在民间影响极大，南朝道士回避不得，给他安排得还算体面。但另一个新生不久的司命大神太山府君，便被故意冷落。《真诰》中有个"泰山君"荀颢，其实就是太山府君，此时为"四镇"之一，与卢龙公、东越大将军、南巴侯各领鬼兵万人，虽然貌似显赫，但明显是当作留用人员降格使用，已经失去了主冥的资格。还有相当于尚书令的"大禁晨"，相当于尚书的"中郎直事"，相当于中书令监的"中禁"，如此之类，都由汉武帝、孙坚之辈充任。北帝又有"侍晨"八人，位比侍中，走马荐诸葛的徐元直、被关老爷水淹生擒的庞德都在其内。酆都山有二天门，南天门为酆都主门，为北太帝君之门，而北天门则为北斗君之门。每天门有二亭长主之，每亭长下有四修门郎，这"门官"已经是罗酆山最低的职位了。

总之，晋、梁道士们为罗酆山安排了一百多名古代的帝王将相，按照当时的朝廷规模把冥界的中枢机关配备得比较完备，但他们却忘记了冥界的地方官吏。在太山府君系统中，太山府君的衙门只是相当于地方上的郡守甚至县令，下面配备了属吏和"所由"就可以勾拿鬼犯，让冥界这个国家机器有了统治的对象。而罗酆山却是一个小朝廷，是一台样子好看却运转不起来的机器。

其实，这些士族出身的神仙家，根本不太在乎冥界的国家机器配备是否合用，他们要搭造的是整个灵界的体系，那个体系的主干是仙真，而冥府只不过是最末梢的分支。在陶弘景的《真灵位业图》中，灵界分为七"位"，也就是七个阶级，每一阶级中又分中、左、右，比如第一阶中，中位是道教的最高神元始天尊，其左位、右位则为高上道君、元皇道君之类。其他六"阶"的安排大致相同，而罗酆山的诸鬼官包括北帝炎帝在内，都被挤压在第七阶，也就是最末一阶。

道教的罗酆山完全脱离了民间信仰的太山府君，所以民间信仰也就不搭理它，让道士们在自己的七宝楼台里自娱自乐。从这一点上看，南朝道士的见识是远远不如趁热灶的和尚了。

然而事情却发生戏剧性的变化，以六天宫为主体的罗酆山，不知怎么在灵宝派道士手里又变成了一座大地狱。《四极明科经》谈到罗酆山，便道山上、中央及山下各有八狱，八狱各有名目，如山上八狱为第一监天狱，第二平天狱，第三虚无狱，第四自然狱，第五九平狱，第六清诏狱，第七玄天狱，第八元正狱。而山上八狱之主为上天三官，中央八狱之主为中天三官，山下八狱之主为下三官，共二十四狱，位在酆都山之北面。原来的上下各六天宫，一下子化为上中下各八地狱了。

很明显，这是仿造佛经的地狱对罗酆山进行的改造，而这改造真是大刀阔斧，原来的北太帝君、上相、太傅、四明公直到职位最低的二天门亭长、修门郎，全都不见了，代替这个庞大宫廷组合的只是三官及其掾吏、力士。而原来的六天宫，每二天宫立一官，六天凡立三官。现在成了每八狱有"三官"，二十四狱共三个"三官"了。三官

北太帝君

的职责仍如刑名之职，主掌考谪，也就是说，罗酆山一下子从个空架子的小朝廷变成了大地狱。

到了南宋，一个叫林灵真的道士，编了本部头很大的《灵宝领教济度金书》，把"罗酆狱"列为九大地狱之首，其他的是九幽狱、城隍狱、五岳狱、四渎狱、泉曲府狱、里域狱等。从名目上可以看出，这九大地狱都是归属于道教的。在宋代的笔记小说中经常说到酆都、北酆、东岳酆都、北酆无间狱，说的也都是道教的酆都狱，是专门关押邪鬼、恶鬼、瘟鬼及罪大恶极如秦桧之流的最严酷、难于出头的地狱。

附：酆都大帝

泰山岱庙应该是东岳大帝的"祖庭"了，但岱庙中毫无鬼气，当然也没有什么七十二司。可是岱庙西面四五里，有一个小山叫蒿里山，这山上曾经有座庙。明《泰安州志》载，其名为"酆都庙"，"建于弘治十四年，其神为酆都大帝"。嘉靖间，又于酆都庙东侧（即高里山和社首山之间）建阎王庙。而据《古今图书集成·神异典》引《山东通志》，称此庙为"蒿里山神庙"："庙在泰山下，弘治十四年建。其神酆都大帝，有七十五司，以为收捕追逮出入死生之所。"

这个酆都大帝只在《玉历宝钞》中露过一面，不见于其他书记载。或疑是罗酆山的"北太帝君"，但嘉靖时李钦所作《重修泰山酆都庙记》，述庙之创始乃源于"泰山治鬼"，却一字也不提罗酆山，可知这酆都大帝与罗酆山无关了。而这座神庙中的酆都大帝下领十殿阎王、七十五司，却是东岳行宫的全套人马。

依我之见，这酆都大帝其实就是东岳大帝。官方奉祀东岳大帝的岱庙就在此地，而岱庙的东岳大帝身份崇高，不可用冥府之事亵渎，所以岱庙绝无与冥界相关的任何东西。另外，这岱庙是皇家的，平民

酆都大帝（白云观藏画）

北太帝君

百姓连磕头烧香的资格都没有，而且他们也想不出到那里去烧香磕头的理由。老百姓需要自己的东岳大帝，那里的七十二司不是只为了惩罚幽魂而设，内中还有造福消灾于生人的功能。所以蒿里山的酆都庙和阎王庙就盖了起来。但这个庙供的东岳大帝是不能叫东岳大帝的，岱庙就在三五里之外，官府不可能允许在它旁边另搞一个香火旺盛的"山寨版"。所以这个庙就另名为酆都庙，供奉的也成了史无前例的酆都大帝。官府并不是不明白这酆都大帝的来由，在东岳大帝身边另搞个唱对台戏的荒神野鬼，这要比搞东岳的山寨版更为严重。所以蒿里山的东岳大帝就改名换姓地存在了下去。

这是普天下唯一的一座酆都庙（近年来新建的庙宇名目不可捉摸，不计在内），因为东岳行宫各处都有，行宫不受约束，那里供奉的东岳大帝下面是十王七十二司俱全，无须另建酆都庙的。

那么《玉历宝钞》中的"酆都大帝"也是东岳大帝吗？没错，此书的作者照样也耍了个花招。《玉历宝钞》面世于清初，是一本以佛教为本位的民间幽冥俗说的大杂烩。此书通本没有出现东岳大帝，因为只要一出现，按官方的不成文规矩，他就应该站在冥界诸神之上。不提就不提吧，道不同不相为谋，但作者很不是东西，他安排了一个酆都大帝率领十殿阎王跪拜面燃鬼王的节目。面燃鬼王是观音菩萨在地狱的化身。十殿阎王的上司是谁？一说是地藏菩萨，二说是东岳大帝，这二位的地位都不比观音低，不可能向观音跪拜的。剩下的一个就是蒿里山的酆都大帝了，《玉历宝钞》的作者就钻了民间信仰的空子，变相地让东岳大帝委屈到佛门之下了。

回过头再说那座蒿里山酆都庙。不知为什么，民国时当地人又称之为"蒿里丈人庙"了（见顾颉刚《北京东岳庙和苏州东岳庙的司官的比较》一文）。据当地人卢逮曾先生介绍，此庙有七十二司（似应是七十五司），雕塑精工。这个"蒿里丈人"又见于北京朝阳门外的

面燃鬼王（白云观藏画）

东岳庙，是东岳大帝两旁的二位辅神之一，另一位是"泰山府君"。这种主神和辅神为同一个神的分身的情况并不少见，而且大家都知道了东岳大帝和泰山府君的关系，就不再絮叨了。但在北京东岳庙的二位东岳辅神，我觉得更像是东岳大帝的"地主""主人翁"。他们之间的关系，好像北京东岳庙所在为畿辅的顺天府，再具体些就是顺天府的附郭大兴县。泰安的蒿里丈人不见于记载，其身份估计就是蒿里山的土地爷吧，他自己也想不到居然成了东岳大帝的化身。

可惜的是，民国时有个小军阀，说是破除迷信，一把火将这个有几百年香火的酆都庙烧个精光。这精美的七十五司塑像也和其他地方东岳庙的司神一样，连张照片也没存留下来。

附：酆都元帅

酆都元帅从字面上看，容易被人理解成统领酆都鬼兵的大元帅。其实不然，因为中国的冥府只有拘拿生魂的鬼差和在地狱折磨亡魂的鬼卒，从来没有什么出征打仗的鬼兵鬼将，这元帅与军队全不沾边，只是地狱鬼卒的统领而已。

先看《三教源流搜神大全》中对他出身的介绍：酆都元帅姓孟名山，在世时为狱官，残冬思亲，因念数百囚徒亦同此心，遂与囚约："今二十五日回家，来月初五归于狱中。"诸囚泣拜而去。府主滕公知而笞之，令即捕回诸囚。孟山思曰："死有何难，此命难复。"遂立枪于地，踊跃欲扑枪自杀，而有白兔三次撺倒其枪，不能死。忽玉帝降诏，封孟山为"酆都元帅"云云。

按此神在世既为狱官，死后所封实即狱神，只是这狱神主掌的不是阳间牢狱，而是阴间的地狱。当然如果反过来理解这更好，正是因为孟元帅为掌管地狱之神，所以编派了这么一段人间狱官的出身。

前面已经说过，最晚至唐时，罗酆山已由神鬼之山转化为罗酆狱，此后"酆都""北酆""东岳酆都""北酆无间狱"往往就指"酆都狱"，为专门关押邪恶鬼魂之最黑暗最严酷地狱。故此酆都元帅应即掌管地狱之神。在佛教中是有地狱之神的，那就是大名鼎鼎的阎罗王。如今阎罗王已经取代了"太山府君"，成为中国冥府之神，空下来的地狱之神只好另找替补，所以孟元帅也不是无中生有的闲差。

另，清人徐道《历代神仙通鉴》中列出一个佛教化的冥府体系，以地藏菩萨为幽冥教主，下领十殿阎王，而列于阎王之后的还有一个"酆都鬼王"。此鬼王之位置既在十王之后，又以"酆都"为名，也应是地狱的主宰，其实就是酆都元帅的另一名称。

阎罗王

和尚也是要吃饭的，特别是这个"太山"（地狱）本是自家所产，现在却成了别人的摇钱树，心有不甘也是情有可原。于是僧徒首先发难，攻击点就是"太山"。释宝林托名竺道爽而作的《檄太山文》，直接声明民间信仰的"太山府君"是冒牌货。泰山是道教的仙都，我们尊重；但这仙都现在却成了巫师们装神弄鬼的地方，"何妖祥之鬼，魍魉之精，假东岳之道，托山居之灵，因游魂之狂诈，惑俗人之愚情！"这和尚先替道士打抱不平，把巫师的"太山府君"与道教切割开，告诉道士，我可不是冲着你们来的，咱们都是受害者。然后为佛教的"太山"正名："太山者，阎罗王之统"也，"太山"是佛教阎罗王所辖管，与中国本土的巫道无关，让太山府君之类的神道把侵占的名分退出来。

和尚既然说太山府君和太山不是一回事，那就把自己的阎罗王另立个冥府是了，一个外国和尚何必管我们中国鬼魂的归宿？

　　和尚可不那么想，他明白外国的冥府管不了中国的亡魂，佛法再怎么无边，也不能把全世界的鬼魂都纳入佛教的地狱。所以和尚只想鸠占鹊巢，直接袭用太山府君的名号，而把操纵他的巫师赶走，然后用中国的冥府控制中国的亡魂。刘宋时的《幽明录》有一故事，可以看出早期和尚这一招：

　　巴丘县有一巫师舒礼，晋永昌元年病死，土地神把他的魂灵送往"太山"。路过冥司"福舍"，只见"千百间屋，皆悬帘置榻。男女异处，有念诵者，吹唱者，自然饮食，快乐不可言"。故事没说，但分明是一批佛弟子了。舒礼正看得出神，忽见一人，八手四眼，手提金杵，把舒礼赶了出去，捉送到"太山"。太山府君问舒礼："你在世间何所为？"舒礼道："事三万六千神，为人解除祠祀。"府君曰："汝佞神杀生，其罪应重。"便交付冥吏牵去。只见一物，牛头人身，手持铁叉，叉住舒礼扔到烧红的铁床之上，顿时身体焦烂，求死不得。折腾了几天几夜，舒礼困苦不堪。太山府君问掌冥簿的冥吏，知道舒礼阳寿未尽，便命放他还阳，仍诫曰："勿复杀生淫祀。"舒礼既活，便不敢再做巫师了。

　　此处的太山便是地狱，而太山府君便是地狱主者，其身份与"八手四眼，手提金杵"的神将俱是佛教一派。这故事正是竺道爽《讨太山檄》的绝好注脚，生前杀生以祭祀假太山的巫师，最后到了真太山而大吃苦头。但和尚沿用"太山府君"的名号终究不是长久之计，"太山"是我们家的，"府君"却是野种，更何况掌管天下幽魂的大头领只挂个相当于郡守的头衔未免过于委屈，于是"必也正名乎"，那就是为"太山府君"换个佛教化的名字："阎罗王"。

　　"阎罗王"是梵语音译的"阎罗"再加上汉化的"王"的混合，阎罗即阎魔罗奢，或译作阎摩王、阎浮提王、阎波罗王，简称为阎王，直译则为平等王，其中所有的"王"字都是中土加上的。如果翻

明人所绘阎王图

一下佛教词典，可以为"阎罗"找到很详细的多种解释，诸如阎罗本为毗沙国王，立誓愿为地狱主；或云阎罗本为一人，及人死当堕地狱，阎罗现身为五使者而审讯；又说阎罗或称"双王"，乃兄妹二人同为地狱主者，兄治男事，妹治女事云云。所有这些，其实与我们这里说的"阎罗王"都没什么相干。因为佛经中的阎罗是只管地狱，而这地狱的职能又主要是惩罚犯戒的佛门败类，与中土的太山府君实在难于凑合。所以竺道爽只说"太山者，则阎罗王之统"，意思只是"太山本是地狱，而地狱则本属于阎罗王"，并没有让阎罗王做中国冥府主者的意思。

　　用中国化的阎罗王取代太山府君而为冥府主者的事，尚未发现隋代之前有什么记载。但没有记载并不等于僧徒们没有此意，所以到隋朝出现了大臣韩擒虎"死为阎罗王"的传说，就可以看出僧徒对此已经早有酝酿。如果要用阎罗王取代太山府君，必须要做的就是让阎罗王能为中国民众所接受。因为除了佛教徒，很难让正常的中国人接受一个外国凶神或和尚来审判自己的功罪，所以必须让这个阎罗王由中土人充任。而韩擒虎死为阎罗王就是僧徒迈出的关键一步。佛经中的诸佛菩萨以及所有的天神中，阎罗是唯一改籍为中土人的，同时改变了神性，变天神为"人鬼"的。阎罗的人鬼化，意义非同小可，试想我们所知的那些佛教神祇，佛陀、菩萨不用说了，就是二十诸天、天龙八部，除了阎摩罗以外，可有第二个在中国转化为"人鬼"的？阎罗由不固定的"人鬼"充任，是佛教僧徒向中国民间信仰的一大妥协，因为他不仅入了"中国籍"，还要由中国的天帝任命。

　　从隋朝之后，阎罗王开始在幽冥故事中屡屡出现，虽然终有唐一代也未能把太山府君完全替代，但冥府由太山府君主掌的局面已经开始出现了裂缝。当然，这个阎罗王与太山府君没有本质上的不同，他只不过是换了个名字的太山府君，但这名目的更换却意味着幽冥生意的利益分割，对直接从事此项生意的僧徒来说是很重要的。

　　附：判官

　　人间的"判官"一职自唐时才有。据《中国古代职官大辞典》"判官"条："唐朝采访、节度、观察、招讨、经略、防御、团练、支度、营田、监军等使皆置，为幕府上佐，综理本使日常事务。五代领州郡事，成为州府职官。"其地位在唐代仅次于诸使中的大使和副使，但身份应该算是大使的僚属。

　　冥府主者（北斗、太山府君及阎罗王之类）处理公务的最主要的协理官员，在魏、晋时是"录事""主簿"，后来则随着职官制度的变化而略有变动，或为"都录使者"，或称"录事参军"，或名"东阳大监"，至中唐以后方随行就市而有了"判官"之名。这些名目如果与阳世的职官相比照，自然有高低贵贱的区别，但在冥府中其实只是一个意思，那就是冥府主者的助理。在后世的冥府，不管它是阎罗殿还是东岳行宫或城隍庙甚至重要的土地庙，它们尽管级别不同，其主冥者下面的助理都叫判官。所以判官从级别上来说，也是各随主人而有高低不同，这与阳世的判官一职是相应的。

唐朝诸使下设的判官从一名到两三名不限，阎罗王手下的判官也是因事制宜，并不是我们想象的只有一个或两个。唐玄宗时屈突仲任被拘至冥府，"至一大院，厅事十余间，有判官六人，每人据二间"。（见《太平广记》卷一百引《纪闻》）这显然受到了唐代官制的影响，因为唐制宰相下设尚书六曹，其职为佐宰相判案，屈突仲任进的大院就是冥府中的六曹。后来冥府中的官制渐渐不受人世影响，也就是说，你想怎么编就怎么编，于是而有南北二曹之说，有与六曹同时并存"三司"及"善恶二部"之说，这些衙门的主持者都是判官。出现十殿阎罗之后，每个阎王身旁总是有两个判官，加在一起就是二十个了，是不是每殿阎王下面还有六曹三司，那就不大清楚了。俞曲园曾认为冥府分为十殿阎罗亦与唐朝官制有关："阳间盛传十殿阎罗，此唐制也，唐分天下为十道，故冥中亦设十殿。"唐太宗分天下为十道，是根据山川形势而做的行政区划，到了玄宗时早就成了十五道，俞氏之说未必合理，但每道巡按使都有两名判官为佐，也可以推想十殿阎罗每人身旁的二位判官，总与当时的官制相关。

到了宋代，冥府里又出现了因事而设的判官名目，如"忠孝节义判官"，"所主人间忠臣、孝子、义夫、节妇事也。"（南宋洪迈《夷坚丙志》卷一四）还有注生判官、注禄判官等等，但最值得一提的是冥府中的善恶二判官。在南宋时，好像不仅是阎罗殿，就是东岳行宫、城隍庙，凡塑判官者，多为一善一恶。有人犯了事，这二位往往要争论一番，一个讲法治，一个通人情，一个从严，一个从宽。这种一善一恶的模式在冥府中还有多处存在，如地藏与阎罗，黑白二无常之类，自然是世人希望冥府对百姓多一些人情味，也可以看出中国传统法治的一些特色。而在民间文化中，判官也往往扮演了富于人情的角色。

自唐以迄明清，冥府的判官数不胜数，即从人间征调的有名有姓的也很有一些。但其中最有名的自然要是崔判官。崔判官即崔府君，一般民间信仰中看作磁州（今河北磁县）都土地，其说详见本书第十编，下面只说与冥府判官有关的。

冥府诸判中虽然以崔判官名气最大，但唐代小说中出现的"崔判官"并非一人。一为牛僧孺《玄怪录》所记，元和间崔环入冥，至冥府判官院，判官正是其父，崔环的父亲自然也姓崔。一为五代王仁裕《玉堂闲话》所记：晋州女道士崔炼师，于路辗杀一小儿，其父母诉官，追摄驾车之夫及崔练师，并絷之。太守栾元福夜梦冥司崔判官谓曰："崔炼师是我侄女，何罪而絷之？"俄尔死儿复活。这二位崔判官显然都不算出名。出名的崔判官叫崔子玉，最早载于敦煌发现的《唐太宗入冥记》（《敦煌变文集》卷二）：因李建成、李元吉二人鬼魂在阴府诉状，冥司拘唐太宗入冥对质。阎罗王手下负责推勘的判官即是崔子玉。此人生前为辅阳（即河北滏阳之讹）县尉，与太史令李淳风（文中作李乾风）情同管鲍，所以太宗临入冥时，李淳风即有书信以为请托。崔子玉这个人情是一定要送的，但也不白送，让唐太宗给他加官："不是哪个大开口。臣缘在生官卑，见任辅阳县尉。乞陛下殿前赐臣一足之地，立死□幸！"太宗的小命在人家手里，赶忙说："卿要何官职？卿何不早说？"于是就把崔子玉从滏阳县尉一下子提拔为"蒲州刺史兼河北廿四州采访使，官至御史大夫，赐紫金鱼袋"，另赐辅阳县库钱二万贯。万岁爷的命当然是很值钱的。

唐太宗在地府走后门的事，最早见于张鷟（唐高宗、武则天、唐玄宗时人）所著的《朝野佥载》，记唐太宗入冥，见一人称臣，自云："臣是生人判冥事。"在冥府对太宗很是关照。但此人是"生人判冥"，人还活在世上，只是个小官。太宗还阳后把他找来，提升了也不过"蜀道一丞"，偏远地区的一个副县长。这个走阴的小官不但连姓名也没留下来，而且在冥府是不是判官也没提。崔子玉本来是另一位地方神"崔府君"的名字，现在把判冥的事归在他名下，崔府君就成了崔判官。

大约是受《唐太宗入冥记》的影响，五代王仁裕《玉堂闲话》开始有"冥司崔判官"了，而宋张师正《括异志》卷八"黄遵"条更加大了崔府君判冥的宣传力度。那黄遵是个画家，最善为人传神写照，死后魂入地府，遇到了崔府君。崔府君放他还阳，但有个条件："尔识我否？我乃人间所谓崔府君也。尔熟视吾貌，归人间写之。"黄遵还阳后，立马画了三幅崔府君的像。这故事把地藏菩萨与道明和尚的对话重演了一遍，而且黄遵把画的崔府君像就挂在地藏院中，也就是成了地藏菩萨的辅神。到了宋真宗时，泰山神被封为东岳大帝，试图以道教身份取代地藏菩萨主掌幽冥的职权，这时崔府君也被封为西齐王，成了东岳大帝的辅神。崔府君从地藏转到东岳，东家换了，他的职责依旧，仍然是主管冥判。从北宋到南宋，崔府君的影响越来越大，除了泥马渡康王的传说之外，崔府君能在冥府为人开后门是很重要的一节。

另外，现在网上多有四大判官之说，这里顺便澄清一下。冥府判官初非一人，所任者亦不固定。据黄正建先生《关于唐宋时期崔府君信仰的若干问题》所举，唐唐临《冥报记》"柳智感"条记判官为六

水陆道场中的地府三司判官

人，此后戴孚《广异记》所记入冥为判官者尚有李、韦、刘、黄等姓，牛僧孺《玄怪录》有崔、刘、王、李诸姓，五代时的《玉堂闲话》《稽神录》所记多唐人故事，其中判官又有刘、崔、周、贝、殷诸人。冥府判官整齐为四人，乃自唐末五代出现《十王经》和《地藏十王图》开始。但四判名目并未固定，或作"吴判官""赵判官""崔判官""王判官"，或作宋、王、崔、赵四判官，或作二"天曹判官"、二"地府判官"，而并无"四大判官"之称。而图中判官仅为四位者，其实仅是受图画幅面所限，故于一地藏十阎罗间安插四人以为象征。四大判官之称似起于清代之后，一般据城隍庙设置，称为赏善司、罚恶司、查察司、阴律司四大判官，由于崔判官名气太大，也有用他置换了四判官中之某一位者。至于把四大判官安排成"赏善司唐相魏征，罚恶司圣君钟馗，察查司宋朝陆之道，阴律司掌生死簿崔珏"，那不过近世《地狱游记》之类"善书"的生拼硬凑，除了崔珏（子玉）和做过冥府"太阳都录大监"的魏征之外，另外二位真的不知是从哪里请来的临时工。

　　附：月下老人

　　月下老人或称"月老"，小说戏文中把他当成媒人的代名词，世上有情人都想拜求他让自己成为眷属。这样一个能给人带来"洞房花烛夜"的大喜事的老人，按说应该归到"喜神"名下才是，但没办法，"月下老人"虽然很有诗意，但那不是他的名字，他的真实身份就是冥府里管一种特殊冥簿的鬼官。这位老人掌管的冥簿叫"姻缘簿"，世间男女成不成眷属都在姻缘簿上注定，而所注定的姻缘虽然像薛蟠夏金桂那号儿的只是少数，但张生莺莺那号儿的则更少，大多都是"前生注定，躲也没用"的凑合型。这样一说，如果把他附在喜神之后是不是就太不合适了。

月下老人事见于唐人李伯言《续玄怪录》中的"定婚店",是个既让人听着有趣,又让人想起来无奈的故事。唐贞观二年,杜陵韦固前往清河,途中住在宋城南店。因为有朋友为他做媒,女方是前清河司马潘昉的女儿,约定第二天一早相会于店西龙兴寺大门前。韦固求婚心切,早早就前往赴约。此时斜月尚明,有个老人靠着个包袱,坐在台阶上,借着月光翻着一本书。韦固好奇,就问是什么书。老人笑道:"这不是人世间的书,乃幽冥之书,登录天下婚姻的册子。而我就是管婚姻之簿的冥吏。"韦固便问以近日婚事如何。老人道:"你离结婚还早着呢。你的妻子现在才三岁,要等她长到十七岁才能进你家门呢。"韦固又问包袱里是什么东西,老人道:"赤绳子,用来拴夫妇之足的。在他们坐着的时候,我就悄悄把他们的脚拴在一起,虽是仇敌之家,贵贱悬隔,天涯从宦,吴楚异乡,只要此绳一拴,就别再想逃掉了。你的脚已经和那女孩儿的脚拴在一起了,命中注定,你就是另外求婚也是白忙。"

后来的故事果然按老人所说进行着。所以这月下老人和媒人毫无关系,只是照章办事,不管你有情无情,愿意不愿意,就是"风马牛不相及"的也要拉扯到一起。当然世上几亿对夫妇中总难免有些神仙伴侣,但那只是随机碰巧,可不是月下老人的有心成全。

地府十王

自隋唐之际开始,阎罗王总算正式做了中国的冥王之一,但从现存的幽冥故事中也可以看到,唐朝近三百年中,"阎罗王"这个名头出现的频率并不高。

可是到了唐末、五代之际,形势发生突然变化,一部来路不明的

《十王经》不知怎么就冒出来，一下子把十个阎罗王推到冥府的中心。但这十殿阎罗与我们现在从水陆画中见到的十王不同，这不同并非在于面目和名称，而是从性质上有很大的差异。所以我在此处姑称之为"前十王"，而把后来十王称为"后十王"。

"前十王"的功能就是一个："检斋"。何谓"检斋"？就是人死之后，家人这了让亡魂早日"投生"，必须多做"功德"，起码要供佛、饭僧，一般还要请僧人做法事，顶级的则是写经、造像等等。十王检斋就是看看你到底给我佛如来贡献了多少，然后登记入册，上报，据此施报于你。说不好听些，就是你给我送礼，我给你办事。每殿根据功德大小以发遣亡魂，或升天，或投生，功德没达到此殿阎王满意的，就到下一殿继续"检斋"。所以十殿阎罗的"检斋"等于一条交纳"功德"的流水线，于是：

第一七日过秦广王。第二七日过初江王。第三七日过宋帝王。第四七日过五官王。第五七日过阎罗王。第六七日过变成王。第七七日过太山王。第八百日过平等王。第九一年过都市王。第十至三年过五道转轮王。

最后是"十斋具足，免十恶罪，放其生天"。生天不是上天，是投入六道轮回之中。

总而言之，在《十王经》中，你不给我供斋，我就把你打入三恶道，缺一斋就扣你一年！

《十王经》中的"前十王"只是一小部分僧徒的成功，他们冒用佛教的名义，利用了信众的迷信和愚昧，攫取了大量的金钱，也污染了民间的信仰。但这一投机的成功，其兴盛期至多也不过百年左右而已。至北宋中期以后，水陆道场兴起，并且为士大夫所首肯，十王斋供也就迅速没落。最晚至南宋，"检斋"的十王已经不为人所知，《十王经》更是从社会上消逝无踪。至于我们现在所知的地府十王即"后十王"，已经完全变成另外的一套。

《玉历宝钞》成书的时间大约是在清代初期，但那里记载的十殿阎王的职能，很可能在明朝时就已经定型：

第一殿秦广王。专司人间寿夭生死册籍，统管幽冥吉凶。幽魂至此，先分别善恶：善多恶少者接引超升；功过两半者，交送第十殿发放，仍投人世；恶多善少者，押赴孽镜台，照见在世所为恶业，随即批解第二殿，用刑发狱受苦。

第二殿楚江王。司掌活大地狱，又名剥衣亭寒冰地狱，另设十六小狱。凡在阳间伤人肢体，奸盗杀生者，推入此狱，另发应到何小狱受苦。受苦满期，转解第三殿，再查有无别恶，继续加刑。

第三殿宋帝王。司掌黑绳大地狱，另设十六小狱。凡阳世忤逆尊长、教唆兴讼者，推入此狱，受满转解第四殿。

第四殿五官王。司掌合大地狱，又名剥戮血池地狱，另设十六小狱。凡世人抗粮赖租、交易欺诈者，推入此狱，满日送解第五殿。

第五殿阎罗王天子。司掌叫唤大地狱并十六诛心小狱。凡解到此殿者，押赴望乡台，令之闻见世上本家因罪遭殃各事。随即推入此狱，细查曾犯何恶，再发入诛心下六小狱。受苦满日，另发别殿。

第六殿卞城王。司掌大叫唤大地狱及枉死城，另设十六小狱。凡世人怨天尤地，对北溺便涕泣者，发入此狱。满日转解第七殿。

第七殿泰山王，司掌热恼地狱，又名碓磨肉酱地狱，另设十六小狱。凡阳世取骸合药，离人至戚者，发入此狱。受苦满日，转解第八殿。

第八殿，司掌大热恼大地狱，又名热恼闷锅地狱，另设十六小狱。凡在世不孝，使父母翁姑愁闷烦恼者，掷入此狱，再交各小狱加刑。受尽痛苦，解交第十殿，改头换面，永为畜类。

第九殿平等王，司掌酆都城铁网阿鼻地狱，另设十六小狱。凡阳世杀人放火、斩绞正法者，随发阿鼻地狱受刑。直到被害者个个投生，方准提出，解交第十殿投生六道。

第十殿转轮王，专司各殿解到鬼魂，分别善恶，核定等级，发四大部洲投生。凡发往投生者，先令押交孟婆神醧忘台下，灌迷饮汤，使忘前生之事。

十殿阎罗中除了第一殿管收押，第十殿管轮回之外，八个阎王分管八大地狱，然后又各掌十六小地狱。死去的幽魂不是按罪分入某殿，而是过了一殿又一殿，先查轻罪，后办重罪，只要生前所犯与此殿沾边，那就要在所辖大小地狱受刑，而且受刑时间不定，少则数日，多则百十年直到永远也说不准。没有一项人世的罪过哪怕是过犯会被放过，都要到相应的地狱受极重的惩罚。

此时的十殿阎罗虽然不如检斋的十王贪婪，但其残酷无道则更形剧烈。明清时的十殿阎罗除了九华山的一座庙附于地藏王之下，极少见于佛寺中，道教的庙宇中更是从未曾有。我们常见的十殿阎罗塑像都是东岳庙和城隍庙的标配，它们不属于任何宗教，而是国家政权在冥界的代表，也就是说，明清专制王朝已经把十殿阎罗当成自己的爪牙，让老百姓生前死后都逃离不了专制政权的控制。

地藏王

在最早的《十王经》中，世尊涅槃时受命的菩萨共有六位：地藏菩萨、龙树菩萨、救苦观世音菩萨、常悲菩萨、陀罗尼菩萨、金刚藏菩萨。而到了五代宋初流行的《地藏十王图》中，就只剩下一个地藏菩萨做地府十王的顶头上司，其意似是让他做十王冥府的精神领袖，其实不过是教门象征而已。

阎罗王虽然是佛经中挂了号的，也可以说是"佛弟子"了，但不管你怎样宣传，在民众心目中却是一身俗官的冠冕，而其断理公案也是中土官员那一套行事做派，具体来说，老百姓心目中的阎王殿就是他们的县衙门。如果换上剃成光头的大和尚坐上森罗殿，不仅万岁爷要龙颜不悦："朕的百姓朕自会管教，岂容外人贵教劳驾？"就是佛门之外的俗众也不干，国产的尊臀，由大老爷来打是天经地义，而由和尚打起来就是以夷戕夏，于是而思想抵触，情绪波动，闹出过激事件的可能也不是没有。

早在南朝刘宋时的《幽冥录》，其中有"赵泰"一条，为了吹嘘佛门法力，竟然把我佛如来请到了九幽十八狱的大门口。故事说赵泰入冥后先参观地狱，后至一大殿，珍宝耀日，堂前二狮子伏地，背负一金玉之床。床上坐一大人，身长丈余，姿颜金色，项有日光。沙门立侍者甚众，四周又坐着若干大菩萨。泰山府君趋前行礼，便闻佛言："今欲度此恶道中及诸地狱人皆令出。"府君唯唯听命，清点地狱，共有一万九千罪囚，不管是刀山上插着的，油锅里炸着的，"一时得出，地狱即空"。这故事到了梁朝的《冥祥记》中更是添枝加叶，本来归属天帝的中国冥府一下子就为佛光所笼罩了。这种故事在佞佛的梁武帝时代不妨胡编一气，但究竟只是特例。劳动如来佛的大驾下一次地狱，夸张得令人难以相信，即便真的来了，也是千载难逢，难以为继。这样的故事编得再神奇，也没有多大吸引力。佛教信众们需要的是有持续效应的，最好是制度化的佛法恩典，而世俗社会又不允许把阎罗王本身以佛教之神现身。

于是作为佛弟子的阎罗王终于没有变成和尚，依旧维持那副中土王爷的行头。但佛教既然争得了"泰山府君"的名分归属，插手冥府的事务就是势在必行。能够在世俗社会与佛门信众之间取得平衡的策略，就是要在世俗化的阎罗王身边，最好是头顶上，安一个不在其位却插手其政的佛门代表。

六朝的幽冥故事中经常见到在冥府中游走着一些和尚，他们的身份可以这样设想一下，大老爷升堂，两旁是书吏衙役，下面跪着的是待审的囚徒，而就在这大堂上有几个和尚逛来逛去，忽上忽下于大老爷与罪囚之间。最初这些和尚行事似乎还有所节制，只是为囚犯中的本教教徒施以方便，也就是让地府中信佛的鬼魂 VIP 化。比如幽魂到了地府，过堂时阎罗王照例要问："生前读经否？"答云："读的。""读的什么经？"答云某某经。已经验明是佛教信徒了，这时就冒出一个或两个和尚，手持火烛引路前导，以免此魂在黑漆漆的阴山道上磕磕绊绊，而其他的非 VIP 幽魂则任其在黑暗中不断地触头撞脸跌跟头。但渐渐地有道高僧也到冥府里晃悠了，渐渐地"须菩提菩萨"来了，"观世音菩萨"来了，"地藏菩萨"来了，这都是有资格有能力对冥府司法指手画脚的，虽然他们只是坐在侧面，但阎罗王却要欠着半个屁股蹭在椅子角上，拱手作揖，唯唯诺诺，生杀予夺唯客人马首是瞻。

佛教徒中有诵《金刚经》的，有诵《地藏菩萨本愿经》的，有诵《观音菩萨普门品》的，各有自己顶着的菩萨，而各位菩萨也都为自己的信徒到冥府里走关节。一个婆婆可以有几个媳妇，但一个媳妇却难于伺候多位婆婆。这种冥府中一国三公的乱象到了唐代中晚期以后就开始有所变化，逐渐地把为佛门弟子开方便之门的权力和义务归到地藏菩萨一位身上。而一个婆婆在旁边对正座的媳妇指手画脚的局面也很尴尬，于是最晚到了唐代末年，阎罗王一下子变了十个，这时你让地藏菩萨坐在哪儿？自然是十王的正中间或者头顶上了。让我们看一幅五代时期的《地藏十王图》，此时的地府虽然号称是十个阎王，但他们都成了地藏菩萨的下属。地藏作为我佛如来的代表，不仅是地府的精神领袖，而且是权力中心，在他之下没有二把手，十殿阎王虽

鬼

然仍然是中土帝王的冠冕，但都是佛教代表的"属员"。

地藏十王的冥府模式是佛教在幽冥信仰中的一次大扩张，历时自唐末五代至北宋，如果仅从《十王经》及《地藏十王图》的流布来看，说是对地府的占领也不为过。但其实这只是一种表象，只存在于特定环境下的荐亡程式中，中国本土的幽冥观念和丧葬仪式是任何宗教都不能动摇的。

关于地藏菩萨的出身来历，佛经中说法甚多，诸如小国国王，印度光目女，大长者子，婆罗门女，他们都有一个共同点，就是不度尽六道众生，誓不成佛。而在中国最为盛行却又最不靠谱的则是另外二说：

一，"金地藏"。据《宋高僧传》中的《唐池州九华山化城寺地藏传》，新罗（朝鲜古国名）国王族金乔觉，出家为僧。唐玄宗时渡海至中土，行至今安徽九华山，心甚乐之，遂驻锡于此。至德宗贞元十九年，忽召众告别，但闻山鸣石陨，跏趺而灭，春秋九十有九。现在九华山肉身殿，相传为"地藏"成道之处，而化城寺即"地藏王宫"，这里所说的"地藏"其实就是金大和尚，与佛经中的地藏菩萨不是一回事。但有人解释说，金大和尚灭度之后，纳其尸于函中，三年后，开函异尸入塔，其尸不仅颜貌如生，而且"骨节俱动，若撼金锁焉"。这个其尸骨节如"九连环"似的钩连作响，就是金大和尚为地藏菩萨后身的证明。但唐自玄宗之后，地藏菩萨到冥府公干的故事并不少，难道那些入冥的地藏是金大和尚的分身？而尽管九华山的大殿中多塑有阎罗、地狱，但从金大和尚的身世中也不用想找到与冥府地狱的关联。

二，如来十大弟子之目犍连，也就是目连戏中《目连救母》的那位主角傅罗卜。佛教中的目犍连我们且不管他，只说已经中国化之后的"傅罗卜"。傅罗卜，其母刘青提嗜荤杀生，死后堕入地狱，受诸种苦。傅罗卜为救母，往西天求佛祖，皈依沙门，改名目连。于是入冥府，下地狱，历尽艰险，最终寻得母亲，救出地狱。但这个目连或罗卜怎么就成了地藏菩萨呢？《三教源流搜神大全》只说他"作盂兰盛会，殁而为地藏王"，实在是不足以服人。

在佛教中，地藏是在释迦既灭以后，弥勒未生以前，现身于人、天、地狱之中，以救苦难，自誓必尽度六道众生，始愿成佛。而"六道众生"中包括"饿鬼道"，这就成了把地藏菩萨引进冥府为"幽冥教主"的一个理由。

附：道明、闵公、谛听

现今地藏菩萨两旁有左右二胁侍，左边的像个老员外，典型的土地公公打扮，名叫闵公，右边是光头布衲的和尚，名叫道明。道明为地藏胁侍，实有根据。按《佛祖统纪》卷三三"十王供"条云："世传唐道明和尚，神游地府，见十王分治亡人。因传名世间，人终多设此供。"也就是说，这位道明和尚魂游地府，还阳后把十殿阎王治冥的情况向世人广做宣传，成了"十王供"这生意的形象代表。但道明和尚游地府的详情，诸书均无记载，多亏到了20世纪敦煌藏经洞发现，人们才知道有一篇《道明还魂记》(《敦煌宝藏》第25册斯3092

地藏王

地藏菩萨与十王（湖南盘王图）

号），记的正是此事。其文大略云：

唐宣宗大历十三年（778）二月八日，依本院巳时后午前，襄州开元寺的道明和尚，忽见二黄衣使者，云："奉阎罗王敕令，取和尚暂往冥司对质。"道明遂与使者徐步同行。须臾之间，即至衙府。见阎罗王，再三询问。有一主事者状奏阎罗王："臣当司所追是龙兴寺僧道明，其寺额不同，伏请放还生路。"原来是抓错了，道明立即松了口气。举头西顾，见一禅僧，目比青莲，面如菩萨，问道明："汝识吾否？"道明曰："耳目凡贱，不识尊容。"于是那禅僧道：

> 汝熟视之，吾是地藏也，彼处形容，与此不同。如何阎浮
> 提形□□襕，手持志（至）宝，露顶不覆，垂珠花缨，此传之
> 者谬，□□殿堂亦怪焉，阎浮提众生，多不相识，汝子细观我，
> □□色短长一一分明，传之于世。汝劝一切众生，念吾真言，
> □□啼耶，闻吾名者即消灭，见吾形者福生，于此殿□□者，我
> 誓必当相救。

但这《还魂记》向信众推广的与其说是"十王供"，不如说是地藏信仰——传写地藏真容，流布于世，"劝一切众生，念吾真言，我誓必当相救。"所以他为地藏菩萨收为胁侍也就是顺理成章的事。但我觉得这道明和尚与阴间的"导冥和尚"也有些关系。前面说过，阎王问知新押来的幽魂是念经的佛教徒后，立刻就出现一个或两个和尚上前给此幽魂以 VIP 服务，这类故事起码在隋朝时就有了，唐人《报应记》中有"慕容文策"一篇，言隋人慕容文策，常持《金刚经》，不吃酒肉。大业七年暴卒，三日复活，云为二鬼所拘，至一宫殿，王当殿坐，僧道四夷，不可胜数。一一问在生作善作恶，及文策，言："自小持《金刚经》。"阎王合掌叹曰："功德甚大，且放还。"于是"忽

地藏王

见二僧，执火引策"，导其顺利出离冥府，还阳复活。按《报应记》又作《金刚经报应记》，旧题唐人唐临所撰，而《宋史·艺文志》则题撰者为卢求，则此书或初由唐初人唐临所撰，到宣宗时则由卢求续增若干，"慕容文策"故事固不晚于唐初也。此故事中的"二僧"即道明和尚的原型，道明即"导冥"，类似于阴间的"导游"，而其导游功能有二：一是要引导幽魂参观地狱，深化教育；二是引导放还的幽魂顺利还阳。道明和尚作为地藏菩萨的胁侍而为信徒供养，其意义乃在后一功能。

除道明之外，阴间还真有另一位叫"导冥"的和尚。宋洪迈《夷坚乙志》卷四记张文规入冥，至冥狱，见大门内一僧持磬，冥吏云："此导冥和尚也，凡人魂魄皆此僧导引。"则是道明和尚成为地藏胁侍之后，又分化出导冥功能，而另安排此僧担任。在暗黑如漆的冥间，此僧敲磬前行，幽魂则随磬声而走，免入歧途。这故事中的导冥性质已经不同于道明和尚，他似乎不分信不信佛教，对幽魂一视同仁了。当然也可以这样理解：不管你信不信教，你的幽魂都要进佛家的地狱，听佛门的摆布了。

在五代和宋初的各种《地藏十王图》中，地藏座下除了道明和尚之外，与道明相对的还有一头狮子，和尚与狮子，这是当时地藏的标准配置。《道明还魂记》对这狮子也有一段交代：道明和尚见地藏菩萨旁有狮子，便问菩萨："此是何畜也？敢近贤圣？传写之时，要知来处。"地藏云："可别胡说！此位是大圣文殊菩萨化现在身，共吾同在幽冥救诸苦难。"文殊菩萨按说应该和地藏菩萨算是同一级的官员了，不知为什么，此时却化身为畜类，而且蹲在下首。特别是，按地藏指示，道明在摹写传布地藏菩萨的真容画像时，万万不能漏掉这头狮子。

如果有什么特别的任务需要配合地藏菩萨，文殊菩萨委屈一下却也不妨，可是地藏却不说明白蹲在此处如何救苦救难，只是白白让文殊降尊纤贵地充了个摆设。因此之故，再加上颇伤文殊信仰者的感情，所以到后来，与道明和尚配对侍候地藏爷的，就改成了那位土地公公型的闵公老员外了。

关于闵老员外的来历，仅见于明朱国桢《涌幢小品》：

> 地藏菩萨，姓金，名乔觉，新罗国人。在池州东岩（即九华山之东岩）修习久，土人闵欲斋之。地藏谢不愿，愿得一袈裟地。闵许之。明日以袈裟冒之，凡四十里。闵即付之，举家悉成正觉去。

原来这闵公是九华山的财主，金地藏在九华占了方圆四十里道场，就是乘闵公一片好心而哄骗得来。这当然只是传说，唐代并无闵公其人。在唐元和间人费冠卿所写的《九华山化成寺记》中说到金地藏初到九华，"披榛援藟，跨峰越壑，得谷中之地"，绝无人迹，在石室中独自苦修。后来才有诸葛节等人凑了些钱，从檀公手里买了块地，请金地藏建了庙宇。

既然帮助金地藏建寺的是诸葛节等众，并没有姓闵的，那么为什么却出来个闵公呢？闵、冥音近，闵公就是冥公。山西蒲县东岳庙的地藏塑像，就是把闵公写作"冥公"的。很显然，这闵公此时已经陪侍着地藏菩萨进入了冥界，但又保留着地藏施主的身份，但人们觉得他的资历似乎还不够，于是而又有了一说，对面站着的那个和尚道明，原来还是闵公的儿子呢！

有了闵老员外做陪侍，那位文殊化身的狮子从此就从地藏像中消失。我只在九华山见过他的一尊独立铜像，似狮非狮，很有气势的一个怪兽。这时他已经有了自己的名字，那就是"谛听"。

谛听的来历只见于《西游记》第五十八回，真假悟空从三十三天打到九幽十八狱，没人能鉴定出哪个是假货。二位正要离去，只听得地藏王菩萨道："且住，且住！等我着谛听与你听个真假。"想不到这场惊天动地的大疑案，就让谛听解决了：

　　那谛听是地藏菩萨经案下伏的一个兽名。他若伏在地下，一霎时，将四大部洲山川社稷，洞天福地之间，所有蠃虫、麟虫、毛虫、羽虫、昆虫、天仙、地仙、神仙、人仙、鬼仙之类，皆可照鉴善恶，察听贤愚。那兽奉地藏钧旨，就于森罗庭院之中，俯伏在地。须臾，抬起头来，对地藏道："怪名虽有，但不可当面说破，又不能助力擒他。"……地藏道："似这般怎生祛除？"谛听言："佛法无边。"地藏早已省悟。

地藏十王图·谛听道明业镜

从五代经历宋、元至明，蹲了几百年，许仲琳终于让谛听得到了唯一一次显露神通的机会。但它为什么叫作谛听呢？当然是因为它的本领就是靠一个"听"。而其命名之由，或因《地藏菩萨本愿经》《大乘大集地藏十轮经》《大方广十轮经》等经中，世尊如来与地藏菩萨交谈时常插上几句"谛听""谛听"，意思是"别走神，认真听讲"吧。其实"谛听"为佛典中常用语，也见于不少与地藏无关之经典。但不论如何，谛听后来在九华山已铸成塑像，成为地藏的当然坐骑。

东岳大帝

前面已经说过，地藏对冥府的占领只是一个表面现象。自汉朝以来积淀于民族心理中的幽冥观，具体来说就是对冥府的结构及实质的理解，在社会形态没有发生大的变革之前，不是那么容易改变的。在老百姓心目中，就是把如来佛祖请来做太上皇，真正过堂的还是阎罗王，就是县衙门大堂上面县太爷的那副德行。不但业镜业秤、酷刑折磨及至投生转世，都是州县衙门勘罪断刑的夸张变形，就是有菩萨横插进来为自己的徒众说情，也完全是中国式的上下其手。在这样的基础设施上附加的地藏菩萨，除了为寺院经济带来收益之外，与佛教的本旨没什么关系。唐末和五代都是中央集权分崩离析的时代，走马灯似变幻的中央政权自顾不暇，下层民众在乱离中渴盼着宗教的解脱。所以地藏十王模式对冥府的占据，也是一时机遇所成就。但即便如此，这个模式也从来未被中央及地方政权正式认可。只要社会趋于稳定，皇帝坐稳了江山，冥府的本土性质还是要得到回归，而这并不是太困难的事，只要把对阎罗王的主子换成玉皇大帝就行了。

崇信道教的宋真宗把五岳从"王"升格为"帝"，在泰山封禅之后，"东岳天齐仁圣帝"的"五岳独尊"地位进一步得到确认。从此除了泰山之外，全国各地大建"东岳行宫"，而东岳大帝的顶头上司就是玉皇大帝。这无疑成为唤醒"太山治鬼"这一古老观念的最佳契机，"太山"又恢复了中土"泰山"的身份，而且成了"东岳大帝"，看你哪个和尚再敢来争抢！虽然宋真宗君臣崇封东岳毫无让东岳主掌冥府的打算，但民间信仰的力量却完全可以左右东岳大帝的职能向民间倾斜。泰山脚下的岱庙供奉的是皇帝的东岳大帝，而各地行宫中的大帝则掺入了民间的诉求。最晚从北宋后期开始，东岳大帝就开始行使冥府职能，"牒城隍，申东岳，奏上帝"，这个新的申诉下情的程序链开始形成。而到了南宋，东岳行宫下设各种"冥司"，形成了一套与十殿阎王不同的另一种班子。

据《夷坚支志·戊集》卷七"信州营卒郑超"一则所记"东岳第八司生死案"，在南宋时的东岳行宫之下最少也要有八个冥司，而每"司"之下还有若干"案"，相当于处室之类。而到了元明以后，东岳冥司数目陆续增加，最多有七十二司、七十四司、七十五司、七十六司诸说。其职掌已经不限于州县衙狱的规制，对中央政府的三法司建置也有所吸收，而其名目远比人间的司法刑狱系统更为繁复琐细。

据顾颉刚先生《东岳庙游记》，北京朝阳门外东岳庙，进了大门、二门、三门，正面是前殿即东岳大帝殿，而在三门和大殿之间的两庑，则是七十六司所在。这七十六司在刘澄园先生《东岳庙七十六司考证》中有详细记载，由于这篇文章难于看到，而诸司名目也便于让读者了解东岳庙所以为民间信仰的功能。司冥是东岳的主要功能，请看他属下的前几司：

第一掌都签押司：签押即在各种文书签押盖印。凡行文定案，须由堂司官签章画押，阳间公事如此，阴司亦同。都签押即总签押处。

第二掌生死勾押推勘司：阳世各司中有推勘，有磨勘，相当于初

冤死鬼（山西稷山青龙寺壁画）

审和二审。此司为生死勾押之推勘，即决定生死之处。

第三掌功德司：考察世人所修功德，立功德簿，转交善报司。

第四掌注生贵贱司：专掌鬼魂转世，按其前世功罪，定其所投之胎为贵为贱。

但东岳在司冥的同时，也在冥冥之中控制着人世，让人世的一切善恶最后都要到冥间清算，如：

第六掌掠剩财物司：有掠刷使者，专搜世间不义之财。

第七掌官职司：考察人世官员政绩，死后交此审理。

第八掌词状司：专察人世诉讼，如属舞文弄法，强词夺理之奸吏讼棍，死后交此司审理。

其余各司有掌地狱的，有掌转世畜生、化生者，有到世行瘟疫以大规模惩罚世人的。总而言之，东岳诸司可以说是人世官府职能的再现。

但七十六司还不是最多的，据顾颉刚先生说，苏州的东岳庙里竟有一百三十多个司。其中仅与疾病相关的司就有三十七个，得了什么病就到这个司去挂专家号，无须望闻问切、检查化验，只要烧香磕头、向神许愿即可。苏州东岳庙的香火据说一直不错，可见东岳庙在民间往往被附加上与民生相关的功能，自有其亲民的一面。

城隍

城隍之神，已经在第四编中介绍过了，此处只谈城隍神越到后来就越发突出和重要的冥司功能。

城隍神本司佑护城郭之责，但到了唐末，已开始有了行冥府事的说法。唐佚名《报应录》说，唐洪州司马王简易，暴死数刻而复生，然后对亲人说："我梦见一鬼使，手执符牒云：'奉城隍神命，来追王简易。'我便随之而行，约可十余里，方到城隍庙。城隍神命左右将簿书来，检毕，对我说：'你还有五年可活，且放回去。'"

这城隍爷已经和阎罗王的职掌很相似了。到了宋代，特别是南宋，民间把城隍当作阴司的例子显然又多了一些，如洪迈《夷坚丙志》卷二"刘小五郎"中的城隍庙已经有了"孽镜"，把阎王殿的装备移了过来。有些地方已经明确了"天帝—东岳—城隍"的领属关系。但城隍的职责仍然是以保护地方为主，其司冥之事也只是偶见于笔记而已。

以城隍来行冥府之事，这在中国冥文化的发展上，无疑是一个重要的创举。它本来应该大书特书的。此前的冥府，无论是太山府君还是阎罗王，要想直接控制整个神州灵魂的生死贵贱，从情理上讲，那都是不可能做到的。但现在终于有人想出了一个极为简便易行的办法，让那些司掌一城保护之责的神明兼领本地的冥事，机构无须另设，官员已经在任，地方百里，灵魂数万，无繁剧之劳，有从容之功，这就为上界诸神对幽明二界的控制提出了一个绝好的方案。但很快地历史进入了元代，蒙古人入主中原，大量地拆毁各地城墙，人间现实的"城隍"已经消失，城隍神的地位也就不可能得到发展了。虽然至元间修建大都城后，又兴建了都城隍庙，并封城隍为佑圣王，可是城隍在地方上却没有什么声望。所以让城隍主冥以达到统治全民生死的创举就由明太祖朱元璋实现了。

朱元璋称帝之初，就把城隍神的神格大幅度提高。洪武二年，"乃命加以封爵。京都为承天鉴国司民升福明灵王，开封、临濠、太平、和州、滁州皆封为王。其余府为鉴察司民城隍威灵公，秩正二品。州为鉴察司民城隍灵佑侯，秩三品。县为鉴察司民城隍显佑伯，秩四品。衮章冕旒俱有差。"（《明史·礼志三》）可以看出，城隍的品秩要比当地的官员高出一大截。

可是第二年又发生了变化。大约是朱元璋觉得虚名不如实权吧，洪武三年，下诏除去封号，止称其府州县"城隍之神"。又令各庙屏去他神。定庙制，高广视官署正衙，就是连办公的几案也要与同级官厅一模一样。又是废除封号，又是把品秩降到与当地官员同级，从表面上看，城隍的地位是降了，而从实质上看，城隍神的职权却得到了落实。府州县的城隍就是府州县的阴官，没有虚名，着着实实就是管这块地方的，于是城隍"为鉴察司民之神"的功能更加强了。至洪武四年，"特敕郡邑里社各设无祀鬼神坛，以城隍神主祭，鉴察善恶。"不久又降仪注："新官赴任，必先谒神与誓，期在阴阳表里，以安下民。"而这仪注都是朱元璋亲自拟定。

明太祖尊崇城隍神的地位，使其与地方官员"阴阳表里"，动机是很明确的："朕立城隍神，使人知畏。人有所畏则不敢妄为。"（明余继登《皇明典故纪闻》卷三）"朕设京都城隍，俾统各府、州、县之神，以监察民之善恶而祸福之，俾幽明举不得侥幸而免。"（明沈榜《宛署杂记》卷十八）有人统计过明代全国的城隍庙共有1400余座，而据《明史·地理志》所记，当时的建置是140个府，193个州，1138个县，可见全国所有的府、州、县无不设有城隍庙了。

朱元璋这个出身于下层的流氓皇帝对百姓的信仰心理是吃得很透的。不管是阎罗天子还是玉皇大帝，他们的地位再高、威权再重，但是远在九天之上或九幽之下，对于百姓的震慑力还是有限的；即使你把阎王殿盖在他们城里，也照旧不会引起他们更多的敬畏。老百姓明白多大的官也不如眼前的县太爷威风，因为这些"亲民之官"就可以让你破家，让你丧命，而皇帝宰相是管不到自己的。可是城隍神就具有地方官的这种直接震慑力，他们就住在你所在的县里，而且只管这一个县，别无旁骛。城隍神洞察秋毫，无奸不烛，阴刑阳诛，恩威可以施于法外，至于阴曹地府的触目惊心，城隍庙也同时兼有。总之，把阎王的权力下放给县太爷，要比在老百姓的眼前设个阎王殿更令人可怕。须知城隍爷及其属下都是冥界的角色，对老百姓来说，你看不到他们，他们却永远盯着你，你走到哪儿就跟到哪儿，真正做到了"举头三尺有鬼神"。

明朝初年，诏定城隍庙与同级长官衙门规格相等。到了后来，这规定就有了变化，古代为官的诀窍之一是"官不盖衙"，有钱宁可放到自己腰包里带回老家去。可是城隍庙却不同，那是古代地方官的"形象工程"，只要绅民们肯出钱，官老爷是很乐于修城隍庙的。所以明清两代出现了不少比当地衙门排场得多的城隍庙。

现今大陆还有一些保存完整的城隍庙，如初建于元、大建于明的山西榆次城隍庙，建于明成化时的浙江金华汤溪城隍庙，建于明代的

城隍（白云观藏画）

上海城隍庙，等等，但原来的像设早已被毁掉。现在能看到的大多为近年重塑，因服从于旅游事业的急功近利，其粗陋与草率自不必言，而规模气象更与往日无法相比了。即以建于清代的承德都城隍庙为例，其山门正面所塑为王灵官，左右为千里眼和顺风耳；二殿为马神殿，塑有红白二匹神马；正殿叫福荫严疆殿，正面为城隍像，左右分别是二判官二无常和牛头马面及鬼卒；另有东西配殿，塑有文武财神之类，仅此而已。台湾的城隍庙较多，其中神像内容也较为丰富，据刘文三《台湾神像艺术·司掌阴阳两界的城隍爷》所言，有文武判官、六部司、牛爷、马爷、六将爷、范将军、谢将军、三十六关将、七十二地煞等，估计这代表了清代大型城隍庙的设置。

但无论如何，判官、无常、牛头马面这几位是必不可少的，就是他们奠定了城隍神主管幽冥的性质，与早先单纯的护佑地方职能大不相同。城隍庙的建筑有它自身的特色，光线晦暗，烟雾缭绕，再配上那一群神头鬼脸、牛首马面，就要让人觉得阴森可怖，有如进了森罗殿一般。

城隍庙中设有部司，最多的即像东岳庙一样设有七十二司，如上海城隍庙；少一些的如福建泉州府城隍庙为二十四司（长寿、图籍、采访、布政、富贵、彰善、罚恶、礼法、报应、命禄、福德、子孙、山神等司）；再少也有如台湾诸庙设六部司的（即延寿、增禄、速报、纠察、奖善、罚恶诸司）。这部司本来应该是东岳大帝的机构，城隍庙不是必有，所以那些规模不大的就不设部司，如顾颉刚所记广东东莞城隍庙即是。

城隍爷的属员不少，但与老百姓最关切的则是判官和皂隶，也就是阳间衙门的文武两套班子：师爷和衙役。另外，大多城隍庙还要有一些附祀的神明，那主要就是十殿阎王，有的还把东岳大帝、地藏菩萨也设了专殿，再加上牛头马面和地狱的景观，这就把冥府的全套系统都配齐了。

平常人们说起中国的冥府，总容易认定是十殿阎罗。其实如果深入了解一下明清二代的社会生活，就会明白，这一时期冥府的中心其实就是城隍。中国的冥府系统经历了太山、酆都、阎罗、东岳等各种形式的传承演变之后，到了明代建立城隍体系，中国封建社会的冥府系统才最后成熟。自上而下遍布神州的城隍系统，同时把东岳、地藏、阎王一包在内，这一整套系统就是朱元璋们为百姓设置的震慑工具，用那么多的神鬼向百姓们示威，再加上阳世官府的敲扑杀戮，这位太祖高皇帝以为天下就会永远姓朱了。

但地方各级城隍之间的关系与人间省府州县各级行政机构的关系并不完全相同，那就是各级城隍之间的统属关系并不是很主要的，也就是说，府、州城隍对县级城隍的上司权责并不明显，在人们的心目中，城隍神，无论是哪一级的城隍，他们的上司就是东岳大帝，而不是上一级的城隍，只有在县城隍控状而不得申理时，才会逾级上诉于府城隍。东岳大帝通过各级城隍神控制着整个幽冥世界，而十殿阎君与七十四司之类，不过是他的中央机构。在明清两代笔记小说中，以城隍主冥事的故事，数量远远大于以阎罗主冥事的故事，而且此时城隍所管辖的"冥间事务"也比以往的阎王范围更大了。

但城隍所以为百姓所信仰，还有另外的一面。中国老百姓自有他们对待鬼神的招数。正如他们企盼人世的清官一样，他们也企盼着有一个清正廉明的城隍老爷。对于人世官府的廉贪他们是无能为力的，可是对城隍神却有选择的可能。于是一些清官或者正直的乡绅死后被百姓奉为本地的城隍，人们也就利用他们来为自己伸张正义，主持公道，驱邪除恶，祈福求佑。这就形成了城隍神功能的两面性。而城隍神的人民性一面，在民众的社会生活中是很有影响力的。

从城隍庙附祀的神明上看，除了冥府系统的神鬼外，庙中还有大

城隍

量与民生相关的神明。即以东莞城隍庙为例，其中的猪雀大王、牛王大将、长寿夫人、鸡谷夫人、金花夫人、媒公媒婆、十二奶娘、三痘相公、财帛星君就是民众自己的神明。民众无法抗拒太祖皇帝让天下府州县建城隍庙，"视同官署正衙"的圣命，但却可以在城隍庙里另开自留地。人间的官衙是老爷们占据着，而冥间的官衙却宽松得多，随着民间信仰的神明逐步地挤入，城隍庙的规模也就越扩越大。康熙间的上海人叶梦珠所著《阅世编》中就谈到松江府城隍庙的扩建，最初已是"重门复道，殿宇轩举"，至崇祯初更是"前启台门，后营寝殿，壮丽特甚"，而上海县城隍庙也"于仪门上建楼，以备演剧，中堂后扩地，以造寝宫"，而后寝之制更胜于府庙。

而城隍神的功能，除了统治者赋予的一套之外，民众也随着自己的需要不断加添。民众对阴官的最大需要就是希望他们能解决人世官府解决不了的那些麻烦。人世的官府越昏暗，民众对城隍的企望就越多。于是到城隍庙明心盟誓，乞梦控状，求雨祷晴，就成了天天不断的节目。特别是有了某地城隍显灵的故事出现，那城隍庙的生意也就越加兴旺。

除了日常那些零星节目之外，城隍爷每年还有三次大露脸的机会，每年的清明节、七月十五中元节（也就是佛教的盂兰盆节）和十月初一（那是人间给冥间的亲人送寒衣的节令），具体时间各地有些差异，但大都在这三节前后，城隍爷要离庙出巡。按照明太祖的规定，这三大节城隍要主持厉坛之祭，为那些绝后无嗣的孤魂野鬼做些施舍之类的善事，以为安抚，免得他们到人间来惹是生非。可是老百姓竟然把这鬼节变成了自己的节日，每到了城隍出巡这天以及前后若干天内，全城百姓万人空巷，都拥到街头，一时间人鬼同欢，俨然成了中国的"万圣节"。《燕京岁时记》记北京大兴、宛平二县（实际上就是北京的东城、西城）城隍出巡：

出巡之时，皆以八人肩舆，异藤像而行。有舍身为马僮者，有舍身为打扇者，有臂穿铁钩悬灯而导者，有披枷带锁俨然罪人者。神舆之旁，又扮有判官鬼卒之类，彳亍而行。

《津门杂记》卷中"四月庙会"条记天津城隍出巡：

初六、初八日天津府、县城隍庙赛会，自朔日起至初十日，香火绝繁，而灯棚之盛，历有年所，尤为大观……有装扮各色鬼形者，或身高丈余，或身矮三尺，面貌狰狞，摇头摆手，奇形怪状，不一而足，令人可怖。并有书役皂隶，文武仪仗……又有因病立愿者，是日身扮罪囚，衣以赭衣，系以缧绁，名曰红犯，亦复不少，俱随城隍神出巡，于西郊赦孤。

这还只是北方，如果是繁庶的江南，那就更要热闹得多。除了扮演各种鬼魂的仪仗之外，还有放河灯、做道场、施舍孤魂、鱼龙百戏，真是鼓乐喧天、灯火辉煌，就这样一连热闹上几天。对此《聊斋》中的《吴令》一篇也略有涉及。这种迹近于疯狂的节日，一年中要闹上三次，有些地方叫作三巡会，有的则叫三节会，都是拜城隍老爷所赐。这种"万圣节"似的民间心理背景究竟是什么？是个很值得思考的社会心理问题。在人鬼的狂欢中幻想世界与现实世界搅和到一起，人们也许从和孤魂野鬼的对照中得到了一些满足，或者类似于看到人间的饿莩，便觉得自己"糠菜半年粮"的日子也真要谢主隆恩？不管怎样，这些狂热的鬼节不是简单的封建迷信就能一下子批倒的。它总有自己的"合理性"。

可是狂欢过后，人们还是要回到现实中来。官府还是那么赃滥，

城隍

403

人间还是那么黑暗，寄予那么多希望的城隍爷都干什么去了！于是在民间的城隍故事中，除了那些灵应不爽，能为民除阳世奸恶、阴间邪鬼的好城隍之外，又有不少昏庸贪婪的坏城隍。这些城隍"官非才举，政以贿成"，手下有一群恶皂隶助之为虐。有的干脆就是土豪劣绅，连强抢民女那样下三烂的事都干得出来。我们在《聊斋》中看到的城隍爷就没有多少好东西。"聪明正直则为神"，正如贡院的牌坊"为国求贤"一样，叫人心寒而齿冷了。

第十编　地方俗信英贤诸神

以上九编中的诸神从功能上都是有类可归，而且有互相统属的关系。但此外还有不少独立性较强，只为某一地方所奉祀的神明。或者是本土的先贤，或者是外来的名宦，大多是有功德遗爱于地方的人物。几千年下来，各州县都有一些，有的成为本地的人望，进而成为民众的保护神。而随着机缘巧合，有些神明就冲破地域限制，传播到远地，即使未能成为全国性的大神，其声名却是广为人知的。本书仅选择神性较强且为读者所熟悉的十位做一介绍。

姜太公

姜太公，在《封神演义》中其名姜尚，字子牙，民间习称姜子牙。但《史记》上说他的名字是吕尚，为东海上人。先祖为四岳，佐禹治水有功，虞夏之际封于吕，姓姜氏。吕尚为其后裔。吕尚曾仕于纣，见纣无道，去之，游说诸侯，无所遇。年老，钓于渭滨，周文王遇之，与语大悦，云："吾太公望子久矣。"故号曰"太公望"，立为师。助文王阴谋修德以倾商政，其事多兵权与奇计。辅武王，天下三

姜太公镇宅

分，其二归周，遂伐纣而王天下。武王封之于齐，为姜齐之始祖。

《史记》的记载中，可能除了"辅武王"以下几句之外，基本上都是后人的传说了，而西汉刘向《列仙传》（卷上）更是继续在传说中加料，说老姜是冀州（大致是今天的河北吧）人，生而内智，能预见存亡。避纣之乱，隐于辽东四十年。然后从东北跑到西北，到周邦去找机遇。匿于南山，钓于磻溪，三年不获鱼，已而得《兵钤》（也就是兵法）于鱼腹之中。文王梦得圣人，遂载归。至周武王伐纣，尚作《阴谋》百余篇。服泽芝、地髓且二百年而告亡。有难而不葬，后葬之无尸，唯《玉钤》六篇在焉。

《太公金匮》又说：武王伐纣时，雪深丈余，忽有五车二马来访，行无辙迹。雪下一丈，人都没顶了，居然上面能漂过来车马，武王感到很奇怪。太公道："这一定是五方之神来授天命了。"这五车所载即五方之神，骑二马的则为风伯雨师。五方神道："天伐殷立周，谨来授命。"有了天命，就是杀人放火也都是替天行道了。而姜太公这时也神气地敕令风伯雨师，让他们各奉其职，保证武王替天行道时要风来风，要雨来雨，什么狂风暴雨鸡蛋大的雹子全往"独夫纣"那里砸。太公的能识五方神及向风伯雨师下"敕令"，很可能便是《封神演义》中姜子牙"封神"之所本。

由于传说中姜太公是周武王率众诸侯东向伐纣的统帅，后代便把很多兵书如《六韬》之类都附会上他的名字，于是他就成为中国兵家之祖。唐玄宗时，诏令两京及天下诸州各置太公庙，以张良配享。唐肃宗时，又追封太公为武成王，依孔庙的规格建庙。从此姜太公就又称"武成王"，与孔子的"文宣王"相对称。这大约是姜太公在历史上最辉煌的时代，也和唐肃宗面对安史之乱而临时抱佛脚有些关系。到了北宋，据说他的"武圣"地位便被"义勇武安王"关老爷所取代。多亏有了明代的《封神演义》，姜子牙才在民间火了几百年，而不仅是以"八十遇文王"的故事供读书人做白日梦而已。

但在《封神演义》中，姜太公无论是道行还是武略，实在是乏善可陈，让读者看来，他就是一个"打神鞭"的发射器，发射出去后，如果对方是"神"，那就蒙对了，否则自己就要挨对方一法宝，口吐鲜血，跌下"四不像"来。他所以能成为西岐联军的主帅，只是因为他最适合做傀儡，对玉虚宫下来的玉旨一律照办，让元始天尊很放心。虽然如此，姜太公却是小说中从头贯穿到尾的主线，而一通"封神榜"也让他在民间树立了"姜太公在此，诸神退位"的威望。记得老年间常见人家屋里贴上这九个字，问起用途，却说是"辟邪"，看来在百姓眼里，诸神中有邪气的居多。

《封神演义》中姜太公有两个影子，一个是武成王黄飞虎，是姜太公的"重影"，一个是申公豹，是姜太公的"倒影"。这黄飞虎在商纣王朝廷中就封为武成王，所谓"文有太师闻仲，武有镇国武成王黄飞虎"，相当于一国的大元帅。可是姜太公在人间最高的封号正与黄飞虎一样，也叫"武成王"。而且这二位都有从商朝弃暗投明的经历，黄飞虎在封神榜上是"东岳泰山天齐仁圣大帝"，而姜太公在灭周后论功行赏，其封地也在山东。而且张政烺先生特别指出，《史记》里周文王遇吕尚之前，出门时曾占了一卦，有"非龙非罴非虎非螭"的占辞。唐代讳"虎"字，各书征引《史记》多改"非虎"为"非熊"。而"非熊"在民间口耳相传中又讹传为"飞熊"，于是在《封神演义》中"飞熊"又成了姜子牙的别号，和黄飞虎的"飞虎"正出于同一胞胎。所以张先生认为小说中的黄飞虎即从姜太公演变而来。

二郎神

灌口二郎神是身世最为复杂的神明之一，他出身四川都江堰，却不断地有外地、外族甚或外国的神明掺和进来。二郎本是由先贤李冰所衍生而为神巫操办的民间巫神，但道教、佛教都在他身上投下光影，以致在北宋、南宋和明代相继出现李冰之子、赵昱和杨戬三个二郎神。他们的故事有重合也有分界，大多为读者所熟知。所以这里只简单介绍一下这三位二郎的产生过程。

李冰

李冰其人在中国可以说无人不知，因为他修治都江堰的事迹已经写进中小学历史课本中了。《史记·河渠书》载：李冰是战国秦昭王时人。当时秦方灭蜀，李冰即被任命为秦国蜀郡守。当时蜀郡的治所在今成都，可是所包括的区域则大略相当于今天的川西。李冰在蜀"凿离堆，辟沫水之害，穿二江成都之中，百姓享其利"。凿离堆和穿二江是他在灌县及成都一带所兴修的以都江堰为最著名的一系列水利工程。但沫水即今之青衣江，流经今天的乐山，可见李冰治水的范围之广。

李冰的兴利除害给世代蜀郡百姓带来了福祉，他死后自然为百姓所怀念，估计不久就为民众当作先贤祠祭，然后开始逐渐神化。现存记载李冰神话最早的书是东汉末年应劭的《风俗通义》，大略云：李冰为蜀守。江水有神，岁取童女为妇。冰佯以己女与神婚。至日，冰自至祠，上神座进酒，先投杯，拔剑与神斗。忽不见，良久，有二苍牛斗于岸。有顷，冰还，嘱官属曰："南向腰中正白者，我绶也。"再斗，官属刺北向者，江神遂死。

此后传说大抵本此而加详。如唐卢求的《成都记》，除了对原故

二郎神

事有所增益之外，还记录了与李冰相关的民俗：成都、灌县（即今都江堰市）一带每年的春、冬二季，民间都有斗牛之戏。此外还进一步神化，李冰之神在千年之后还往往显灵，以护佑地方，比如唐大和五年，洪水惊溃。李冰之神化为龙，与江神之龙斗于灌口（在灌县），李冰之龙仍以白练为记。最后是洪水漂下，左、绵、梓、潼诸地皆浮川溢峡，伤数十郡，唯西蜀无害。

李冰之神既然有此神佑，地方百姓自然要多加祭赛供养，而操持其事者就是神祠之巫。于是李冰就由前贤变成了巫神，而其形象也随之发生了变化。明末张岱游焦山，拜焦处士祠，见平生与官无缘的焦先，"轩冕黼黻，夫人列坐，陪臣四，女官四，羽葆云罕，俨然王者"，不禁失笑。李冰是战国时的一个边郡太守，最晚到了唐末，他的塑像也居然成了王侯郎君之相。北宋张唐英《蜀梼杌》记五代前蜀后主王衍（这年他才十八九岁）的一次巡狩，"戎装，披金甲，珠帽锦袖，执弓挟矢。百姓望之，谓如灌口神。"这个"灌口神"就是李冰，正如当时的"阆州神"指的是张飞一样。贤士大夫的李冰变成了身披金甲、执弓挟矢的贵游公子，已经失去历史人物的痕迹，完全作为一个地方巫神了。

李冰形象这一反差巨大的变化，与唐代中期之后毗沙门天王之子二郎独健对民间信仰的渗透有关。唐朝在宗教文化上的开放，使得佛教文化对民间信仰的旧有传统产生不小冲击，而民众奉祀神灵求新、求变、求美的愿望对此有很大的顺应性。于是神巫迎合民众，让很多神明的形象发生变化，就是贵族化、年轻化、俊美化。受毗沙门天王哪吒三太子的影响，西岳华山神之化身为华岳三郎（见本书"西岳华山"一节），东岳泰山神分身出一个泰山三郎，而灌口神也正面临着一个自身的转型，但他受的影响则来自二郎独健。在唐末五代时，他正处在"华岳三郎"的阶段，即李冰神形象变为少年郎君；而到了北

二郎神

宋，他终于像螃蟹脱壳一般生出一个"灌口二郎"，然后让"灌口二郎"成了自己的儿子，最后取代自己成为民众信仰的主角。

灌口二郎

李冰的传说及祠祭延续千年，直到五代，一直是孤身一人。而且影响仅在成都、灌县一带，连四川都没有普及，更不要说全国了。但到了北宋仁宗时，忽然出现一个"灌口二郎"，也叫"二郎神"，迅速走红，不仅川西一带多处奉祀，而且在宋神宗时北上京师，至徽宗政和年间，汴梁城百姓的崇拜更是如痴如狂。这个二郎神就是李冰之子。原来《成都记》中所述李冰神迹，"作石犀五，以压毒蛟。又作三石人立水中，与江神约曰：水竭不至足，盛不没肩"，包括凿离堆、穿二江，此时竟然成了"皆其子二郎之智也"。有的则更进一步，干脆就说这些功业都是二郎干的，结果弄得李冰被架空，似乎成了个靠儿子坐享富贵的老封翁。

我们没理由不许李冰有儿子，也没理由不许他儿子参与治水。只是上千年来从无人提过的这位公子，怎么突然一下子就冒了出来，而且把李冰的所有功劳全归到他的名下了？结果是，二郎不仅风头压过其父，实际是把其父取代了。虽然"子承父业"是美事，但也不兴这么干的吧。

这个"李冰之子"最早见于史料，是宋仁宗天圣年间，在成都西北的永康军（即四川灌县，今都江堰市）发生了一个小事闹成大狱的事件。当时任益州知州的是名臣程琳，据《续资治通鉴长编》记载："蜀民岁为社，祠灌口神，有妖人自名李冰神子，置官属吏卒，聚徒百余，琳捕其首斩之，而配其社人于内地。"所谓"岁为社"，就是在每年六月二十四日灌口神生日的那一天，灌口神祠要举行大型的祭庆活动。"社人"就是在祭庆活动中扮演鬼神以娱神的业余表演者。这次演出的主角说是"李冰神子"，其形象应该是"风貌甚都，挟弹遨游"的贵公子模样，与蜀主王衍的装扮没什么差别，其实就是灌口神的另一版本。这位贵公子的百十个随从也各冠以胡编乱凑的官名，穿上不伦不类的官服，招摇过市，不过是逢场作戏，图个喝彩。哪曾料想，一个民间祭赛竟然惹了大祸，"李冰神子"是为首者，被砍了脑袋，其余诸人则流放到外地。这一事件，作为程琳的光辉业绩，被大文豪欧阳修记入为程琳所做的神道碑及墓志铭中。可是无论《续资治通鉴长编》还是欧阳修的碑文，都没有说"李冰神子"的称号是"灌口二郎"。

但江少虞的《事实类苑》则点明，这个"李冰之子"就是"灌口二郎"："蜀川有不逞者，聚恶少百余人，作灌口二郎神像，私立官号，作士卒衣装，铙鼓箫吹，日椎牛为会。"江少虞明显对这次祭赛社会做了夸张和歪曲，本来是游手子弟一时的逢场作戏，现在成了"不逞"者为首的一群恶少的日常非法活动，而且还有妖术，这就迹近谋反了。《事实类苑》的记录不大可靠。但江少虞虽然比欧阳修晚生几十年，却也是徽宗政和间的进士，《事实类苑》编成于南宋初年，即便所叙失实，也可以从此判定，最晚在北宋之末和南宋之初，"灌口二郎"已公认为李冰之子了。

程琳惩办"妖人"，当时本地的老百姓就不服，认为是冤案，事情还闹到朝廷里。民众在祭庆期间装神弄鬼，这是民俗之常，不要说"置官属吏卒"，就是扮出个玉皇大帝又怎样，总不能说是冒充当今天子的爸爸吧？其实不过是大家热闹一场，娱神同时自娱而已。程琳把民间戏乐当成了谋逆大罪来惩办，实在是他平生一大污点。所以他离任之后，灌口神每年的神社祭赛依旧，而且不数年间，到徽宗政和七年，二郎神竟然附神于京城中的一个小儿，说哥哥在灌口的庙已经被焚毁，现在要在都城立庙安家了。一时之间，百姓骚动，奔走相

二郎神

告，道君皇帝也做了群众的尾巴，降旨在万胜门外为二郎神建造神保观。而百姓们真是热情高涨，自春及夏，倾城男女负土助役修庙。还有人装成鬼使模样，逐家登门催着快去"纳土"。这事态可比灌口的假扮"李冰神子"要严重多了，很像是昔日冤案的报复性反弹。但举朝上下无人敢给这疯狂降温，因为疯得最起劲的是道君皇帝，据说他把"二郎神"封成了"真君"。

二郎神当了真君没几年，北宋就玩完了。人们开始议论了：围东京的金国大将斡离不被本国人称为"二郎君"，原来二郎神进京就是预言这事啊！灌口二郎的庙偏要跑到京城来盖，还让百姓们为盖庙"献土""纳土"，这回真的把土地都纳给"二郎君"了。牢骚怪话说归说，南渡之后，灌口二郎的威风却是只增不减。我认为二郎神的复兴与南宋初中兴大将张浚有些关系。

当时张浚正任川陕宣抚处置使，因为要出兵牵制金兵，便到灌口神庙祷告，请二郎派神兵相助。据说张浚当夜就梦见二郎对他说："我向来封为王，有血食之奉，所以有威福可行。现今把我弄成个真君，听起来挺尊贵的，但每天豆腐面筋，一点儿血腥都没有，熬得我腿脚发软，哪有力气帮你打仗？今须复封我为王，方有威灵。"于是朝廷又封二郎为"昭惠灵显王"，号召百姓为抗金来杀"爱国羊"祭神。据说此举之后，灌口二郎终于同约了二哥关羽和阆州神张飞一起发了神兵。

张魏公神道设教，用神兵助战激励一下战士和民众的抗敌勇气（同时也用祭余犒劳一下士卒），和田单祭鸟、狄青撒钱一样，未尝不是用兵之智，但却开了个很不好的先例。从此之后，永康军的地方官府便做起爱国生意，而且越做越大。每年六月二十四是灌口神的生辰，各乡镇的百姓都要牵着羊到崇德庙（即灌口神祠）祭献二郎，平时百姓如有祈求，自然也是一样。崇德庙设有监庙官，专管收羊宰

二郎妙道真君

羊，而且一羊过城，就要纳税钱五百文。官府和巫师为了最大限度地
搜刮民财，界内百姓都要家家养羊，到了时候全要把羊牵出，哪怕刚
刚产羔的母羊也不放过。这样一年下来，仅永康军一地最少要杀羊
四万口，崇德庙前的羊骨堆积如山，而官府则得税二万贯以上，官绅
与巫师捞到的自然也少不了。一年复一年，就这样一直玩下去，结果
是把李冰的儿子玩得下台为止。

赵昱（清源妙道真君）

　　灌口神庙的大神是李冰父子，这在北宋末年就已经为朝廷备案，
而且特别把李冰之子由灵惠侯晋封为应感公，其神通早已经超出本地
本职，但凡水旱瘟疫、外夷侵掠，不管是何地何方，只要给二郎磕头
上供，就能化险为夷，国泰民安。虽然此后几十年，现实不断地给朝

廷和二郎打脸，直到道君父子带着后妃北巡五国城，灌口二郎却依旧风头不减。到南宋时，灌口二郎已经不止灌口一处，除了行都之外，起码四川不少地方都给灌口二郎立庙，一时之间，正如朱熹所说，灌口二郎和梓潼神"几乎割据了两川"。

朱夫子这"割据"二字用得极妙，因为一处神庙就等于一处军阀，既然人家承担了保护地方之责，由地方的捐税养着也是天经地义。但捐税也要有度，起码能让老百姓承受得起。如果像永康军崇德庙那样一年吃四万头羊再加两万贯铜钱，老百姓就必须考虑，或是自己，或是二郎，两个之中就该走一个了。最后的决定自然是请李冰的儿子走人。

朱夫子说过："蜀中灌口二郎庙，当初是李冰，因开离堆有功立庙。今来现许多灵怪，乃是他第二儿子出来。"老夫子对灌口二郎毫无好感，他在这里只是陈述二郎就是李冰之子这一既成事实。而老百姓如果对灌口二郎产生反感甚至憎恶，就可以不管什么"既成"不"既成"，因为"事实"本来就是他们所造，李冰之子是他们扶立为"灌口二郎"的。

大约在南宋后期，灌口二郎就开始由隋朝的嘉州太守赵昱之神来充任了。

首先说明，这位隋朝的嘉州太守赵昱和李冰不同，无论是隋朝还是唐朝的公私文献中都没有这个人。赵昱斩蛟的故事最早见于署名柳宗元的《龙城录》，但此书公认是宋人伪托，与柳宗元毫无关系。宋人张邦基认为作伪者是宋人王铚，此后的朱熹直到明朝的杨慎也都持此说。王铚，字性之，生于北宋末年，主要活动于南宋之初。那么赵昱斩蛟故事的出现最晚不会晚于此时。其情节大致如下：

> 赵昱，字仲明，与兄隐于青城山，以道士李珏为师。隋末，

炀帝知其贤，征召不起，强起为蜀嘉州（今四川乐山）太守。时犍为（今乐山属县）潭中有老蛟，为害日久，截没舟船，蜀江人患之。昱大怒，率甲士千人及州属男子万人，夹江岸鼓噪，声振天地。昱乃持刀没水，顷江水尽赤，石崖半崩，吼声如雷。昱左手执蛟首，右手持刀，奋波而出。州人顶戴，事为神明。隋末大乱，潜亦隐去，不知所终。时嘉陵涨溢，水势汹然，蜀人思昱。顷之，见昱青雾中骑白马，从数猎者，见于波面，扬鞭而过。眉山太守荐章，太宗文皇帝赐封神勇大将军，庙食灌江口。岁时民疾病祷之，无不应。上皇幸蜀，加封赤城王，又封显应侯。昱斩蛟时年二十六。

赵昱的功绩只有斩蛟一事，而斩蛟则隐喻为抗洪水，其功业虽与李冰不能相比，但李冰曾"辟沫水之害"，而沫水就是流经嘉州大佛脚下的青衣江，所以赵昱与李冰还是有些渊源。再加上赵昱曾在与灌口相邻的青城山隐居修道，隋亡之后他完全可能又回到青城山，所以后人把他作为灌口神祠的陪祀也是言之有理。此外，赵昱斩蛟时年方二十六岁，又上有兄长，正可称为"二郎"。就凭这几条，赵昱完全可以被民间立为新的灌口二郎。而且还有一点，自"灌口二郎"出世以来，从来就没有被人称作"李二郎"，也没有见人说过他的名字，这就省了改名换姓的麻烦。

南宋末人吴自牧在《梦粱录》中记临安祠庙，其中"东都随朝祠"中有二郎神庙。东都指北宋都城汴梁，那是本有的二郎神庙，南渡之后便迁建至杭州。初建时的二郎神自然是仍东京之旧，为灌口二郎，但到吴自牧时，已经是"二郎神即清源妙道真君"了。清源妙道真君是赵昱的道教封号，而真君不能动荤腥，连羊肉汤也不能喝的。

其置换的具体时间很难查究，说是南宋后期应该差不太多。《梦梁录》所记只是官方神祠，至于民间角色的转变肯定要早得多。当然也不可能是一声令下，立刻全体"拔赵帜，易汉帜"。按照习惯，往往是一处或数处悄悄易帜，及至别人看出了甜头，新的二郎不吃羊肉也照样能护佑黎民，也就慢慢效法起来，直到继续宰羊祭神的被大家讥为傻蛋。当然"灌口二郎"的易帜背后也有道教与神巫之间的斗法，但民间的向背还是决定性的因素，当然，这也和李冰子只享供祭不显神通有关，因为南宋对金、元的战事是每况愈下了。

杨戬

因为《西游记》，现在人一说二郎神，就叫"杨二郎"。其实古代从来没有这样称呼过二郎神，正如从来没叫过"李二郎""赵二郎"一样。《西游记》中的二郎神，就叫"二郎"，因为孙猴子揭老底儿，说："我记得当年玉帝妹子思凡下界，配合杨君，生一男子，曾使斧劈桃山的，是你吗？"人们才知道二郎神姓杨，但没说他叫什么名字。

而杨戬，只出现在时间稍晚于《西游记》的神魔小说《封神演义》中，但通篇也没有说他是"二郎神"。可是读过《西游记》的人一定会想到，杨戬就是二郎神。虽然二人身份、地位、装扮相差很大，但人们就是能体会到他们的共同点，认定是一个人。可是如果不看《西游记》，只知道李冰和灌口二郎，就很难让人把杨戬与他们联想起来。杨戬在众多二郎神中，是距离其本体李冰最远的一个。

《封神演义》不说"二郎"，不说"灌口"，但提到杨戬后来封为"清源妙道真君"，也就是说，原来此处的杨戬只能看作青城山道士赵昱的"前传"，与"灌口二郎"无关。在这本明人编的小说中，杨戬是个带扇云冠、穿水合服、腰束丝绦、脚蹬麻鞋的道人，玉泉山金霞洞玉鼎真人门下，炼过九转元功，有七十二变化，无穷妙道。他自称山野之人，奉师命襄助武王，对世间名利没兴趣，更不想做什么鸟官。看起来他是一个很纯粹的道人。

但又不仅如此，在西岐众将中，他地位仅次于李靖，神通则为众将第一，连哪吒都要略为逊色。除了七十二变化之外，杨戬还有一只哮天犬，他还"梅山收七圣"，而这些都是明代戏曲中二郎神赵昱的神迹，也是《西游记》中二郎神的标配。

虽然这位杨戬在今天的民众中最为脍炙人口，但严格说起来，他终究还是小说中的人物，与民间信仰的祭祀活动没什么关系。自他出世以来，从未曾作为民间信仰的对象存在过（像义和团那样把杨二郎和窦尔敦都招到神坛，可能不会有人当成正经事来看的）。这种现象并不稀罕，不要说凭空而来的杨戬，就是玉皇大帝和王母娘娘，一旦成为小说戏曲中的角色，就必须与真正的信仰暂时脱钩。否则，作者、编者的诬圣渎神的罪过就大了。

正因为如此，所以家喻户晓的清源妙道真君就成了杨天佑与玉帝妹子的私生子，他为了救母亲劈了桃山，差一点儿逼得玉帝下了台，可他自己又把与书生刘彦昌私订终身的亲妹子压在华山之下，再让自己的外甥沉香狠狠教训了一顿。这种年轻时天真烂漫，一旦阔起来就没了人味的现象，看来是自古已然，神仙也躲不过的。

所以《封神演义》中的清源妙道真君改姓为杨，这确实算不得什么出格的事。但还是让读者有些不解，真君你叫什么不可，为什么与"宣和六贼"中的权阉杨戬名字一模一样？

张政烺先生在《〈封神演义〉漫谈》中对此有所探讨，大致如下：

> 二郎神与杨戬发生关系仅见于小说。最早的是南宋洪迈《夷坚支志·乙集》卷五"杨戬馆客"条，记北宋末年宦官杨戬贵盛时，尝住郑州，其姬妾留京师数十辈，中门大门全都加锁，监护

甚牢。有馆客在外舍，一妾慕其风标，置梯越屋取以入，恣其欢昵。他妾闻之，遂展转延纳，达七八昼夜，馆客不胜疲惫，越屋时两股无力而不能下。正好此时杨戬归来，问其所以，自言为鬼所祟。杨戬洞察其奸，令人阉之。从此常延入内室，与妻女同宴饮，以为玩具。但这一可能是真实事件的故事中没有二郎神。另一故事则是明末冯梦龙《醒世恒言》第十三卷《勘皮靴单证二郎神》，叙述宋徽宗宫内的韩夫人，因为养病下放到杨戬家中。韩病愈后，到清源妙道真君二郎神庙中烧香还愿，庙官孙神通会妖法，假扮二郎神，夜夜逾墙与韩私通。杨戬请道士噀治，击落一皮靴，经过勘查，终于破案。张先生说："经过南宋、金、元，流传二三百年，无论有意无意，二郎神和杨戬两个词结下不解之缘，杨戬却成了二郎神的代名。"

张先生最后这段话意似未尽，好像留给读者一些想象和思考的余地。依我揣测，"勘皮靴"故事既然从"杨戬馆客"中演化而来，而在演化过程中，也就是在冯梦龙写成话本之前，也可能曾经出现过另一种故事版本，那就是在原故事中把"馆客"换成了假二郎神，而最后的结局维持了原样，即没有把假二郎神凌迟处死，只是把他阉了。杨戬就是阉人，现在他又阉了一个"二郎神"，然后带着这个假二郎神一起到后房姬妾中鬼混。为什么要这样做？因为这阉了的二郎神生得漂亮，杨戬可以用他来取悦姬妾。这大约就是杨戬与二郎神结下的不解之缘吧。

本来被阉的是假冒的二郎神，却让真二郎神成了大宦官，这玩笑开得有些过分。但如果由宋朝的道学家来评判，二郎神也有他自己不可推卸的责任，那就是他生得太俊俏。古代男女之大防，其中一条防线就是禁淫祀。老百姓不懂朝廷规矩，私设祠庙，供奉着不三不四的神道，而且还塑出一些妖里妖气的俊男靓女，更有甚者，竟在迎神赛会时由浮浪少年扮出来招摇过市，不唯诲淫，而且有诲盗之嫌。（程琳把假扮的李冰神子砍了脑袋，就是怕他们成为李顺反成都一样的乱阶。）所以凡是入了祀典的官办庙宇，其中神明的形象都不能乱来，男神不但于思满腮，还要二目平视，哪怕怀着鬼胎，也要冠冕堂皇地正襟危坐，即使不得已而供了女神，也要做成一品老太太，虽然不至于弄成老厌物，但绝对是不会让人多看一眼的。可是这种体制下缺少人性的神道，老百姓只能战战兢兢地惧而远之，很难敬而爱之的。

前面把阉人谈多了，不免让二郎有些晦气，那就再找补几句他爱听的。从身份上讲，杨戬虽然要让李靖一头，但在神通上，他则稳坐西岐战将第一把交椅，大阵仗不说，就是邓婵玉那五光石，连打哪吒、黄天化、龙须虎，可是打到杨戬脸上，如若不知，算是唯一一个过得美人关的英雄了。而且他不仅是未来的清源妙道真君，更是西天毗沙门天王的第二个儿子。张政烺先生的《〈封神演义〉漫谈》已经谈及此事，下面用我的理解略做分说。

姜子牙封神之后，众将以李靖与杨戬为首参拜武王。小说交代，李靖与杨戬、金吒、木吒、哪吒、韦护、雷震子等七人后来都是"肉身成圣"。请注意，这七位中，除了雷震子我还没弄清来路之外，其余都是佛门中的角色。韦护即韦驮或称韦陀，是佛寺山门迎客的天尊。剩下五位全是一家子。李靖是毗沙门天王。哪吒是毗沙门天王的三太子。金吒即毗沙门的大儿子军吒。而木吒即木叉，则是从观音大士那里挪借来充当二太子的。在北宋蔡绦的《铁围山丛谈》中，僧伽大士有两位侍者，木叉与慧岸，而宋人传说，僧伽大士就是观音大士的化身。到了《西游记》，慧岸已改作惠岸，且与木叉合成一人，就已经成了托塔天王李靖的第二子，观音菩萨的大弟子。《封神演义》继承了这一说法，只是把金吒、木吒的师父换成文殊和普贤二真人。

不管怎样，金吒本来不在毗沙门家户口本上，现在是硬造出来顶替老二的。因为原来的老二即二郎独健，到中国之后名气太大，几乎可以和毗沙门分庭抗礼，所以从《西游记》开始就让他自立门户，成了二郎神。

到了这时，世上就同时存在着三个二郎神。杨戬虽然只存在于小说中，却最为人津津乐道，因为他没有架子，怎么调侃都不妨，试看近百年来舞台上的二郎神，把一个英俊的白面郎君弄成个花脸，花脸而无胡须，简直就是镀金的《法门寺》刘瑾。清源妙道真君赵昱一直持斋，老百姓容易侍候，而且有一群老道捧场护驾，就稳坐灌口二郎的供座上；另外，那些演二郎神的戏曲大多都是在赛会时娱神所用，所以自然以赵昱为主角。至于李冰之子，被世人冷落了几百年，痛定思过，非膻腥不食的老毛病也改了，灌口的老百姓念在李冰的情义上，一直没让他的香火断绝。

到了明朝灭亡之后，这格局发生了变化。清廷重定诸神祀典，正式为"二郎"的宗姓做出裁决，二郎是李冰之子，只许姓李，就叫"李二郎"，从此断绝了别家冒充二郎的念头。至于清源妙道真君，大约除了零星的道观供养之外，老百姓对他也渐渐生疏了。

附：梅山七圣

梅山即四川眉山，曾称嘉州，隋炀帝时改称眉州，治所在今眉山东坡镇，不久又改为眉山郡，郡治则迁至今天的乐山市。南宋吴自牧《梦粱录》卷一记南宋时庆祠山大帝生辰，其日有龙舟六只戏于湖中，其中二舟装七圣、二郎神。这七圣就是梅山七圣，其源头有数说。元人《三教源流搜神大全》卷三"清源妙道真君"一条言隋时嘉州守赵昱入水斩蛟，"同时入水者七人，即七圣是也"。所以"七圣"即因赵昱之神而生出。而《灌志文征·李冰父子治水记》一文则把七圣转嫁到李冰之子身上：二郎喜驰猎，奉父命而斩蛟，其友七人实助之，即世传梅山七圣。此说是清代已经官定二郎为李二郎之后所出，清源妙道真君自己都找不到食香火的座位，七圣自然要转附于李二郎了，所以此说不足为据。

在明代，虽然二郎庙中祭祀的是清源妙道真君，但小说中的二郎却姓了杨，所以七圣也随之转移到杨二郎麾下。《西游记》不知出自何种动机，所说的"七圣"竟把二郎神自己也包括在内了。其第六回说："显圣二郎真君，现居灌州灌江口，享受下方香火。他昔日曾力诛六怪，又有梅山兄弟与帐前一千二百草头神，神通广大。"这里有"梅山兄弟"，是赵昱的原班，可是"七圣"变成了"六圣"，"这真君即唤梅山六兄弟，乃康、张、姚、李四太尉，郭申、直健二将军……连本身七兄弟。"梅山六兄弟之外又有"六怪"，显然是两拨人马。从这里可以看出，《西游记》之前民间已经有了二郎神降服眉山七怪（或六怪）并收为部下的传说，《西游记》的作者对此传说处理得有些马虎。我以为《封神演义》是在一定程度上恢复了民间传说。其第九十二回明明是把七怪一一杀死，但回目却说是"杨戬哪吒收七怪"。这便是既要杀死七怪以便在封神台上封神，又无意中保留了"七兄弟"为赵昱帐下部属之传说。这七怪是白猿精袁洪、蜈蚣精吴龙、长蛇精常昊、猪精朱子真、狗精戴礼、羊精杨显，俱为梅山人氏，称"梅山七圣"。可怜帮助赵昱入水斩蛟的七位壮士，如今却成了妖怪。

项羽（吴兴楚王、愤王）

西楚霸王项羽，在垓下决战中兵败，自刎于乌江。胜利的刘邦做了一个宽容的姿态，因项羽曾被楚怀王封为鲁公，就以鲁公礼葬之于谷城（在今山东东平县）。但项羽的成神却没在北方，而是在他的第二家乡——"江东"。他虽然无颜见江东父老，可是江东父老却没忘记他。长江从鄱阳至金陵，是西南到东北的走向，所以此处的江东就包括了今天的苏南、浙北，以及皖南、赣北等地。"江东"的地盘并不小，但项羽的八千子弟兵其实只来自"江东"的会稽郡。《史记》说，项籍，下相人也。下相是今天的江苏宿迁，在大江之北的中原地区。秦灭楚后，项羽随他的叔父项梁避仇，从北逃过大江隐居于会稽郡。会稽郡包括了今天江苏的东南部和浙江的北部，郡治为吴县，也就是今天的苏州。那么项羽隐居在会稽的哪里呢？我以为叔侄俩初逃潜藏的地方应该是比较偏僻的乌程山中，乌程治所在今天浙江湖州市的南部，正是古代吴、越交界处，自然是最安全的"边区"，而项氏叔侄隐居之处则可能在湖州西北方的卞山（或称弁山）。若干年后，不甘寂寞的项梁等风声过后，才逐渐从乌程山中向郡城吴中活动，开始结交豪杰的。

三国时吴国设吴兴郡，乌程就成了吴兴郡的治所。而就在弁山脚下一直有座项羽庙，因为项羽之神壮志未酬而胸怀愤懑，人称"愤王"。因为此庙甚是灵验，所以香火很盛。而且居民觉得还不足以表达对项王的崇敬，就在吴兴郡衙门的大堂上专为项羽设了个神座，把弁山庙中的神像搬过来。神座之前悬挂着帐幕。凡是新任的吴兴太守，到任后先要参拜大堂上的项羽神。这大堂既然成了神祠，上面是须发怒张、按膝而坐的愤王，虽然平时垂着帷帐，太守也是心惊肉跳，所以只好换间厅堂，到别处办公事了。这事我总觉得是吴兴人借着项王神的幌子给新官来个下马威，起码是让新太守知道，我们这里可是出过霸王的地方。

于是就在新太守与愤王之间生出了故事。

最初是刘宋明帝泰始初时，萧惠明为吴兴太守。他刚到任，别人就告诉他，这大堂有项羽神占着，最好躲着点儿。萧惠明说："孔季恭曾在这里当过郡守，我没听说他有什么不吉利的事。"于是他为了表示不信邪，故意在大堂上大摆宴席，招待宾客，杯觥交错，欢笑喧阗。一连热闹了几天，萧惠明自然为自己的豪举扬扬得意，可是忽见一人，身长丈余，张弓挟矢，朝自己冲了过来。萧惠明吃了一惊，可是那巨人一晃就不见了。于是他背上就长了个大疔疮，没过几天就死了。

项羽在万军阵前叱咤喑哑，敌将辟易，不敢仰视，但他平居时并非如此，韩信对刘邦说："项王见人恭敬慈爱，言语呕呕，人有疾病，涕泣分食饮。"不像把儒者的帽子摘下来当尿盆的刘邦，项羽是个很有贵族修养的人。如果不像萧惠明这样恶意挑衅，项羽之神可能也不会这样报复的。梁朝时的萧琛做吴兴太守时，同样是不肯避让大堂，但他恭恭敬敬地把项羽之神送回卞山原庙，祭庙时他虽不肯杀牛，但用干肉脯来代替上供，就什么怪事也没发生，平平安安地做他的太守。

另一位吴兴太守梁临汝侯萧猷就更会办事了，他竟然与霸王之神交了朋友。他亲至卞山庙中与霸王神像对饮，每饮则敬酬，等他喝得醉了，那神像居然也面带酒容。结果每向庙神祈祷，所求必应。后来萧猷调任为益州刺史。当时江阳（今四川泸州）人齐苟儿造反，有众十万，来攻州城。萧猷兵粮俱尽，人怀异心，他走投无路，便遥祷楚霸王请救。就在这一天，有位老农正在田间，忽见一骑身披铁甲从东方而来，问距城还有多远。老农说："还有一百四十里"。当时天已黄昏，骑将道："后面将有人续至，请告诉他们加鞭疾行，要赶到天明时破贼。"时过不久，即有数百骑如风驰至，老农如言相告，又问他们是什么人。众骑士道："是吴兴楚王来救临汝侯。"就在这一天，萧猷果然大破齐苟儿。

项羽（吴兴楚王、愤王）

大约就是因为项羽神有捍敌护境之功,陈霸先一登基,就把吴兴楚王加封为帝。但一直到陈为隋所灭,也没见项羽再露面。

项羽为西楚霸王时曾以彭城(今徐州)为都,又自刎于乌江,所以后世在徐州与和州(今安徽和县)也都立有项羽神庙。北宋时,有杜默者连年不成名,因过乌江,谒项王庙。时正被醉,据神颈大哭曰:"英雄如大王而不能得天下,文章如杜默而不能进取得官,好亏我!"言毕大恸。据说神像也垂泪不已。这杜默也确实是当时的名士,石介曾作"三豪诗",谓杜默歌豪、石曼卿诗豪、欧阳永叔文豪。欧阳修的文豪和石曼卿的诗豪是没错的,但苏东坡对杜默的"歌豪"颇不以为然,道:"默之歌,少见于世,初不知之。后闻其一篇云:'学海波中老龙,圣人门前大虫。'皆此等语。甚矣,介之无识也!……吾观杜默豪气,正是京东学究饮私酒,食瘴死牛肉,醉饱后所发者也。"霸王盖世豪杰,一腔郁气难得舒展,只因不识杜默,漫认撒酒疯者为知己,也是怪不得他。

祠山张大帝

祠山大帝姓张名渤,他的祖庭在安徽广德。广德地处安徽东南,实际上是安徽最靠东的一个县,它东邻浙江湖州长兴,北邻江苏宜兴,真是三省相交之地。

张渤其人不见于史传,据南宋吴曾《能改斋漫录》卷十八"广德王开河为猪形"条,说他是西汉吴兴郡乌程县横山人,发迹于本郡长兴县顺灵乡。(当然,吴兴郡和长兴县都是后来的地名,我们不去管他。)所谓"发迹",就是张渤把长兴和荆溪(今宜兴)的水流导通至地势高而缺水的广德。这一二百里全是山区,引水工程之艰难可想而知，但张渤只是自己一个人就把开河的事包了。他先与夫人李氏约定，每次给他送饭，到后先敲三下鼓，然后张渤就自来用餐，不许夫人到开河之所。可是这一天有些饭粒掉到鼓上，第二天有乌鸦飞来啄食，一下一下地如敲鼓之声。张渤以为夫人送饭来了，便休工来至鼓所，一看是乌鸦在啄鼓，便又返回工地。又过了一会儿，李夫人送饭来了，便敲了三下鼓。可是张渤还以为是乌鸦，就没有理睬。李夫人敲了几次鼓都不见丈夫来用饭，怕是出了什么事，便前往开河之处。只见丈夫已经变形为一只极大之猪，驱使阴兵，开凿河道。驱使阴兵为什么还要变成一口大猪呢？估计张渤此时就如猪八戒开通七绝山"稀柿同"一般，只是在前面用嘴去拱，而一群阴兵为他收拾拱出的土石。张渤见夫人驾到，来不及恢复原形，就感到很是羞惭，从此隐遁于广德县横山之顶，再不肯见夫人，而开河的工程也就中止了。当地人感念张渤为民开河的一片诚心，就为他立庙于横山西南山麓，而这条河就叫圣河。

这个故事的原型可能很早已经存在了，但主角不是张渤，而是治水的大禹。宋罗泌《路史·余论九》言："《淮南子》禹通镮辕，涂山欲饷，闻鼓乃来，禹跳石误中鼓，涂山忽至，见禹为熊，惭而去，至嵩山下化为石。"正与张渤事相类。只是今本《淮南子》并无禹化为熊事。

但《三教源流搜神大全》卷三觉得张渤的神通缺少来历，便对其身世有所增益，让他像汉高祖一样成了"龙种"，道：张渤之父为武陵龙阳（今湖南常德东南）人，号龙阳君，与妻游于太湖（此太湖可能是指湖南的洞庭湖）之滨，风雨晦暝，云盖其上，雷电并起，其妻忽失所在。俄顷天晴，其妻又出现了，自言遇神赐以金丹。于是而有孕，怀胎十四个月，便生下张渤，时为西汉宣帝神雀三年二月十一日。张渤长而奇伟，宽仁大度，深知水火之道。于是有神兽前导，遂与夫人李氏东游吴、会稽，至湖州之白鹤山，止而居焉。后面的事就与《能改斋漫录》所述相同了。又言张渤所开之河岸高七丈至十五丈，总三十里。张渤成神后，其佐神有丁壬二圣者、打拱方使者。

至明人田艺蘅《留青日札》卷二八，大约是明人多受程朱熏陶，讲究礼教，不能让张渤有野种的嫌疑，于是他的出身再一次改写，言武当（在今湖北十堰南）人张秉遇仙女于山中。仙女说："天帝说你的功业将兴于吴地，故遣我为你的配偶，生下儿子，将以木德王其地。"于是仙女生下张渤，长为祠山之神。

但张大帝的出身说法远不止此。《广德州志》说张渤少年学道于横山，师事宝林禅师，昕夕礼斗。道成，就山巅构北斗殿。奇怪的是这宝林禅师是个和尚，怎么又弄起道教的礼北斗了？而且既是宋代宝林禅师之弟子，怎么又穿越到尧舜时助大禹治水呢？明人谈迁《枣林杂俎》引《象山县志》（今浙江象山）说：唐末，忽有一石香炉，立而附于人曰："吾姓庄名穆，祠山昭烈大帝也，当庙食此山，所福斯民。"祠山大帝又改名为庄穆了。有人说张大帝不是张渤，其实就是西汉廷尉张汤的儿子张安世。张安世史有其人，曾与霍光一起废昌邑王而立汉宣帝，可是这也成不了"大帝"啊！更有人说，这张大帝谁都不是，就是《酉阳杂俎》里的"张天翁"，《殷芸小说》里的"张天帝"，"玉皇大帝本姓张"嘛！民间开河治水的英雄，成了百姓景仰的大神，尊称为"大帝"，百世奉祀，本来很好，可是让有学问的人一掺和，事情就复杂化，不弄到乌烟瘴气是绝不收手的。

白鹤大帝（赵昞）

如果你打开百度地图，敲入"白鹤殿"三字，就会发现浙江的东阳、天台、绍兴、黄岩、永康、临海、乐清等地都有这个地名。这个地名仅分布于浙东，凡是有这个地名的就可以大致断定在"白鹤大帝"信仰的覆盖区内。

白鹤大帝的信仰最早可以追溯到东汉，一直到南宋灭亡，似断非断，到清代还有建庙奉祀的记载，算是民间信仰的奇迹了。这位白鹤大帝是谁？见网上有文章说天台白鹤殿的白鹤大帝是指仙人王乔，根据是王乔喜爱白鹤。这理由大有问题。历史上称为"王乔"的仙人不止一个，最有名的一个是周代的王乔即周灵王太子晋，一个是汉代的王乔，这两个王乔的事迹在古代就弄得混淆不清，都有驾乘白鹤升天之事，但地点都是河南的缑氏山，与浙江相距甚远。晋人葛洪在《枕中书》中说王子乔治桐柏山，但这桐柏山是指河南桐柏县之桐柏。而浙江天台之桐柏山，在唐以后方为道家窟宅，实与王乔或王子乔无关。

真正的白鹤大帝与姓王的神仙并无关系。他就是东汉的浙东人赵昞。此人无论在史籍中的记载还是民间的影响，都远胜于比附豪门或仅在诗人嘴边挂挂的王乔之流。

赵昞之见于记载，最早是晋人干宝的《搜神记》，后来范晔修《后汉书》，又把赵昞收入《方术传》，大略云：

赵昞，字公阿，东阳（今浙江金华）人，能为越人方术。时遭兵乱，疾疫大起，与闽人徐登遇于乌伤（今金华、东阳一带）溪水之上，二人相约，共以其术为百姓治病。二人要互相了解一下对方的本事，徐登便禁咒溪水，使溪水不流；赵昞则禁咒枯树，使其发芽生叶。二人相视而笑，徐登年长，赵昞便事以师礼。二人所传之教，最重清俭，敬礼神明仅酹一杯东流水，然后削块桑皮就当作肉脯了。他们就用自己的法术为百姓治病，真是手到病除，很受百姓崇敬。后来徐登去世，赵昞东入章安（今浙江临海东南），多有神迹，百姓从者如归。章安县令诬以妖术惑众，将他捕杀，百姓便为他建祠庙于永康（今浙江永康）。

建祠于永康是汉代的事，此后浙东百姓怀念他治除瘟疫的一片仁心，庙祀不绝。

可是为什么说赵昞就是白鹤大帝呢？那是因为赵昞之庙建于赤城的白鹤山，其位置估计就是现在天台的白鹤殿。南宋唐仲友的《白鹤山灵康庙碑记》就是为此庙而写。碑云赵昞之祀本起于临海，又兴于会稽、缙云、天台等地。白鹤山之庙，在北宋元丰时赐灵康庙额，崇宁三年封仁济侯，大观二年晋爵显仁公，政和三年晋爵灵顺王。但直至南宋，虽然不断添加封号，但在记载上却没有"白鹤大帝"之称。但这并不等于说民间没有"白鹤大帝"信仰。据《康熙绍兴府志》记载说：会稽（今浙江绍兴）县有圣山，清初蔓藤丛生，黄蜂云集，樵人纵火焚之，俄而风雷大作，大雨如注，山水暴涨，漂出龙牌一座，逆流而至。出而视之，乃藤蔓纠结而成，中有"圣山灵康白鹤大帝之位"十字，为蜂啮成文。居人异之，即于其地建白鹤庙。水旱祈祷，无不感应。"灵康"是赵昞之庙，可见民间早就在庙中立了"白鹤大帝"的牌位。

直到清代晚期，白鹤大帝在浙东民间影响依然很大。咸丰十一年，太平军占领了浙东，诸暨包村有包立身其人者，颇通民间巫术，以"白鹤真人"传人为号召，组织团练，号称"白头军"，与太平军相抗，大小数十战。虽然最后为太平军所屠灭，但太平军损失也很不小。这个"白鹤真人"，其实就是白鹤大帝。

二十多年来，我在天台县公路上路过"白鹤殿"的路牌总有十多次，可惜一直没机会下车一探究竟，现在想起，真有些遗憾。

武夷君

三十年前，与友人去武夷山，住下时虽然已经近晚，还是心急地登上了最近的幔亭峰。幔亭远不如天游、玉女诸峰秀丽，但在神仙史上却最为著名，因为它是武夷君得道之处，而幔亭一名也因武夷君而起。

如今翻阅武夷君的记载，基本上都已经"仙化"，其实他的本色乃是民间信仰的神，甚至可能是武夷山一带闽越土著的始祖神。那时武夷君可能还没有名字，据南宋祝穆《方舆胜览》记下的民间传说"混沌初开，有神星曰圣姥，母子二人来居此山"，这母子二人就是武夷一带土著的始祖，母名圣姆，而其子则为武夷君。武夷君最早的称呼应该是"魏王"，但其性质不同于战国或后代的诸侯王，这"王"只是闽越部族的首领。至于说武夷君姓魏名子骞，则是后人的附会了。《历世真仙体道通鉴》又说："秦始皇二年八月十五日，武夷君置酒会乡人于幔亭峰上。幔亭北壁当中设一虚床，谓之太极玉皇座，北壁西厦设太姥魏真座，北壁东设武夷君座。"忽略那些仙化的痕迹，可以想象幔亭峰就是这部族祭祀始祖太姥和武夷君之地，而此峰所以称为"幔亭"，则是祭祀之处曾有供神所居的帐幔和亭舍。

《历世真仙体道通鉴》还说魏王是"坠地仙人"，即从天降下，这与各民族的始祖传说并无二致。但又说"后于武夷山得道"，则开始为道教附会。于是而说有张湛等男子八人及胡氏等女子四人，共十二人，同诣武夷山求道，谒魏王为地主。正值天气亢旱，魏王置酒祭仙以祈雨。时控鹤仙人乘云鹤白马从空而下，遂降雨。张湛等献诗歌颂，仙人见之大喜，乃遣何凤儿往天台山取仙籍一卷，检视魏王、张湛等十三人本为天上谪仙，便道："公等八百年后可斫取黄心木为棺，于此岩下玄化，魂魄便得归天。"至期果玄化，乃于小藏岩中安排棺木，悬于岩中，至今在焉。

这故事有一个大漏洞，那就是张湛所献之诗道："武夷山下武夷君，白马垂鞭入紫云。空里只闻三奠酒，龙潭陂上雨纷纷。"这诗与控鹤仙人毫无关系，完全就是歌颂武夷君的。而为了让故事圆满，便把武夷君与魏王变成二人，于是乎武夷君又成了控鹤仙人，以我来看，这段为道士改窜的故事，其真相是张湛等人向武夷君之神祈雨，控鹤仙人这一形象其实就是武夷君的分身。民间传说圣姆和武夷仙母子二人能"呼风檄雨，乘云而行"，当地百姓要求雨，向武夷君祈祷即可，何须等路过的神仙施舍？

另外这"控鹤仙人"是哪路神仙？《方舆胜览》和《列仙全传》都说是天台山玄虚老君华真仙师的第七个儿子名属仁者，乘云驾鹤，游历武夷，故称控鹤仙人。此说不过是为了给前述故事补漏洞而从空中一抓变出来的。不要说控鹤仙人的身份和阅历还不配给武夷君安排升天成仙之事，就是他老爹玄虚老君华真仙师也是身份不明，由编故事的老道临时捏造出来的。

以上所以费了很多话，就是要把强加给武夷君的道教外衣剥去，还他一个闽地民间大神的本色。至于自北宋以至明清，都有一些贵臣号称是"武夷仙"转世托生，比如明人朱国桢《涌幢小品》、彭大翼《山堂肆考》和《章渊赘笔》都说北宋大臣杨亿自言武夷仙托化，而清人袁枚《续子不语》又记载说：大兴朱筠也自称是武夷仙转世。更可异者，元人《湖海新闻夷坚续志》则说宋英宗、神宗、哲宗三位皇帝都是武夷仙转世，而此传言的源头则是另一个"武夷仙"转世的杨亿所说。不管怎样，这些冒充的"武夷仙"都指的是"控鹤仙人"，与真正的"武夷君"毫不相干。

关圣帝君

记得小时候听人讲三国，看大戏，只知道关公、关老爷，几乎不知道关公的名字。就是后来看《三国演义》，书中也多称关公、云长，很少用"关羽"二字。这种称谓的高规格待遇，就是曹操、刘备也望尘莫及。再后来，电台初次播放袁阔成的评书《三国演义》，讲到关公之死，听者动容，讲者哽咽，随即戛然而止，隔了好些日子才继续播放"下部"。关公的形象在民众中就是天神一般的存在。至于改革开放后，关公作为财神爷而登上南国商家的供桌，以我内地人的僵化，竟觉得有些亵渎神明了。

佛门以关公为护法伽蓝，道家以为三界伏魔大帝，儒家称为关夫子，这种一身而为三教尊奉的现象实在少见。而三教之外，不但民间的关公信仰如火如荼，国家祀典更是崇为武圣。有人把关圣帝君与观世音菩萨、吕纯阳祖师并列，视为百世不替的三位神明，而从信仰面的广度来说，关公尤为突出。一般来说，凡是人鬼所成之"神"，其神化往往都是在死后不久，年代既久，则渐渐湮没以至无闻。奇怪的是，关公的神化竟在去世数百年之后，并且千年之后，其信仰的深度和广度竟然超过所有的神明。

关公的生平自然无须介绍了，写于关公成神之后的《三国演义》虽然夸张，但五分的真实是没问题的。但那么一位大英雄，死后却没有立刻成神，这也许是他"大意失荆州"之后一连串的变局让蜀地百姓对他多有责备吧。时过境迁，物换人非，在后代眼里，关公的优秀一面就渐渐突显出来，而小说和戏曲又对此做了充实和夸张，成为后代关公信仰的主要依据。

但尽管关公信仰主要在民间，可是从文献记载上看，其成神的传说之始却出自佛教。

关圣

故事起自智者大师在湖北当阳的玉泉山。智者大师法名智顗，是陈隋间的高僧，天台宗的开山祖师。《天台智者禅师别传注》云：隋开皇十二年，智者至当阳（今湖北当阳）上金龙池，欲立道场。入定，见关某，言："某住此山，去此一舍地有山如覆船，弟子欲于此为师立寺。"智者七日出定，而栋宇焕丽。神乃受师五戒。智者致书晋王杨广，遂赐名玉泉寺，以关某为寺伽蓝神。《别传》注文的作者是宋僧昙照，自不足为隋时关羽成神之证。但唐德宗贞元十八年有董侹《重修玉泉关庙记》，言智顗自天台至玉泉山，坐于乔木之下，夜分忽与关羽之神遇云云，可知玉泉山关庙之立不会晚于唐代中期，而智者大师的传说当然更早一些。

但也有异说。唐末人范摅的《云溪友议》，说起玉泉寺的"三郎神"。三郎神是玉泉寺的护庙神，有人到厨房去偷吃的，此神就给他一巴掌，如果有人入寺不敬，此神就驱毒蛇猛兽随后逐之。但范摅又说三郎神就是"关三郎"，则颇为可疑了。因为五代孙光宪的《北梦琐言》卷十一有"关三郎入关"一条，这关三郎与佛教无关，颇带妖气，唐懿宗咸通年间，他率鬼兵入城，惹得家家恐惧、户户惶惑。这是当时发生的一起谣言惑众事件，讹言关三郎是从关外进入京城的。但唐时说"入关"，一般是指自潼关而入长安，如果关三郎由当阳而至长安，断不能称为"入关"。所以陈寅恪在《韦庄〈秦妇吟〉校笺》一文中以为《北梦琐言》中的关三郎可能就是华岳三郎，"关"乃潼关之"关"，所谓"关三郎入关"，即自华山而入潼关。此说很有道理。至于《云溪友议》所说玉泉神为"三郎神"，应该无误，但把"三郎神"说成就是"关三郎"，则是臆断。当阳与华山相距甚远，玉泉神怎么会跑到潼关外，再由关而入京师捣乱呢？玉泉神既称"三郎神"，那么三郎神也有可能就是关羽神的另一个民间称呼，正如灌口神被称为"二郎神"，华山神被称为"华岳三郎"一样。可是由此也可以推想，关羽之神在此时的地位远不至后代那么崇高，名气也并不大，其影响范围主要还是当阳一带。玉泉寺的伽蓝可不是像韦驮那样的佛教护法，只是一个寺院的守护者。而智者大师与关羽的关系，如同晋时沙门释法相的收服太山府君，都是从释迦牟尼收服外道诸神而来的故事套子。所以我并不认为伽蓝的身份能抬高关公的地位。

玉泉寺伽蓝的身份对关羽神性是个束缚，直到北宋，关羽神守护玉泉寺的境况一直没有什么变化。变化大约起于北宋末年，成书于南宋的《大宋宣和遗事》中，关羽第一次以大神面目出现：

> 崇宁五年夏，解州有蛟在盐池作祟，布炁十余里，人畜在炁中者，辄皆嚼啮，伤人甚众。诏命嗣汉三十代天师张继先治之。不旬日间，蛟祟已平。继先入见，帝抚劳再三，且问曰："卿此翦除，是何妖魅？"继先答曰："昔轩辕斩蚩尤，后人立祠于池侧以祀焉。今其祠宇顿弊，故变为蛟，以妖是境，欲求祀典。臣赖圣威，幸已除灭。"帝曰："卿用何神，愿获一见，少劳神麻。"继先曰："神即当起居圣驾。"忽有二神现于殿庭：一神绛衣金甲，青巾美须髯；一神乃介胄之士。继先指示金甲者曰："此即蜀将关羽也。"又指介胄者曰："此乃信上自鸣山神石氏也。"言讫不见。

这故事到了初创于元人的《三教源流搜神大全》中，宋徽宗变成了宋真宗，时间则提前将近一百年，蛟祟落实为蚩尤作怪，最后就是关公斩蚩尤。真宗遣王钦若往玉泉山关公祠下致享，赐庙额曰"义勇"，号曰"武安王"。至宋徽宗，又加封尊号，曰崇宁至道真君。

但《宣和遗事》和《搜神大全》所记都没有任何史料佐证，所记封号也无据可考。徽宗崇宁间仅封关羽为忠惠公，到了宣和间，原拟封关羽为义勇武安王，从祀武成王姜尚庙，后议去"义勇"二字。南宋时玉泉寺侧的关庙称"武安王庙"，都城临安的关庙称"义勇武安王庙"，均出自此。而解州盐池事却绝非《宣和遗事》的杜撰，应该出自关公故乡解州的民间传说。解州的盐池之利不但是国家税收的重要来源，而且与当地民生密切相关，故老相传，盐池是被黄帝所杀的蚩尤之血化成，而关羽是此地最重要的历史名人，于是盐池的丰歉必然与这二位大人物牵扯起来，关羽的神化也必不可免。虽然史料上极难得民间传说的记载，但也可以猜测，关公与盐池的传说可能由来已久。我认为，关羽"斩盐池恶蛟"的故事在先，为道教附会成张天师的部将在后，而且与玉泉伽蓝的关公之间也没有相互继承的关系。道教重演佛教的故技，把民间传说中的关羽说成是张天师手下的神将，而且一不听令就要发配到罗酆狱中，真让英雄气短。说句赌气的话，关老爷威震华夏的时候，张继先的第二十八代祖宗才不过是个人称"米贼"的妖道而已。所以我认为，关公在道教门下无论是做神将还是做雷神，都不足以扬眉吐气。

在两宋之交，由于中原受到金兵的入侵威胁，以神武著称的关羽更容易为北方民众向往和信奉。南宋曾敏行《独醒杂志》卷八言：靖康之变时因骂敌壮烈殉国的李若水，此前任大名府元城（在今河北南部，隔太行山而与晋南相望）县尉，有村民持书一封，道："夜梦金甲将军告某曰：'汝来日往县西，逢着铁冠道士，索取关大王书，下与李县尉。'既而如梦中所见。"南宋郭象《睽车志》卷二所记相同。关大王给李若水的书信是什么内容，书中没有记载。亡友胡小伟是研究关公文化的专家，他认为李若水后来参与了与金国的谈判，而解州盐池的归属是谈判的重要项目，"关大王书"的内容极可能就是指令他坚持不把盐池割让与金的立场。又洪迈《夷坚支志·甲集》卷九"关王幞头"条，言潼州（在今安徽灵璧）州治西北隅有关云长庙，

二郎捧火珠

438

土人事之甚谨。其中有神像数十躯，可见其规模之大。这都是关羽之神在两宋之交不但为民间尊称为"王"而且立庙的记载。而宋室南渡之后，关公复兴汉室的形象无疑对抗御北方强敌的南宋军民有着特殊的号召力。

道释二家对关公神的利用，对民间的影响没必要过高估计，包括朝廷别有用心的封典，诸如三界伏魔大帝、神威远镇天尊、关圣帝君、忠义神武关圣大帝等封号都不必拿来夸耀。最高层次的关公信仰，不在朝廷和二氏的封典，而在于民间对关羽忠义武勇的真诚崇拜，它承载寄托着中华民族的一部分优秀品性。这也许是关公信仰至今不衰的缘由之一吧。

附：关平、周仓

关平，史有其人，是关羽的长子。但《三国演义》中却说成是关定之子，关羽过五关时收为义子。因为在失荆州之后，他与关羽同时被吴将杀害，所以在关羽成为佛寺伽蓝不久，关平也在玉泉立像陪祀。此后关公在民间的画像、塑像，关平和周仓一直作为胁侍立于左右，所以关平的知名度也随关公而扩展。但说实话，关平在小说中始终伴随着关公，独立的活动几乎没有，这一点就比不了乃弟关兴了。

可是作为神明，关平却有些值得探讨的事。我见过长期工作在四川的河北籍老诗人雁翼写的一本回忆录，说"文化大革命"期间他在四川乡野间流亡避难，一夜宿于关帝庙，上面还有没被（可能是"没敢"）当作牛鬼蛇神扫荡掉的关帝及关平、周仓塑像，雁翼在文中把关平叫"关二郎"，让我大感诧异。关平在小说中虽然被说成是关羽的养子，但年岁仍比关兴要大，总不能因为是养子就排成老二吧？雁翼并不是笔误，我想他是沿用了四川民间的习惯称呼，从而透露了"关二郎"与"二郎神"的微妙关系。这个"二郎"可以说是"灌口二郎"，但"灌口二郎"与毗沙门天王的第二子"二郎独健"也颇有因缘，而且从神像造型上来看，关平与二郎独健、二郎神的面白无须和衣冠形制都很相似。

唐代中期以后盛行毗沙门崇拜，作为战神，诸州郡在城西北隅均建天王庙。但至宋代之后，毗沙门的崇拜就渐渐冷却，而关公的崇拜则开始升温，有些州郡的天王庙就改建为关王庙。这在一些方志和笔记中有零星记载，如前引"关王幞头"中的关王庙就在城西北隅，《万历通州志》中西北隅建于弘治间的关王庙就是原来的天王庙。虽然文献中尚未见到大规模把天王庙改建成关王庙的记载，但在建关王庙时袭用原天王庙却不是偶然现象。如果把天王庙改建成关帝庙，原建筑能修缮的就修缮，至于原塑像，毗沙门改塑成关公可能要多费些工夫，而二郎独健改成关平，只需重施粉彩和小动手脚就可以了。天王庙现在是一座也看不到了，但试看绘于五代的《行道天王图》，天王雄赳赳地坐在宝座上，后面紧跟着的是两位大将。白脸的是二郎独健，手里捧着一个冒着火焰的宝珠，佛教的这东西不能原样保留，那就略做更动，成了现在常见的"关平捧印"。黑脸的是谁，不清楚，但庙里的天王不会只有一位二郎做胁侍，这位黑脸大将可能就会成为另外的一位。如果在改造为关庙时保留下这位黑脸大将作为关王的胁侍，那么他就很可能成为周仓的前身。

也许有人认为这种把庙像随机改易的行为迹近于开玩笑，但却正是中国庙宇中神道盛衰兴替的规则。殿上的金身，剥去新涂的色彩，原形真不一定是什么神道。看城隍缺个夫人，从别的庙里搬一个，重施脂粉，换个牌位即可。人间改朝换代的把戏看多了，老百姓什么不明白！

周仓，其名不见于史传。雍正《山西通志》中说：周仓是山西平陆人。最初为张宝部将，后遇关公于卧牛山，遂相从。其说本于《三国演义》，不足为实有其人之据。纪晓岚以元人鲁贞《汉寿亭侯庙碑》有"乘赤兔兮从周仓"之句，知其由来已久。但如果以成型的故事来看，说久也不过就是元代的事。

一个是元人关汉卿的杂剧《单刀会》，周仓捧大刀随关羽赴鲁肃之宴，其次是撰成于元明之际的《三国志通俗演义》，其中交代了关公过五关后周仓投见相从，其主要事迹除单刀赴会之外，另有水淹七军时生擒庞德，及闻关羽死讯后自杀。可以说周仓的行迹全部都与关羽相关，而无单独的事迹可述。

所以我认为，周仓只是因为作为关公的胁侍而自然成神，不应该有另外的成神理由。或有人认为周仓之神有从其他神演变而来的因素，比如以孝子成神的周宣灵王周雄等等，我以为是把问题过于复杂化了。如果以某个神明的某一特征，来证明另一有此特征的神与其有相生相成的关系，那就容易把本不相干的神硬扯成一团。因为造神的套路就是那么一些，比如孙行者大闹天宫，哪吒、马灵官、华光也都有"大闹"的壮举，可是他们之间并没有相生相成的关系，只不过袭用了同一个故事套子而已。

成神之后的周仓，神异故事倒比关平多一些，但读起来也是似曾相识，很像孔夫子的保镖子路的行事，这当然也是另一种故事套子了。

庄武帝蒋子文

流氓既然可以当皇帝，就没有理由不当神仙，而且是大神，大到几乎成为护国安邦之神，其典型就是南京钟山（即紫金山）的蒋子文。

这蒋子文据说是东汉末年人，生于广陵（今江苏扬州），一是好喝酒，二是好女人，而且饮酒无度，搞女人也无度，天生要封侯拜将的好资质。但可惜的是，他在人间的官运只做到秣陵尉，秣陵在今天只是南京南边的一个县，但在东汉末年却是江南的大都会，政治军事文化的中心，所以这县尉可不能仅视为专管治安的小小副县长。一次蒋县尉追杀强盗，追到钟山之下，不知怎么把自己的脑门弄了个大口子，破伤风死翘了。大器早折，未能在汉末群雄纷争时一显身手，眼看着江南锦绣之地落入红胡子绿眼睛的孙权小儿之手，蒋子文在天之灵扼腕顿足，立志不能成王称霸，也要兴妖作怪。

此时孙权已经把他的都城从秣陵迁到了金陵，百姓们安土重迁，孙权又是出名手狠的王爷，下面的怨气肯定少不了。这一天，蒋子文生前那些一起扛过枪、嫖过娼的老部下们就放出谣言说："蒋县尉显灵啦！我们亲眼见他骑着白马，摇着白羽毛扇，带着一群神头鬼脸的部卒，和生前一样威武，让我们传话：'我要做新都城的土地神，要是给我立庙，我就会给你们带来福祉，保你们国泰民安。否则的话，我就要降下飞虫入耳之灾！'"孙家自孙策时代就有不信邪的老传统，便把这些话当成妖人放屁，理也不理。结果没多久，民间就传言：天上真的降下无数飞虫，专往人的耳朵里钻，钻进去人就没命。紧接着蒋子文又降神了，警告金陵百姓说："你们奉祀不奉祀我？再不答应我就要放火了！"果然这年金陵城里就闹了几次火灾。孙权正琢磨着这事是有些邪门，蒋子文又趁热打铁，降神道："还没打定主意吗？下面我可要降下大瘟疫啦！"孙权一想，瘟疫可不是闹着玩的，要大片死人啊，不就是盖个庙、磕头上供吗？老子准了。于是立马下诏，封蒋子文为中都侯，在钟山脚下为他立个大庙，并把钟山改名蒋山。据说此后孙吴国内再也没闹什么天灾。

但我总觉得这事有些蹊跷。蒋子文的老部下顶多也就是百来个差役，以孙权专横好杀的禀性，要是真的不信邪，把他们捉来，按照孙策处理于吉的办法，一个个切掉脑袋就完了；堂堂一方霸主，难道真会被一群小流氓逼得给盖庙封侯吗？庙盖起来了，有"千岁爷"带头，香火肯定是兴旺的。钟山是新都城的地望，改名蒋山，就等于让蒋子文成为金陵城，也就是吴国的保护神。孙权成了这笔交易最大的受益者。如果蒋子文成神不是孙权所策划，起码也是顺势而为。

蒋子文成神之后，流氓作风不但不改，而且变本加厉，谁对他稍有不恭，立马就降下灾祸，正与孙权暴虐加诡诈的统治术步调一致。东晋的大诗人陶渊明写了本《搜神后记》，里面就记下了不少蒋子文耍流氓的事迹，颇可作为门阀士族行径的写照。谁也不要信"我是流氓我怕谁"的豪言壮语，如果没有后台，流氓一天也混不下去。蒋子文保佑孙家几十年，到了孙皓时代，王濬的楼船一到，石头城便升起降幡，蒋子文的香火也就消停了。

但蒋子文真是个"福神"，很快西晋就亡了，金陵城成了东晋的都城，蒋子文又成了小朝廷的保护神。东晋亡了，此后的宋、齐、梁、陈都建都于蒋山之下，没有不把蒋子文当成护国大神的。所以他的封爵从中都侯升到钟山王，位至"相国、都督中外诸军事"，行情一路飙升。虽然经过隋唐两朝的沉寂，蒋子文的神脉也没有断绝，到了五代十国的南唐，金陵再次成为国都，而蒋子文便被封为庄武帝。可是细想起来，蒋子文辅佐的朝廷都是偏安江左成不了气候的，流氓终归只是流氓而已。

附：青溪小姑

看戏文话本，美慧贤淑的小姐往往要有一个二百五的兄长，如薛蟠之于宝钗，所以蒋子文虽然是地痞，却也不妨碍，甚至是必须，有个明慧娴雅的妹妹作为大众情人，这就是青溪小姑神。

南朝时，青溪在建康城（今南京市）北，阔五丈，深八尺，以泄玄武湖水而南入秦淮。青溪之侧有一小庙，塑有三位女神之像，号称"小姑神"，但芳名却没有留下。最早的说法是，只有中间那女子是蒋侯之妹，两旁侍立的是她的侍女。梁人吴均的《续齐谐志》记载：宋元嘉年间，赵文韶为东宫宫属，居于青溪。夜遇妇人携二婢来访，一夜风流之后，女赠以金簪，文韶则报以银碗琉璃。及至天明，赵文韶行经青溪庙，见那银碗赫然在香案之上，庙中女神就是昨夜相访的女郎，而随身的侍女则是塑在两侧的青衣。但后来这神像又改成三位都是坐像了，于是随着岁月渐进，而有不同的说法，或说这三位都是蒋子文的妹妹，而中间的那位是最有名的蒋侯第三妹，或说另二位并不是蒋侯之妹，而是另外两个风流女子。及至入隋之后，两旁所配的则改为陈后主的两个宠妃张丽华和孔贵嫔了。这二位美人，在太子晋王杨广伐陈时，特别点名，要求诸将一定要精心珍护，送给他做特殊战利品的，可是却被大将高颎以亡国祸水为名，杀掉了。杨广要借美人亡国是他自家的事，与你高颎何干？所以高颎最后挨了杨广一刀，也算是为天下美人吐气。金陵人怜香惜玉，把这二位供起来，并让她们和蒋侯小姑不时地到民间搞些香艳故事，其情其意，殊堪表率。想起秦淮河畔不修青溪小姑庙而造假乌衣巷，媚权门而轻巾帼，真是大煞风景了。

崔府君（崔珏）

崔府君名珏，字子玉，一说他名子玉。传说本是唐太宗时的磁州滏阳（今河北磁县）县令，因为是个爱民的好官，死后百姓为他立庙祠祭，也就成了一方的地方神。但他的显灵却是几百年后的北宋末年。

靖康元年，金兵陷太原，破真定，大军压境。宋钦宗想与金议和，就命九弟康王赵构第二次赴金营为人质。赵构行至磁州，为守臣宗泽劝阻，于是又返回相州（今河南安阳）。果然到第二年，金兵先是把汴京围困，然后胁迫徽、钦二帝和后宫诸王公主以及文武百官俱赴金营，当成俘虏押送北行。这时只有康王赵构侥幸没在京城，所以成了唯一一个漏网的近支诸王，这才有了即位南京（今河南商丘），重建南宋的事。由于磁州止驾关系着宋室江山的兴亡继绝，而造出一个神道显灵而天不亡宋的故事，不仅对遗民能强化恢复山河的心理支撑，对南宋朝廷更是求之不得的天命证明，如此磁州本地最著名的神祠崔府君庙就派上了用场，而庙前的泥塑白马更成了重要道具。于是"泥马救驾引路""泥马渡康王"的故事就应运而生，而泥马的主人崔府君也就成了荣膺朝廷封典的"护国显应兴福普佑真君"。

故事大致是：康王避金兵，向巨鹿方向逃去，中途马毙，便望南独行。遇三岔路口，不知所向，忽有白马导之前行。天暮，行至崔府君庙，见庙中所塑白马赭汗如雨。康王疲极，假寐于庑下，又梦庙神以杖击地，促其急行。于是又见白马在前引路，至斜桥谷，会宋将耿南仲来迎，马忽不见。至清人钱彩《说岳全传》第二十回"夹江泥马渡康王"一节，故事最为夸张得离谱："那康王一马跑到夹江，举目一望，但见一带长江，茫茫大水。在后兀术又追来，急得上天无路，入地无门，大叫一声：'天丧我也！'这一声叫喊，忽然那马两蹄一举，背着康王向江中哄的一声响，跳入江中。"渡江之后，那马就不见了。忽然见一座古庙，上有匾额，写着"崔府君神庙"。门内站着一匹泥马，湿淋淋的浑身是水，暗自想道："难道渡我过江的，就是此马不成？"想了又想，忽然失声道："那马乃是泥的，若沾了水，怎么不坏？"言未毕，只听得一声响，那马即化了。康王走上殿，向

崔府君（崔珏）

神举手言道："我赵构深荷神力保佑，若果然复得宋室江山，那时与你重修庙宇、再塑金身也。"

在磁州谏阻赵构北进并击杀汉奸的守臣宗泽和军民人等，都在泥马故事中化为乌有，人民的历史成了帝王的神话。

可是据孟元老《东京梦华录》言："六月六日，州北崔府君生日，多有献送，无盛如此。"此州指东京所在的汴州。又周密《武林旧事》也说："六月六日，显应观崔府君诞辰，自东都时庙食已盛。"可知崔府君在北宋时已经为东京所祀之神，他的名声并不始于"泥马渡康王"。

那么这个显应观崔府君为什么被东京及以北至于滏阳一带的民间所信奉呢？一个可能就是，此崔府君有一神通，即类似于包拯传说中的"昼理阳间，夜断冥府"。我在本书第九编"判官"一节中曾谈到发现于敦煌的唐代变文《唐太宗入冥记》，唐太宗因李建成、李元吉鬼魂在阴府诉状，冥司拘唐太宗入冥对质，阎罗王手下负责推此案的判官即是崔子玉。而且说此人生前为河北滏阳县尉，正与泥马救驾的磁州滏阳令崔府君身份相合。又，元人的《三教源流搜神大全》谈到崔府君，说他的父母因无子而祷于北岳，夜梦仙童馈以美玉二枚，夫妻各吞一枚，遂生府君，因名子玉。又言崔子玉先任山西潞州长子县令，已经是"昼理阳间，夜断阴府"，及任磁州滏阳县令，又曾"整太宗阴府君在之事"。"整太宗阴府君在之事"一句虽然模糊，但很明显是指《唐太宗入冥记》中为李世民开脱还阳的事。我想，《唐太宗入冥记》的文本虽然一度失传，但其事仍然在民间口耳流传，所以在北宋时才有东京等地百姓对崔府君的信仰和祠祭。

张仙（张远霄）

过去的年画中有"张仙送子"，一个五绺长髯、模样清秀的官人做着张弓射天的架势，天上云端里有一只天狗，但弓上没有箭，原来他射的是弹丸，取"诞"的谐音。而这"诞"的结果，就是他身边围着五个大小不一的童子，都是发束金冠，项带金锁，手里捧着如意、牡丹之类的吉祥物，表示他们虽然生得像贾宝玉似的面貌俊秀，却不像贾二爷那么没出息。而所以一批就是五个，当然是取个"五子登科"的吉利，但即使达不到这高目标，起码有一两个在朝为官，也能保证其他几位兄弟财运亨通。

这年画当年一般贴在新婚夫妇房中，那时正是雄心勃勃，生上十个八个的准备都有。如果年过三十却一个也没生出，可能就要换成只抱一个娃娃的"送子观音"了。

其实这年画也是与时俱进的结果，再早的张仙未必要送那么多孩子，更早也许一个孩子都不带。这事想想也就明白，嫡亲父母生的孩子和别人有什么关系呢？总不能说自己家的孩子是墙上那位送来的吧？所以有人就要追究一下"张仙送子"这幅画的来由。

一种最为人津津乐道的说法是，此像本来是五代后蜀国主孟昶的像。后蜀被宋灭掉之后，蜀宫中的美人都被当成战利品入了赵匡胤的后宫。灭人之国，夺人之妻，这是"千古一帝"创下的规矩，也不能多怪宋太祖，只不过这个大兵出身的暴发户更下作一些罢了。且说赵匡胤把蜀后主孟昶的宠妃花蕊夫人弄进自己的后宫，然后一剂偏方让孟昶憋着活王八的闷气一命归西了。花蕊夫人思念故夫，就把一幅孟昶挟弹的画像挂在房中，还不时焚香祭祀一下。不料有一天赵匡胤突然驾到，见到此像，便质问起来。多亏花蕊夫人急中生智，谎称"此我蜀中张仙神，祀之令人有子"，就把太祖爷糊弄过去了。而且不仅如此，太祖爷还让后宫中的嫔妃们也照描此像，挂在房中，然后就按照时髦风尚从宫里或窑子里传播到市井的路线，张仙像就流行起来，家家都供奉这个亡国皇帝，求他帮自己生儿子。此说似乎最早见于明人陆深的《金台纪闻》。刘元卿的《贤弈编》也有类似说法，只不过把"张仙"改成了"二郎神"，并说从此二郎神信仰风靡了都城。（这说法有些不着调，一是张仙有须而二郎无须，二是北宋初期京师根本不知二郎神为何物。）

故事听着像是那么回事。但这里有一个大漏洞，即赵匡胤是见过孟昶本人的，只要他不被花蕊夫人灌了迷魂汤，是无法被糊弄过去的。另外，花蕊夫人是不是那么怀念故夫也是大可怀疑的。据宋人笔记的记载，花蕊夫人有几件事很值得参考。一是花蕊夫人很快就成了太祖的心肝宝贝儿，这如果只凭美貌而不用些千娇百媚的手段很难做到，而花蕊夫人早年在青楼中是受过正规训练的。二是花蕊在承欢之余还在太祖面前即兴做了一首诗，就是著名的"君王城上竖降旗，妾在深宫那得知。十四万人齐解甲，更无一个是男儿"。前两句把亡国的责任推卸掉，也能理解，她奉行的是"妾妇之道"，责任就是把主子侍候得里外舒服。后两句据有人解释是怒斥蜀人不爱国了，不为君王卖命了，这也算是当主子臣妾的真心话；但大兵们的话也同样应该听一听：你他妈连尿壶都是七宝镶嵌的，我们凭什么替你卖命？不管怎样，我想宋太祖听了这诗一定很受用，因为它含蓄地拍了自己的马屁，你才是真男儿啊！最后一事则是，花蕊夫人被太祖爷的兄弟赵光义一箭射死了。据说是因为她妾妇之道太卖了力气，把太祖整得上朝时打不起精神，于是赵光义为了江山社稷，就把她当了箭靶子。可见妾妇之道的分寸也要把握好，过犹不及也。（一说被赵光义射死的是金城夫人而不是花蕊夫人，那就随它吧。）总之，花蕊夫人的结局是很让人可怜的，特别是那么个会作诗会唱歌的美女，但只要不把她奉为忠臣烈女的典型就好。

扯得远了，回过来还说张仙送子。另一种说法见于明人胡应麟的《少室山房笔丛》，他说："古来本有此《张弓挟弹图》，后人因附会以张弓为张，挟弹为诞，遂流传为祈子之祀。"这虽然有些捕风捉影，但还算比较接近实情。事实是，最晚在北宋中期蜀中就有了位姓张的神仙，而且有人画了像来卖。事见苏老泉的《题张仙画像》，其文大意是说：

俺老苏曾于仁宗天圣八年重九日，走到玉局观的无碍子卦肆，见一画像，笔法清奇。无碍子说："张仙也，有感必应。"俺就解下身上的玉环换了这画像。当时俺还没儿子，每天一早就焚香祈告。过了几年，俺太太先是生了轼儿，接着又生了辙儿，这两个娃娃不错，从小就喜欢读书。

我觉得这故事就是张仙送子的由来。因为苏洵这两个儿子实在出名，不但能读书，官也做得不小，可惜那老大苏轼一肚皮不合时宜，因此差一点儿还掉了脑袋。可是想到苏东坡能拉扯着老爸和兄弟，在唐宋八大家中占了三个席位，而且不仅会做文章，诗词书画都是开宗立派的祖师，连皇上都叹为天人的，还有什么可苛求的呢？我想，就是苏老泉这篇短文给张仙做了广告，让他从此成了专门送贵子的神仙。因为细想起来，在苏老泉之前，这张仙也和其他享人血食的神仙一样，要想广结善缘，就须有求必应，不能局限门类，送孩子可以是诸种业务中的一项，却没有说只会送孩子的。

另外要说的是，这画像没有提到张弓射弹的情节，或许是根本就没画，但更大的可能是画了，但老苏没写。为什么没写，因为四川人都知道，张弓射弹是张仙的标准配置，无须介绍的。那么这张仙究竟是哪位神仙呢？玉局观在成都，张仙也是蜀地的神仙，其人名叫张远霄，又称张四郎。据说他是唐时眉山（今四川眉山）人，和三苏是同乡，家里有钱，或者是个开当铺的。有一天来了个老人，手持竹弓一、铁弹三，要当钱三百贯。张远霄二话不说，很慷慨地把钱给了老人（那可是起码半吨的真铜啊）。老人这才说："我这弹丸能辟疫疠，望你宝而用之。"从此张远霄听说哪里闹了瘟疫，就把弹丸往那里一射，瘟疫就消除了。免费做了多少年好事之后，老人就又不请自来了，这次老人向张远霄传授以度世法，也就是教他做了神仙。

所以我想，花蕊夫人当年如果真有对着画像焚香乞拜的事，那画像也不会是孟昶，而真的是张仙。她只不过希望张仙能给她送来好运，如果不能为赵家生下几个儿子，起码别让她像孟昶一样不明不白地死掉。但这愿望似乎还是落空了。